高等职业教育"互联网+"新形态教材

财务报表分析实务

主 编 秦志林 孙玉庆
副主编 陈升翠 李静祎 顿 卉
　　　 张阳子 郭 锋

扫码申请更多资源

南京大学出版社

内容提要

本教材广泛吸取了高职高专原有的财务报表分析教学经验和教材建设成果,以就业为导向,以财务报表分析岗位为核心,按照高职高专学生的认知特点,让学生在完成具体项目的过程中构建相关理论知识,并发展职业能力。本教材根据财务报表分析的基本原理和工作内容分为七个项目,具体包括认知财务报表分析、资产负债表分析、利润表分析、现金流量表分析、财务效率分析、财务报表综合分析和财务报表分析报告。每个项目按所需解决和掌握的问题划分为不同的任务,每项任务均包括任务要求和相关知识(含业务实例);每个项目还包括知识目标、能力目标、导入案例、项目小结和知识链接。本教材内容安排既考虑了行业特点的典型性和特色业务的相互关系,还考虑了培养学生的思维能力及其循序渐进规律。每个项目篇末均附有各种题型的能力拓展训练,旨在训练学生灵活运用所学知识和技能分析问题和解决问题,提高学生动手能力。

本教材以能力培养为主旨,注重教材的实用性;结构清晰、内容深入浅出,有利于自学;并配有相关教学资源,有助于提高教学效果。本教材主要是作为高职高专、应用型本科、成人高校会计类专业及其他相关专业的教材,也可作为五年制高职教材,还可作为企业财会人员在岗培训和自学的参考用书。

图书在版编目(CIP)数据

财务报表分析实务 / 秦志林,孙玉庆主编. —— 南京:南京大学出版社,2022.5
 ISBN 978-7-305-24543-5

Ⅰ.①财… Ⅱ.①秦… ②孙… Ⅲ.①会计报表—会计分析—教材 Ⅳ.①F231.5

中国版本图书馆 CIP 数据核字(2021)第 108598 号

出版发行	南京大学出版社	
社　　址	南京市汉口路 22 号	邮　编　210093
出 版 人	金鑫荣	
书　　名	财务报表分析实务	
主　　编	秦志林　孙玉庆	
责任编辑	武　坦	编辑热线　025-83592315
照　　排	南京南琳图文制作有限公司	
印　　刷	南京京新印刷有限公司	
开　　本	787×1092　1/16　印张 17.25　字数 420 千	
版　　次	2022 年 5 月第 1 版　2022 年 5 月第 1 次印刷	
ISBN 978-7-305-24543-5		
定　　价	46.00 元	

网址：http://www.njupco.com
官方微博：http://weibo.com/njupco
微信服务号：njuyuexue
销售咨询热线：(025) 83594756

* 版权所有,侵权必究
* 凡购买南大版图书,如有印装质量问题,请与所购图书销售部门联系调换

前　言

　　财务报表既是传递财务信息的媒介，又是利益相关者评估企业经营业绩、调整财务策略的基础。阅读财务报表可以获得哪些有价值的信息、如何利用财务报表所提供的信息进行决策等是利益相关者极为关注的问题。只有通过对财务报表进行科学、准确、全面、系统地分析与评价，才能及时发现问题，总结经验和教训，并尽早采取相应对策。因此，财务报表分析对服务于全社会各层次（包括投资者、债权人、企业经营者、政府有关部门、业务关联单位等）的经济决策及职业判断正发挥着日益显著的重要作用。

　　《财务报表分析实务》在《财务报表分析项目化教程》的基础上，充分汇集了相关教学单位的意见和建议，进行了更切合高职高专教学实际、更有针对性的改进，全面、系统、科学地阐述了财务报表分析的理论方法和内容。本次修订主要有两个方面的变化：一是根据"创新与技能"并重的教学理念，结合高职高专教育人才培养目标，邀请具有丰富实践经验的企业兼职教师，开发了体现工学特色的课程体系；二是更新了教材内容，补充了一些新的财务报表分析内容和方法，更新了每个项目的能力拓展训练练习题。

　　本次修订后教材内容更加合理、特色更加鲜明，具体表现为：

　　(1) 体系完整，简化理论叙述。本版教材既保持固有的、成熟的指标分析体系，又注重新会计准则、新方法、新理论的充实与完善。本版教材基于财务报表分析实务和学校教育、培训的需要，在保证学科体系完整的基础上，充分把握"基础理论必需、够用"的原则，力求内容精炼、准确，使其简约明了，通俗易懂。

　　(2) 强化可操作性，注重应用能力的培养。本版教材围绕高职高专教育培养应用型人才的目标，以资产负债表、利润表和现金流量表为主要载体，以财务报表分析中最常见的方法为手段，全面介绍了财务报表分析的基本技巧和综合分析的内容；按照"项目导向、任务驱动、基于工作过程一体化"的理念，侧重实务介绍，突出应用性，注重实际应用能力的培养，从而有利于提高学生分析问题和解决问题的能力。

　　(3) 结构安排新颖，强化趣味性与可读性。本版教材为满足教师讲授和学生自学的需要，每个项目前给出学习目标和导入案例，指出学习重点，旨在培养学生的专业学习兴趣和自学能力；每个项目后附有针对性、启发性、实践性与趣味性较强的知识链接和能力拓展训练。"知识链接"旨在培养学生的知识整合和综合运用的能力。"能力拓展训练"有多种类型习题，基本涵盖各项目的重点和难点，便于学生复习与自测，以达到学以致用、学练结合的目的。这样由浅入深，逐步提高学生学习的积极性，从而激发学生学习的主动性，使学生自觉地参与到教学中来，最终达到提高教学效果的目的。

　　对于本课程的学习，再次重申以下几点建议：

　　(1) 应注意对相关课程，如基础会计、财务会计、财务管理、审计学等的复习，特别注意与本课程相衔接的专业知识点。

（2）应加强对本课程有关内容之间内在联系的思考，如三大会计报表的分析，资产分析与资本分析，偿债能力、获利能力与营运能力的分析等。

（3）应着重对案例分析技能的训练，强化归纳、总结、判断和评价问题的能力。

（4）在学习本课程的过程中，不要过分看重基本名词、基本概念的把握，应把主要精力放在对专业知识的融会贯通上。

总之，《财务报表分析实务》的编写着力体现"教、学、做、测、评"一体和"以学生为主体、以教师为主导、以训练为主线"的课程教学改革新思路，更好地彰显了本版教材来自专业实践并最大限度地服务专业岗位、源自校企合作并最大限度地服务校企双方的职业特色。

本书由焦作大学秦志林、孙玉庆任主编，云南轻纺职业学院陈升翠、焦作大学李静祎、河南轻工职业学院顿卉、河南经贸职业学院张阳子和河南轻工职业学院郭锋任副主编。具体分工如下：秦志林和孙玉庆负责编写项目四和项目五，陈升翠负责编写项目二，李静祎负责编写项目六，顿卉负责编写项目三，张阳子负责编写项目一，郭锋负责编写项目七。全书由秦志林负责拟定大纲并总撰定稿。

在本教材出版之际，感谢南京大学出版社和广大读者给了我们为服务地方经济建设、服务高职教育发展贡献才智的机会。感谢编辑人员对本版教材出版所付出的心血，你们的鼓励与支持是我不断学习、提高的动力。另外，在本版教材的编写过程中，借鉴参考了大量同类教材及相关资料，走访了多家企业，得到了很多企业界人士和同行的支持和帮助，在此向有关单位及作者表示感谢。

尽管我们在教材的特色建设方面做出了许多努力，但由于编者的经验和水平有限，加之编写时间仓促，书中难免有不妥或错误之处，恳请各相关教学单位和广大读者在使用的过程中给予关注并提出改进意见，以便我们进一步修订和完善。

编 者
2021 年 11 月

目 录

项目一 认知财务报表分析 ··· 1
    任务一　了解财务报表分析的内容和意义 ··· 2
    任务二　理解财务报表分析的依据和原则 ··· 9
    任务三　掌握财务报表分析的基本方法 ··· 13
    任务四　理解财务报表分析的程序及注意的问题 ·· 23

项目二 资产负债表分析 ·· 33
    任务一　了解资产负债表与分析内容 ·· 34
    任务二　掌握资产负债表具体项目分析 ··· 38
    任务三　掌握资产负债表水平分析 ·· 68
    任务四　掌握资产负债表垂直分析 ·· 72

项目三 利润表分析 ·· 87
    任务一　了解利润表分析的目的与内容 ··· 88
    任务二　掌握利润表项目的阅读与分析 ··· 92
    任务三　掌握利润表趋势分析 ·· 109
    任务四　掌握利润表结构分析 ·· 111

项目四 现金流量表分析 ··· 118
    任务一　了解现金流量表的内容、格式及其分析目的 ··································· 119
    任务二　掌握企业现金流量质量分析 ·· 123
    任务三　掌握企业现金流量趋势分析 ·· 136
    任务四　掌握企业现金流量结构分析 ·· 139

项目五 财务效率分析 ·· 149
    任务一　掌握企业偿债能力分析 ·· 150
    任务二　掌握企业盈利能力分析 ·· 166
    任务三　掌握企业营运能力分析 ·· 179
    任务四　理解企业发展能力分析 ·· 188
    任务五　掌握企业现金流量比率分析 ·· 197

项目六　财务报表综合分析 ··· 213
任务一　了解财务报表综合分析 ·· 214
任务二　掌握杜邦财务分析体系 ·· 216
任务三　熟悉可持续发展财务分析体系 ·· 222
任务四　了解沃尔评分法 ·· 228
任务五　理解企业综合绩效评价法 ··· 230

项目七　财务报表分析报告 ··· 249
任务一　理解财务报表分析报告 ·· 250
任务二　掌握财务报表分析报告的撰写 ·· 252
任务三　财务报表分析报告应注意的问题 ····································· 259

参考文献 ··· 269

项目一　认知财务报表分析

学习目标

知识目标
1. 了解财务报表分析的含义、内容及形式；
2. 熟悉财务报表分析主体及分析目的；
3. 理解财务报表分析的依据和原则；
4. 掌握财务报表分析的各种分析方法及其运用时应注意的问题；
5. 理解财务报表分析的程序及应注意的问题。

能力目标
能运用财务报表分析的基本方法进行简单的财务分析。

导入案例

报表分析岗位招聘简章

职位类别：报表分析　　　　工作地点：××省××市
工作性质：全职　　　　　　招聘人数：1人
职位月薪：3 000～8 000元

工作职责：
1. 协助财务总监完成月报、季报、年报及报表附注，对异常数据进行分析；
2. 参与会计政策、会计制度、会计业务规范的制定与完善，并检查执行情况；
3. 参与财务信息系统的建设和使用，并提出持续完善与改进建议；
4. 每月根据公司的财务数据，对公司的经营情况进行分析，全面并及时地与公司经营情况紧密联系，发现问题及时预警；
5. 参与公司有关财务报表的培训管理工作；
6. 实时检查、跟踪公司财务状况；
7. 参与财务数据的监控与预警工作。

任职资格
1. 教育水平：本科及以上学历，财务管理、会计相关专业。
2. 工作经验年限：本科学历需具有3～5年工作经验；硕士及以上学历需具有2年以上工作经验。
3. 具体要求：熟悉报表的编制、分析方法并具备相关经验。
4. 必备职业资格要求：具备中级以上职称。

5. 必备知识技能要求：
(1) 熟悉企业会计核算和财务管理等专业知识；
(2) 熟悉报表的编制流程；
(3) 了解上市规则、信息披露准则和企业会计准则；
(4) 有 Oracle、Hyperion 使用经验者优先；
(5) 有良好的英语交流能力，具备较好的听、说、读、写能力；
(6) 有良好的会计电算化能力，能熟练使用基本办公软件；
(7) 其他：踏实、细致，责任感强，团队协作意识强烈。

【思考题】 为什么报表分析岗位要求较高的任职资格？

任务一　了解财务报表分析的内容和意义

任务要求

了解财务报表分析的含义和作用，掌握财务报表分析的内容和形式，熟悉财务报表分析的主体及其分析目的。

相关知识

一、财务报表分析的概念

(一) 财务报表分析的含义

财务报表分析是以企业的财务报表为主要依据，采用科学的评价标准和适用的分析方法，遵循规范的分析程序，对企业的财务状况、经营成果和现金流量等进行分析与评价，为投资者、债权人及其他信息使用者了解企业过去、评价企业现状、预测企业未来和做出正确决策提供信息的一种活动。财务报表分析的含义体现在：

(1) 财务报表分析的主要依据是财务报表。财务报表是分析的主要依据，但若想得出正确的分析结论，其他有关资料及信息也是必需的，如国家宏观经济政策、产业政策与技术政策、财务与会计法规制度等政策法规信息；证券市场的信息、综合部门发布的信息等市场信息；注册会计师的审计报告等。

(2) 财务报表分析的目标是为信息使用者提供决策的经济信息。财务报表分析的目标与财务会计的目标都是提供有助于信息使用者决策的经济信息，但两者提供的信息是不同的。财务会计所提供的信息是未经加工的一次信息，财务报表分析所提供的信息是在财务报表所提供信息的基础上，采用一定方法对其进行加工后的二次信息。另外，财务会计提供的财务报表信息侧重于揭示企业的过去，而财务报表分析所提供的信息不仅是对企业过去的评价，还有对未来的预测。

(3) 财务报表分析的重要手段是科学的评价标准和适用的分析方法。要想对企业的财务状况、经营业绩做出客观公正的评价，必须要有评价的尺度。这个尺度就是科学的评价标准，标准不恰当做出的评价也很难客观公正。另外，在分析中必须采用恰当的分析方法，这是分析的关键。例如，采用对比分析法与趋势分析法，就可以看出报表中一些异常项目的变化，从而确定分析重点，重点查明异常变化的原因。另外，在分析成本的升降、利润的变动时，经常采用因素分析法，从而找出影响成本、利润的各个因素对成本及利润的影响程度。

（二）财务报表分析的作用

企业编制财务报表的目的在于为投资者、债权人和经营者等提供有助于他们决策的会计信息。但从财务报表的数字中，只能了解企业财务状况、经营成果和现金流量的概要情况，不能解释和说明财务状况、经营成果变动的原因，也无法系统地对企业的偿债能力、盈利能力和经营能力等做出评价。因此，现代企业管理的科学化、企业投资主体的多元化、会计信息使用者的不断增多，都要求根据财务报表资料进行分析，以利于会计信息使用者及时、全面地获得他们决策所需的比较容易理解的、有用的会计信息。具体来讲，财务报表分析的作用主要表现在以下三个方面。

1. 评价企业财务状况，衡量企业经营业绩

财务报表分析通过对企业筹资活动、投资活动和经营活动进行分析，通过对偿债能力、盈利能力、经营能力和发展能力等比率的分析，通过对影响成本费用、利润各因素的分析，获得反映企业在某方面现状的指标，如反映企业资产结构、现金流量、偿债能力、盈利能力、营运能力等方面的指标，从而正确地评价企业财务状况和经营成果。

2. 发现企业存在的问题

在财务报表分析中，分析人员通过计算和分析企业的财务状况、经营成果和现金流量的数量规模、结构比重及其差异的变化，了解企业的发展变化趋势，从而检测和诊断企业可能存在的问题，帮助企业找出存在问题的原因，以利于企业有针对性地改善管理，提高经营水平。

3. 揭示经营活动在各期的变化情况及规律性

财务会计提供的财务报表信息受会计准则、会计制度的制约，只能提供通用格式和内容的财务会计信息，这样很难满足不同信息使用者对信息的个性化需求。而财务报表分析不受会计准则、会计制度的制约，可根据不同信息使用者的需求，分别提供多样性的财务报表分析报告。另外，财务报表分析可通过财务报表的对比，揭示企业财务状况和经营业绩的变化情况和变动规律。

二、财务报表分析的主体及其分析目的

财务报表分析的主体即财务信息使用者，包括投资者、债权人、经营者、政府机构和其他利益相关者。总体来看，财务信息使用者进行财务报表分析的目的是通过财务报表提供的会计信息，揭示数字背后的信息，了解企业生产经营状况和未来发展趋势，以获取对自己有用的信息，为经济决策提供依据。但财务信息使用者构成复杂，他们出于不同目的使用财务报表，故对财务报表分析的目的各有侧重。

（一）投资者

企业投资者包括现有投资者和潜在投资者。投资能够给投资者带来一定的经济利益，但也伴随着与其收益相当的风险。如果投资者决策失误，投资不当，不仅不能带来收益，反而会有投资损失。为保证投资决策的科学性、合理性，投资者必须掌握被投资企业各方面的信息，

而财务报表及财务报表分析所提供的信息是投资者收集投资决策信息的最基本途径。投资者进行财务报表分析的主要目的有以下四点。

1. 分析企业的盈利能力，评价预期收益的实现程度

投资者投资的基本目的就是为了获得较高的投资收益。因此，企业的盈利能力是投资者在财务报表分析中关注的核心问题。只有投资者认为企业有着良好的发展前景，有较高的盈利能力，企业的所有者才会保持或增加投资，潜在投资者也才会把资金投入该企业；否则，如果企业的盈利能力不好，不能给投资者带来预期的收益，企业所有者将会"用脚投票"，会中止此项投资，潜在投资者将会转向其他企业投资。

2. 分析企业的经营业绩，考核评价企业经营者受托责任的履行情况

企业投资者最关心的是企业的经营业绩，企业的经营业绩直接关系到投资者的经济利益。现代企业实行的是所有权和经营权相分离的经营模式，投资者与经营者之间是一种委托代理关系。在会计期末投资者要对经营者的受托责任的履行情况和完成情况进行了解、考核和评价，而财务报表分析就是投资者了解企业的经营业绩、考核评价企业经营者受托责任履行情况的依据。

3. 分析企业的偿债能力，评价企业的理财环境

企业的偿债能力对投资者来说是非常重要的。企业只有保持较强的偿债能力，才能筹集到更多的负债资金，利用财务杠杆效应，给投资者带来更多的投资收益；反之，企业的偿债能力弱，筹集的负债资金就少，筹资的成本费用就会上升，企业的投资机会就可能丧失。

4. 分析企业的资本结构，评价企业的财务风险

由于投资者向企业提供的是没有规定期限的永久性资本而非短期资金，为确保资本保值增值，他们还要研究企业的资本结构。对于投资者来说，负债在资本结构中的比重越大，企业偿付本金和利息的负担越重，发生财务危机的风险就越大。但是，负债的利息可以作为费用在税前扣除，因而负债具有节税作用；在企业全部资产息税前利润率大于负债利息率的情况下，通过举债可给企业带来更多的投资机会，给投资者带来更多的收益。

（二）债权人

债权人是指融资给企业并要求企业在约定期限内偿还本息的机构和个人。债权人分为商业债权人和非商业债权人。商业债权人是指以出售货物或提供劳务形式向企业融资的机构和个人；非商业债权人是指向企业融资并得到企业承诺在未来的特定日期还本付息的机构和个人。与企业投资者不同，债权人没有企业剩余收益索取权，如果企业获得较高的利润水平，债权人只能按照约定的利率收取利息；如果企业发生亏损，债权人则可能遭受较大的损失。这种收益与风险之间的不对称性，使得债权人更加关注企业收益的稳定性以及经营的安全性。债权人主要通过以下三个方面的分析来进行决策，决定是否向企业提供信用，以及是否需要提前收回债权。

1. 分析营运资金，了解企业的短期偿债能力

营运资金本身就是评价企业偿债能力，特别是短期偿债能力的一个重要指标。营运资金越多，说明流动资产超过流动负债的数额越大，因而企业的短期偿债能力越强。通过营运资金分析，可以解释为什么有的企业虽然利润增加了，但资金周转困难，无法偿还债务；有的企业虽然利润下降或发生亏损，但仍有足够的资金偿还债务。

2. 分析资本结构，了解企业的长期偿债能力

资本结构直接影响着企业的偿债能力，特别是长期偿债能力。由于资本结构揭示了企业负债与所有者权益、资产与负债、资产与所有者权益等的比例关系，因而反映了企业的长期财务状况，显示出企业的长期偿债能力。

3. 分析盈利能力，了解企业还本付息资金来源的保障程度

对于长期债权人而言，利润是企业偿还长期债务的重要资金来源。盈利能力越强，企业还本付息的资金来源越有保障，债权人的风险就越小。对于两个信用条件相同或相近的企业，债权人总是愿意把资金借给盈利能力强、发展前景好的企业，以保证资金的安全。

（三）经营者

经营者主要包括企业经理及各车间、分厂、部门的管理人员。在两权分离制度下，一方面，经营者肩负着受托经营管理企业的责任，这个受托责任的履行和完成情况需要以财务报表等方式向委托人即投资者做出交代；另一方面，经营者又需要借助财务报表了解企业内部的财务和经营情况，以便更好地强化企业内部经营管理，提高资本运作效率，更好地完成这个受托责任。因此，对于企业经营者来说，财务报表分析所涉及的内容最广泛，不仅涵盖投资者和债权人分析的所有目的，而且还要考核、评价企业生产经营计划和财务预算的完成情况，并对企业的可持续发展做出规划和决策。具体来说，可以分为如下三个方面。

1. 考核企业生产经营计划和财务预算的完成情况

通过对财务报表有关数据资料的分析，并将其与有关计划指标进行对比分析，可以考核企业各方面生产经营计划（如生产计划、成本计划、销售计划和利润计划等）的完成情况。

2. 评价企业财务状况好坏

通过对财务报表有关数据资料的分析、研究，并与企业目标、同行业水平等进行对比，可以对企业的财务状况做出合理的评价，如偿债能力的强弱、盈利能力的大小等，发现企业生产经营中存在的问题和不足，以便采取各种有效措施加以改进和提高。

3. 决策和规划

通过对财务报表有关数据资料的分析，揭示企业财务状况和经营成果的发展趋势，结合存在的问题和不足，做出科学的规划和决策，合理配置资源，使企业能充分利用现有资源，以提高经营效益和企业竞争能力，保持企业持续发展。

（四）政府机构

政府机构也是企业财务报表的使用者，包括财政部门、税务部门、审计部门和证券管理机构等。政府机构使用财务报表是为了履行自己的监督管理职责，关注社会资源配置和运用情况以及企业经营的经济效益和社会效益。财政部门主要关心企业执行财政财务方面的政策、法规、制度的情况，因而其进行财务报表分析的目的就是检查企业执行有关政策、法规、制度的情况。税务部门是国家征收、管理各种税收的专业职能部门，其进行财务报表分析的主要目的是对企业纳税情况进行检查和监督。审计部门是专门进行审计监督的经济部门，其进行财务报表分析，主要是对企业财务收支的真实性、合法性和效益性进行审计监督。证券管理部门进行财务报表分析，主要是对上市公司财务报表和重要事项披露的真实性进行检查和监督。政府机构进行财务报表分析的最终目的是为宏观经济决策提供可靠信息。

（五）业务关联单位

业务关联单位主要指企业供应商、客户等。企业从事生产经营活动，必然与其他企业发生

业务联系。这些单位出于保护自身利益的需要,非常关心往来企业的财务状况和经营情况,要对对方企业进行财务报表分析。他们在分析时最关注的是企业的信用状况,包括商业信用和财务信用。商业信用是指按时、按质完成各种交易的行为;财务信用则指企业能够及时清算各种款项的行为。通过财务报表分析,可以判断企业支付能力和偿债能力,了解企业完成交易情况并分析原因,评估企业财务信用状况进而追溯企业商业信用状况。其最终目的是为了保证交易安全,维护自身利益。

(六)企业员工

企业员工是企业最直接的利益相关者。企业的现在和将来、企业的经营和理财、企业的生存和发展、企业的好与坏,都直接影响企业员工的切身利益。因此,企业员工必然会了解关心企业的发展情况。他们最关注的是企业为其所提供的就业机会及其稳定性、劳动报酬高低和职工福利好坏等方面信息,而这些信息又与企业债务结构和盈利能力密切相关。企业员工了解企业财务状况的方法很多,如直接观察和感受;但这些方法不够全面,要想全面完整地了解企业的财务状况和经营成果,把握企业的现在和未来,主要还应依据财务报表进行分析,其最终目的是为了做出合理的就业决策。

三、财务报表分析的内容和形式

(一)财务报表分析的内容

财务报表列报的内容主要是揭示和反映企业开展生产经营活动的过程和结果,包括筹资活动、投资活动和经营活动等方面。因此,围绕财务报表列报的上述内容,主要分析的内容如下。

1. 财务报表的解读

财务报表是对企业财务状况、经营成果和现金流量的结构性描述,提供了最基本的财务信息。因此,财务报表分析应当先详尽阅读财务报表及其附注,明确每个项目数据的含义和编制过程,掌握报表数据的特性和结构。

(1)财务报表质量分析。企业披露的最主要的财务报表是资产负债表、利润表和现金流量表等报表,涵盖了六大会计要素和现金流量状况。因此,财务报表质量分析就是对财务状况质量、经营成果质量和现金流入流出质量进行分析,关注表中数据与企业现实经济状况的吻合程度、不同期间数据的稳定性和不同企业数据总体的分布状况等。

(2)财务报表趋势分析。在取得多期财务报表的情况下,可以进行趋势分析。趋势分析是依据企业连续多期的财务报表,以某一年或某一期间(基期)的数据为基础,计算每期各项目相对基期同一项目的变动状况,观察该项目数据的变化趋势,揭示各期企业经济行为的性质和发展方向。

(3)财务报表结构分析。财务报表结构是指各报表内容之间的相互关系。通过结构分析,可以从总体上了解企业财务状况的组成、利润形成的过程和现金净流量的来源,深入探究企业财务结构的具体构成因素及原因,有利于更准确地评价企业的财务能力。例如,通过观察流动资产在总资产中的比重,可以明确企业当前是否面临较大的流动性风险,是否对非流动资产投入过少,是否影响了资产整体的盈利能力等。

2. 财务比率分析

财务比率是在对企业财务报表进行解读并熟悉了其所揭示的基本信息的基础上,根据表内或表间各项目之间存在的相互关系,计算出一系列反映企业各项财务能力的指标。

(1) 偿债能力分析。企业偿债能力是关系企业财务风险的重要内容,它是实现企业财务目标的稳健保证。企业使用负债融资,可以获得财务杠杆利益,提高净资产收益率;但随之而来的是财务风险的增加,如果陷入财务危机,企业相关利益人都会受到损害。因此,应当关注企业的偿债能力。企业偿债能力分为短期偿债能力和长期偿债能力。企业既要关注即将到期的债务,还应当对未来远期债务有一定的规划。此外,偿债能力不仅与债务结构有关,而且还与企业未来收益能力紧密联系,所以在分析时应结合其他方面的能力一起分析。

(2) 营运能力分析。营运能力主要是指企业资产运用、循环的效率高低,它是实现企业财务目标的基础。如果企业资产运用效率高、循环快,则企业可以以较少的投入获取较多的收益,减少资金的占用和闲置。营运能力不仅可以影响企业的盈利能力,还可以反映企业生产经营、市场营销等方面的情况。通过营运能力分析,可以发现企业资产利用效率的不足,挖掘资产潜力。营运能力分析包括流动资产营运能力分析、固定资产营运能力分析和总资产营运能力分析。

(3) 盈利能力分析。盈利能力也称获利能力,是指企业赚取利润的能力,它是偿债能力和营运能力共同作用的结果。利润的大小直接关系到企业所有利益相关者的利益,企业存在的目的就是最大限度地获取利润。盈利能力还是评估企业价值的基础,企业价值的大小取决于企业未来获取利润的能力。盈利指标还可以用于评价企业内部管理层的业绩。因此,盈利能力的分析是企业财务分析中最重要的一项内容。在盈利能力分析中应当明确企业盈利的主要来源和结构、盈利能力的影响因素、盈利能力的未来可持续状况等。

(4) 发展能力分析。企业发展的内涵是企业价值的增长,是企业通过自身的生产经营,不断扩大积累而形成的发展潜能。企业的发展不仅仅是规模的扩大,更重要的是企业收益能力的上升。企业发展能力受到企业的经营能力、制度环境、人力资源和分配制度等诸多因素的影响。在分析企业发展能力时,还需要预测这些因素对企业发展的影响程度。因此,对企业发展能力的评价是一个全方位、多角度评价的过程

3. 财务综合分析

在以上对企业各方面进行深入分析的基础上,最后应当给企业相关利益者提供一个总体的评价结果,否则仅仅凭借其某个单方面的优劣难以评价总体状况。财务综合分析就是揭示各种财务能力之间的相关关系,得出企业整体财务状况及效果的结论,说明企业总体目标的实现情况。财务综合分析采用的具体方法有杜邦分析法、帕利普分析体系和沃尔评分法等。

(二) 财务报表分析的形式

明确不同的财务报表分析形式,对于财务报表分析主体达到分析目的具有重要的意义和作用。

1. 内部分析和外部分析

根据财务报表分析主体的不同,可分为内部分析与外部分析。

(1) 内部分析。内部分析是指企业内部经营者对企业财务状况和经营成果的分析。分析的目的是分析评价企业生产经营活动是否正常,还存在哪些不足,以便为企业未来生产经营的顺利进行、提高经济效益指明方向。

(2) 外部分析。外部分析是指企业的投资者、债权人和国家政府部门等外部报表分析主体根据各自的要求对企业的财务状况和经营成果进行的分析。这些企业外部报表分析主体的

分析目的前面已有详述,在此不再赘述。

当然,内部分析与外部分析并不是彼此孤立的,要保证报表分析的准确性,内部分析有时也应站在外部分析的角度进行;而外部分析也应考虑或参考内部分析的结论,以免出现片面的结论。

2. 静态分析与动态分析

根据财务报表分析方法的不同,可分为静态分析与动态分析。

(1) 静态分析。静态分析是就某一时点或某一时期的会计报表各项目及其关系进行分析的一种报表分析形式。在报表分析中常用的比率分析和结构分析就属于静态分析。如流动比率、速动比率这两个财务比率就是根据某一时点的资产负债表计算出来的反映企业短期偿债能力的指标。

(2) 动态分析。动态分析是对两个或两个以上时期会计报表项目及其变化进行分析的一种报表分析形式。对比分析和趋势分析属于动态分析。如把前后两期的资产负债表进行对比,编制比较资产负债表可分析报表中各项目的变化。

3. 全面分析与专题分析

根据财务报表分析范围不同,可分为全面分析和专题分析。

(1) 全面分析。全面分析是指对企业生产经营的各个方面所进行的分析,既要分析主观和客观的情况,又要分析企业内部和外部的原因。分析的目的是找出生产经营中带有普遍性的问题,全面总结企业在这一时期的成绩与问题,为做好下期的生产经营提供可靠的依据。全面分析通常站在企业经营者的角度在年终进行,形成综合、全面的报表分析报告。

(2) 专题分析。专题分析是指就企业生产经营的某一方面所进行的分析,往往带有调查研究的性质,主要是对企业的关键问题或存在的薄弱环节进行专门分析。专题分析不必等到年终进行,只要生产经营需要可随时进行,如在生产过程中出现了成本升高的势头,对此就可以做一个专题分析,分析企业成本升高的原因;又如当企业出现资金紧张的局面时,可以做一个专题分析,从筹资结构、资产结构、现金流量和支付能力等方面分析企业资金紧张的具体原因。

4. 定期分析与不定期分析

根据财务报表分析的时间性不同,可分为定期分析与不定期分析。

(1) 定期分析。定期分析是指按事先约定的时间所进行的分析,如企业经营者定期对企业月报、季报、年报所进行的分析。定期分析便于定期全面地评价企业的财务活动。

(2) 不定期分析。不定期分析是指事先没有约定分析时间,而根据不同报表分析主体的实际需要随时进行的分析,如当某一企业发行股票时,投资者就可对这一企业的会计报表进行分析,以决定是否购买这一企业的股票;又如当某一企业申请银行贷款时,银行可对其报表进行分析,以决定是否对其贷款以及贷款的条件。

5. 财务报表分析与内部报表分析

根据财务报表分析所依据的资料不同,可分为财务报表分析与内部报表分析。

(1) 财务报表分析。财务报表分析是指对企业财务报表所进行的分析。这里所指的财务报表是企业依据会计准则和会计制度编制的,对企业外部向有关部门及与企业有利害关系的单位等提供的反映企业财务状况和经营成果等会计信息的报告文件。由于对外报送的财务报表有资产负债表、利润表和现金流量表,相应的财务报表分析也分为资产负债表分析、利润表分析、现金流量表分析以及三张报表的综合分析。

（2）内部报表分析。内部报表分析是指对供企业内部经营者参考的内部成本管理会计类报表所进行的分析。内部报表主要是指一些内部成本管理会计类报表，这些报表不对外报送，仅供企业内部管理参考。

在实际分析时，财务报表分析与内部报表分析应相互结合，只有这样才能达到分析目的。如通过利润表分析，只能看到利润升高了还是下降了，是销售收入还是销售成本抑或是期间费用的变化引起的；但销售成本变化的原因是什么，是材料费用变化引起的还是人工费用变化引起的抑或是制造费用变化引起的，要知道这些，必须借助于内部成本报表资料。

以上各种形式的分析，各有特点。在实际工作中，要结合企业的具体情况灵活运用，使各种形式的财务报表分析相互结合，更好地达到分析的要求。

任务二　理解财务报表分析的依据和原则

任务要求

熟悉财务报表分析的依据，掌握财务报表分析的原则。

相关知识

一、财务报表分析的依据

按照规定要求编制的财务会计报告和取得的其他资料是进行财务报表分析的主要依据。

（一）财务会计报告

根据国务院 2000 年 6 月 1 日发布的并于 2001 年 1 月 1 日实施的《企业财务会计报告条例》的规定，企业财务会计报告包括会计报表和文字报告两部分。

1. 会计报表

会计报表是财务会计报告的核心内容，分为对内会计报表和对外会计报表。对内会计报表是供企业经营者了解经营状况、加强管理、提高经济效益进行决策的依据，包括产品成本表、资金运用表、预算执行表、资金预测表、财务变动预测表和现金报表等。对外会计报表是对企业财务状况、经营成果和现金流量的结构性表述，是向外部使用者提供企业的财务信息，是财务报表分析的主要信息依据，主要包括以下方面：

（1）资产负债表。资产负债表是反映企业在某一特定日期财务状况的报表，属于静态报表。该报表可以提供某一日期资产、负债和所有者权益的总额及其构成，表明企业拥有或控制的资源的分布情况，以及未来需用多少资产或劳务清偿债务，需用多长时间清偿债务；可以反映所有者所拥有的权益，据以判断资本保值、增值的情况以及对负债的保障程度。年度资产负债表的附表一般包括资产减值准备明细表和应交增值税明细表等。

（2）利润表。利润表是反映企业在一定会计期间经营成果的报表，属于动态报表。该报表可以反映企业一定会计期间内的收入实现和费用耗用情况，据以判断资本的保值增值情况。将利润表中的信息与资产负债表中的信息相结合，还可以提供进行财务分析的基本资料。利润表的附表主要有分部报表。

（3）现金流量表。现金流量表是反映企业一定会计期间内现金及现金等价物流入和流出的报表。该报表通过提供现金流量方面的信息，有助于会计信息使用者评价企业的支付能力、偿债能力和周转能力，预测企业未来现金流量，分析收益质量及影响现金流量净额的因素，从而综合评价企业经营业绩，衡量企业财务资源的财务风险，预测企业未来的发展前景。

（4）所有者权益变动表。所有者权益变动表是反映构成所有者权益的各组成部分当期增减变动情况的报表。该报表可以全面反映企业一定时期内所有者权益的变动情况，不仅包括所有者权益总量的增减变动，还包括所有者权益各个项目增减变动的重要信息，特别是反映直接计入所有者权益的利得和损失，让报表使用者准确理解所有者权益增减变动的根源。在所有者权益变动表中，净利润和直接计入所有者权益的利得和损失均要单列项目反映，体现了企业综合收益的构成。

2. 文字报告

文字报告部分不是会计报表，但却是阅读和分析会计报表的基础。许多会计报表数字不能表达的内容和数字背后隐含的内容，需要通过文字部分来加以说明。文字报告部分主要包括会计报表附注、财务情况说明书和注册会计师的审计报告。

1）会计报表附注

会计报表附注是对会计报表的补充说明和具体解释。一些会计报表数字本身难以表达的内容，可以通过附注来说明。一方面，可以对报表数字的形成及数字背后的因素有更深刻的理解；另一方面，当需要对不同企业进行相互比较的时候，可以了解各企业的会计政策及其区别，从而使各企业提供的会计报表资料具有可比性，能客观地评价不同企业的财务状况和经营成果，对其业绩做出科学的评价。因此，在阅读和分析会计报表之前，应仔细阅读会计报表附注。会计报表附注一般包括如下内容：

（1）企业基本情况，如成立时间、所处行业、经营业务范围和生产经营情况等。

（2）不符合基本会计假设的说明。基本会计假设包括会计主体假设、持续经营假设、会计期间假设和货币计量假设。企业在编制会计报表时，如果有不符合上述假设的情况，必须在会计报表附注中加以说明。

（3）重要会计政策和会计估计及其变更情况、变更原因，以及其对财务状况和经营成果的影响。会计政策是指会计核算时所遵循的具体原则和会计处理方法，主要包括编制合并会计报表采用的原则、外币折算方法、收入的确认、所得税的核算、坏账损失的核算方法、存货发出的计价方法、包装物和低值易耗品的摊销方法、长期投资的计价方法、固定资产的折旧方法、无形资产的摊销方法和借款费用的处理等。会计估计是指对某些本身具有不确定性的交易和会计事项，由会计人员根据职业判断所做出的估计，主要包括坏账的估计、存货毁损和跌价的估计、固定资产预计使用年限和净残值的估计、无形资产受益期的估计、长期待摊费用摊销期的估计和有关资产减值损失准备的估计等。在会计核算中，多种会计政策和会计估计并存，企业可以在国家会计制度规定的范围内进行选择。不同的会计政策和会计估计会对企业的经营成果产生不同的影响，如果一个企业采用的会计政策和会计估计发生变化，还会影响企业前后期会计资料的可比性。为此，企业采用的会计政策和会计估计及其变化，以及产生的影响必须在会计报表附注中加以说明，以便正确地使用会计报表所提供的信息。

（4）或有事项的说明。或有负债包括对外提供的担保、已贴现的商业承兑汇票和未决诉讼等。这些或有负债可能导致企业未来经济利益的流出。要特别注意或有负债形成的原因、预计对企业财务状况产生的影响和获得补偿的可能性。

（5）资产负债表日后事项的说明。资产负债表日后事项是指资产负债表日至财务会计报告批准报出日期间发生的需要调整或说明的事项。例如，已证实的资产损失和永久性减值、销售退回、已经确定获得的或支付的赔偿、股票和债券的发行、对一个企业的巨额投资、自然灾害导致的资产损失、企业合并或企业控制权的出售等。这些事项的发生会对会计报表的数字产生重大或比较大的影响。

（6）关联方关系及其交易的说明。包括关联方关系的性质、交易类型和交易要素（交易金额或相应的比例、未结算项目的金额或比例、定价政策等）。

（7）重要资产转让及其出售情况。应重点了解转让与出售的原因及其对企业财务状况和经营成果产生的影响。

（8）企业合并、分立。应重点了解企业合并、分立后，对企业财务状况和经营成果产生的影响。

（9）重大投资活动、融资活动。应重点了解投资或融资的原因、方式和金额；接受投资方的基本情况、投资后对企业财务状况和经营成果的影响；融资所得资金的使用、债务融资导致的未来现金流出预计等。

（10）会计报表中重要项目的明细资料。这些明细资料是判断会计报表反映其财务状况及经营成果和现金流量情况真实程度的重要依据。应重点了解这些项目的构成和这些项目对企业财务状况和经营成果的影响。

2）财务状况说明书

财务状况说明书是企业对自身的财务状况和经营成果做出的自我评价。通过阅读会计报表和会计报表附注可以对企业的基本情况有一个比较全面和具体的了解，但还有一些信息不能充分表达和揭示，财务状况说明书就是为了更全面地说明有关财务状况。因此，阅读会计报表和会计报表附注之后，应仔细阅读财务状况说明书，以达到以下目的：对企业的状况有更全面、更深刻的理解；对企业经营者认识问题、分析问题的能力有更深刻的了解，客观地评价经营者的业绩。财务状况说明书的内容主要包括：① 企业生产经营的基本情况；② 利润实现和分配情况；③ 资金增减和周转情况；④ 对企业财务状况、经营成果和现金流量有重大影响的其他事项。

3）注册会计师的审计报告

如果企业的会计报表必须经过会计事务所审计，在阅读和分析会计报表的时候，必须阅读注册会计师的审计报告。这样做的目的是了解会计报表的真实性和可靠性；了解注册会计师对企业会计报表的审计结果；了解企业的会计事项是否存在问题。注册会计师出具的审计报告有四种类型。

（1）无保留意见的审计报告。这种类型的审计报告说明被审计单位会计报表的编制符合《企业会计准则》和国家其他财务会计法规的规定；会计报表在所有重大方面公允地反映了被审计单位的财务状况、经营成果和现金流量情况；被审计单位不存在应调整而未予调整的重要事项，被审计单位的会计信息具有较高的信赖度。

(2) 保留意见的审计报告。这种类型的审计报告说明被审计单位会计报表的反映就整体而言是公允的,但还存在下述情况之一:个别重要会计事项的处理或个别重要会计报表项目的编制不符合《企业会计准则》和国家其他财务会计法规的规定,企业拒绝进行调整;因审计范围受到局部限制,无法按照独立审计准则的要求取得应有的审计证据。

(3) 否定意见的审计报告。这种类型的审计报告说明被审计单位的会计报表不能公允地反映被审计单位的财务状况、经营成果和现金流量情况,或者被审计单位的会计报表已经失去其价值。即存在下述情况之一:会计处理方法的选用严重违反《企业会计准则》和国家其他财务会计法规的规定,企业拒绝进行调整;会计报表严重歪曲了企业的财务状况、经营成果和现金流量情况,企业拒绝进行调整。

(4) 拒绝表示意见的审计报告。这种类型的审计报告说明注册会计师对被审计单位的会计报表不能发表意见。其原因是注册会计师在审计过程中,由于审计范围受到委托人、被审计单位或客观环境的严重限制,不能获取必要的审计证据,以致无法对会计报表整体发表审计意见。

(二) 其他相关资料

在财务报表分析中,还将运用下列资料来辅助分析:国家有关经济政策和法律规范,市场信息,行业信息,与财务报表分析有关的定额、计划、统计和业务等方面的资料。如果企业是上市公司,财务报表分析所运用的其他资料还包括招股说明书、上市公告、定期公告和临时公告等。

二、财务报表分析的原则

财务报表分析的原则是指各类报表使用人在进行财务报表分析时应遵循的一般规范,可以概括为相关性原则,可理解性原则,定性分析与定量分析相结合原则,客观性、全面性、联系性、发展性相结合原则。

(一) 相关性原则

相关性原则也称有用性原则,是由财务报表分析的目的决定的。财务报表分析的目的就是充分利用财务报表及其分析所揭示的信息,使之成为决策的依据。财务报表分析的结果只有对未来的生产经营产生影响,能够成为信息使用者进行决策的重要参考,才有利用价值。相关性原则与信息使用者的目的密切相关。如作为债权人,其决策所需要的主要是企业偿债能力方面的信息;作为投资人,其决策所需要的主要是企业盈利能力方面的信息;而对企业经营者来说,其决策所需要的信息则涉及财务报表分析的各个方面。因此,相关性原则是财务报表分析的前提和基础。

(二) 可理解性原则

财务报表分析的结果是提供给财务报表使用者做决策用的信息。财务报表分析的使用者只有读懂报表分析的内容且能准确理解,才能更好地利用财务报表分析的结果进行科学决策。因此,财务报表分析的结果应直观、明确、易于理解,使财务信息使用者能够准确加以理解和运用。该原则要求在财务报表分析过程中尽量采用通用的方法和计算口径,对于行业财务制度中已规定的计算方法和口径,分析时必须共同遵守;对未作规定部分,应在探讨和实践的基础上尽可能达成一致做法;对于没有统一计算口径的指标,应注明采用的分析计算方法,以便报表使用者理解。

（三）定性分析和定量分析相结合的原则

财务报表分析就是要透过现象看本质。定性分析是财务报表分析的基础和前提，定量分析是财务报表分析的手段和工具。没有定性分析就弄不清事物的本质、趋势及其与其他事物的联系；没有定量分析就弄不清事物发展的界限、阶段性和特殊性，没有数字就得不出结论。另外，由于企业面临复杂多变的外部环境，而这些外部环境有时很难定量，但环境的变化却对企业的产业发展、投资目标的实现以及企业销售情况产生重要影响。因此，在分析的过程中要将定量分析与定性分析有机结合起来，在定量分析的同时，要做出定性判断；在定性判断的基础上，再进一步进行定量分析和判断，才能得出科学、合理的结论。

（四）客观性、全面性、联系性、发展性相结合的原则

客观性、全面性、联系性、发展性相结合的原则，就是在财务报表分析时应以实际发生的经济业务为依据，用全面的、联系的、发展的观点看待问题，避免用片面的、孤立的、静止的观点分析问题。因此，在财务报表分析时，要从实际出发，坚持实事求是，客观反映情况，反对不尊重客观事实、主观臆断、结论先行，搞数字游戏的做法；既要全面看问题，坚持一分为二，反对片面地看问题，又要兼顾成功经验与失败教训、有利因素与不利因素、主观因素与客观因素、经济问题与技术问题、外部问题与内部问题；既要注重事物的联系，坚持相互联系地看问题，反对孤立地看问题，又要注意局部与全部；要发展地看问题，反对静止地看问题，注意过去、现在和将来的关系。在进行财务指标分析时，既要对指标本身的数值做出分析解释，又要对该指标数值对其他方面所产生的影响做出解释，要通过一个指标的变化追溯到其他指标的变化。例如，企业资金结构的恶化要同企业实现利润情况、企业资金增减情况结合起来分析，看是否会导致企业财务状况恶化。要联系企业和投资者、决策者的实际情况，静态和动态相结合，对指标值的含义做出判断，以便为决策服务。

任务三　掌握财务报表分析的基本方法

任务要求

熟悉财务报表分析基本方法的原理，掌握财务报表分析基本方法的具体运用，理解财务报表分析基本方法运用时应注意的问题。

相关知识

财务报表中列示的数据都为某一项目的总额或净额，从这些数据中很难揭示企业财务状况、经营绩效与资金流转中存在的问题。财务报表分析究其本质，就是通过比较来发现问题，进而分析问题，从而有助于解决问题。因此，财务报表分析的核心在于比较。财务报表分析可分为两种基本形式：同一期间的财务报表分析和不同期间的财务报表分析。财务报表分析方法就是分析工作中用来测算数据、权衡效益、揭示差异、查明原因的具体方法，是完成财务报表分析的方式和手段。最常见的基本方法主要有比较分析法、比率分析法、趋势分析法和因素分析法。

一、比较分析法

比较分析法是指将企业某项财务指标进行对比,从数量上确定其差异,从而得出分析结论或发现待解释问题的一种分析方法。它是财务报表分析中最常用的方法,也是其他分析方法运用的基础。差异分为有利差异和不利差异两种。正指标(如营业收入、营业利润等)大于零或反指标(如营业成本、管理费用等)小于零的差异为有利差异,反之为不利差异。通过比较分析,可以了解财务指标存在的差异;结合其他分析方法的运用,判断该差异是有利的还是不利的,分析造成该差异的主要原因,揭示企业是否有能力采取措施消除不利差异,保持和发展有利差异。

(一) 比较分析法的比较方式

按比较对象的不同,比较分析法有绝对数比较和相对数比较两种比较方式。

1. 绝对数的比较

绝对数的比较就是将某项指标的实际数与标准值进行比较,以揭示其数量差异。采用不同标准,得出的差异具有不同经济意义,即标准的选择直接影响分析结果。常用的比较标准有以下四种:

(1) 公认标准。公认标准是指各类企业在不同时期都普遍适用的指标评价标准。如流动比率的公认标准为2:1,速动比率的公认标准为1:1等。通过实际值与公认标准进行比较,可以了解企业与公认标准之间的差距,并进一步查明产生差异的原因。

(2) 预算标准。预算标准是指企业通过努力应该达到或实现的理想标准,如企业制定的计划或定额。通过实际值与预算标准进行比较,可以了解实际完成计划、定额的情况,揭示产生差异的原因,提出有针对性的改进措施,以强化企业管理。

(3) 行业标准。行业标准是指某项指标的同行业平均水平或同行业先进水平。通过对实际值与行业标准进行的比较,有利于找出本企业与先进企业之间的差距,了解本企业在同行业竞争中的地位,推动企业改善经营管理,努力达到先进水平。

(4) 历史标准。历史标准是指某项指标企业过去曾经达到的标准,可以是上年同期水平、历史最高水平或若干期的历史平均水平。通过对实际值与历史标准的比较,一方面可以了解企业目前存在的差距,查明产生差距的原因,为改善企业管理提供依据;另一方面可以揭示企业生产经营的变化规律,为预测企业未来发展趋势提供依据。

2. 相对数的比较

绝对数的比较分析反映出增减变化的绝对额,但无法消除规模的影响,而这可以通过计算相对数来解决,且相对数的比较可进一步说明变动程度。相对数分为完成百分率和增减百分率。其计算公式为:

$$完成百分率 = \frac{指标实际值}{指标标准值} \times 100\%$$

$$增减百分率 = \frac{指标实际值 - 指标标准值}{指标标准值} \times 100\%$$

(二) 比较分析法的运用要点

企业间的比较分析,最恰当的参照系当属同行业的其他企业或行业的平均水平。所谓行业,是指向市场提供同类产品或劳务的企业的集合。同行业的企业既然生产同类产品或提供同类劳务,它们应该具有基本相同的生产技术、基本相同的收入来源,取得单位收入的资源消耗也应当大体相等。因此,它们之间财务状况、经营成果与现金流量应该具有较高的可比性;其财务状况、经营业绩的差异,往往可以用它们不同的产品战略、经营战略、竞争优势来解释。因此,通过比较同行业不同企业之间的财务状况、经营成果,可以判断特定企业相对于同行业其他企业而言,其财务状况是否更为稳健,其经营业绩是否更为优异;再结合行业经营的基本情况、行业的市场结构、企业的竞争战略分析,可以对特定企业的财务状况与经营业绩做出解释;通过评价特定企业的经营战略、竞争优势对该企业可能产生的持久影响,结合对该企业所在的行业环境与宏观经济环境做一些总体预测,便可以对企业未来的财务状况、经营成果与现金流量做出预测。

在运用比较分析法时,应注意指标的相关性,分析的指标在性质上是同类的,就能够说明经济业务的内在联系。此外,还应注意指标的可比性,具体表现在:首先,计算口径一致,即比较的财务指标所包括的内容、范围和计算方法是一致的;其次,时间长度一致,即相比较的财务指标应当是相同时间段、相同时间长度的结果;再次,会计核算一致,即相比较的财务指标所采用的会计计量标准、会计政策和会计处理方法一致;最后,企业类型、经营规模和财务规模大体一致。只有这样,才能保证通过比较分析做出的判断和评价客观、可靠。

(三)比较分析法的运用实例

不同企业之间,其拥有的能给其带来经济利益的经济资源的规模不同,其取得这些经济资源的方式存在差别,比较它们盈利的绝对水平、负债的绝对水平是没有任何意义的。因此,企业之间的比较分析,主要是比较它们之间的财务比率,比较它们的共同百分比报表(结构比率),或者比较它们主要财务数据的增长情况(主要是比较不同企业某项财务数据的环比增长率)。下面通过一个例子来说明这一点:

【业务实例1-1】 假设存在A、B两个企业,其最近一个会计期间的净利润水平分别是5万元和45万元。哪一个企业的盈利能力更强?显然,不能说A企业的盈利能力不如B企业,因为这两个企业创造净利润所耗用的经济资源存在差别,它们的资本结构或者说它们取得这些经济资源的渠道也不尽相同,所以不能直接比较其净利润水平。不妨进一步假设:

1. A企业的总资产为100万元,没有负债;
2. B企业的总资产为1 000万元,其中债权人为该企业提供了600万元的长期债务资金,利率为8%;
3. 企业所得税税率为25%。

有了这些数据,就可以进行计算,计算步骤如表1-1所示。

表1-1 A、B企业盈利能力分析表

计算步骤	A企业	B企业
一、净利润(万元)	5	45
总资产净利润率(%)	5	4.5
所有者权益净利润率(%)	5	11.25
加:所得税费用(万元)	1.67	15
二、税前利润(万元)	6.67	60
加:利息费用(万元)	0	48
三、营业利润(万元)	6.67	108
总资产营业利润率(%)	6.67	10.8
所有者权益营业利润率(%)	6.67	27

结合表1-1的计算过程,对这两个企业的盈利能力做一些分析:

总资产净利润率、所有者权益净利润率是分别用总资产和所有者权益总额去除净利润得到的。它们的含义是:每1元的总资产、所有者权益能够带来几元钱的净利润。因此,比较A、B两个企业的总资产净利润率、所有者权益净利润率,即比较这两个企业运用单位经济资源赚取利润的能力,比直接简单地比较两个企业的净利润水平(绝对数)更有意义。比较这两个企业的总资产净利润率,A企业为5%,B企业为4.5%,似乎A企业运用资产赚取利润的能力更强。实则不然,这里忽略了一个很重要的事实,即这两个企业取得其经济资源的来源存在差异,A企业没有举债,而B企业举借了600万元的长期负债。换言之,A企业据以赚取利润的资产全部由所有者提供,而B企业用以赚取利润的总资产中,所有者只提供了400万元,而净利润全部属于所有者。因此,计算所有者权益净利润率更加富有意义,即计算所有者投入的每1元钱,能够为所有者带来几元钱的利润,具有更高的相关性。比较两个企业的所有者权益净利润率,A企业仍为5%,而B企业则为11.25%。显然,从所有者的角度来看,在B企业的单位投资能够带来更大的回报。因此,B企业的盈利能力更强。

另外,如果旨在评价A、B两个企业的投资业绩,或者说评价企业运用资产创造利润的能力,则用总资产净利润率(即净利润除以总资产)是不合适的。因为该指标的分母是属于债权人和所有者共同所有的总资产,而分子却是只属于所有者的净利润。正确的做法是分子采用营业利润(即没有扣除利息和所得税,由企业运用全部资产创造的,属于所有者、债权人和政府的经济利益)。营业利润除以总资产,称为总资产营业利润率。比较上述两个企业,A企业的总资产营业利润率为6.67%,B企业为10.8%。显然,B企业单位投资创造的营业利润高于A企业,B企业的投资业绩更好一些。

通过上面例子,说明以下四个问题:第一,绝对额分析没有意义,主要因为绝对额不可比。第二,要注意可比性,剔除不可比因素的影响。本例中,如果两个企业均是全额股本融资,则比较其总资产营业利润率或所有者权益净利润率,无论对于分析股东单位投资的盈利能力,还是分析企业单位资产投资的盈利能力是没有区别的。但是,如果一个企业负有较大债务而另一个企业没有债务,即两者资本结构存在较大区别时,用所有者权益净利润率判断企业的营业绩效,其可比性就因为资本结构的差别而下降了。第三,要结合分析目的选择恰当的财务比率。不同的分析目的,财务分析选择的财务比率不同。本例中,评价股东单位投资回报率与评价企业单位资产投资绩效,所运用的财务比率不同。第四,企业间比较分析在本质上是一个参照系的选择问题,即借助于其他企业或其他可比的财务比率,来评价分析对象的财务状况、经营成果与现金流量情况。这一参照系,或者说一组能够代表一个特定行业正常的财务状况、经营成果的财务比率,一般称其为标准财务比率。

二、比率分析法

(一)比率分析法的概念

比率分析法就是把同一报表或不同报表的两个彼此存在关联的项目加以对比,从而计算出各种不同经济含义的比率,揭示企业财务活动的内在联系,据以评价企业财务状况和经营成果的一种方法。比率分析法能够把某些条件下的不可比指标转换为可比较的指标,将复杂的财务信息加以简化,以利于分析。它揭示了报表内各有关项目之间的相关性,实际上产生了许多新的、在许多决策中更为有用的信息。如表1-2所示,同属一个行业的甲、乙两企业,其资产负债表中的负债总额均为100万元,哪个企业的债务负担更重?哪个企业不能到期偿债的破产风险更高?显然只分析这两个企业的负债总额说明不了任何问题。

表1-2 假想中的两个企业的资产负债情况　　　　　　单位:万元

企业名称	负债总额	资产总额	资产负债率
甲企业	100	400	25%
乙企业	100	160	62.5%

但如果分别用这两个企业的负债总额除以各自的资产总额,计算出这两个企业的资产负债率,则这两个企业的负债程度、到期不能偿债的风险一目了然:甲企业的资产负债率为25%,即每1元资产中有0.25元是举债取得的,其债务负担显然较轻,到期不能偿债的可能性较小;乙企业的资产负债率为62.5%,即每1元资产中有0.625元是举债取得的,显然其债务负担较重,不能到期偿债的可能性较大。

(二)财务比率的分类

依据比率分析法中联系起来的两个数据之间的关系,可以将财务比率分为以下三类。

1. 构成比率

构成比率又称结构比率,是指某项经济指标的各个组成部分的数额与总体数额的比率,反映部分与总体的内在相互关系。其计算公式为:

$$构成比率 = \frac{某个组成部分数额}{总体数额} \times 100\%$$

在实际分析中,比较常见的构成比率是共同比财务报表,即计算报表的各个项目占某个相同项目的比率,如资产负债表各个资产项目占总资产的比率、利润表各个项目占营业收入的比率等。利用构成比率,可以考察企业总体指标中各个组成部分的形成和安排是否合理,以便协调各项经济活动。

2. 效率比率

效率比率是指某项经济活动中所费与所得的比率,反映投入与产出的关系。利用效率比率指标,可以进行得失比较,考察经营成果,评价经济效益。例如,将利润项目与主营业务成本、主营业务收入和资本等项目加以对比,可计算出成本利润率、销售利润率以及资本利润率等利润率指标,可以从不同角度观察比较企业盈利能力的高低。

3. 相关比率

相关比率是指以某个项目和与其有关但又性质不同的项目加以对比所得的比率,以便从经济活动的客观联系中认识企业的生产经营状况。利用相关比率指标,可以考察有联系的相关业务安排得是否合理,以保证企业运营活动能够顺畅进行。例如,将流动资产与流动负债加以对比,计算出流动比率,据以判断企业的短期偿债能力。

(三)采用比率分析法应注意的问题

比率分析法的优点是计算简便,计算结果容易判断,而且可以使某些指标在不同规模的企业之间进行比较,甚至也能在一定程度上超越行业间的差别进行比较。但采用这一方法时对比率指标的使用应该注意以下四点。

1. 对比项目的相关性

计算比率的分子项目与分母项目必须具有相关性,把不相关的项目进行对比是没有意义的。如销售成本与销售收入之间有关系,可以组成比率;而运输费用与有价证券之间没有必然的联系,把这两个项目组成比率就没有意义。在构成比率指标中,部分指标必须是总体指标这个大系统中的一个小系统;在效率比率指标中,投入与产出必须有因果关系;在相关比率指标中,两个对比指标也要有内在联系,才能评价有关经济活动之间是否协调均衡,安排是否合理。

2. 对比口径的一致性

计算比率的分子项目和分母项目必须在计算时间、范围等方面保持口径一致。例如,构建某一比率的两个指标,一个指标来自资产负债表,另一个指标来自利润表或现金流量表时,应将资产负债表的数据取期间内的平均数,这是因为资产负债表是静态报表,表示某一时刻的财务状况;而利润表或现金流量表是动态报表,表示一定期间内的经营成果或现金流量,两者的计算口径不同。

3. 衡量标准的科学性

运用比率分析法计算出某一比率后,并不能充分说明其对应的经济意义,需要选用一定的标准比率与该比率进行对比分析,以便对企业的财务状况做出正确的评价。例如,企业当期的销售利润率是12%,是好还是不好,不能简单地下结论。如果企业以前各期都低于12%,那么企业是在向好的方向发展;可是同行业同类企业平均销售利润率是15%,那么企业就有较大的差距,应进一步努力。通常而言,科学合理的对比标准有公认标准、预算标准、行业标准和历史标准。

4. 与其他资料相配合

必须与其他资料相配合,经过细心考察,才能获得真相。如某公司账面上流动资产与流动负债之比为2∶1,与标准比率相比,令人满意;然而若再考察其他资料(如会计报表附注),发现该公司正面临一项重大诉讼,而且通过法庭辩论,很有可能败诉,从而将付出一笔可能大于其全部流动资产的赔偿费。一旦败诉,公司的短期支付能力将陷入严重困境。可见,对比率分析的可信性不能过分估高,应尽量配合其他有关资料全面评价,以免做出错误判断。

三、趋势分析法

趋势分析法就是将两期或连续数期的会计报表中相同指标进行对比,确定其增减变动方向、数额和幅度,以说明企业财务状况、经营成果和现金流量的变动趋势的一种方法。具体做法是将两期或连续数期的数据按时期或时点的先后顺序整理为数列,并计算它的发展速度、增长速度、平均发展速度和平均增长速度,用发展的思路来分析问题。趋势分析的目的在于确定引起企业财务状况、经营业绩和现金流量变动的主要项目,判断变动趋势是否有利,并预测将来的发展趋势。

(一) 基期的确定方法

采用趋势分析法,确定基期是至关重要的。通常有两种方法用来确定基期,即固定基期和移动基期。相应地,趋势分析的方法有两种,即定基分析和环比分析。

1. 定基分析

所谓固定基期,就是选定某一会计期间作为基期,然后将其余各期某指标数值与基期该指标数值进行比较,从而通过计算得到的动态比率。其计算公式为:

$$定基动态比率 = \frac{分析期某指标数值}{固定基期该指标数值}$$

定基分析就是通过观察连续数期的定基动态比率,确定所分析项目的变动趋势及发展规律的一种分析方法。

2. 环比分析

所谓移动基期,就是以每一分析期的前期某指标数值为基期数值而计算得到的动态比率。其计算公式为:

$$环比动态比率 = \frac{分析期某指标数值}{前期该指标数值}$$

环比分析就是通过观察连续数期的环比动态比率,确定所分析项目的变动趋势及发展规律的一种分析方法。

如以2015年年末的资产为基数,将2016年年末、2017年年末、2018年年末和2019年年末的资产都与2015年年末数进行比较,得到资产定基发展速度;又如将2016年同2015年比较,将2017年同2016年比较,将2018年同2017年比较,将2019年同2018年比较,就可得到资产环比发展速度。

(二) 趋势分析法的运用方式

趋势分析法的具体运用主要有以下三种方式。

1. 重要财务指标的比较

重要财务指标的比较,是将不同时期会计报表中相同的重要财务指标或比率进行比较,直接观察其增减变动情况及变动幅度,考察其发展趋势,预测其发展前景。

2. 会计报表的比较

会计报表的比较又称水平分析法,是将连续数期的会计报表的金额并列起来,比较其相同指标的增减变动金额和幅度,据以判断企业财务状况和经营成果发展变化的一种方法。比较时,既要计算出会计报表中有关项目增减变动的绝对额,又要计算出其增减变动的百分比,据以识别各项目的变动趋势及幅度。会计报表的比较具体包括资产负债表比较、利润表比较、现金流量表比较等。

3. 会计报表项目结构的比较

会计报表项目结构的比较又称垂直分析法,是以会计报表中某个总体指标作为100%,再计算出其各组成项目占该总体指标的百分比,从而比较各个项目百分比的变动,以此反映报表中的各项目与总体的关系及其变动情况。这种方式与前述两种方式相比,能消除不同时期(不同企业)之间业务规模差异的影响,有利于分析企业的耗费水平和盈利水平,更能准确地分析企业财务活动的发展趋势。因此,这种方式既可用于同一企业不同时期财务状况的纵向比较,又可用于不同企业之间的横向比较。

(三) 采用趋势分析法应注意的问题

(1) 用于进行对比的各个时期的指标,在计算口径上必须一致;

(2) 剔除偶发性项目的影响,使作为分析的数据能反映正常的情况;

(3) 应用例外原则,应对某项有显著变动的指标做重点分析,研究其产生的原因,以便采取对策,趋利避害。

【业务实例1-2】 表1-3为华鼎公司综合项目分析表。

表1-3 华鼎公司综合项目分析表　　　　　　　　　　金额单位：万元

项　目	2015年 金额	2015年 百分比	2016年 金额	2016年 百分比	2017年 金额	2017年 百分比	2018年 金额	2018年 百分比
销售净额	350	100	367	105	441	126	485	139
销货成本	200	100	196	98	230	115	285	143
毛　利	150	100	171	114	211	141	200	133
营业费用	145	100	169	117	200	138	192	132
税前利润	5	100	2	40	11	220	8	160

要求：试用定基分析法对华鼎公司2015—2018年的趋势进行分析。

将2015年作为基期（固定基期），通过表1-3可比较2016—2018年各个项目比基期（2015年）的增减，并分析其发展趋势。如2016年同2015年比较，销售净额增加5%，而销货成本反而减少2%，所以毛利净增14%；但由于营业费用增加更多，达17%；因此，税前利润反而比2015年减少60%。2017年的情况最好，销售净额比2015年增加26%，而销货成本只增加15%，因此毛利增加41%；并且营业费用增加的百分比低于毛利增加的百分比，因而税前利润比2015年增加120%。2018年的发展趋势不如2017年，销售净额增加39%，但销货成本增加更多，达43%；因此，毛利增加的百分比低于销售增加的百分比，只有33%；营业费用增加的百分比32%，同毛利增加的百分比33%相仿，故税前利润只增加60%。按发展趋势分析，应认真检查2018年销货成本大量增加的原因，提出措施，控制其增加额，至少要求其增加率不超过销售额的增加率，这样才能提高税前利润，保持2017年的势头。

四、因素分析法

在进行财务报表分析时，采用比较分析法可以找出差异，但很难说明差异产生的原因是什么，分析对象受何种因素的影响，以及各个因素对其影响的程度如何。要解决这些问题，就必须使用因素分析法。因素分析法就是依据分析指标与其影响因素的关系，按照一定的程序和方法，从数量上确定各因素对分析指标影响方向和影响程度的一种方法。因素分析法根据其分析特点可分为连环替代法和差额分析法。

（一）连环替代法

连环替代法就是将分析指标分解为各个可以计量的因素，并根据各个因素之间的依存关系，依次用各因素的实际数替代基期数，据以测定各因素对分析指标的影响。

1. 连环替代法的基本特点

（1）在有两个以上因素存在着相互联系的制约关系时，为了确定各个因素对分析指标的影响程度，首先要以基期指标为基础，把各个因素的基期数按照一定顺序依次地以实际数来替代，每替代一个因素就得出一个新结果。

（2）在按顺序替代第一个因素时，要假定其他因素不变，即保持基期水平。

（3）在依次逐个替代其他因素时，以已替代过的因素的实际数为基础，其余尚未替代的因素仍保持基期水平。这样，将其他因素包括已替代过的和未替代过的都保持相同，才可以计算这一被替代因素的影响。

（4）依照上述替代方法，有几个因素就替代几次，最后一次替代指标就是实际指标。将每次某因素替代后的指标与该因素替代前的指标进行相减，两者的差异就是某一因素的影响程度。将各因素的影响数值相加，应等于实际指标与基期指标之间的总差异。

2. 连环替代法具体步骤

假设某经济指标为 M，由 A、B、C 三个因素的乘积所构成，则

实际指标：$M_1 = A_1 \times B_1 \times C_1$

基期指标：$M_0 = A_0 \times B_0 \times C_0$

首先，确定分析对象为实际指标与基期指标的差异 $D = M_1 - M_0$。

其次，将基期指标中所有影响因素依次用实际指标进行替代，测算各因素变化对 $D = M_1 - M_0$ 的影响。计算过程如下：

基期指标：$M_0 = A_0 \times B_0 \times C_0$

第一次替代：$M_A = A_1 \times B_0 \times C_0$

A 变化对 $M_1 - M_0$ 的影响为 $D_A = M_A - M_0 = A_1 \times B_0 \times C_0 - A_0 \times B_0 \times C_0$

第二次替代：$M_B = A_1 \times B_1 \times C_0$

B 变化对 $M_1 - M_0$ 的影响为 $D_B = M_B - M_A = A_1 \times B_1 \times C_0 - A_1 \times B_0 \times C_0$

第三次替代：$M_C = M_1 = A_1 \times B_1 \times C_1$

C 变化对 $M_1 - M_0$ 的影响为 $D_C = M_1 - M_B = A_1 \times B_1 \times C_1 - A_1 \times B_1 \times C_0$

最后，将以上各因素变动对 $M_1 - M_0$ 的影响加总，其结果等于实际指标与基期指标的差异 D。即 $D_A + D_B + D_C = (M_A - M_0) + (M_B - M_A) + (M_1 - M_B) = M_1 - M_0 = D$

【业务实例1-3】 华丰公司2019年4月生产甲产品消耗 A 材料费用实际数是4 620元，而计划数是4 000元，实际比计划增加620元。由于 A 材料费用是由产品产量、单位产品材料消耗用量和材料单价三个因素的乘积构成。现假定这三个因素的数值如表1-4所示。试分析它们对材料费用总额的影响程度。

表1-4 A材料费用构成因素的数值

项 目	单 位	计划数	实际数
产品产量	件	100	110
单位产品材料消耗用量	千克/件	8	7
材料单价	元/千克	5	6
材料费用总额	元	4 000	4 620

解：(1) 确定分析对象：实际数－计划数＝4 620－4 000＝620(元)

(2) 建立分析对象与影响因素之间的函数关系式：

材料费用总额＝产品产量×单位产品材料消耗用量×材料单价

(3) 计算各个因素对分析对象的影响程度：

计划数：$100 \times 8 \times 5 = 4\,000$(元)　①

替换一：$110 \times 8 \times 5 = 4\,400$(元)　②

替换二：$110 \times 7 \times 5 = 3\,850$(元)　③

替换三：$110 \times 7 \times 6 = 4\,620$(元)　④

产量增加的影响：②－①＝4 400－4 000＝400(元)
单位产品材料消耗量下降的影响：③－②＝3 850－4 400＝－550(元)
材料单价上升的影响：④－③＝4 620－3 850＝770(元)
三个因素共同的影响：400－550＋770＝620(元)

上述分析表明，A材料费用的变动受三个因素的影响。其中，产品产量增加使A材料费用增加400元，单位产品材料消耗量下降使A材料费用下降550元，材料单价上升使A材料费用增加770元。这里，产品产量增加导致A材料费用增加属于正常情况；单位产品材料消耗量下降使A材料费用下降是有利差异，说明企业要么进行了技术革新，要么在节支方面颇有成效；材料单价上升是不利差异，企业应进一步分析，找出影响A材料单价上升的主客观因素，以便更好地控制A材料费用的增加。

（二）差额分析法

差额分析法就是确定各因素实际数与基期数之间的差额，并在此基础上乘以排列在该因素前面各因素的实际数和排列在该因素后面各因素的基期数，所得出的结果就是该因素变动对分析指标的影响数。差额分析法作为连环替代法的简化形式，它可直接利用各影响因素实际数与基期数的差额，在其他因素不变的假定条件下，计算该因素对分析指标的影响程度。

【业务实例1-4】 根据【业务实例1-3】的相关资料，差额分析法的计算过程如下：
产品产量增加的影响＝(110－100)×8×5＝400(元)
单位产品材料消耗量下降的影响＝110×(7－8)×5＝－550(元)
材料单价上升的影响＝110×7×(6－5)＝770(元)
三个因素共同的影响：400－550＋770＝620(元)

（三）采用因素分析法应注意的问题

1. 因素分解的关联性

确定经济指标与各影响因素必须在客观上存在着因果关系，经济指标的组成因素能够反映形成该经济指标差异的内在构成原因。

2. 因素替代的顺序性

一般地说，替代顺序在前的因素对经济指标影响的程度不受其他因素影响或影响较小，排列在后的因素中含有其他因素共同作用的成分。传统的方法是先数量因素，后质量因素；先实物量因素，后价值量因素；先主要因素，后次要因素；先分子，后分母；如果相邻的两个因素同时都是数量因素或是质量因素，则把相对来说属于数量的因素放在前面。如某种产品对某种原材料的消耗额可以分解为单耗(M)、产量(Q)和价格(P)三个因素连乘的形式。此时，产量(Q)就是一个典型的数量因素，单耗(M)相对产量(Q)来讲是质量因素，单耗(M)相对价格来讲则是数量因素。因此，替代先后顺序为：先替代产量(Q)，再替代单耗(M)，最后替代价格(P)。

3. 顺序替代的连环性

使用因素分析法计算各个因素变动的影响都是在前一次计算的基础上进行的，并且是采用连环比较的方法确定各个因素变化的影响结果。只有保持在计算程序上的连环性，才能使各个因素影响之和等于分析指标变动的总差异。

4. 计算结果的假定性

由于因素分析法计算的各个因素变动的影响数,会因替代顺序的不同而有一定的差别,因而计算结果难免带有假定性。

任务四　理解财务报表分析的程序及注意的问题

任务要求

熟悉财务报表分析的基本程序,理解财务报表分析时应注意的问题。

相关知识

一、财务报表分析的基本程序

建立规范、合理的财务报表分析程序,目的是使分析工作能够有序地顺利进行。但不同的会计信息使用者,其财务报表分析的目的不同:投资者分析目标主要是看重投入资金的安全性和获利性,债权人分析目标主要是关注企业的偿债能力和支付能力,经营者分析目标主要是为企业产品、生产结构和发展战略方面的重大调整服务。所以,对不同的会计信息使用者来说,财务报表分析的程序也不完全一样。

（一）经营者分析财务报表的程序

经营者进行财务报表分析时,根据分析任务的不同,一般要经过确立分析标准、确定分析目标、制定分析方案、收集数据资料、核实整理资料、分析现状、做出分析结论和反馈等程序。

1. 确立分析标准

财务报表分析注重比较。对企业财务报表进行分析比较时,必须有一个客观的标准,并以此来衡量企业财务报表中的有关资料,从而较为客观地分析评价企业的财务状况和经营成果。

2. 确定分析目标

经营者进行财务报表分析是为了发现经营管理中存在的问题,找出产生的原因,拟定改进措施,达到提高效益的目的。具体来说,日常报表分析主要分析实际完成情况及其与企业预算的偏离情况,定期报表分析主要是对企业当期的生产经营及财务状况进行的全面分析,预测报表分析主要是弄清企业的发展前景,检查分析一般是进行有关专题的分析研究。

3. 制定分析方案

分析目标明之后,要根据分析量的大小、分析问题的难易程度制定出分析方案。无论是全面分析还是重点分析,都要列出分析项目,安排分析进度,确定分析的内容和时间。

4. 收集数据资料

分析方案确定之后,根据分析目标收集分析所需的数据资料。财务报表只反映企业经济活动在某一时期的结果,并不反映经济活动的发生、发展变化过程;并且财务报表只能部分地反映造成当前结果的原因,不能全面揭示形成原因。因此,分析者还需要收集其他相关资料信息,主要包括宏观经济形势信息和行业情况信息(如企业的市场占有率、市场价格等)以及企业的非财务数据(如企业的销售政策与措施、产品的品种、有关预测数据等)。资料收集可以通过查找资料、专题调研、座谈会或相关会议等多种渠道进行。只有充分地占有数据资料,才能做出正确的分析结论。

5. 核实整理资料

一方面要核对和明确财务报表是否反映了真实情况,是否与所收集的资料有较大差异。作为企业内部分析,如发现资料、数据不真实、不全面的问题,可进一步查对,寻求真实情况。另一方面要对具体资料进行整理,首先要将资料分类,如可以分成经济、产业和个别企业等三大类,按时间先后顺序排列。资料分类后,对于重复的、过时的、矛盾的资料予以剔除,从而减少不必要的负担。在此基础上,再进行企业概况整理。因为在分析报告的前言部分要对所分析企业的概况做一个介绍,所以扼要整理如企业历史、业务范围、股东人数、职工人数和研究发展等资料,便于以后撰写报告。

6. 分析现状,寻求变化原因

分析现状是指根据分析目标和内容,评价所收集的资料,寻找数据的因果关系;联系企业客观环境,通过指标对比、指标综合来解释形成现状的原因,揭示经营成绩和失误,暴露存在的问题,提出意见,探讨改进办法与途径。对企业现状的分析,通常从企业的偿债能力、营运能力、盈利能力及发展能力等方面进行。

7. 做出分析结论,撰写分析报告

由于企业经济活动的复杂性和企业外部环境的多变性,要求在做出分析结论时遵循一定的原则,如通过指标对比,进行综合判断;点面结合、抓住重点等。这些原则都是在实践中总结出来的,在分析时必须正确运用,才能得出正确结论。结论做出后要写出分析报告,分析报告需对分析目的做出明确回答,评价客观、全面、准确,要做必要分析,说明评价依据;对分析的内容、选用的分析方法、分析步骤也要做简要叙述,以备分析报告使用者了解分析过程。此外,分析报告中还应包括分析人员分析过程中发现的问题及提出的改进措施和建议等。

8. 反馈

反馈强调将新资料投入下一个资料处理系统,使分析结果及决策更为准确。由于经济的发展充满不确定性,随着时间的推移,新的资料产生了,原来重要的资料可能变得次要,而原来次要的或受忽略的资料却变得非常重要。因此,财务报表分析是一个连续的过程,新资料的反馈工作不可忽视。如今年所做的财务分析,等到明年再分析时,应补充今年增加的资料,并剔除不合时宜的旧资料。

(二) 投资者、债权人分析财务报表的程序

投资者进行财务报表分析是想了解自己的投资能否得到完整保全并不断增值,决定自己是否继续投资;债权人进行财务报表分析是要了解自己的债权能否确保到期实现,并决定是否继续贷款给该企业。

1. 认真阅读公司财务会计报告

公司对外编报公布的财务会计报告是经注册会计师审核并签署意见的书面文件,它详细规范地列举了公司财务状况、经营成果及现金流量情况。因此,投资者及债权人必须认真阅读公司的财务会计报告。

2. 分析重要比率指标,透视公司经济状况

重要比率指标是透视企业经济状况的重要手段。其重要比率指标有销售利润率、成本费用利润率、总资产报酬率、速动比率、资产负债率、盈余现金保障倍数、现金流动负债比、营业收入收现率、应收账款周转率、存货周转率、总资产周转率等。通过上述比率分析,可深刻了解公司盈利能力、偿债能力和营运能力,观察是否存在比率失常状况,进一步识别报表的真实程度。

3. 分析企业发展趋势,提出可疑问题

通过各项比率及各比率之间的对比分析,以及与上期实际对比分析,可以了解公司发展趋势;同时在分析对比中,可以发现某些矛盾问题。例如,某公司全年利润总额2 000万元,其他业务利润占了80%,这就产生了疑问:为什么大部分利润不是靠主营业务获得,而靠非主营业务获得,那么什么是非主营业务形成的利润?这就有待深入调查分析,才能得出正确结论。

4. 深入调查,识别事实真相

根据分析提出疑问,再深入实际进行调查研究,取得第一手资料,才能识别事实真相。例如,某投资者准备投入大量资金买进外地某上市公司股票。买之前,他仔细阅读了该公司上市公告,认真听取了该公司老总在某权威媒体上的讲话,几乎尽可能浏览了所有能搜寻到的有关该公司的报道,还静观了几个交易日,等到该股价回调了20%左右才下决心买进。没想到买后价格持续下滑。这位投资者决定去该公司经营所在地实地考察。到工厂一看,偌大的工厂空荡杂乱,很多工人都在闲逛。工人们对他说,情况糟透了,工资快要发不出了。随后,他立即抛掉了所有该公司股票,共损失10多万元。由此可见,深入实地调查研究是弄清真相的基本方法。

5. 掌握资料,做出决策

企业的投资者在掌握企业的财务资料后,进行分析,对企业的经营状况、盈利能力状况、发展前景等做出预测,从而对是否向企业投资、追加投资或减资做出决策。企业的债权人在进行财务报表分析后,对企业的偿债能力、盈利能力和经营风险做出预测和判断,为是否延长贷款期限或停止提供信贷资金做出决策。

二、财务报表分析应注意的问题

财务报表分析作为对企业经营理财活动进行诊断、检查的工具,可以帮助财务信息使用者发现存在的问题,确定已经取得的成绩。财务报表分析是对企业全方位的、系统的分析,必须考虑各种可能的影响因素,排除各种因素对财务报表分析的影响。因此,在分析企业财务报表,识别评价企业经营业绩过程中,应注意以下问题,以便做出正确结论。

(一)注意财务报表分析的局限性

市场经济环境的复杂性、多样性和不确定性,人们对客观社会经济活动认知的局限性,现行会计制度、会计核算原则和财务报表设计编制本身的局限性,以及各种利益集团为追求自身利益而对会计信息造成的影响等诸多主客观因素的共同作用,导致了财务报表分析不可避免地存在诸多的局限性,从而影响了财务信息使用者的决策。财务报表分析的局限性表现在以下两个方面。

1. 财务报表数据本身的局限性

财务报表是财务会计核算的最终成果,财务报表信息是在一系列会计准则或会计制度的规范下由财务会计核算系统所生成的,并且受制于会计假设和会计原则的约束,尤其是受历史

成本和权责发生制的约束；而企业的生产经营活动是非常复杂的，用统一的会计原则核算生成的会计信息不一定能真实地揭示企业的全部实际情况。从这种意义上讲，财务报表本身存在众多局限性。

（1）财务报表信息滞后的局限性。财务报表提供的信息都是企业已经发生的历史状况，记录着过去发生的事情，尚未考虑完全现行市价、重置成本等因素；其数据均是对已发生的成本、费用、收入的记录，缺乏时效性。财务报表的资产价值都是过去的实际成本，在物价变动幅度较大的情况下，虽然有的计提减值准备，但也不能完全正确反映企业资产的市场价值。而进行财务报表分析，不仅是为了分析评价企业以往的财务状况和已经取得的经营业绩，更重要的在于对企业未来的经营理财活动进行规划和指导。因此，财务报表所提供的会计信息不可避免地带有一定的滞后性。

（2）财务报表信息以货币作为计量单位的局限性。财务报表是以货币作为统一计量单位反映企业财务状况和经营成果的，不能反映企业经营理财活动中的非货币信息，如企业经营管理团队的经验能力、组织效率、人力资源潜力、劳动力素质、创新能力、企业文化，经营战略、科研开发投入的数量和质量、市场开拓的范围、产品或劳务的品牌商誉以及质量、设备先进或落后的状况等。而这些非货币信息与企业的未来盈利水平变化有关，对相关经济决策具有重大参考价值。分析时一旦忽视这些因素，将不利于正确分析企业的市场竞争能力，也不利于正确评估企业的市场价值，就难以得出正确结论。另外，币值稳定的假设使得在物价变动较大情况下（特别在通货膨胀情况下），可能影响会计数据的连续可比性，其数据隐含着资产价值低估或高估的风险，从而导致分析结论的错误。

（3）财务报表简化与概括的局限性。财务报表是按会计准则、会计制度编制的，简化与概括了企业复杂多样的经营理财活动。企业将大量纷繁复杂的会计资料经过整理、归类、汇总，然后简化、概括地用财务报表的形式加以披露。虽然这样符合规范的要求，但简化与概括有损财务报表的清晰性以及信息使用者在分析中所需要的具有潜在价值的信息无法提供或虽有提供但不能完全反映企业的客观实际。例如，某公司资产负债表上"应收账款"期初余额为100万元，期末余额为50万元，对此是否就可以下结论：该公司应收账款回收管理有效，期末比期初减少50万元？不一定，因为必须在了解该公司期初与期末计提坏账准备的情况后，才能下结论。然而，在资产负债表上却没有清晰地直接反映出来，可能会被人忽视、误解。另外，由于保密的需要，企业的一些重要信息也不便在财务报表中披露，这也影响了信息使用者的理解。如各项成本数据、材料消耗和人工消耗等数据资料，企业是不便提供的，因为这样的信息如果被竞争对手获得将对企业极为不利。

（4）财务报表的判断与动机的局限性。编制财务报表需要会计职业判断，而会计职业判断的不正确使用以及过多使用，会经常使会计信息的质量和可靠性发生波动，甚至有可能被用于操纵。会计职业判断不可避免地会受判断者主观动机的影响，也要受到某些利益集团为维护自身利益的动机的影响。首先，由于市场经济本身的复杂性、多样性和不确定性，现行企业会计制度规定，对于同一会计事项的账务处理，企业可以根据自身的实际情况，在现行法律法规和会计制度规定的范围内，在多种不同会计政策和会计估计中自行选择确定。如果不同企业对于存货发出的计价方法、固定资产的折旧方法、计提减值准备的方法等会计政策，以及固定资产折旧年限、无形资产的摊销年限、计提坏账准备的比例等会计估计进行了不同的选择，那么就会影响会计信息在不同企业之间的横向可比性，从而影响对企业经营业绩的比较。其次,现行会计制度规定,根据法律法规和会计制度规定以及实际情况的变化,企业可以变更原先的会计政策和会计估计的选择。如果同一企业在某一时期变更了它原先遵循的会计政策和会计估计,那么就会影响企业不同时期会计信息的纵向可比性,从而影响对企业变动趋势的分析判断。再次,会计政策、会计估计的不同选择和变更给人为操纵会计报表数据提供了机会,降低了财务信息真实性。最后,稳健性原则要求预计可能的损失而不预计可能的收益,有可能夸大费用、少计资产和收益,从而使会计报表数据不实。

正是由于财务报表存在着上述局限性,因而在进行分析时,必须对财务报表本身的特征有全面、明确的了解。

2. 注意财务比率分析的局限性

财务比率是相对数,能排除企业规模大小的影响,能反映各会计要素的内在联系,能提供关于企业基本状况的线索与征兆。因此,运用财务比率分析企业的财务报表,能综合衡量企业的财务状况、经营成果和现金流量。但是,它也有一定的局限性。其局限性主要表现在以下两个方面:

(1) 某些财务比率会受人为因素的操纵。财务比率是若干个相关财务指标数据之比,而会计决算前发生的一些经济业务事项会影响和改变某些财务指标数据,从而会影响和改变某些财务比率。如年终收到一批材料,货款未付,如何处理? 如果增加存货和应付账款,就会影响速动比率。又如在资产负债表日之前将借款还掉,下年初再设法借入,以粉饰其偿债能力。在这种情况下,企业流动比率所揭示的信息就缺乏真实性。这样,财务比率在一定程度上会受到人为的调节和操纵。因此,在财务报表分析时,应注意会计期末前后一段时间的变化情况,财务报表数据是否经过人为的粉饰。

(2) 财务比率的优劣没有一个绝对的判断标准。"没有一个绝对的判断标准"具有两层含义:一是不能根据单独一项财务比率或一个具体的数值来评价企业的优劣。就以核心指标净资产收益率来说,一般认为至少应高于10%为好;但不能绝对化:把高于10%的公司都列入绩优行列,把低于10%的公司都列入绩差行列。例如,A公司2019年净资产收益率虽然达到15%,然而A公司有大量收不回的应收账款,现金流量严重匮乏,经营活动现金净流量为负数,那么能说A公司经营业绩很好吗? 实质上A公司已面临重重危机。再如,较高的流动比率不一定比较低的流动比率好,较高的流动比率也可能是企业存在较多的闲置流动资产,这反而会影响企业的盈利能力。二是同一财务比率在不同行业、不同时期都会有不同的标准,只有通过具体的分析比较,才能做出正确的判断。如一般来说,速动比率在0.8~1.2之间,可以认为企业资产的流动性及短期偿债能力比较理想;但对于主要以现金销售为主的零售企业来说,其速动比率可以远远低于此标准。

(二) 报表数据必须结合附注内容进行分析

报表数据是对企业已经发生的经济业务用货币高度概括的结果,是一个总括概念。如果单纯用报表数据进行分析,就可能无法得到对决策有用的信息;而会计报表附注是财务报表的必要补充和说明。因此,在进行财务报表分析时,必须将报表数据与附注内容结合起来进行,这样才可能获得相关信息。如资产负债表中列示的存货信息实际上是众多产成品、半成品、原材料等科目汇总而成的,在财务报表分析时就必须结合附注中存货的构成进行分析。因为存货中90%是产成品与90%是原材料对企业的影响是完全不同的。产成品比重过大可能意味着企业产品滞销,企业的经营风险增大;而原材料比重较大,则可能预示着企业的发展前景较好。又如对应收账款的分析,必须结合会计报表附注中的账龄分析表,分析应收账款的可收回性,否则就会高估应收账款的价值。

(三) 注意区分可控因素与不可控因素和正常经营事项与非正常经营事项

一般而言,企业的经营业绩同时受众多因素的影响,其中包括可控因素与不可控因素。可控因素是指企业管理人员可以控制的因素(如生产经营计划、人财物的安排等);不可控因素是指企业管理人员无法控制但对企业的生产经营具有影响的事项(如国民经济的运转情况、国家宏观经济政策等)。因此,认识可控因素和不可控因素对企业业绩的不同影响,对合理评价企业和管理人员的业绩是十分必要的。

正常经营事项是指企业只要持续运营就会持续发生的事项,如各种生产经营活动;这些事项是经常性的、持久的,与这类事项有关的信息是对未来进行预测的基础。非正常经营事项是指那些偶然发生的事项,如接受捐赠、自然灾害等;这些事项只是偶然发生的、暂时的,其对企业的影响一般是当期的,与这类事项有关的信息的决策相关性较差。由此可见,这两类事项对企业的生产经营状况的影响有着本质的区别,在财务报表分析时,要注意区分这两类事项的不同影响。

(四) 注意评价标准的选择和客观性

财务报表分析的一个重要前提是要有共同的比较基础。财务比率虽克服了财务报表只揭示绝对数的缺陷,但比率本身并不能充分说明问题;财务比率等财务指标只有与特定的标准进行对比之后,才能作为判断的基础。财务报表分析的标准包括定量标准和定性标准。定量标准一般包括企业的历史指标、计划指标及行业标准。其中行业标准代表着企业所在行业的平均水平或先进水平,因而是分析人员应首先考虑的评价标准。定性标准是指那些不能用数量表示的规定、计划和目标等(如企业文化、管理人员的素质)。企业生产经营环境的复杂使定量标准经常不能全面反映企业的经营状况,而必须结合定性标准的应用。在财务报表分析中,将两种标准结合起来运用能更好地反映企业的真实情况,获得对决策有用的信息。

分析企业财务报表时还要注意评价标准的客观性。如流动比率,一般认为不低于200%为好。但如果只有170%或120%,企业的经营会发生怎样的不良状况?如果为240%,又会出现什么样的结果?对此恐怕难以做出肯定的回答。再者,企业所处的地理环境、企业生产经营的特点、企业所属行业特点等,对评价标准也有一定影响。因此,用一个统一的评价标准去评价各行各业的企业的经营业绩和财务状况是不合理的,也是不恰当的;每个企业应结合自身的特点,参照同行业水平,实事求是地制定评价标准。

(五) 注意财务报表的真实性

财务报表的真实性是正确进行财务报表分析的前提和基础。如果财务报表本身失真,就不可能进行正确的财务报表分析。造成财务报表失真的原因主要有:一是对会计准则的错误理解,采用了错误的会计处理;二是发生各种会计差错;三是为了某种目的蓄意造假,误导报表使用者,如不恰当地运用谨慎原则以计提巨额秘密准备,利用关联交易高计收入、虚增资产,利用非经常性损益制造盈利假象等。比如,我国上市公司的"造假明星"银广夏公司采用伪造购销合同、伪造出口报关单、虚开增值税专用发票、伪造免税文件和伪造金融票据等手段,虚构主营业务收入,虚构巨额利润7.45亿元,将自己打造成绩优公司,导致许多基金、上市公司和广大投资者在银广夏公司股票每股市价35元左右的高位,购入大量银广夏公司股票。在银广夏公司造假丑闻被媒体披露后,该公司股票市价一路暴跌,跌至每股市价不到3元,导致投资者损失惨重。

（六）结合审计报告意见的类型

目前,我国用于公布目的的财务报表一般都需要经过注册会计师的审计,虽然审计不能发现报表中可能存在的全部错误或舞弊,但却可为报表的真实性和可靠性提供合理的保证。因此,财务报表分析应当结合注册会计师出具审计报告的意见类型。当审计报告为非无保留意见类型时,分析人员就应注意审计报告中的说明段,了解审计人员出具非无保留意见报告的原因及其对财务报表的影响。只有将上述影响的数额从财务报表数据中删除,分析的结果才会是可靠的、对决策有用的。

本项目小结

本项目主要从财务报表分析的概念、分析主体及其目的、分析内容及形式、分析依据及基本原则、分析方法和分析程序及应注意的有关问题入手,对财务报表分析的基础知识做了比较全面的阐述。财务报表分析是理财工作的重要内容,对于企业的投资者、债权人和管理当局了解企业的财务状况、经营成果和现金流量,进而采取相应的对策,有着十分重要的意义。学习者必须对财务报表分析的要求、内容、方法、应注意的问题等有一个比较全面的认识,以便为进一步学习奠定扎实的基础。

知识链接

财务报表分析的产生与发展

财务报表分析是人类社会产生了会计职业并且编制财务报表之后才出现的,最早由银行家所倡导。19世纪末,当时的财务报表仅限于资产负债表,为了防止竞争对手获得信息,企业一般不予公开损益报表。随着现代企业的出现,自有资本积累已不能满足企业的资金需要,银行的地位和作用逐渐增强。而作为银行家,在决定是否向企业发放贷款时,最关心的是申请贷款的企业能否按时还本付息。为确保债权权益,尽量避免放贷风险,银行家逐渐感到,单凭企业经营者的个人信用、对企业经营状况的主观判断和经验估测作为放贷依据是不可靠的。于是,在决定放贷之前,银行要求企业提供历史的资产负债表,对企业进行信用调查和分析,借以判断企业的偿债能力,这样就产生了财务报表分析。

银行在财务报表分析中发挥了特有的洞察力,对贷款企业的发展前途以及在本行业的地位与经营状况做出了较为准确的判断。因此,这种分析结果不仅为银行本身所利用,也引起了企业其他投资者的兴趣,他们往往以银行对企业的评价作为自己行为决策的参考。此外,企业之间进行交易往来也很自然地借用银行分析结论相互作为对对方企业实施经营方针的依据。银行对企业进行财务报表分析的重要作用越来越被人们所认识,各家银行纷纷开办专门的经营咨询机构,通过提供财务报表分析资料和其他调查资料为企业及其他有关单位或个人决策提供咨询服务和业务方面的指导。

尽管在20世纪初财务报表分析技术出现了许多重大突破,但财务报表分析成为一门独立的学科还是始于20世纪50年代。随着股份制经济和证券市场的发展,股东为了自身投资的安全与收益,开始重点关注企业未来的财务状况和经营成果,以便得到企业未来的价值信息。这时,财务报表分析从金融机构用以观察借款企业偿还能力的手段,发展到投资单位或个人作为在资本投资时确认对其是否有利的手段。于是,财务报表分析由信用分析阶段进入到投资分析阶段。时至今日,伴随着市场经济的飞速发展,各行各业在激烈的市场竞争中面临更多的经营风险和财务风险的挑战,财务报表分析已经成为企业众多利益相关主体进一步获取有价值的信息并对未来进行决策的主要手段和方法,财务报表分析在企业加强管理、政府增强决策的科学性等诸多方面发挥着日益重要的作用。

能力拓展训练

拓展资源

一、单项选择题

1. 债权人在进行财务报表分析时最关心的是( )。
   A. 偿债能力　　　B. 营运能力　　　C. 盈利能力　　　D. 资本结构
2. 盈利能力是( )最关心的核心问题。
   A. 债权人　　　　B. 投资者　　　　C. 企业经营者　　D. 客户
3. 在下列财务报表分析主体中,必须对企业营运能力、偿债能力、盈利能力和发展能力的全部信息予以详尽了解和掌握的是( )。
   A. 投资者　　　　B. 企业经营者　　C. 债权人　　　　D. 财税部门
4. 反映企业某一特定日期的财务状况的报表是( )。
   A. 资产负债表　　B. 现金流量表　　C. 利润表　　　　D. 所有者权益变动表
5. 下列不属于财务报表的是( )。
   A. 资产负债表　　B. 利润表　　　　C. 现金流量表　　D. 审计报告
6. 下列信息中,属于非财务信息的是( )。
   A. 利润分配情况　B. 资金增减情况　C. 资金周转情况　D. 生产经营基本状况
7. 下列不属于财务报表分析原则的是( )。
   A. 有用性　　　　　　　　　　　　　B. 可理解性
   C. 定量分析与定性分析相结合　　　　D. 配比性
8. 为了评价判断企业所处的地位与水平,在分析时通常采用的标准是( )。
   A. 经验标准　　　B. 历史标准　　　C. 行业标准　　　D. 预算标准
9. 在财务报表分析的基本方法中,( )法是最基础的。
   A. 趋势分析　　　B. 因素分析　　　C. 比较分析　　　D. 结构分析
10. 可以预测企业未来财务状况的分析方法是( )。
    A. 比较分析　　　B. 比率分析　　　C. 趋势分析　　　D. 因素分析

二、多项选择题

1. 财务报表分析按照分析内容的范围不同,可以分为( )。
   A. 外部分析　　　B. 全面分析　　　C. 内部分析　　　D. 专题分析
2. 财务报表的使用者主要有( )。
   A. 银行　　　　　B. 供应商　　　　C. 投资者　　　　D. 审计部门

3. 年度财务报告由( )三部分组成。
   A. 财务报表　　　B. 财务预算　　　C. 财务情况说明书　D. 财务报表附注
4. 下列属于财务情况说明书内容的有( )。
   A. 企业主营业务范围经营情况　　　B. 关联方关系及其交易的说明
   C. 利润及利润分配情况　　　　　　D. 资金增减及周转情况
5. 企业对外报送和公布的主要财务报表包括( )。
   A. 资产负债表　　B. 利润表　　　C. 现金流量表　　D. 所有者权益变动表
6. 附表是指对主表中的某一项或几项内容提供更为详细情况的报表。下列属于附表的有( )。
   A. 应交增值税明细表　　　　　　　B. 所有者权益变动表
   C. 主营业务收入明细表　　　　　　D. 管理费用明细表
7. 财务报表分析的基本方法有( )。
   A. 比较分析法　　B. 量本利分析法　C. 因素分析法　　D. 比率分析法
8. 属于效率比率的指标有( )。
   A. 成本费用利润率　B. 销售利润率　C. 资产负债率　　D. 净资产收益率
9. 下列说法正确的有( )。
   A. 效率比率反映投入与产出的关系
   B. 总资产报酬率属于效率比率
   C. 流动比率是相关比率
   D. 由于"资产＝负债＋所有者权益",因此,资产负债率属于构成比率
10. 下列项目中,属于采用比率分析法时应注意的问题有( )。
    A. 对比项目的相关性　　　　　　　B. 对比口径的一致性
    C. 因素替代的顺序性　　　　　　　D. 衡量标准的科学性

三、判断题

1. 财务报表是企业向外界传递财务会计信息的主要途径。( )
2. 内部会计报表是供企业内部经营管理职能部门和决策人使用的报表,必须统一格式、统一时间。( )
3. 财务报表分析的主要作用在于评价过去、反映现在和预测未来。( )
4. 财务报表分析的依据是企业财务报告,不包括来自企业内部的其他信息。( )
5. 定性分析是财务报表分析的基础和前提,定量分析是财务报表分析的手段和工具。( )
6. 债权人通常不仅关心企业的偿债能力比率,也关心企业的盈利能力比率。( )
7. 比率分析法是一种特殊形式的比较分析法,它使用相对数比较,可以把规模不同企业的相关指标进行对比分析。( )
8. 在采用因素分析法时,既可以按照各因素的依存关系排列成一定的顺序并依次替代,也可以任意颠倒顺序,其结果是相同的。( )
9. 采用本企业实际与国内外先进水平进行比较,有利于找出本企业同国内外先进水平之间的差距,明确本企业今后的努力方向。( )
10. 在财务报表分析中,将通过对比两期或连续数期财务报表中的相同指标,以说明企业

财务状况或经营成果变动趋势的方法称为比较分析法。   （ ）

四、计算分析题

1. 华翔公司在 2016—2019 年的产品销售额分别为 8 000 万元、8 340 万元、8 670 万元和 9 200 万元。

要求：计算定基动态比率和环比动态比率的发展速度与增长速度指标，并对销售业绩的发展趋势做出简要评价。

2. 华威公司生产甲产品，产品产量、单位产品材料消耗量、材料单价及材料费用总额的有关资料如表 1-5 所示。

表 1-5　甲产品材料消耗有关资料

项　目	上月数	本月数
产品产量(件)	100	120
单位产品材料消耗量(千克/件)	30	25
材料单价(元/千克)	20	22
材料费用总额(元)	60 000	66 000

要求：分别采用差额分析法和连环替代分析法分析产品产量、单位产品材料消耗量以及材料单价对材料费用总额的影响。

3. 商业银行信贷员刘伟拿到新华公司 2019 年 12 月 31 日的资产负债表，以此计算得出理论上认为较好的有关财务比率(流动比率为 2.4，速动比率为 1.2)。于是，刘伟认为该企业财务状况不错，可以放心追加贷款。但信贷主任华英伟说："且慢，这些以时点数计算出来的比率有一定问题。"你觉得有什么问题？

项目二　资产负债表分析

学习目标

知识目标

1. 理解资产负债表的格式，了解其作用；
2. 掌握资产项目的阅读和分析；
3. 掌握资本项目的阅读和分析；
4. 掌握资产负债表的水平分析法和垂直分析法。

能力目标

能够对资产负债表及其相关资料进行整理，运用各种分析方法对企业的财务状况、资产、权益结构进行有效分析，并能根据分析结果提出改善企业经营管理的合理建议。

导入案例

资产泡沫与资产评价

随着"资产负债表"的深入人心，人们对资产负债表中的重要资产项目的关注程度也日渐提高。货币资金、应收账款、存货、固定资产等是人们通过分析资产负债表，全面评价企业财务状况、经营风险的主要资产项目。而应收账款作为企业重要的流动资产，其数额的多少、回款速度的快慢、债务方的资金实力与诚信度等，都会对企业资产的安全性、价值的真实性和资产信息的诚信性产生重要影响。分析以下案例，你会想到什么？

国内某大型国有钢铁公司，先后五次销售给北京某贸易公司价值1亿元的钢材。该贸易公司老板看似踏实、稳健，少言寡语。双方合同约定，每次交易均由该贸易公司先支付20%的预付款，款到后钢铁公司发货；到货后，该贸易公司通过某银行开具5%的履约保函，然后证明其有足够的资金作为担保，于是钢铁公司就会全额退还20%的预付款。

没有想到，该贸易公司在把所有钢材售出后，并没有将收回的款项及时支付给钢铁公司，而是用于填补其他急需资金的业务领域。钢铁公司屡次催款未果，意识到事情的严重性，遂与开具保函的银行联系，洽谈如何降低损失，而钢铁公司高管将面临严重的失职责任。此时，如果要把贸易公司告上法庭，那么1亿元的债权也很难追回。由于银行在其间也起到了重要的作用，因此银行也积极出面对双方进行协调。

双方最后达成如下协议：当时天然气的配额十分紧缺，该贸易公司与国内某石油公司有深交，因此它拿到了8 000万立方米的天然气配额，又注册了一家公司，专门为该钢铁公司供气，并在天然气贸易形成的利润中，偿还了前欠的1亿元债务。至此，此事落下帷幕。如果此事没有如此解决，那么钢铁公司包括总会计师在内的相关高管人员将受到处罚。

【思考题】 如果你是该钢铁公司的财务人员(或相关管理人员),你应该如何有效地控制销售回款风险来消除资产泡沫,还资产评价一个公道?

任务一　了解资产负债表与分析内容

任务要求

熟悉资产负债表的定义与作用,掌握资产负债表的结构与格式,了解资产负债表分析的内容。

相关知识

一、资产负债表的概念

(一)资产负债表的定义

资产负债表又称财务状况表,是反映企业在某一特定日期(月末、季末、年末)财务状况的会计报表,列示了企业在特定日期的资产、负债和所有者权益及相关信息,集中体现了企业经营管理活动的结果。由于资产负债表反映的是企业某一时点的财务状况,所以又称为静态财务报表。

(二)资产负债表的作用

通过资产负债表,报表使用者可以了解企业在某一日期的资产总额和资产结构、债务的期限、结构和数量,以及判断所有者投入资本的保值增值情况。具体来说,资产负债表的作用主要体现在以下几个方面:

(1)反映企业拥有或控制的经济资源及其分布情况和结构。资产负债表可以提供某一日期企业的资产总额及结构,表明企业拥有或控制的资源及其分布情况。通过资产负债表中的资产总额可以概括了解企业的规模大小、经济实力强弱;通过表中各具体资产项目数据,可以了解企业资产的分布情况和结构状况;通过表中流动资产的有关数据和结构,可以判断企业变现能力的强弱。因此,资产负债表是分析企业生产经营能力的重要资料。

(2)了解企业的资金来源构成与资本结构。资产负债表可以提供某一日期企业的负债总额及其结构和所有者权益总额及其结构,表明企业未来需要用多少资产或劳务清偿债务以及清偿时间,据以判断所有者投入资本的保值增值的情况以及对负债的保障程度。在企业权益总额中负债与所有者权益、负债中流动负债与非流动负债、所有者权益中投入资本与留存收益等的比例关系就是企业的资本结构。它在一定程度上反映了企业所面临的财务风险和偿还债务的能力。因此,资产负债表是判断企业面临的财务风险,以及企业的财务实力和长期发展能力的主要依据。

(3)了解企业的偿债能力和财务状况的变动趋势。资产负债表还可以提供进行财务分析的基本资料。通过资产负债表可以计算出流动比率、速动比率等指标,来判断企业的短期偿债能力;可以计算出资产负债率、产权比率等指标,来判断企业的长期偿债能力。通过对资产负债表各项目前后期对比,可以看出企业资本结构的变化情况,分析企业财务状况的发展趋势,从而有助于财务报表使用者做出经济决策。

二、资产负债表的结构和格式

(一) 资产负债表的结构

资产负债表是根据会计恒等式"资产=负债+所有者权益"来设计的,并依照一定的分类标准和顺序,把企业在特定日期的资产、负债和所有者权益等会计要素予以适当的排列并根据日常会计核算形成的大量数据进行整理后编制而成。资产负债表一般由表首和正表两部分组成。其中,表首概括地说明报表名称、编制单位、编制日期、报表编号、货币名称和计量单位等;正表是资产负债表的主体,列示了用以说明企业财务状况的各个项目,每个项目又分为"年初余额"和"期末余额"两栏分别填列。

目前,国际上资产负债表正表的格式通常有两种,即报告式资产负债表和账户式资产负债表。报告式资产负债表是上下结构,上半部列示资产,下半部列示负债和所有者权益。账户式资产负债表是左右结构,左方列示资产,右方列示负债和所有者权益。这种资产负债表能够比较清楚地反映企业资产、负债与所有者权益三大要素之间的数量对应关系,其结构特征具体表现如下:

(1) 资产负债表分为左右两方,左方为资产,右方为负债和所有者权益,资产总额等于负债加所有者权益合计数。

(2) 左方资产内部各个项目按照各项资产流动性的大小或变现能力的强弱进行排列。流动性越大、变现能力越强的资产项目越往前排;反之,越往后排。

(3) 右方负债和所有者权益两项按照权益的顺序进行排列。负债是第一顺序的权益,具有优先清偿的特征,排在所有者权益之前;而所有者权益在企业正常生产经营情况下无须清偿,属于剩余权益,列于负债之后。

(4) 右方负债内部各个项目按照每个项目偿债的紧迫性而依次排列,由近至远,越紧迫的项目越往前排列;反之,越往后排列。

(5) 所有者权益内部各个项目按照每个项目的稳定程度而依次排列。稳定性程度越强的项目越往前排列;反之,越往后排列。

(二) 资产负债表具体格式

我国 2006 年颁布的企业会计准则规定,资产负债表的结构采用账户式结构。其具体格式如表 2-1 所示。

表 2-1 资产负债表

会企01表

编制单位:华天股份有限公司　　　2019 年 12 月 31 日　　　　　　　　　　单位:元

资　产	期末余额	年初余额	负债和所有者权益(或股东权益)	期末余额	年初余额
流动资产:			流动负债:		
货币资金	127 530 439.08	74 765 564.65	短期借款	120 610 000.00	149 730 000.00

续 表

资产	期末余额	年初余额	负债和所有者权益(或股东权益)	期末余额	年初余额
交易性金融资产			交易性金融负债		
衍生金融资产			衍生金融负债		
应收票据	5 568 336.08	18 841 133.66	应付票据	3 194 546.70	2 728 750.02
应收账款	91 857 731.82	79 743 418.39	应付账款	123 673 381.37	86 587 745.29
应收款项融资			预收款项	6 028 461.27	1 350 681.24
预付款项	34 426 109.84	19 419 356.87	合同负债		
其他应收款	71 335 202.91	3 148 327.52	应付职工薪酬	5 616 884.13	4 806 034.12
存货	78 506 816.87	62 900 816.06	应交税费	4 659 323.03	4 211 275.07
合同资产			其他应付款	85 141 656.33	21 347 671.32
持有待售资产			持有待售负债		
一年内到期的非流动资产			一年内到期的非流动负债		
其他流动资产			其他流动负债		
流动资产合计	409 224 636.60	258 818 617.15	**流动负债合计**	348 924 252.83	270 762 157.06
非流动资产:			非流动负债:		
债权投资			长期借款	140 000 000.00	
其他债权投资			应付债券		
长期应收款			其中:优先股		
长期股权投资	743 957 757.57	572 065 804.88	永续债		
其他权益工具投资			租赁负债		
其他非流动金融资产			长期应付款		
投资性房地产			预计负债		
固定资产	231 131 686.21	208 725 513.92	递延收益		
在建工程	84 185 982.04	81 865 274.14	递延所得税负债		
生产性生物资产			其他非流动负债		
油气资产			**非流动负债合计**	140 000 000.00	
使用权资产			负债合计	488 924 252.83	270 762 157.06
无形资产	25 004 994.77	15 282 738.09	所有者权益(或股东权益):		

续 表

资　产	期末余额	年初余额	负债和所有者权益(或股东权益)	期末余额	年初余额
开发支出			实收资本(或股本)	285 127 200.00	283 316 200.00
商誉			其他权益工具		
长期待摊费用	1 879 143.37	1 914 954.61	其中:优先股		
递延所得税资产	1 960 434.12	1 272 764.35	永续债		
其他非流动资产			资本公积	405 134 463.62	328 843 060.67
非流动资产合计	1 088 119 998.08	881 127 049.99	减:库存股		
			其他综合收益		
			专项储备		
			盈余公积	67 744 734.63	58 231 493.35
			未分配利润	250 413 983.60	198 792 756.06
			所有者权益(股东权益)合计	1 008 420 381.85	869 183 510.08
资产总计	1 497 344 634.68	1 139 945 667.14	负债和所有者权益(或股东权益)总计	1 497 344 634.68	1 139 945 667.14

三、资产负债表分析的内容

资产负债表分析主要包括以下内容。

(一) 资产负债表项目分析

资产负债表项目分析就是对资产负债表中资产、负债和所有者权益的主要项目的量与质进行深入分析。

(二) 资产负债表水平分析

资产负债表水平分析也称资产负债表趋势分析,就是通过对企业连续两期或多期资产负债表中各项资产、负债和所有者权益数据进行对比分析,计算其增减变动的数额和百分比,从而了解企业资产、负债和所有者权益项目变动的方向、数额和幅度,据以判断企业财务状况的变化趋势。

(三) 资产负债表垂直分析

资产负债表垂直分析也称资产负债表结构分析,就是通过编制资产负债表的结构分析表来进行纵向比较分析,将资产负债表中各项目与资产总额或权益总额进行对比,计算出各项目占总体的比重,分析企业的资产构成、负债构成和所有者权益构成,揭示企业资产结构和资本结构的合理程度,探索企业资产结构优化、资本结构优化及资产结构与资本结构适应程度优化的思路。

任务二　掌握资产负债表具体项目分析

任务要求

熟悉资产负债表中资产、负债及所有者权益的分布状况,掌握资产、负债及所有者权益各具体项目阅读与分析的方法,判断资产、负债及所有者权益各具体项目的真实性及可靠性。

相关知识

资产负债表具体项目分析是在对资产负债表进行一般性数据分析的基础上,对影响企业资产、负债和所有者权益的主要项目内涵质量进行深入分析,尤其注意分析会计政策、会计估计等变动对有关项目的影响。

一、资产项目分析

(一)资产项目分析的程序

资产是指过去的交易、事项形成并由企业拥有或者控制的资源,该资源预期会给企业带来经济利益。资产负债表中资产类项目按照流动性由强到弱的顺序进行排列,主要有流动资产和非流动资产两部分。资产项目分析的程序如下。

1. 对资产总额进行分析

企业的本质特征是通过生产经营来盈利,而资产是企业进行生产经营的物质基础。通过对资产负债表中资产总额进行分析,可以概括了解企业的规模大小、财务能力强弱。一般而言,企业的资产总额越大,表明其生产经营规模越大,经济实力越强。

2. 对资产的流动性进行分析

资产的流动性是指企业资产变换为现金的速度,是衡量资产质量的重要尺度。能迅速变换为现金的资产,其流动性强;不能或不准备变换为现金的资产,其流动性弱。在资产负债表中,将流动性强的资产称为流动资产;而将流动性弱的资产称为非流动资产。这种分类的目的就是方便报表使用者了解和分析资产的变现能力和清偿能力。

3. 对资产结构及发展趋势进行分析

从理论上看,企业的全部资产都是有价值的,均能够变换为现金;但企业生产经营活动中有些资产是难以或不准备迅速变换为现金的,如厂房、建筑物、机器设备、运输车辆等固定资产以及土地使用权、商标等无形资产。这些资产一般为企业的劳动资料,往往在相对较长的时期内一直使用,不能或不准备变换为现金。这些固定资产和无形资产并非不流动,只是流动性较差,变现能力较弱。根据流动资产与非流动资产的这种不同特性,企业采取不同的融资策略,即流动资产一般较多地采用负债融资,而非流动资产一般较多地采用主权资本融资。

(二)流动资产项目的阅读与分析

流动资产是指一年内或超过一年的一个营业周期内变现或耗用的资产。流动资产包括货币资金、交易性金融资产、应收票据、应收账款、预付款项、其他应收款、存货、其他流动资产等。解读流动资产,首先应对其总额进行数量判断,即将流动资产与资产总额进行比较。而这种分析应当结合企业所处行业、生产经营规模,以及企业经营生命周期来展开。一般而言,流动资产占资产总额的比重,工业企业较低,商业流通企业较高;成长型企业较高,成熟型企业较低。在基本确认了流动资产的数额后,还必须对流动资产各个项目进行具体分析。

1．"货币资金"项目的阅读与分析

"货币资金"项目由库存现金、银行存款和其他货币资金三部分构成。货币资金本身就是现金,无须变现,是企业流动性最强的资产。它可以变成各种形态的资产(如存货、固定资产和无形资产等),也可以用它来直接偿还到期债务或支付投资者利润。企业保持一定数额的货币资金,主要是为了满足企业日常生产经营的需要,如采购原材料、支付职工工资等。货币资金的报表数据质量一般较好,与实际情况没有差距,除非企业有外币或被冻结的资金。"货币资金"项目分析时要注意:

(1) 对货币资金进行数量判断,即分析货币资金占流动资产的比重,一般为10%左右。企业拥有足够的货币资金,对债权人的债务偿付和供货商的货款支付,有较大的保障;但货币资金又是盈利能力最低或者说几乎不产生收益的资产。因此,若货币资金过少,意味着企业获取现金能力较差,企业的支付能力会受到影响,将使企业面临一定的偿债压力,甚至使企业资金链断裂,难以维持简单再生产;但若货币资金过多,则表明企业资金闲置,会导致企业整体盈利能力下降,甚至会引发资金安全方面的问题。

(2) 对货币资金进行质量判断。为维持企业生产经营活动的日常运转,企业必须有一定的货币资金余额。由于企业的情况千差万别,企业货币资金的规模是否适当,主要由下列因素决定:

一是企业的资产规模、业务收支规模。一般来说,企业资产总额越大,相应的货币资金规模也就应当越大;业务收支频繁且绝对额大的企业,处于货币形态的资金也会越多。

二是企业筹资能力。如果企业有良好的信誉,融资渠道畅通,在资本市场上就能够较容易募集资金,向金融机构借款也较方便,企业就没有必要持有大量的货币资金。

三是企业的行业特点。不同行业的企业,其合理的货币资金数额也会有所差异,有时甚至会很大。例如,金融企业一般具有大量的货币资金,而工业企业的货币资金量相对要小得多。

四是企业的货币资金构成。企业的银行存款和其他货币资金中有些不能随时用于支付的存款,如不能随时支取的一年期以上的定期存款、有特定用途的信用证存款、银行汇票存款等,它们必将减弱货币资金的流动性。对此,应关注会计报表附注中的列示说明,以正确评价货币资金的变现能力及其对应的短期偿债能力。

(3) 分析货币资金发生变动的原因。一是销售规模的变动。企业销售商品或提供劳务是取得货币资金的主要途径。当销售规模发生变动时,货币资金存量规模必然会发生相应的变动。二是信用政策的变动。如果企业提高现销比例,货币资金存量规模就会大些;反之,货币资金的存量规模就会小些。如果企业实行较为严格的收账政策,收账力度大,货币资金的存量规模也会增大。三是为大笔现金支出做准备。企业在生产经营过程中,可能会发生大笔的现金支出,如集中购货、偿还到期的巨额银行贷款或派发现金股利等,企业必须为此提前积累大量的货币资金,这样就会使货币资金的存量规模变大。四是资金调度。当企业货币资金存量规模过小时,企业会通过筹资活动提高其规模;而在货币资金存量规模较大时,则可通过短期证券投资的方法加以充分利用,降低其规模。五是所筹资金尚未使用。企业通过向银行借款、债券或发行新股而取得大量现金,但因时间关系而没来得及运用或暂时没有合适的投资机会进行投资,就会形成较大的货币资金余额。

根据表2-1、表2-2和表2-3,可以对华天股份有限公司的货币资金的存量规模及其变动情况做如下分析:第一,从存量规模及其变动情况看,该公司2019年年末货币资金比年初增长了52 764 874.43元,增长幅度为70.57%,变动幅度较大,结合营业收入增长4.66%、应付票据和应付账款分别增长了465 796.68元和37 085 636.08元来进行综合判断,其货币资金的存量规模和增长幅度稍显偏高;第二,从比重及变动情况看,该公司2019年年末货币资金比重为8.52%,年初比重为6.56%,尽管货币资金上升了1.96%,按一般标准判断,其实际比重并不算高,结合该公司货币资金的需求来看,其比重也比较合理,该公司支付能力有所增强。

2."交易性金融资产"项目的阅读与分析

交易性金融资产是指企业为了近期内出售而持有的金融资产,主要是以赚取差价为目的而从二级市场购入的各种能够随时变现、持有时间不超过一年的有价证券,包括股票、债券和基金等。企业持有"交易性金融资产",其主要目的是利用暂时闲置的资金,购入能够随时变现的有价证券,以获得高于银行存款利息的收益;同时,又可以保持高度的变现性,在企业急需货币资金时将其及时出售变现。

交易性金融资产的计量以公允价值为基本计量属性,无论是在其取得时的初始计量还是在资产负债表日的后续计量。企业持有交易性金融资产,其公允价值变动在利润表均以"公允价值变动收益"计入当期损益;出售交易性金融资产时,不仅要确认出售损益,还要将原计入"公允价值变动收益"的金额转入"投资收益"。因此,分析交易性金融资产时应关注以下两个方面:

(1)对交易性金融资产进行数量判断。企业保持适度规模的交易性金融资产,表明企业具备较高的理财水平。因为这意味着企业除了正常生产经营以取得利润之外,还有其他渠道可以获取收益;同时在需要时又可以及时将其转换为现金。但交易性金融资产只是利用企业暂时闲置资金进行运作,若企业交易性金融资产规模过大,必然会影响企业正常生产经营。

(2)对交易性金融资产进行质量判断。一是确认有价证券的性质。作为交易性金融资产,有价证券应当符合以下两个条件:第一,能够在公开市场交易且有明确市价;第二,持有的有价证券作为暂时闲置货币资金的存放形式,并保持其流动性和获利性。对其进行分析时,应当关注企业划分该类别的资产是否与上述条件相符;如果企业持有该资产很长时间没有出售,应当怀疑企业对该资产的分类是否正确。交易性金融资产在资产负债表中常常表现为金额经常波动的特点,跨年度不变且金额较为整齐的交易性金融资产极有可能是长期投资。

二是关注交易性金融资产在分析时的公允价值与报表上数据是否一致。如果不一致,应当分析该交易性金融资产价值的变动是暂时性的,还是可持续的,最好能获取最近时期交易性金融资产的公允价值数据,增加分析的可靠性。

三是分析交易性金融资产的收益性。通过会计报表附注和利润表揭示企业对交易性金融资产投资的业绩,一方面分析同期利润表中的"公允价值变动损益"及其在会计报表附注中对该项目的说明,了解交易性金融资产产生的公允价值变动损益是正还是负;另一方面分析利润表中的"投资收益",关注会计报表附注中对该项目的详细说明,分析因交易性金融资产投资而产生的收益为正还是为负,收益率是否高于同期银行存款利率。

3. "应收票据"项目的阅读和分析

"应收票据"项目反映的是企业因销售商品、提供劳务而持有的商业汇票的账面价值。应收票据在确认时,依据的是赊销业务中债权人或债务人签发的表明债务人在约定时日应偿付约定金额的书面文件,具有法律效力;并在到期之前,企业如果需要资金,可将持有的商业汇票背书后向银行或其他金融机构办理贴现。因此,应收票据的约束力和变现力强于一般的商业信用,故为企业所广泛使用。分析应收票据时应关注以下两个方面:

(1) 应当关注企业持有的应收票据类型,是商业承兑汇票还是银行承兑汇票。如果是银行承兑汇票,因银行是承兑人,基本不存在拒付的可能,故应收票据是可靠的;如果是商业承兑汇票,则应关注企业债务人的信用情况,是否存在到期不能偿付的可能性。

(2) 应当关注应收票据的增减。该项目的增加意味着企业短期债权的增加,其原因可能是赊销产生的应收债权,它表明企业已经确认了收入,但却未真正增加收益。该项目的减少,第一种可能是应收资金的回收;第二种可能是到期转账增加了应收账款;第三种可能是办理了银行贴现业务。三种情况中若是第一、三种可能表明企业资金已经回笼,但第三种可能还要结合会计报表附注进一步分析,是否实质上转移了所有权或是具有连带还款义务。若是仍具有连带还款义务,则表明企业该笔资金仍处于悬而未决的境遇,意味着货币资金可能再向应收账款转换。因此,该项目增加或减少是有利还是不利,还须通过进一步的报表分析来确认。

根据表2-1、表2-2和表2-3可以看出,该公司2019年年末应收票据比年初减少了13 272 797.58元,下降幅度为70.45%;所占比重也由年初的1.65%下降到0.37%,这说明应收票据的质量是可靠的,基本不存在拒付;而且当年没有已贴现未到期汇票,表明企业流动资金充足,财务状况良好。

4. "应收账款"项目的阅读与分析

应收账款是指企业因销售商品、提供劳务等应向购货单位或接受劳务单位收取的款项。应收账款一般按交易发生日或销售确认日的金额予以入账。应收账款就其性质来讲,是企业的一项资金垫支,是为了扩大销售和增加盈利而形成的,其本身不会给企业带来直接利益,占用数额过大会使存货及其他资产占用资金减少,使企业失去取得收益的机会,造成机会成本、坏账损失和收账费用的增加。因此,对应收账款分析,应联系企业营业收入增长分析其数额大小、质量高低及其坏账准备计提影响。分析应收账款时应关注以下两个方面:

(1) 对应收账款进行数量判断。判断应收账款数额的合理性,应当结合企业生产经营规模、信用政策以及企业生命周期来分析。一般来说,应收账款与销售收入规模存在一定的正相关。当企业放宽信用政策时,往往会刺激销售,但同时也增加了应收账款;而企业紧缩信用政策时,在减少应收账款时又会影响到销售。处于成长期的企业应收账款较高,而处于成熟期的企业应收账款则较低。应收账款的减少通常是债权的收回,货币资金实现回笼;也可能是发生坏账或抵偿其他债务。

(2) 对应收账款进行质量判断。

一是应收账款的规模受诸多因素影响,应结合企业的行业特点、经营方式来分析。例如,在零售商业企业中,相当一部分业务是现金销售,因而应收账款较少;而大部分工业企业、商业批发企业采用赊销方式较多,应收账款就较多。若企业是集团公司,应收账款规模过大,有较多的关联方交易,则有虚增企业资产和利润之嫌。

> **经典案例**
>
> 2011年,曾经在资本市场上红极一时的光伏企业——上海超日太阳能科技股份有限公司(简称:＊ST超日,证券代码:002506)上市仅一年(公司于2010年11月18日上市交易),便陷入了"应收账款"带来的巨大不利影响之中。2011年年末,公司应收账款余额从上年年末的6.50亿元猛增至22.4亿元,增长幅度高达2.45倍。这直接导致公司年末货币资金存量从上年年末的24.9亿元骤降至2011年年末的6.76亿元。天健会计师事务所对该年度公司财务报告出具了保留意见,认为公司大量境外应收账款存在风险:"能否收回以及何时收回该等应收账款仍存在不确定性。"
>
> 之后,＊ST超日改聘了会计师事务所,但2012年年报显示:公司应收账款仍然居高不下,年末余额为21.4亿元,占公司总资产的28.25%,这使得公司货币资金持有量继续下降至年末的2.09亿元,而资产负债率却从2010年年末的31.31%上升至2011年的57.99%,并继续上升至2012年的84.2%。改聘后大信会计师事务所对＊ST超日2012年的年度财务报告仍然出具了保留意见的审计报告,甚至认为公司的持续经营能力存在不确定性。
>
> 而在＊ST超日2013年三季报中,应收账款总额已经高达20.56亿元,远远超过公司8.13亿元的净资产总额,资产负债率继续攀升至90.1%。至2013年年末,当年年报中显示,应收账款虽然已经下降至14.7亿元,但货币资金持有量也在大幅度下降,年末仅剩下6 043万元,股东权益已经成为负值(—2.78亿元),资产负债率达到104.44%,明显的资不抵债。

二是应收账款的债务人分布。一要观察企业应收账款的债务人是集中还是比较分散。有的企业主要客户非常少,只向少数几个客户进行销售,由此形成的应收账款可能具有较大的风险,原因在于一旦其客户面临财务危机,企业坏账可能大大增加;或者企业为了保持自身销售收入和利润,不得不接受客户比较苛刻的购货条件,导致账龄增加。如果企业的客户非常分散,数量众多,虽然会降低上述风险,但也增加了应收账款的管理难度和管理成本。二要观察企业与应收账款债务人的关联状况。利用关联方交易进行盈余管理,是一些企业常用的手法。如果一个企业应收账款中关联方应收账款的金额增长异常或所占比例过大,应视为企业利用关联方交易进行利润调节的信号。三要观察应收账款债务人的区域构成。经济发展水平较高、法制建设条件较好等经济环境较好地区的债务人,一般具有较好的债务清偿心理,因而企业对这些地区债权的可收回性较强。

三是应收账款的账龄结构。对应收账款进行账龄分析是最传统的一种方法。这种方法通过对应收账款的形成时间进行分析,进而对不同账龄的应收账款分别判断质量。结合会计报表附注中的应收账款账龄资料,对现有应收账款按账龄长短进行分类分析。一般而言,未过信用期或已过信用期但拖欠期限较短的应收账款出现坏账的可能性比已过信用期较长时间的应收账款发生坏账的可能性小,不能收回的可能性小。这种分析对确定企业坏账情况、制定或调整企业信用政策十分有益。

四是应收账款坏账准备的计提。资产负债表上列示的是应收账款净额,在分析应收账款时要特别关注企业坏账准备计提的合理性。现行企业会计准则强调应收账款作为一项金融资产,应当在资产负债表日对其进行减值测试,将其账面价值与未来现金流量现值之间差额,确认为减值损失,计入当期损益。企业应收账款是否发生减值以及减值程度的大小取决于该项目预计未来现金流量的现值,而不再过分强调所采用的坏账准备计提方法。现行企业会计准则下应收账款坏账准备的计提含有较强的人为因素,在相当程度上取决于企业对该项目的主观判断。这样使得一些企业借助计提或转回坏账准备金额,人为地调整"应收账款"项目,以期达到粉饰经营成果、粉饰报表的目的。因此,具体分析坏账准备时,应当结合企业资产减值准备明细表进行分析,观察企业应收账款计提方法是否在不同期间保持一致,企业是否对计提方法的改变做出了合理的解释;企业计提比率是否恰当,是否低估了坏账比率;企业当期计提或冲减转回的坏账准备金额是否合理,是否有利用坏账准备调节利润的行为等,以便对报表中应收账款的质量以及因计提或转回坏账准备对当期利润产生的影响有较为客观的分析。

根据表2-1、表2-2和表2-3可以看出,该公司2019年年末应收账款比年初增加了12 114 313.43元,增长幅度为15.19%,结合营业收入增长4.66%的情况来看,说明应收账款的增长主要不是因为营业收入的增长,而可能是该公司的收账政策执行不力所致;但其比重却从7%降至6.13%,又说明该公司的信用政策比较稳定,对应收账款变动的影响不是很大。

5. "应收款项融资"项目的阅读与分析

应收款项融资项目反映资产负债表日以公允价值计量且其变动计入其他综合收益的应收票据和应收账款等。

6. "预付款项"项目的阅读与分析

预付款项主要是企业根据购货合同或协议的要求,在接受商品或劳务之前预先支付给供应商的货款所形成的一项债权。预付账款因款项已经支付,除特殊情况外(如预收货款的企业未能按约提供商品),在未来不会导致现金流入,即债权收回时,流入企业的是存货,而不是货币资金。因此,该项目的变现性较差。

该项目分析主要是判断其规模是否合适,应结合采购特定存货的市场供求状况加以分析。一般来说,在卖方市场环境下,预付款项发生的机会较多;而在买方市场环境下,预付款项发生的可能性就较小。如果该项资金在企业流动资产中所占份额不正常的偏大,则可能是企业向其他有关单位提供贷款、非法转移资金或抽逃资本的信号。

根据表2-1、表2-2和表2-3可以看出,该公司2019年年末预付款项的增幅较大,达到了77.28%;但其比重比2019年年初增长了0.60%,并且2019年年末比重只占2.30%,因而其规模和比重均较为合适。这也反映了供应商对该公司款项结算的态度,结合流动负债中应付账款、应付票据的高增长率分析,预付款项的增幅也在情理之中。

7. "其他应收款"项目的阅读与分析

其他应收款的发生通常是由企业间或企业内部非购销活动引起的,该项目反映的是企业应收或暂付的除应收账款、应收票据、预付款项等之外的应收款项,如应收的利息、股利、赔款、罚款、存出的保证金,应向职工个人收取的垫付款项等。该项目一般金额不大,变化亦不会很大。但在实务中,该项目被人们称为资产负债表中的"垃圾桶",一些企业为了某种目的,常常把其他应收款作为调整成本费用和利润的手段,把一些本应计入当期成本费用的支出或本应计入其他项目的内容计入其他应收款。因此,分析时应关注以下三个方面:

(1) 其他应收款的规模及变动情况。其他应收款仅仅是暂付款,一般期限较短。如果企业生产经营活动正常,其他应收款的数额不应该接近或大于应收账款。若其他应收款数额过大,则属于不正常情况,容易产生一些不明原因的占用。这时应该了解背后隐含的原因,及时找出原因,并采取相应措施。

(2) 其他应收款的内容。分析其他应收款时,要通过会计报表附注仔细分析它的构成、内容和发生时间,特别是其中金额较大、时间较长的款项,要警惕企业利用该项目粉饰利润及转移销售收入偷逃税款。

(3) 关联方其他应收款余额。近年来大股东非正常挪用或侵占上市公司资金的事例频繁曝光,已严重威胁到上市公司的正常经营,不但恶化了上市公司的财务状况,也造成了上市公司巨额的财务费用。分析时应结合会计报表附注,观察大股东或关联方长期、大量占用企业资金,造成其他应收款余额长期居高不下的现象。例如,人福医药集团股份公司(简称人福医药,证券代码:600079)2012年年报显示,公司年末其他应收账款总额高达8.91亿元,比上年年末增长近6亿元,增幅高达199.87%!其中仅关联方欠款就有6.04亿元,占其他应收款总额的67.79%;而关联方欠款中,绝大部分都是控股股东及其子公司欠款(合计欠款5.15亿元,占其他应收款总额的57.80%)。这种高额应收款项的存在给公司带来的不利影响,直接表现为公司因资金紧张而出现大量有息负债的增加。从该公司当年年报中不难发现,公司2012年的财务费用为1.36亿元,比上年同期增长了74.30%。

(4) 是否存在违规拆借资金。上市公司以委托理财等名义违规拆借资金往往借助其他应收款来实现。

根据表2-1、表2-2和表2-3可以看出,尽管2019年期末其他应收款所占比重并不高,只有4.76%,但从其增长幅度过大(达到2 165.81%)和高达71 335 202.91元的余额来看就显得不太正常。

8. "存货"项目的阅读与分析

存货是指企业在生产经营中为销售或耗用而储备的资产,包括企业在正常生产经营过程中持有以备出售的产品或商品、为了出售仍然处在生产过程中的在产品,以及将在生产或提供劳务过程中耗用的材料等。存货在流动资产中所占比重较大,是企业收益形成的直接基础来源。其储存量的大小应根据企业生产经营活动、成本与效益做出平衡,寻找最佳储存量。否则,存货持有数量过多,会降低存货周转率、降低资金使用效益,以及增加存货存储成本;反之,如果持有量过少,会使企业面临缺货的风险。因此,对存货的分析,可以从以下三个方面进行分析:

(1) 对存货的真实性进行分析,可以初步确定企业存货的状态,为分析存货的利用价值和变现价值奠定基础。资产负债表上列示的存货是否与库存的实物相符,商业企业中的待售商品是否完好无损,工业企业的产成品的质量是否符合相应产品的等级要求,库存的原材料是否属于生产所需,等等。

(2) 对存货计价进行分析。存货取得的入账按实际成本计量,而存货发出可采用不同的计价方法,这样计算得出的发出存货成本就会有所不同,导致当期利润及资产(结存存货的成本)也会有所不同,从而对企业的财务状况、盈亏情况产生不同的影响,进而可能影响会计信息使用者得出对企业财务状况的不同评价。若期末存货计价过低,当期的收益可能因此而相应减少,从而低估资产价值;若期末存货计价过高,当期的收益可能因此而相应增加,从而高估资产价值。另外,因为不同的计价方法对结转当期销售成本的数额影响会有所不同,从而影响企业当期应纳税利润数额的确定。在实际工作中,一些企业往往利用不同的存货计价方法,来实现其操纵利润的目的。因此,分析存货计价时,应重点关注企业所采用的会计核算方法,检查存货的计价方法是否随意变更；确有必要变更时是否说明变更的理由与变更内容，以及变更对企业财务状况与以往经营成果的累积影响数，从而避免企业利用不同会计处理方法的选择与变更，人为地调整报表信息。

(3) 对存货质量进行分析。

一是对存货的构成分析。企业的存货类别比较多，每种类别的存货对于自身周转情况以及企业盈利能力的影响都不相同。因此，对存货构成进行分析时，应结合会计报表附注中的存货明细表从存货市场前景、盈利能力和技术状况方面进行分析。如果企业内部产成品构成单一，则可能面临较大的价格风险；但如果企业在市场上具有垄断性地位，可以控制市场的定价权，则这种价格风险相对不大。而对于生产销售多种产品的企业，应当仔细判断分析每种产品的市场状况和盈利能力，每种产品对外界环境变化的敏感程度，哪种产品是企业主要的利润来源，企业是否将较多的资源配置在日后有发展潜力的产品上等；再有，就是分析企业产品是否在同一产业链上具有上下游的关系，这种关系能否增加企业存货销售，降低存货成本。如果企业存货中原材料较多，应观察这种情况是企业的正常安排，还是因为预计原材料即将涨价而做的临时储备。最后是存货的技术构成，由于当今技术发展迅速，产品更新换代很快，不同技术层次的存货价值会有较大差异，同时在生产成本上也有差别，所以应当仔细分析企业存货的技术竞争力，判断该存货的市场寿命。

二是对存货的可变现净值与账面金额之间的差异进行分析。正常情况下，大多数存货的可变现净值应当高于存货的账面金额，原因在于企业的正常生产经营业务往往是通过出售自身的存货来取得收入和利润；如果可变现净值较低，会使得企业日后陷入亏损境地，影响企业的可持续发展。但对于出现下列情况的存货，应当关注是否存在可变现净值低于账面金额的情况：第一，市价持续下跌，并且在可预见的未来无回升希望；第二，企业使用该项原材料生产的产品成本大于产品的销售价格；第三，企业因产品更新换代，原有库存原材料已不适应新产品的需要，而该原材料的市场价格又低于其账面成本；第四，因企业所提供的商品或劳务过时，或消费者偏好改变而使市场的需求发生变化，导致市场价格逐渐下跌。存在以上情况时，现行企业会计准则规定，对于可变现净值低于成本的部分，应当计提存货跌价准备。因此，分析时应当遵循谨慎性原则，重点关注存货可变现净值与账面金额的比较，注意存货可变现净值确定的合理性；观察企业是否已经计提了存货减值准备，计提的减值准备是否充足，计提减值准备的标准是否前后各期一致。具体来说，一方面要特别关注企业是否存在利用存货项目进行潜在亏损挂账问题，有些企业利用存货项目的种类繁杂、金额庞大、重置频繁、计价方法多样、审计难度大等特点，采用种种非法手段，将呆滞商品、积压商品、残次品等已经失去了变现能力的存货以及不符合财务制度的费用开支等，通过在存货项目中长期挂账来隐藏潜在的亏损；另一方面要注意观察企业是否通过存货跌价准备计提来进行巨额摊销，为来年的"扭亏为盈"提供机会。对此现象，要正确地分析其合理性及对未来的财务影响。

三是对存货的周转状况分析。判断存货质量高低的一个标准就是观察存货能否在短期内变现。因此，存货的周转速度直接影响到存货质量。一般而言，存货的周转速度主要使用存货周转率和周转天数。较快的存货周转速度表明企业存货管理效率高，产生现金的能力较强，从而创造更多的价值。在分析判断时应当注意：第一，如果企业的销售具有季节性，若仅仅使用年初或年末存货数据，会得出错误的周转结论，这时应当使用全年各月的平均存货量；第二，注意存货发出计价方法的差别，企业对于相同的存货流转，如果存货发出的计价方法不同，最后得到的期末存货价值一般不相同,但这种差异与经济实质无关,应当对其进行调整;第三,如果能够得到存货内部构成数据,应当分类别分析周转情况,观察具体是何种存货导致了本期存货周转速度的变动,以便分析企业存货周转的未来趋势;第四,还应关注会计报表附注中有关存货担保、抵押方面的说明,如果存在上述情况,这部分存货的周转就会受到影响。

根据表2-1、表2-2和表2-3可以看出,华天股份有限公司2019年年末存货比年初增加了15 606 000.81元,增长幅度为24.81%,相比于营业收入4.66%的增长幅度,存货增长幅度显得过高,应注意查明该公司是否存在超储积压现象。另外,该公司2019年年末存货所占比重为5.24%,比年初下降了0.28%,这一现象应当予以肯定。

9. "合同资产"项目的阅读与分析

"合同资产"项目反映企业按照《企业会计准则第14号——收入》(2017年修订)的相关规定在本企业履行履约义务早于客户付款之前且在资产负债表日起一年内收回款项的资产的账面价值。该项目应根据"合同资产"科目的相关明细科目期末余额,减去"合同资产减值准备"科目中相关的期末余额后的金额填列。但若在资产负债表日起一年以上收回款项的,则应在"其他非流动资产"项目中填列。

10. "持有待售资产"项目的阅读与分析

"持有待售资产"项目反映资产负债表日划分为持有待售类别的非流动资产及划分为持有待售类别的处置组中的流动资产和非流动资产的账面价值。该项目应根据"持有待售资产"科目的期末余额,减去"持有待售资产减值准备"科目的期末余额后的金额填列。

11. "一年内到期的非流动资产"项目的阅读与分析

"一年内到期的非流动资产"项目反映企业预计自资产负债表日起一年内变现的非流动资产,通常是指对外长期债权投资(即债权投资、其他债权投资等)将于一年内到期收回的账面价值;而对于按照相关会计准则采用折旧(或摊销、折耗)方法进行后续计量的固定资产、无形资产和长期待摊费用等非流动资产,折旧(或摊销、折耗)年限(或期限)只剩一年或不足一年的,或预计在一年内(含一年)进行折旧(或摊销、折耗)的部分,不得归类为流动资产,仍在各该非流动资产项目中填列,不转入"一年内到期的非流动资产"项目。该项目的阅读一般应结合非流动资产中债权投资或其他债权投资共同阅读,可以分析企业的对外投资资金的投向及回笼情况。

12. "流动资产合计"项目的阅读与分析

"流动资产合计"项目是前面各项的合计数,它的增减变动反映的是各流动资产项目综合变动的结果。通过阅读该项目可以总体了解流动资产的规模,总括地认识流动资产的变化趋势。

根据表2-1、表2-2和表2-3可以看出,华天股份有限公司2019年年末流动资产比年初增加了150 406 019.45元,增长幅度为58.11%,说明该公司资产的流动性有所增强。

(三)非流动资产项目的阅读与分析

非流动资产是指企业资产中变现时间在1年以上或超过1年的一个营业周期以上的那部分资产,其预期效用主要是满足企业正常的生产经营需要,保持企业适当的规模和竞争力,获取充分的盈利。非流动资产主要包括债权投资、其他债权投资、长期股权投资、其他权益工具投资、投资性房地产、固定资产、无形资产和商誉等。这部分资产的多少常常在一定程度上影响甚至决定着企业生产与经营能力的规模。这部分资产占用资金相对较多,而周转速度却相对较慢,因此对企业运营效果会产生明显的影响。

1. "债权投资"项目的阅读与分析

"债权投资"项目反映的是以企业摊余成本计量的长期债权投资的账面价值。该项目应根据"债权投资"科目的相关明细科目期末余额减去"债权投资减值准备"科目中相关减值准备的期末余额后的金额分析填列。自资产负债表日起一年内到期的长期债权投资的期末账面价值,在"一年内到期的非流动资产"项目反映。债权投资一般是指到期日固定、回收金额固定或可确定,且企业有明确意图和能力持有至到期的长期债权投资。

债权投资采用摊余成本计量期末价值。而摊余成本是按照实际利率法计算确认的,是以债权投资的期初账面摊余成本乘以实际利率作为当期利息收入,与当期按照票面利率计算确定的应收未收利息相比较,所得差额作为该项资产账面价值的调整金额(即摊销额),调整后的账面价值即为期末摊余成本。因此,资产负债表中"债权投资"的数量在投资到期之前并不代表该项投资期末可收回的实际金额,而仅仅表示在实际利率法下未来可收回金额的现值,即由所投资债券的面值、按票面利率计算的已产生但未到付息期限的利息以及按照实际利率法计算确认的摊销余额三部分组成。对其进行分析应当关注以下几点:

(1) 分析债权投资的项目构成和债务人构成。对债权投资而言,虽然投资者按照约定,将定期收取利息、到期收回本金;但债务人能否定期支付利息、到期偿还本金,取决于债务人在需要偿还的时点是否有足够的现金。因此,有必要对其项目构成及其债务人构成进行分析,并在此基础上对债务人的偿债能力做出进一步的判断,关注其现金流是否充分、是否存在违约风险,从而评价该项目的变现性。分析时可参阅会计报表附注中关于债权投资明细表,并结合其他市场信息等因素来进行。

(2) 分析债权投资的盈利性。企业购买国债、企业债券以及金融债券是债权投资的主要内容,其投资收益为定期收取的利息。对债权投资盈利性的分析,首先应当根据当时宏观金融市场环境来判断投资收益的相对水平。一般来说,债权投资的收益率应高于同期银行存款利率,具体收益水平要视债券种类以及所承受的风险大小而定。其次要注意,按照权责发生制会计核算基础,企业并不是在收到现金时确认投资收益;而是依据债券条款,按照时间的推移,对已经产生的债券利息无论是否收到现金都要确认投资收益。大多数情况下,投资收益的确认都先于利息的收取。如果出现被投资企业不能按时付息的情况,企业的投资收益将仅仅停留在账面上,没有现金支撑。

(3) 分析债权投资的减值情况。当债权投资发生减值时,应当将其账面价值减至预计未来现金流量的现值,计提减值准备后如有客观证据表明该项目价值有所回升,且客观上与确认该损失的事项有关(如债务人的信用评级已提高)的,原计提的减值准备允许予以转回。因此,通过分析该项目减值准备的计提情况,便可直接判断债权投资的变现性。但必须注意的是,一些企业有可能通过少提或多提减值准备的方式来达到虚增或虚减债权投资账面价值和利润的目的。

2. "其他债权投资"项目的阅读与分析

"其他债权投资"项目反映的是资产负债表日企业分类为以公允价值计量且其变动计入其他综合收益的长期债权投资的账面价值。该项目应根据"其他债权投资"科目的相关明细科目期末余额分析填列。自资产负债表日起一年内到期的长期债权投资的期末账面价值,在"一年内到期的非流动资产"项目反映。

企业对其他债权投资并不打算随时变现，而是欲通过长期持有来获取收益。其他债权投资的计量与以公允价值计量且其变动计入当期损益的金融资产相同，都是按照公允价值进行计量，区别在于公允价值变动并不相应计入当期损益，而是直接计入所有者权益中的"其他综合收益"项目，直接引起所有者权益金额的同方向变化，排除了企业据此操纵利润的可能。需注意的是，当市场上其他债权投资的公允价值明显下跌且幅度较大时，意味着出现了潜亏；而此时上述会计方法处理的结果仅仅只是通过"其他综合收益"调减了所有者权益总额，却并没有在当期利润表中体现出来，这就有可能形成"虚盈实亏"，对投资者的分析产生误导。

3. "长期应收款"项目的阅读与分析

"长期应收款"项目反映企业的长期应收款项，包括融资租赁产生的应收款项，采用递延方式、具有融资性质的销售商品或提供劳务等业务中产生的应收款项等。它在资产负债表中列示的是其账面价值，即扣除了坏账准备的净额。该项目不宜过多，多则影响企业的资金流转。现实中，不少企业与控股公司或其他关联方企业之间长期资金往来拆借也挂在此项目之下，而其中常常会存在大股东长期无偿占用资金的情况；尤其是当该项金额长期居高不下时，更应该引起报表使用者的特别注意，即需要特别关注此项资产的闲置情况及其质量和相应的财务风险。

4. "长期股权投资"项目的阅读与分析

"长期股权投资"项目反映企业对外进行长期股权投资的账面价值。长期股权投资是指企业以货币资金、实物资产或无形资产等资产对外投资所获得的被投资方的股权而形成的资产。按照《企业会计准则第2号——长期股权投资》的规定，企业的权益性投资可以分为以下几个类别：第一，对投资单位实施控制的权益性投资，即对子公司投资；第二，与其他合营方一同对被投资单位实施共同控制的权益性投资，即对合营企业投资；第三，对被投资单位具有重大影响的权益性投资，即对联营企业投资；由于企业对长期股权投资通常会长期持有，不准备随时转让，并作为被投资单位的股东按所持股份比例享有权益并承担责任，因而对企业的财务状况影响很大。

根据企业会计准则的规定，目前在会计核算中对长期股权投资存在着两种不同的处理方法——"成本法"与"权益法"。这两种方法的存在，导致在没有长期股权投资减值准备的情况下，该项资产账面金额所反映的含义也各不相同。当企业对被投资单位能够实施控制时，应该采用成本法核算：除追加投资或收回投资之外，被投资单位的经营盈亏对企业的长期股权投资账面价值不会产生直接的影响，企业长期股权投资账面金额一般维持其初始投资时的数值，反映的是企业初始投资时的实际取得成本。当企业对被投资单位具有共同控制或重大影响时，应该采用权益法核算：随着被投资单位的经营盈亏、发放现金股利，以及其他引起被投资单位所有者权益总额变动的事件发生，企业长期股权投资账面金额将随着被投资单位所有者权益总额的增减变动而同方向甚至是同比例地变动，从而比较接近于其在被投资单位所有者权益总额中所对应份额的账面价值或实际价值。显然，不同的核算方法会产生不同的核算结果和报表金额。虽然对企业长期股权投资所采用的核算方法做了上述原则上的规范，但由于一些不确定因素的存在，一些企业在具体核算时仍有可能出于报表业绩等相关方面的考虑，在会计方法的选择及其变更上掺入较多的主观因素的影响。因此，阅读报表时对这类涉及不同方法的选择问题也应引起注意。对其进行分析应当关注以下两点：

（1）长期股权投资的目的分析。一般来说，企业进行长期股权投资的目的有以下三点：

一是出于企业战略性考虑,形成企业的优势。企业对外长期股权投资,可能会出于某些战略性考虑,如通过对竞争对手实施兼并而消除竞争,通过对自己的重要原材料供应商的投资而使自己的原材料供应得到保证等。

二是通过多元化经营而降低经营风险、稳定经营收益。按照财务管理理论,企业投资方向越是多元化,企业的经营风险越小,企业获取稳定收益的可能性越大。因此,一些企业出于多元化经营的考虑,扩大其对外投资规模,投资方向也日益多元化。

三是为了粉饰财务状况,使企业净资产增值。某些企业的对外股权投资,纯粹是为了粉饰其财务状况的外在表现。

(2) 长期股权投资的质量分析。长期股权投资的质量分析,可以从以下四个方面来进行:

一是对长期股权投资进行构成分析。主要涉及对企业长期股权投资的方向、规模、持股比例等进行分析。在了解企业长期股权投资构成的基础上,就可以进一步通过对企业投资对象的经营状况以及效益等方面的分析来判断企业投资的质量。企业长期股权投资所运用的资产种类,概括来说分为三种:① 以货币资金对外投资。由于货币资金具有投资方向不受限制的特点,企业因此而形成的对外投资在方向上应该具有选择性强的特点,此类投资可以对投资方向的多元化形成直接贡献。② 以表内的非货币资源对外投资。企业有可能是在实施资产重组战略,但其投资方向受原有资产结构和质量的影响较大。③ 以表外的无形资产对外投资。这种投资的安排应该被认为是企业表外资源价值实现的一种方式。

二是对长期股权投资年度内重大变化进行分析。一方面,长期股权投资减少可能是企业试图优化自身的投资结构而进行的投资结构调整,也可能是企业为了变现而进行的股权投资的出售活动,还有可能是按照某些约定而收回投资;另一方面,长期股权投资增加可能是企业继续对外扩张,也可能是为了实现业绩的增长而进行的投资组合调整,还有可能是为了利用表内表外的非货币资源而进行的资产重组活动。

三是对利润表中股权投资收益与现金流量表中因股权投资收益而收到的现金之间的差异进行分析。在股权投资收益占企业投资收益比重较大的情况下,企业有可能披露其利润表投资收益中股权投资收益的规模。但是,利润表投资收益中股权投资收益的确定,是按权责发生制的要求分别采用成本法与权益法来确定的,并不一定对应企业相应的现金流入量。股权投资收益产生的现金流入量将在现金流量表中以分得股利或利润所收到的现金的项目出现。在被投资企业没有分红、分红规模小于可供分配的利润或无力支付现金股利的情况下,利润表中股权投资收益就有可能大于现金流量表中分得股利或利润所收到的现金的金额。

四是对长期股权投资计提的减值准备是否充分进行分析。当长期股权投资可收回金额低于其账面价值时,应当将其账面价值减记至可收回金额,减记的金额确认为资产减值损失,计入当期损益,同时计提相应的减值准备;资产减值损失一经确认,在以后会计期间不得转回。有市价的长期股权投资的质量是否恶化,比较容易判断;而对于没有市价的长期股权投资,其价值是否减损,应当对被投资企业进行综合调查分析,如观察被投资企业的生产经营是否发生变更,其产品的市场份额是否在下降,其现金流是否恶化等。

根据表2-1、表2-2和表2-3可以看出,华天股份有限公司2019年年末长期股权投资比年初增加了171 891 952.69元,增长幅度为30.05%,说明该公司对外扩张意图明显;但2019年年末长期股权投资的比重却比年初下降了0.49%,说明该公司的经营资金没有挪用于对外投资。

5. "其他权益工具投资"项目的阅读与分析

"其他权益工具投资"项目反映的是资产负债表日企业指定为以公允价值计量且其变动计入其他综合收益的非交易性权益工具投资的账面价值。该项目应根据"其他权益工具投资"科目的期末余额填列。

企业对其他权益工具投资并不打算随时变现,而是欲通过长期持有来获取收益。其他权益工具投资的计量与以公允价值计量且其变动计入当期损益的金融资产相同,都是按照公允价值进行计量,区别在于公允价值变动并不相应计入当期损益,而是直接计入所有者权益中的"其他综合收益"项目,直接引起所有者权益金额的同方向变化,排除了企业据此操纵利润的可能。需注意的是,当市场上其他权益工具投资的公允价值明显下跌且幅度较大时,意味着出现了潜亏;而此时上述会计方法处理的结果仅仅只是通过"其他综合收益"调减了所有者权益总额,却并没有在当期利润表中体现出来,这就有可能形成"虚盈实亏",对投资者的分析产生误导。

因此,在对其他权益工具投资进行阅读与分析时,必须关注其分类是否恰当,确认是否符合相应的标准,会计处理是否恰当,是否存在将升值的金融资产划分为以公允价值计量且其变动计入当期损益的金融资产,把公允价值变动收益直接确认为当期收益;而将贬值的金融资产划分为其他权益工具投资,把公允价值变动损失通过计入其他综合收益来避免其对当期损益造成的负面影响,从而达到粉饰企业业绩的目的;由于公允价值的可变性或不固定性导致报表数据与其他权益工具投资处置时的变现价值难免可能存在偏差,在考虑其他权益工具投资的可利用价值或可用以偿还债务的金额时,应该适当考虑决策当时资本市场的价值波动情况,以便进行相应的估值调整。

经典案例

2007年11月,中国平安保险(集团)股份有限公司(简称"中国平安")发布公告称:公司以18.1亿欧元(均价19.05欧元/股,折合总投入人民币约196亿元)购入了荷兰/比利时富通集团的9 501万股股票,占富通集团总股本的4.18%。次年3月,中国平安再次以15欧元左右的平均单价增持了富通集团1 799万元股份,从而将持股比例增加至4.99%。2008年6月,中国平安又同比例参与了富通集团的配股方案,获得配股750万股,使公司总计持有富通集团1.205亿股股权,累计投资成本折合人民币高达238.7亿元。然而,受金融危机的影响,2008年6月以来,富通集团资产质量与偿债能力进一步恶化,股价大幅下挫。截至2008年6月底,以市价计算的中国平安所持富通集团的股份市值已累计缩水近105亿元人民币。

2008年7月3日,中国平安发表声明称:按照公司长期持有富通集团股票的投资策略和相关会计政策,公司持有的富通集团股票归类为可供出售金融资产,以公允价值计量,因此不需要对该股票投资计提减值准备。在这种"巧妙的"会计处理方法下,富通集团股份巨额缩水所造成的账面浮亏并没有在当期利润表中体现出来,而是直接以负值冲减了所有者权益中的"资本公积"项目。中国平安当年的中报显示:公司2008年上半年实现净利润97亿元,仅仅比上年同期下滑了2.5%。但公司所有者权益却因该股价大跌、资本公积调减而减少了25%左右。这种做法被财务专家认为是"有违会计准则中的谨慎性原则""有粉饰报表的嫌疑"。毕竟,如果将这部分账面浮亏计提长期投资减值准备,即将105亿元浮亏计入当期损益,则中国平安2008年上半年将不是实现净利润,而是面临8亿元的亏损了。

随着富通集团股价的持续走低,2008年9月25日,富通集团股价收盘于每股6.55欧元,26日开盘不久又大跌超过10%,降至每股5.7欧元附近。27日,中国平安发布公告称,将审慎决策是否在第三季度财报中对该项股票投资进行计提减值准备处理,以反映市值变动所造成的损失。10月,中国平安披露的第三季度财报显示:对该项股票投资计提了157亿元的减值准备,导致公司三季度出现亏损。而在2009年4月披露的中国平安2008年年报中,对富通集团的该项投资累计计提人民币227.9亿元的减值准备,这直接导致了中国平安2008年税前利润出现29.79亿元的亏损。

6. "其他非流动金融资产"项目的阅读与分析

"其他非流动金融资产"项目反映的是自资产负债表日起超过一年到期且预期持有超过一年的以公允价值计量且其变动计入当期损益的非流动金融资产的账面价值。

7. "投资性房地产"项目的阅读与分析

"投资性房地产"项目反映的是企业持有的以投资为目的的房地产的账面价值。投资性房地产是指企业为赚取租金或资本增值,或两者兼有而持有的能单独计量和出售的房地产,包括已出租的土地使用权、持有并准备增值后转让的土地使用权和已出租的建筑物;不包括企业为自身的生产或经营管理而拥有的房地产(这部分属于企业的固定资产)以及作为产品开发的房地产(这部分属于企业的存货类资产)项目。

值得注意的是,投资性房地产在会计核算中存在着两种计量模式——成本模式和公允价值模式。如果采用成本模式进行核算,则资产负债表中的"投资性房地产"项目反映的是该项资产的取得成本扣除累计折旧(摊销)和减值准备之后的账面净值,与该房地产项目目前的实际市场价值可能存在较大的偏差;而如果采用公允价值模式进行核算,则报表中该项目是以公允价值列示的,与现实中的实际市场价值较为接近,在价值增长的情况下,可能意味着会带来日后租金收入或转让价收入的提高。另外,非主营房地产业务的企业如果将过多的资金投向房地产业务,在房地产行业经营景气的形势下可以获得丰厚回报;但若遇房地产业务经营不景气的情形,会使投资资金长期套牢,进而导致企业资金周转困难,甚至陷入困境而不能脱身。

8. "固定资产"项目的阅读与分析

"固定资产"项目反映的是企业拥有或控制的厂房建筑物、机器设备、运输工具等可供企业长期使用的资产的账面价值(固定资产的账面余额与累计折旧、固定资产减值准备的差额)以及企业尚未清理完毕的固定资产清理净损益。固定资产是指为生产产品、提供劳务、出租或经营管理而持有的且使用寿命超过一个会计年度的有形资产。企业拥有的固定资产是企业进行生产经营的物质条件,在很大程度上影响着企业的经营内容、经营能力和生产规模。对其进行分析应当关注以下六点:

(1)应当关注固定资产初始确认的正确性。《企业会计准则第4号——固定资产》更加强调固定资产价值的相关性,考虑了现值和企业未来期间与固定资产相关的预计负债问题。首先,应分析固定资产初始确认价值一般情况下是否为取得并使其达到正常使用状态所付出的全部代价,相关资本化借款费用确认是否正确。其次,对于具有融资性质取得的固定资产入账价值是否以所有付款额的现值之和确定,即若企业取得固定资产付款期限较长,超过正常使用条件(通常3年以上),该固定资产入账价值不能以所有付款额之和确定,而应考虑付款的资金时间价值。最后，对于存在弃置义务的固定资产，在初始确认时还应考虑弃置费用；而弃置费用一般在固定资产使用期满时支付，所以其现值与实际支付金额之间差距较大，应在固定资产初始确认时将其现值计入固定资产的账面价值，同时确认一笔预计负债。

（2）应当关注固定资产规模的合理性。企业固定资产代表了生产能力的强弱，但并非固定资产数量越多越好，过多的固定资产会占压企业大量的资金，而且极易导致资产闲置和快速贬值，对企业的财务状况与经营业绩均会产生较大的负面影响。另外，固定资产的数额与行业有很大关系，如工业企业的固定资产数额一般较大（其中，重工业又较轻工业为大），应查看企业固定资产数额是否符合行业水平。因此，固定资产项目增加或减少的变动是否合理，需根据企业的实际情况，结合未来的发展战略做出合理的分析与判断。

（3）对固定资产结构分析。企业持有的固定资产并非完全为生产所需，还有相当数量的非生产用固定资产，以及生产经营中不需用固定资产。据此可以计算分析企业固定资产的利用率以及生产用固定资产的比率；如果这两个比率较低，应当降低对固定资产总体质量的评价。此外，考察固定资产的更新情况，可以判断企业固定资产的更新改造情况。通常情况下，更新改造程度越高，意味着企业固定资产的质量和性能越好，企业的发展潜力越强。

（4）对固定资产折旧分析。固定资产的价值与其技术水平直接相关，具有同样用途的固定资产，如果在技术上有差距，则价值间的差距将非常明显。例如，随着技术的发展，计算机贬值速度很快，企业对此应当通过加速折旧来使得账面价值接近资产的公允价值。因此，分析时，要注意阅读会计报表附注，首先要分析企业哪些固定资产受技术进步的影响较大，是否应当采用加速折旧法。加速折旧法能较快地收回企业的投资，减少固定资产的无形损耗；但这种方法增加了企业成本费用的支出，一定程度上减少了同期的企业利润和税收支出。其次要看固定资产净残值和使用年限的确定是否合理。如果人为地延长固定资产折旧年限，就意味着减少了每期的折旧额，从而减少了成本费用的支出，使得企业盈利出现虚增。

（5）对固定资产减值准备进行分析。企业应就会计期末固定资产的实际价值状况进行测试并计提减值准备。分析时应关注企业的固定资产实质上已经减值，但却不提或少提减值准备以虚增资产和利润。为此，应通过查看资产减值准备明细表，分析企业计提固定资产减值准备的正确性与合理性。

（6）对固定资产清理进行分析。固定资产清理反映的是企业因出售、报废、毁损、对外投资、非货币性资产交换和债务重组等原因转出的固定资产价值以及在清理过程中发生的清理费用或清理收入等，应结合企业固定资产的使用情况及清理需要进行阅读。在固定资产清理过程中，如果处置固定资产的收入、残值收入、收到的赔款能够弥补清理过程中所发生的固定资产账面价值和损失，则为固定资产清理净收益；反之，则为固定资产清理净损失。通常情况下，企业对转出的固定资产应尽快进行清理，以便尽早收回这些资产占用的可利用资金或资源。因此，大多数情况下，转入清理的固定资产都会在编制会计报表之前完成清理工作；但也有可能在特殊情况下来不及处理，具体情况需结合企业对固定资产清理的进度进一步分析和判断。

根据表2-1、表2-2和表2-3可以看出，华天股份有限公司2019年年末固定资产比年初增加了22 406 172.29元，增长幅度为10.73%，说明该公司的生产能力得以增强；但2019年年末固定资产的比重却比年初下降了2.87%，这说明该公司在优化固定资产结构方面卓有成效，对未使用和不需用固定资产可能将其压缩到最低程度。

9. "在建工程"项目的阅读与分析

"在建工程"项目反映的是企业基建、更新改造等尚未达到预定可使用状态的在建工程的账面价值(在建工程扣除在建工程减值准备后的净额),以及企业为在建工程准备的各种物资的账面价值。在建工程就是企业正处于安装、新建、改扩建或转入大修理及更新改造过程中的各项工程,工程物资是企业为在建工程等购入的各种物资的实际成本,包括需安装的设备价款、耗用的材料以及其他工程费用支出。该项目反映的是企业未来固定资产的价值增量,也可能同时包含着固定资产规模的增量,预示着企业未来生产经营规模与生产能力的扩张可能。对其进行分析应当关注以下两点:

(1) 分析在建工程的变动情况。在建工程最终形成固定资产,增加企业的生产经营能力,因此保质保量地早日完工对企业具有重大意义。首先,分析企业在建工程年初、年末数额的增减变动及其在固定资产合计数中的比重变化,是否合理安排工程支出,减少未完工程比重。其次,结合在建工程所提供的项目明细资料,进行在建工程完工程度分析和支出结构分析。最后,要关注企业在建工程项目金额大小,如果在建工程项目金额比较大,会导致企业大量资金沉淀,最终可能会导致企业资金周转陷入僵局。另外,在建工程项目金额较大易令人怀疑企业是否在进行利润操纵,是否有未按规定办理结算,而使其长期挂账,导致利润不实的猫腻行为。

(2) 分析在建工程中借款费用资本化的情况。在建工程的一个特殊会计问题是借款费用资本化。依据《企业会计准则第17号——借款费用》规定,在符合一定条件下,与固定资产建造过程有关的借款费用可以资本化,计入在建工程。企业应当严格确定资本化期间,把握借款费用开始资本化的时点、暂停资本化的时间和条件,以及停止资本化的时点。在允许资本化期间外的借款费用,应当严格限制其计入在建工程。

因此,对在建工程进行分析时,应当慎重对待资本化的借款费用,仔细分析企业是否将不能资本化的借款费用挤入了在建工程。同时,如果企业自建的固定资产价值因资本化的借款费用而高于其公允价值,则这部分借款费用应考虑是否剔除,原因在于企业增加的这部分固定资产的价值仅仅是取得方式和融资方式的差异造成的,它不能在未来带来更多的利益流入,不会在未来使企业得到额外的补偿。另外,值得注意的是,有些企业可能以某些固定资产还处于试生产阶段或安装调试阶段为借口,将理应计入当期费用的借款利息资本化为该项资产的成本,从而虚增资产和利润。

根据表2-1、表2-2和表2-3可以看出,华天股份有限公司2019年年末在建工程比年初增加了2 320 707.90元,增长幅度为2.83%,但2019年年末在建工程比重却比年初下降了1.56%。这说明该公司在建工程的规模不大,而且随着其陆续完工,该公司的生产能力也会随之增强。

10. "生产性生物资产"项目的阅读与分析

"生产性生物资产"项目反映的是企业尤其是农业企业持有的生产性生物资产的账面价值,即账面余额扣除累计折旧与减值准备的差额。生产性生物资产是指企业为产出农产品或提供劳务以及出租等目的而持有的生物资产,如林木、产畜和役畜等。这类资产与一般资产最大的不同在于它的自我生长性,即在被耗用的同时自我补偿、自我修复,从而能够在生产经营的过程中被长期地反复使用或不断产出农产品。可参照"固定资产"项目的阅读与分析,但关键在于了解该生物资产的具体构成及其性能,以及在相应企业生产经营中所发挥的作用。

11. "油气资产"项目的阅读与分析

"油气资产"项目反映的主要是石油天然气开采企业持有的矿区权益和油气井及相关设施的账面价值,即油气资产账面余额与累计折耗、减值准备的差额。该类资产——特别是油井、天然气等自然资源——在被大量开采、利用后会逐渐枯竭,无法或难以恢复、更新,属于典型的递耗性资产;但其在油气开采企业总资产价值中往往占有相当大的比重,是油气生产企业经营中至关重要的资产。可参照"固定资产"项目的阅读与分析,但关键在于了解该油气资产的具体构成及其性能,以及在相应企业生产经营中所发挥的作用。

12. "使用权资产"项目的阅读与分析

"使用权资产"项目反映的是资产负债表日承租人企业持有的使用权资产的期末账面价值。该项目应根据"使用权资产"科目的期末余额,减去"使用权资产累计折旧"和"使用权资产减值准备"科目的期末余额后的金额填列。

13. "无形资产"项目的阅读与分析

"无形资产"项目反映的是企业拥有或控制的专利权、非专利技术、商标权、著作权、土地使用权、特许权、电子计算机软件等没有实物形态但可辨认的并可供企业长期使用的非货币性资产的账面价值,即无形资产账面余额与累计摊销、无形资产减值准备的差额。进行无形资产分析,应当注意以下六个方面:

(1) 应当关注无形资产规模的合理性。无形资产自身无法直接为企业创造财富,必须依附于直接的或间接的物质载体才能表现出自身的内在价值;其规模只有与固定资产或存货等有形资产的规模进行适当组合,才能得以正常发挥。因此,分析无形资产,应对其总额进行数量判断,即无形资产与有形资产的结合程度,观察企业是否具有一定的物质条件发挥无形资产的价值,产生较好的经济效益。这种分析应当结合行业、企业生产经营规模以及企业经营生命周期来展开。一般而言,无形资产占资产总额的比重,传统行业(如商品流通企业、工业企业)较低,一般在10%以下;而高新技术企业较高,为30%左右,甚至更高。

(2) 应当分析无形资产的确认。与有形资产相比,无形资产能够给企业提供的未来经济利益的大小具有较大的不确定性。无形资产的经济价值在很大程度上受企业外部因素的影响,其预期的盈利能力不能准确加以确定。无形资产的取得成本不能代表其经济价值,一项取得成本很高的无形资产可能给企业带来较小的经济利益;而取得成本较低的无形资产则可能给企业带来较大的经济利益。因此,需要关注会计报表附注,分析无形资产的确认是否符合《企业会计准则第6号——无形资产》规定的确认条件,是否存在利用无形资产确认虚增资产的问题。

(3) 应当分析无形资产的类别比重。不同项目的无形资产的属性相差悬殊,其盈利性也各不相同。因此,必须对无形资产的构成进行分析,来判断企业无形资产质量的好坏。一般而言,专利权、商标权、著作权、土地使用权、特许权等无形资产由于有明确的法律保护时间,价值质量较高,且易于鉴定。如果企业的无形资产以不受法律保护的非专利技术为主,价值不易确定,则容易产生资产的"泡沫"现象。

(4) 应当分析无形资产账面价值与实际价值的差异。由于无形资产没有实物形态以及其确认和计量的特殊性,使得无形资产账面价值可能高于也可能低于实际价值。对于土地使用权这类无形资产,从长期看基本处于价值上升的状态,故最初取得该资产的历史成本可能已经不能反映其实际价值。而根据《企业会计准则第6号——无形资产》的规定,企业内部研究开发项目研究阶段的支出,应当于发生时计入当期损益;开发阶段的支出,也要同时满足条件才能确认为无形资产。这样,企业实际形成无形资产的一些支出(尤其是自创的无形资产)只能费用化,从而形成账外无形资产。此外,还有相当一部分无形资源目前还没有理想的或适当的计量方法(如人力资源、营销网络和渠道、企业文化等)。因此,在资产负债表上所反映的无形资产价值有偏颇之处,无法真实反映企业所拥有的全部无形资产的经济价值或市场价值。

(5)应当分析无形资产的摊销。判断无形资产受益年限和选择摊销方法的不同导致各年的摊销费用也不同,进而会对企业无形资产的摊余价值及利润产生影响。因此,在分析无形资产时应当仔细审核无形资产摊销是否符合企业会计准则的有关规定,应当检查无形资产使用寿命的确定是否正确,有无将本应确定使用寿命的无形资产作为使用寿命不确定的无形资产不予摊销;应当检查企业无形资产的摊销方法,对于应当采用加速法摊销的是否使用了直线法摊销,是否多计了无形资产的残值等。

(6)应当关注无形资产减值准备。无形资产是一种技术含量很高的特殊资源。由于当今世界新技术层出不穷,伴随新旧技术的更换,原有落伍的无形资产必然引发其贬值。因此,应分析会计期末资产减值准备明细表中无形资产的减值情况。

根据表2-1和表2-2数据,华天股份有限公司2019年年末的无形资产比年初增加了9 722 256.68元,增长率为63.62%,说明该公司日益重视无形资产在企业经营中的作用。但此项金额的变化是否有利,还应检查企业无形资产的变化内容。经检查,该公司无形资产的大幅增长主要是该公司对专利技术和电脑软件的投入增加,更新速度加快,这表明该公司可持续发展能力和竞争能力有所提高。

14. "开发支出"项目的阅读与分析

"开发支出"项目反映的是企业目前正处于内部研发无形资产的过程中所发生的研发支出,是未来一项(或几项)可能的无形资产目前汇总的内部研究与开发过程中的开支。这一项目是企业自主研发实力的证明,也是企业进行自主创新的写照。但需注意的是,这部分开发支出中可能有一些会成为日后的管理费用(不符合资本化条件的部分),而另一些符合资本化相关条件的开发支出将在项目研究成功之后转为企业的"无形资产",但这仅仅只代表该项资产可确认的取得成本,并不能反映出它的实际市场价值。

15. "商誉"项目的阅读与分析

"商誉"项目反映的是企业合并中形成的商誉的账面价值,即商誉账面余额与商誉减值准备之差。对于非同一控制下的吸收合并,企业合并成本大于合并中取得的被购买方可辨认净资产公允价值的差额,应确认为商誉,在合并方的资产负债表上列示;对于非同一控制下的控股合并,企业合并成本大于合并中取得的被购买方可辨认净资产公允价值的差额,在合并方的个别资产负债表上不确认为商誉,而在合并报表中列示为商誉。企业报表上列示的商誉不摊销,只是每个会计期末进行减值测试;测试方法是结合相关的资产组或资产组组合进行减值测试,相关的资产组或资产组组合应当是能够从企业合并的协同效应中受益的资产组或资产组组合。

从某种程度上讲,资产负债表中的"商誉",其实就是企业合并中"超额支付的合并成本",相当于一项待摊销的"费用"。因此,对于企业报表上列示的商誉,应当仔细分析企业合并时的出价是否合理,对于被合并企业的可辨认净资产公允价值的确认是否恰当,以及商誉价值在未来的可持续性,判断商誉减值准备是否充分等。由于商誉只有在发生合并业务的企业才会填制,阅读时结合合并业务的补充说明效果会更好。

16. "长期待摊费用"项目的阅读与分析

"长期待摊费用"项目反映的是企业已经付出但应由本期或以后各期负担的分摊期限在一年以上的各项费用,如以经营租赁方式租入的固定资产的改良支出。该项目应注意结合相关业务(如经营租入固定资产的改良业务等)阅读会更明了。对长期待摊费用的分析应从以下两个方面进行:

(1) 长期待摊费用实际上是一笔递延费用,并不是真正的资产或资源,不能为企业直接使用。因此,作为一项暂时性的、特殊的"资产",长期待摊费用对企业的后续偿债能力是没有明显促进作用的,这类资产数额应当越少越好。

(2) 分析长期待摊费用是否存在失真现象。在实际工作中,一些企业根据自身需要将长期待摊费用当做利润的调节器。在不能完成利润目标时,企业将一些影响利润的且不属于长期待摊费用核算范围的费用转入该项目待摊,从而多计资产和利润;而在利润完成情况很好时,企业出于"以丰补歉"的考虑或为了减少税收,将长期待摊费用大量提前转入管理费用摊销,以达到降低和隐匿利润的目的。

17. "递延所得税资产"项目的阅读与分析

"递延所得税资产"项目反映的是企业确认的可抵扣暂时性差异产生的递延所得税资产。递延所得税资产是由于企业会计准则与企业所得税法在确认收入与费用方面存在的一些时间上的不一致所形成的企业未来可抵扣暂时性差异导致的一项资产。企业应当估计未来期间能否取得足够的应纳税所得额用以抵扣可抵扣暂时性差异;企业确认递延所得税资产应当以未来期间很可能取得的用以抵扣可抵扣暂时性差异的应纳税所得额为限。企业在确定未来期间很可能取得的应纳税所得额时,应当包括未来期间正常经营活动实现的应纳税所得额,以及在可抵扣暂时性差异转回期间因应纳税暂时性差异的转回而增加的应纳税所得额,并提供相应证据。因此,在分析该项目时,应判断企业在以后期间能否取得足够的可以利用当期可抵扣暂时性差异的应纳税所得额,否则应当减少递延所得税资产的确认。阅读该项目应结合企业具体情况做出具体判断。

18. "其他非流动资产"项目的阅读与分析

"其他非流动资产"项目反映的是企业持有的经国家批准的特准储备物资或涉及诉讼的财产、银行冻结的财产等资产。一般情况下企业无此项目。阅读时应具体问题具体分析。

19. "非流动资产合计"项目的阅读与分析

"非流动资产合计"项目反映的是企业所有非流动资产的总和。它的增减变动反映的是各项非流动资产项目综合变动的结果。通过阅读此项目可以总体了解非流动资产的规模,总括地认识非流动资产在企业整个资产中的地位。

根据表2-1和表2-2可以看出,华天股份有限公司2019年年末非流动资产比年初增加了206 992 948.09元,增长幅度为23.49%。

二、资本项目分析

资产负债表的右方是负债和所有者权益部分,反映了企业资本的来源,即负债资本和权益资本。负债资本是指企业的过去交易或事项形成的,预期会导致经济利益流出企业的现时义务。负债是企业获取资金的一种重要手段,企业举债可以获得杠杆利益,同时也要承担一定的财务风险。如果企业不能控制好风险,可能会陷入财务危机,即面临无力偿债而被清算或被接管风险。企业一般会倾向于少披露负债来粉饰财务报表。分析时应当注意企业是否存在未披露或少披露的负债,以及企业对各种负债的偿还能力。所有者对企业净资产的要求权形成企业的所有者权益。所有者权益实质上是所有者在企业资产中享有的经济利益,其金额为资产减去负债后的余额。资本项目分析有助于向投资者、债权人等提供有关资本来源、净资产的增减变动、分配能力等与决策有用的信息。

(一)流动负债项目的阅读与分析

负债资本按照其到期时间是否在一年或一个营业周期内,可以划分为流动负债和非流动负债两部分。流动负债是指企业将在一年或者超过一年的一个营业周期内偿还的债务,主要有短期借款、交易性金融负债、应付票据、应付账款、预收款项、应付职工薪酬、应交税费、应付利息、应付股利、其他应付款、一年内到期的非流动负债、其他流动负债等项目。流动负债一般要以流动资产(如库存现金、银行存款)或举借新的负债进行偿付。流动负债按照不同的标准,可以有不同的分类方式。

第一,按照偿付手段不同,流动负债可以分为货币性流动负债与非货币性流动负债。货币性流动负债是指需要以货币来偿还的流动负债,如短期借款、应付账款等;非货币性流动负债是指不需要使用货币偿还的流动负债,主要有预收款项。

第二,按照形成方式不同,流动负债可以分为融资活动形成的流动负债和营业活动形成的流动负债。融资活动形成的流动负债是指企业从银行和其他金融机构筹集资金形成的流动负债,主要有短期借款等;营业活动形成的流动负债是指企业在正常的生产经营活动中形成的流动负债,主要有与企业外部往来形成的应付账款、应付票据等,以及内部往来形成的应付职工薪酬等。

分析流动负债,首先应对其总额进行数量判断,即将流动负债和流动资产进行比较,一般认为流动负债占流动资产的50%比较合理;也可将流动负债与非流动负债进行比较,这种分析应当结合企业所处行业、生产经营规模以及经营生命周期来展开。一般而言,流动负债主要用于企业的日常生产经营,满足企业简单再生产的需要;而非流动负债主要用于企业生产经营的投资建设,满足企业扩大再生产的需要。流动负债与非流动负债的比例,一般是成长型企业较低,成熟型企业较高。在基本确认了流动负债的数额后,还须对流动负债各个项目进行具体分析。

1. "短期借款"项目的阅读与分析

"短期借款"项目反映的是企业向银行或其他金融机构等借入的偿还期限在一年以下的各种借款,包括流动资金借款、结算借款、票据贴现借款等。短期借款通常是为了缓解企业日常生产经营过程中出现的流动资金紧张状况,一般不用于非流动资产的资金需求,因此其利息费用一般是作为财务费用计入当期损益的。由于短期借款期限较短,其利息费用相对较低,实务中一般采用预提或付息时予以确认利息费用的处理方法。因此,列示在资产负债表上的短期借款只表示企业截至会计期末尚未偿还的短期借款本金数额。分析短期借款应注意以下问题:

(1)检查短期借款数量是否与流动资产相关项目资金需要量相适应。季节性或临时性产生短期借款,其资金量的变动期间短,金额较小。

(2)检查企业短期借款到期的期限。如果是即将到期的短期借款,应当以企业变现速度最快的货币资金和交易性金融资产为保障。因此,查验短期借款与可用于偿还的资产数额之间的匹配关系,预测企业可用于偿债的现金流状况,初步评价企业的短期借款偿还能力。

(3) 检查是否与企业当期收益相适应。经营良好的企业并不在乎短期借款绝对数额的高低,而注重其产出是否大于投入,即资产收益率是否高于借款利率。对此可利用财务杠杆进行分析。由于短期借款的利息可在所得税前列支,具有抵税效应,当一个企业的资产收益率大于短期借款的利率时,借款多对企业有利;反之,若企业的资产收益率小于短期借款的利率时,借款多对企业不利。另外,还要结合企业所处经营周期及经营者的态度和企业的财务风险,才能对企业短期借款的状况做出客观评价。

根据表2-1、表2-2和表2-3可以看出,华天股份有限公司2019年年末短期借款比年初减少了29 120 000.00元,下降幅度为19.45%,结合该公司流动资产比重和流动负债比重进行分析可以看出,短期借款无论是存量规模还是比重的下降,导致了流动负债比重的下降,从而减轻公司的偿债压力,同时也维护了公司的良好信誉。

2. "交易性金融负债"项目的阅读与分析

"交易性金融负债"项目反映的是企业为了在近期内出售或回购而持有的,以及采用(对方)短期获利方式进行融资管理的,或者企业持有的直接指定为以公允价值计量且其变动计入当期损益的金融负债,如应付短期融资券。这类债务的报表数据反映的是截至资产负债表日企业承担的该项债务基于市场价格基础上确定的公允价值。至于该项债务的利息费用以及公允价值变动的部分,按照规定都计入当期收益中。实务操作中,绝大部分企业习惯于将短期融资归类于"短期借款""短期应付债券""应付票据"等项目并按照实际成本法进行核算,因此报表中该项目金额经常为零。

3. "应付票据"项目的阅读与分析

"应付票据"项目反映的是企业因购买材料、商品或接受劳务供应等而开出并承兑的、尚未到期付款的商业汇票的账面价值。应付票据是一种商业信用,包括银行承兑汇票和商业承兑汇票。商业承兑汇票是由企业进行承兑并为付款人做出对这项债务在一定时期内支付的承诺。银行承兑汇票由银行进行承兑,只是为收款人按期收回债权提供了可靠的信用保证,企业不会由于银行承兑而使这项负债消失。因此,企业的还款义务依然存在。应付票据在付款时间上具有法律约束力,是企业一种到期必须偿付的"刚性"债务;如果到期不能支付,不仅会影响企业的信誉,影响企业以后的资金筹集,而且还会遭致银行的处罚。

分析时,应关注应付票据是否带息,企业是否发生过延期支付到期票据的情况;企业开具的商业汇票是银行承兑汇票还是商业承兑汇票,如果是商业承兑汇票居多,应当进一步分析企业是否存在信用状况下降或资金匮乏的问题。如果是关联方发生的应付票据,应了解关联方交易的事项、价格、目的等因素,是否存在使用票据方式进行融资的行为。

根据表2-1、表2-2和表2-3可以看出,华天股份有限公司2019年年末应付票据比年初增加了465 796.68元,增长幅度为17.07%,但其比重却下降了0.03%,这说明应付票据虽有一定量的增加,但该公司因为保持了良好的支付能力而不会影响公司的信誉。经检查,该公司应付票据增加主要是因为销售增加导致采购增加,同时供应商信用政策改变,结算期较以前年度延长;且该公司开具的应付票据全为银行承兑汇票,说明企业银行信用状况良好,没有偿付问题。

4. "应付账款"项目的阅读与分析

"应付账款"项目反映的是企业因赊购材料、商品或接受劳务供应等而应付给供应单位款项的账面价值。应付账款是企业在采购业务中较普遍的一项流动负债,也是一种商业信用行为。分析应付账款应注意以下两个问题:

(1) 分析应付账款的质量。判断企业应付账款的质量应与存货相联系。企业应付账款的产生主要是因为赊购生产经营所需的原材料,在供应商信用政策没有变化的条件下,应付账款的规模应该与企业采购规模具有一定的对应关系。另外,要注意企业应付账款平均付款期是不是较为稳定。如果企业购销状况没有很大变化,同时供应商没有放宽赊销的信用政策,而企业发生应付账款急剧增加以及付款期限拖延的情况,就可能意味着企业支付能力恶化,故要测定企业未来现金流量对之偿还能力。

(2) 分析应付账款的营运。应付账款形成于企业商品交易或与主营业务有关的劳务交易,企业的其他交易所产生的欠款不得采用应付账款的形式。表面上看,企业利用商业信用,大量赊购,推迟付款,有"借鸡生蛋"之利,但隐含的代价是加大筹资成本,降低企业信誉。因此,应谨慎处理应付账款的营运。

根据表 2-1 和表 2-2 可以看出,华天股份有限公司 2019 年年末应付账款比年初增加了 37 085 636.08 元,增长了 42.83%;无论是从增长金额还是从增长率来看,变动都是较大的,该公司应特别注意其偿付时间,以便做好资金方面的准备,避免出现到期支付能力不足而影响公司信誉的情况。

5. "预收款项"项目的阅读与分析

"预收款项"项目反映的是企业按照销货合同规定,在交付商品前预先向购货单位收取部分或全部的货款。分析预收款项应注意以下问题:

(1) 分析预收款项的质量。判断企业预收款项的质量主要用企业经营的生命周期进行衡量。如果企业正处于初创期、成长期或衰退期时,预收款项过多,则有"做账"之嫌。在实际工作中,一些企业违反会计制度,往往利用预收款项调整企业当期损益、逃避流转税等。特别是如果企业大量的预收款项是由关联交易产生的,则应当注意这是否是企业之间的一种变相借贷方式,以缓解企业当前的资金紧张状况。

(2) 预收款项是一种良性债务,是一种主动债务。如果企业能够取得较多的预收款项,表明企业的产品结构和销路较好,所生产的产品供不应求,购货方愿意提前垫付资金;也意味着企业具有较好的未来盈利能力和偿债能力。一般情况下,预收款项是按销售收入的一定比例预先收取,通过预收款项的变化还可以预测企业未来营业收入的变动。

(3) 实物清偿。预收款项是一种不需要付息的短期债务,为生产经营提供了资金支持;且其在偿付时不需要支付现金,而是要用企业的产品去偿还。因此,相对于货币性流动负债,企业偿付预收款项比较容易。因此,预收款项的分析应关注其实质,即是否是企业产品的旺销所致,否则应降低其质量。

根据表 2-1 和表 2-2 可以看出,华天股份有限公司 2019 年年末预收款项较年初增加了 4 677 780.03 元,增长率为 346.33%,如果不是由关联方交易产生的,这种情况对企业来说是有利的。

6. "合同负债"项目的阅读与分析

"合同负债"项目反映的是企业按照《企业会计准则第 14 号——收入》(2017 年修订)的相

关规定在本企业履行履约义务迟于客户付款之后且在资产负债表日起一年内履行义务的账面价值。该项目应根据"合同负债"科目的相关明细科目期末余额填列。但若在资产负债表日起一年以上履行义务的,则应在"其他非流动负债"项目中填列。

7. "应付职工薪酬"项目的阅读与分析

"应付职工薪酬"项目反映的是企业根据有关规定应付给职工的各种薪酬,包括工资、职工福利、社会保险、住房公积金、工会经费、职工教育经费、非货币性福利、辞退福利和股份支付等内容。职工薪酬是指职工在职期间和离职后提供给职工的全部货币性薪酬和非货币薪酬,既包括提供给职工本人的薪酬,也包括提供给职工配偶、子女或其他被赡养人的福利等。应付职工薪酬中分别对应付非货币性福利、辞退福利、股利支付产生的应付职工薪酬进行内容确认与核算。在分析应付职工薪酬时,应当注意企业是否存在少计负债的问题,以及是否利用应付职工薪酬来调节利润。具体来说,应关注以下五点:

(1) 应付职工薪酬属于企业经营活动中的日常负债,一般每月变动不大,若是期末数比期初数增加过大,则有拖欠职工工资之嫌。

(2) 企业是否将提供给职工的全部货币与非货币性福利全部计入应付职工薪酬,是否存在少计、漏计的情况。

(3) 辞退福利是或有负债,应检查计入应付职工薪酬的部分是否符合确认的条件,企业对其数据的估计是否合理准确。

(4) 现金结算的股份支付是否按照权益工具的公允价值计量,企业在可行权日后的每个资产负债表日以及结算日是否对应付职工薪酬的公允价值重新计量。

(5) 要注意企业的应付职工薪酬是否按国家规定的计提基础和比例计提,是否通过应付职工薪酬来调整利润。要警惕企业利用不合理的预提方式提前确认费用和负债,从而达到隐瞒利润、少交税款的目的。

根据表2-1和表2-2可以看出,华天股份有限公司2019年年末应付职工薪酬较年初增加了810 850.01元,增长率为16.87%,对此是否存在拖欠职工薪酬的情况,应引起注意。

8. "应交税费"项目的阅读与分析

"应交税费"项目反映的是企业在生产经营过程中按照税法规定计算的应向国家缴纳而尚未缴纳的各种税费,主要包括增值税、消费税、城建税、教育费附加和企业所得税等。分析应交税费应注意以下两个问题:

(1) 因为税收种类较多,在分析时应当了解"应交税费"的具体内容,分析其形成原因,观察该项目是否已经包括了企业未来期间应交而未交的所有税费,是否存在实质上已经构成纳税义务,但企业尚未入账的税费。例如,一些企业已经完成了销售行为,但拖延开具增值税专用发票,致使增值税销项税额在当期的数额减少。

(2) 应交税费与利润表中的营业收入配比。因为企业在一定时期内取得的营业收入、实现的利润,要按国家规定缴纳各种税费。如果两者不配比,则说明企业有漏税之嫌。但增值税的缴纳是采用"抵扣"的方法,进行上项比较时,应予以剔除。

根据表2-1和表2-2可以看出,华天股份有限公司2019年年末应交税费较年初增加了448 047.96元,增长率为10.64%,对此是否存在拖欠税费的情况,应引起注意。

9. "其他应付款"项目的阅读与分析

其他应付款的发生通常是由企业间或企业内部非购销活动引起的,该项目反映的是企业所有应付、暂收的除应付账款、应付票据、预收款项等之外其他单位或个人的款项,如应付的利息、股利、经营性租入固定资产、暂收其他单位与个人的保证金和押金、应付保险费等,应根据"应付利息""应付股利""其他应付款"科目的期末余额合计数填列。分析时应关注以下三个方面:

(1) 应付利息仅反映相关金融工具已到期应支付但尚未支付的利息,包括分期付息到期还本的长期借款、企业债券等需要分期支付的利息,是企业借债的代价。但基于实际利率法计提的金融工具的利息应包含在相应金融工具的账面余额中。

(2) 应付股利项目反映的是企业根据董事会提请股东(大)会批准的利润分配方案中所确定的应分配给股东但尚未支付的现金股利或利润金额。企业作为独立核算的经济实体,当实现盈利并按规定提取了必要的盈余公积之后,在货币资金比较充裕的情况下,一般会依据确定的利润分配政策进行利润分配。对其分析时要注意:区别股份有限公司发放股利形式,即企业发放股票股利不涉及负债,其实质是股东权益结构调整;而企业应付未付的现金股利才包含在其他应付款中。

(3) 其他应付款既为"其他",则该项目的数额与主营业务的债务相比不应过大,且时间也不宜过长;否则,若企业出现了长期、高额的其他应付款,该项目中就可能隐含企业之间的非法资金拆借、变相占用子公司或其他关联方的资金、转移营业收入等违规挂账行为。

根据表2-1和表2-2可以看出,华天股份有限公司2019年年末其他应付款余额高达85 141 656.33元,较年初增加了63 793 985.01元,增长率为298.83%,应对其合理性做进一步的分析。

10. "持有待售负债"项目的阅读与分析

"持有待售负债"项目反映的是资产负债表日处置组中与划分为持有待售类别的资产直接相关的负债的期末账面价值。该项目应根据"持有待售负债"科目的期末余额填列。

11. "一年内到期的非流动负债"项目的阅读与分析

"一年内到期的非流动负债"项目反映的是企业的非流动负债距到期日还有不到一年时间的债务,如还有不到一年到期的长期借款等。该项目提醒报表使用者注意近期需要偿还这些债务。

12. "其他流动负债"项目的阅读与分析

"其他流动负债"项目反映的是企业除上述各项流动负债之外的其他短期债务,一般情况下企业无此项目。

13. "流动负债合计"项目的阅读与分析

"流动负债合计"项目反映的是企业流动负债的整体水平。通过阅读这一项目,可以总体把握企业的短期负债水平。对经营者而言,应及时调配资金以及时还债;对债权人而言,可以衡量债务企业的短期还款能力,进而确定放债的规模;对投资者而言,可以进一步了解企业的现金流量,进而做出投资决策。

根据表2-1和表2-2可以看出,华天股份有限公司2019年年末流动负债比年初增加了78 162 095.77元,增长幅度为28.87%,主要表现为应付账款、预收款项和其他应付款大幅度增长。

(二) 非流动负债项目的阅读与分析

非流动负债也称长期负债,是指偿还期在一年或者超过一年的一个营业周期以上的负债,主要项目有长期借款、应付债券、长期应付款、预计负债、递延所得税负债、其他非流动负债等。与流动负债相比,非流动负债具有债务金额大、利率高、偿还期限长、可以分期偿还等特点。企业举借非流动负债的目的主要是为了融通生产经营所需的长期资金,因为企业的发展仅仅靠自身积累和所有者的投入是远远不够的。长期债务的使用既可以解决企业资金的需求,又可以为企业带来财务杠杆利益,同时还保证了现有股东对企业的控制权。但是,非流动负债是硬约束,企业要按合同规定的期限还本付息,会在一定程度上形成企业的资金压力。所以,分析时应当关注有长期负债企业的未来现金流出量和风险状况。

1．"长期借款"项目的阅读与分析

"长期借款"项目反映的是企业向银行或其他金融机构借入的尚未归还的期限在1年以上的款项。长期借款一般用于企业的固定资产购建、改扩建工程、固定资产大修理以及流动资产的正常需要等方面。会计核算时,长期借款的应计未付利息也计入长期借款。因此,"长期借款"项目反映的是企业尚未归还的长期借款本金和利息。分析长期借款应注意以下问题:

(1) 观察企业长期借款的用途。长期借款的增加与企业长期资产的增加是否相匹配,是否存在将长期借款用于流动资产支出。

(2) 观察企业的长期借款数额是否有较大的波动,波动的原因是什么。

(3) 分析企业长期借款利息费用的处理。会计上对于长期借款的利息费用,是根据其不同期间及不同用途区别处理的,这将直接影响企业报表中的资产、费用乃至利润的金额。企业若将不能资本化的利息费用予以资本化,会因相应减少当期财务费用而虚增利润,同时虚增相关资产金额,这就有可能导致报表使用者盲目乐观,产生决策分析上的失误。

(4) 观察企业的盈利能力。长期借款本息的支付一般来自企业盈利。因此,长期借款的规模应该与企业的获利能力相匹配,要权衡长期借款成本与该借款未来为企业带来的收益。

根据表2-1和表2-2可以看出,华天股份有限公司2019年年末长期借款比年初增加了140 000 000.00元。该公司长期借款的增加,预示该公司的负债政策可能发生变化,即由单纯的流动负债向流动负债和非流动负债并举的方向变化。

2．"应付债券"项目的阅读与分析

"应付债券"项目反映的是企业为筹集长期资金而发行的偿还期在1年以上的债券的账面价值。相对于长期借款而言,应付债券的风险和压力较大,因为债券的发行是面向社会公众的,到期不能还本付息的社会影响较大。目前在我国,企业通过发行债券融资还受到严格的限制,许多企业还不能或没有资格发行债券。因此,大多数企业资产负债表上的这个项目是为零的。分析应付债券应注意以下两个问题:

(1) 关注债券发行的有关条款。查看该债券的付息方式是到期一次还本付息、分期付息到期还本,还是分期还本付息,因为还本付息方式的不同会给企业各期带来不同的偿债压力。分期还本付息将偿债压力分摊到了各期,而到期一次还本付息却将偿债压力推迟到债券最后一期。如果存在溢折价,还要查看企业对于溢折价的摊销和实际利息费用的确认是否准确;查看是否存在可赎回条款,企业是否具有可用于赎回的资金准备。

(2) 关注债券发行是否具有可转换条款。对于可转换债券的核算,企业会计准则要求应当将转换权单独分离出来计入其他权益工具,转换时不发生转换损益,而是增加企业的所有者权益项目。在分析可转换债券的质量时,应检查企业当前的股票价格与条款中规定的转换价格的差异。如果当前的股价远低于规定的转换价格,应当质疑到期转换的可能性;反之,如果当前的股价高于规定的转换价格,则可以预见到期转换是可能实现的,企业最终将不承担还本付息的义务,减少未来期间现金流出,有助于缓解企业的财务压力。

3. "租赁负债"项目的阅读与分析

"租赁负债"项目反映的是资产负债表日承租人企业尚未支付的租赁付款额的期末账面价值。该项目应根据"租赁负债"科目的期末余额填列。自资产负债表日起一年内到期应予以清偿的租赁负债的期末账面价值,在"一年内到期的非流动负债"项目反映。

4. "长期应付款"项目的阅读与分析

"长期应付款"项目反映的是企业还没有偿还的除长期借款、应付债券和租赁负债以外的其他各种长期应付款项。该项目应根据"长期应付款"科目的期末余额,减去相关的"未确认融资费用"科目的期末余额后的金额,以及"专项应付款"科目的期末余额填列。该项目一经发生,一般金额较大,所以不是日常业务;年度内一般不会发生变化,除非发生新的长期应付款业务,不同年度因分期偿还只会减少,不会增加。分析长期应付款应注意以下两个问题:

(1) 在对长期应付款进行分析时,应结合会计报表附注中对长期应付款具体项目的披露,关注企业长期应付款的数额、增减变动及其对企业未来财务状况的影响。

(2) 专项应付款是企业收到的由国家拨入的具有专项用途的款项,如专项用于技术改革、技术研究以及其他用途的款项。这类资金一般专款专用,国家还会有后续的配套检查,防止企业滥用资金,造成资金的损失和浪费。这部分专项预付款在项目完成后,通常是核销并转入企业资本公积中,因此一般情况下在发生了相应的研发或技术改造支出后是无须偿还的,构成了企业一项无偿的长期资金来源。

5. "预计负债"项目的阅读与分析

"预计负债"项目反映的是因或有事项而确认的现时义务。而或有事项是指过去的交易或事项形成的一种状况,其结果需通过未来的不确定事项发生或不发生予以证实。对企业来说,或有事项可能是一种潜在的权利,形成或有资产;也可能是一种潜在义务或现时义务,形成或有负债或预计负债。鉴于谨慎性原则,或有资产一般不应在企业会计报表及其附注中披露,只有在或有资产很可能给企业带来经济利益时,才会在会计报表附注中披露其形成的原因及财务影响;而预计负债应该在资产负债表中单独反映,并同时在报表附注中对导致各项预计负债形成的原因和金额做相应披露。企业涉及预计负债的主要事项有未决诉讼、产品质量保证、债务担保、亏损合同、重组义务等或有事项且预计负债的金额应当是清偿该负债所需支出的最佳估计数。

本项目属于非常规报表项目,且预计负债的确认和计量涉及较多的财务判断,企业也倾向于尽量少地披露相关债务。这样就不可避免地会出现有的企业利用该项目进行利润操纵的现象。因此,是否具有利用预计负债操纵利润的嫌疑,要根据财务报告中的其他资料以及企业的历史资料进行判断。分析时应当仔细寻找有关预计负债的存在踪迹,查看企业售后条款、发生的诉讼事项等,并注意企业对预计负债的确认是否准确,最佳估计数的估计是否合理等。如对于重组义务,企业应当按照与重组有关的直接支出确定预计负债金额,而不能包括留用职工岗前培训、市场推广、新系统和营销网络投入等支出。

6. "递延收益"项目的阅读与分析

"递延收益"项目反映的是企业获得的、应分配计入以后相应会计期间损益的政府补助金额,包括财政拨款、财政贴息、税收返还、无偿划拨非货币资产等。它反映了企业从政府那里获得的财政支持,也显示企业未来特定时期将会因分摊递延收益而产生的一定的利得收入。需注意的是,"递延收益"项目中摊销期限只剩一年或不足一年的,或预计在一年内(含一年)进行摊销的部分,不得归类为流动负债,仍在该项目中填列,不转入"一年内到期的非流动负债"项目。

7. "递延所得税负债"项目的阅读与分析

"递延所得税负债"项目反映的是企业确认的应纳税暂时性差异产生的所得税负债。应纳税暂时性差异是指在确定未来收回资产或清偿负债期间的应纳税所得额时,将导致产生应税金额的暂时性差异;该差异在未来期间转回时,会增加转回期间的应纳税所得额,增加未来期间所得税的资金流出,由此产生递延所得税负债。应纳税暂时性差异产生于下列情况:一是资产的账面价值大于其计税基础,二是负债的账面价值小于其计税基础。因此,阅读时应结合资产、负债项目的计价等资料认真分析和判断,关注资产和负债的计税基础和账面价值,核实企业的递延所得税负债是否真实,是否存在少计、漏计的情况。

8. "其他非流动负债"项目的阅读与分析

"其他非流动负债"项目反映的是企业除上述非流动负债之外的非流动负债项目,一般企业无此项目。若有,应结合相关资料认真分析和研读。

9. "非流动负债合计"项目的阅读与分析

"非流动负债合计"项目是综合项目,总括地反映企业非流动负债的金额,让报表使用者综合掌握报告企业的长期债务。

根据表2-1和表2-2可以看出,华天股份有限公司2019年年末非流动负债比年初增加了140 000 000.00元,主要是长期借款引起的。

10. "负债合计"项目的阅读与分析

"负债合计"项目是流动负债与非流动负债两项的合计,总体反映企业负债的规模与水平,也能反映出经营者的经营理念。

根据表2-1和表2-2可以看出,华天股份有限公司2019年年末负债总额比年初增加了218 162 095.77元,增长幅度为80.57%。

(三)权益资本项目的阅读与分析

所有者权益也称净资产,是指企业资产扣除负债后由所有者享有的剩余权益,包括实收资本(或股本)、其他权益工具、资本公积、其他综合收益、盈余公积和未分配利润等。分析所有者权益,可以反映企业资本来源,揭示企业法定资本以及对利润分配、公积金的使用等构成情况,如实收资本和资本公积不能用于利润分配,盈余公积和未分配利润则是由企业在生产经营过程中实现的利润留存在企业所形成的等。解读所有者权益项目可以从以下角度分析:一是总量判断。资产总额代表了一个企业的生产经营规模,掌握一个企业的资产总额固然重要,但更要关注其净资产有多少,因为净资产表明企业生产经营的最终结果。如果某企业资产总额1 000万元,而所有者权益总额不足10万元,说明企业资产的99%以上为债权人投入的,该企业处于破产清算的边缘。二是结构判断。结构判断即将该项目分为内外部两大类,然后进行期末与期初的配比。实收资本和资本公积来源于企业投资者投入,而盈余公积和未分配利润则来源于企业内部经营的资本增值,也称留存收益。外部所有者权益的增长,只能说明投资额的加大,代表了企业外延式扩大再生产能力;而内部所有者权益的持续增长,才意味着企业经营具有较强的资本保值增值能力,拥有充裕的自有资金、良好的偿债能力和自我发展能力,代表了企业内涵式扩大再生产能力。在基本确认了权益资本项目的总额和结构后,还须对权益资本各个项目进行具体分析。

1. "实收资本"项目的阅读与分析

"实收资本"项目反映的是投资者按照企业章程或合同、协议的约定,实际投入企业的资本。实收资本是所有者投入企业的资本,除非发生减资或企业清算,否则将永远留在企业内部。企业在正常生产经营过程中一般应该保持实收资本的相对稳定。投资者除依法转让其所持有的股权份额之外,不能抽回投资。因此,在没有进行增资扩股或减资的情况下,资产负债表中所列示企业的实收资本随时间推移而发生的变动很小,甚至数年都不改变。分析实收资本应注意以下四个方面:

(1) 实收资本的总额。企业进行生产经营必须具备一定的物质基础。而实收资本显示了一个企业生产经营的物质基础。一般来说,实收资本的总额越大,企业的物质基础越雄厚,经济实力就越强。同时,实收资本总额也是企业进入一定经营领域的准入"门槛"。

(2) 实收资本与企业注册资本的配比。我国设立企业采用注册资本制,投资者实际投入企业的实收资本数额达到其在工商行政管理部门登记的注册资本要求是企业设立的先决条件。因此,企业实收资本应当与注册资本一致,企业不得擅自改变注册资本数额或抽逃资金。若企业实收资本远远低于注册资本,需进一步阅读会计报表附注及公司合同的有关说明,核查是否为注册资本不到位或者抽逃注册资本。

(3) 投资者的出资方式。投资者可以使用不同形式的资产进行出资,包括货币资金和非货币资产。企业接受的投资如果是非货币性资产,应该分析该资产的公允价值是否与投资双方达成的合同金额相符,是否存在高估资产而导致企业资本亏蚀的情况。

(4) 实收资本的变动。实收资本的变动将会影响企业原有投资者对企业的所有权和控制权,对企业的偿债能力、盈利能力等都会产生重大影响。分析时,可将该项目与负债比较,观察企业财务结构的稳定性和风险程度;若实收资本增加,还要分析有多少是资本公积或盈余公积转入,有多少是投资者新增投入。

根据表2-1和表2-2可以看出,华天股份有限公司2019年年末实收资本(股本)比年初增加了1 811 000.00元,增长幅度为0.64%。这表明该公司扩大了自有资本,企业的财务实力有所增强。

2. "其他权益工具"项目的阅读与分析

"其他权益工具"项目反映的是资产负债表日企业发行在外的除普通股以外分类为权益工具的金融工具的账面价值。对于资产负债表日企业发行的金融工具,分类为金融负债的,应在"应付债券"项目填列,对于优先股和永续债,还应在"应付债券"项目下的"优先股"项目和"永续债"项目分别填列;分类为权益工具的,应在"其他权益工具"项目填列,对于优先股和永续债,还应在"其他权益工具"项目下的"优先股"项目和"永续债"项目分别填列。

3. "资本公积"项目的阅读与分析

"资本公积"项目反映的是企业收到投资者的超出其在企业注册资本(或股本)中所占份额的投资,以及直接计入所有者权益的利得和损失等。分析资本公积应注意以下四个方面:

(1) 资本公积的性质。从本质上讲,资本公积尽管属于投入资本的范畴,但它与实收资本又有所不同:实收资本无论是在来源上还是在金额上,都有比较严格的限制;而资本公积在金额上则没有严格的限制,而且在来源上也相对比较多样,可以来源于投资者的额外投入,也可以来源于直接计入所有者权益的利得或损失。

（2）资本公积的构成。资本公积包括的事项比较广泛，如资本（股本）溢价、其他资本公积（以权益结算的股份支付和长期股权投资权益法下被投资企业除净损益、其他综合收益和利润分配以外的其他所有者权益变动）等。鉴于资本公积的复杂性，分析时应当仔细分析其构成，企业是否把一些其他项目混入资本公积之中，造成企业资产负债率的下降，以达到粉饰企业信用形象的目的。

（3）资本公积的用途。资本公积是实收资本的准备项目，一方面可以转增资本，另一方面一些事项在日后会直接影响实收资本或股本数额，如以权益结算的股份支付等。资本公积转增资本虽然没有改变企业的所有者权益总额，但可以改变企业权益资本的结构，反映企业稳健持续发展的潜力，因为企业实收资本不会用于投资者的分配或者用于弥补亏损，即使在企业破产的情况下，它也将被优先分配给债权人。对于股份公司而言，它会增加投资者持有的股份，从而增加公司股票的流通量，进而可以激活股价，提高股票的交易量和资本的流动性。此外，对于债权人来说，实收资本是所有者权益最本质的体现，是其考虑投资风险的重要影响因素。所以，将资本公积转增资本不仅可以更好地反映投资者的权益，也会影响债权人的信贷决策。

（4）资本公积转增资本的来源。资本公积的来源按其用途主要包括两类：一类是可以直接用于转增资本的资本公积，如资本溢价或股本溢价；另一类是不可以直接用于转增资本的资本公积，如直接计入所有者权益的利得或损失。为了避免虚增净资产，误导决策，就有必要分析资本公积转增资本的来源，考察其合理性。

根据表2-1和表2-2可以看出，华天股份有限公司2019年年末资本公积比年初增加了76 291 402.95元，增长幅度为23.2%，其增长的原因需进一步分析。

4．"库存股"项目的阅读与分析

"库存股"项目反映的是上市公司回购自己的股票之后尚未转让或核销的那部分股份金额。上市公司通常会出于股权激励的需要而在恰当时机和允许额度内部分回购自己的股票。这部分收回的股票在没有转让或出售给激励对象之前，是不带有任何表决权利的，相当于公司实际流通股股票数量的减少。因此，在资产负债表上列为所有者权益（主要对应股本和资本公积）的减项。只有当库存股转让或出售，再度成为发行在外的股票时，才恢复为相应的表决权和分配股利的权利。

5．"其他综合收益"项目的阅读与分析

"其他综合收益"项目反映的是企业按照会计准则的规定、不列入当期损益而直接确认为所有者权益的利得和损失扣除所得税影响之后的净额，如其他债权投资或其他权益工具投资因公允价值变动而产生的与账面价值的差额、现金流量套期工具所获得的利得和损失中属于有效套期的部分，以及外币报表折算差额等。该项目不属于企业日常经营所得，一般也不适合参与评价企业的经营绩效。

6．"专项储备"项目的阅读与分析

"专项储备"项目反映的是高危行业企业按国家规定提取的安全生产费的账面价值。该项目应根据"专项储备"科目的期末余额填列。

7．"盈余公积"项目的阅读与分析

"盈余公积"项目反映的是企业从净利润中提取的、具有特定用途的资金，主要包括法定盈余公积和任意盈余公积。盈余公积是企业净利润形成的，主要用于企业维持或扩大再生产经营活动的资金需要。因此，一般而言，盈余公积是越多越好。对于盈余公积的分析，一是看是否遵守《公司法》规定的分配顺序及比例进行计提，是否存在违规计提以粉饰报表；二是若盈余公积的期末数额大大小于期初数额，则需要进一步分析企业盈余公积用途的合理性。

（1）弥补亏损。根据企业会计制度和有关法规的规定，企业发生亏损，可以用发生亏损后连续5年内实现的税前利润来弥补；当发生的亏损在5年内仍不足弥补的，应使用随后所实现的税后利润弥补。当企业发生的亏损在税后利润仍不足弥补的，可以用盈余公积来加以弥补。但是，用盈余公积弥补亏损应当由董事会提议、股东大会或类似权力机构批准。

（2）转增实收资本（股本）。当企业盈余公积累计比较多时，可以将盈余公积转增实收资本（股本），但必须经股东大会或类似权力机构批准；而且用盈余公积转增实收资本（股本）后，留存的盈余公积不得少于注册资本的25%。

（3）发放现金股利或利润。当企业累计的盈余公积比较多，而未分配利润比较少时，为了维护企业形象，给投资者以合理的回报，对于符合规定条件的企业，也可以用盈余公积分派现金利润或股利。

根据表2-1和表2-2可以看出，华天股份有限公司2019年年末盈余公积比年初增加了9 513 241.28元，增长幅度为16.34%，说明该公司的净利润有所增长，且变动幅度正常。

8."未分配利润"项目的阅读与分析

"未分配利润"项目反映的是企业实现的净利润经过弥补亏损、提取盈余公积和向投资者分配利润后留存在企业的、历年结存的利润，通常用于留待以后年度向投资者进行分配。因为未分配利润相对于盈余公积而言，属于未确定用途的留存收益，所以企业在使用未分配利润时有较大的自主权，受国家法律法规的限制比较少。分析未分配利润应注意以下三个方面：

（1）从数量上讲，未分配利润勾稽资产负债表与所有者权益变动表，是期初未分配利润加上本期实现的净利润减去提取的各种盈余公积和分出利润后的余额，取决于企业的盈利状况和企业的利润分配政策。

（2）未分配利润是一个变量，既可能是正数，表示以前各期至本期末累积结存的、尚未明确用途或尚未分配的净利润；也可能是负数，表示各年至今累积发生的尚未弥补的净亏损。

（3）可将未分配利润期末余额与期初余额相比，以观察其变动发展的趋势。如果该项目贷方余额增加，则表明企业的盈利状况较好，企业经营稳健；如果该项目贷方余额减少，则表明企业发生亏损，或者是企业分配了以往留存的未分配利润。

根据表2-1和表2-2可以看出，华天股份有限公司2019年年末未分配利润比年初增加了51 621 227.54元，增长幅度为25.97%，说明该公司的盈利状况良好，并采用了较为稳健的利润分配政策，有利于增强企业实力、降低筹资风险和缓解财务压力。

9."股东权益合计"项目的阅读与分析

"股东权益合计"项目是上述项目的合计，总体反映企业所有者权益的规模与水平，也能反映出企业自有资金的充裕程度和偿债能力的高低。

根据表2-1和表2-2可以看出，华天股份有限公司2019年年末股东权益总额比年初增加了139 236 871.77元，增长幅度为16.02%，主要是由资本公积和留存收益较大幅度的增长引起的。

任务三　掌握资产负债表水平分析

任务要求

熟悉资产负债表中资产、负债及所有者权益各项目的变动情况,掌握资产负债表水平分析的工作步骤,分析其变动的合理性及其原因,借以进一步判断企业财务状况的发展趋势。

相关知识

前面已经介绍了资产负债表的资产和资本的单项阅读与分析,报表分析者对企业某一时点上的财务状况已经有了一个基本的了解。但是,要系统地把握企业的财务状况,还要对资产负债表进行水平分析和垂直分析。

一、资产负债表水平分析表的编制

资产负债表水平分析就是通过水平分析法,将资产负债表的本期实际数与基期数据进行比较,编制出资产负债表水平分析表,在此基础上对企业财务状况进行分析评价。资产负债表水平分析的目的就是从总体上概括了解资产、权益的变动情况,揭示出资产、负债和所有者权益变动的差异,分析其差异产生的原因。资产负债表水平分析除了要计算出某项目的变动额和变动幅度外,还要计算出该项目变动对资产总额或负债和所有者权益总额的影响程度,以便确定影响资产总额或负债和所有者权益总额的重点项目,为进一步分析指明方向。

$$某项目变动对资产总额(或总权益)的影响 = \frac{某项目的变动额}{基期总资产(或总权益)} \times 100\%$$

根据表2-1提供的资料,编制华天股份有限公司资产负债表水平分析表,如表2-2所示。

表2-2　华天股份有限公司资产负债表水平分析表　　　　　金额单位:元

项　目	期末余额	年初余额	变动额	变动(%)	影响(%)
资产					对资产总额的影响
流动资产:					
货币资金	127 530 439.08	74 765 564.65	52 764 874.43	70.57	4.63
应收票据	5 568 336.08	18 841 133.66	−13 272 797.58	−70.45	−1.16
应收账款	91 857 731.82	79 743 418.39	12 114 313.43	15.19	1.05

续 表

项　目	期末余额	年初余额	变动额	变动(%)	影响(%)
预付款项	34 426 109.84	19 419 356.87	15 006 752.97	77.28	1.32
其他应收款	71 335 202.91	3 148 327.52	68 186 875.39	2 165.81	5.98
存货	78 506 816.87	62 900 816.06	15 606 000.81	24.81	1.37
流动资产合计	409 224 636.60	258 818 617.15	150 406 019.45	58.11	13.19
非流动资产:					
长期股权投资	743 957 757.57	572 065 804.88	171 891 952.69	30.05	15.08
固定资产	231 131 686.21	208 725 513.92	22 406 172.29	10.73	1.97
在建工程	84 185 982.04	81 865 274.14	2 320 707.90	2.83	0.20
无形资产	25 004 994.77	15 282 738.09	9 722 256.68	63.62	0.85
长期待摊费用	1 879 143.37	1 914 954.61	−35 811.24	−1.87	0.00
递延所得税资产	1 960 434.12	1 272 764.35	687 669.77	54.03	0.06
非流动资产合计	1 088 119 998.08	881 127 049.99	206 992 948.09	23.49	18.16
资产总计	1 497 344 634.68	1 139 945 667.14	357 398 967.54	31.35	31.35
负债和股东权益					对权益总额的影响
流动负债:					
短期借款	120 610 000.00	149 730 000.00	−29 120 000.00	−19.45	−2.55
应付票据	3 194 546.70	2 728 750.02	465 796.68	17.07	0.04
应付账款	123 673 381.37	86 587 745.29	37 085 636.08	42.83	3.25
预收款项	6 028 461.27	1 350 681.24	4 677 780.03	346.33	0.41
应付职工薪酬	5 616 884.13	4 806 034.12	810 850.01	16.87	0.07
应交税费	4 659 323.03	4 211 275.07	448 047.96	10.64	0.04
其他应付款	85 141 656.33	21 347 671.32	63 793 985.01	298.83	5.60
流动负债合计	348 924 252.83	270 762 157.06	78 162 095.77	28.87	6.86
非流动负债:					
长期借款	140 000 000.00		140 000 000.00		12.28
非流动负债合计	140 000 000.00		140 000 000.00		12.28
负债合计	488 924 252.83	270 762 157.06	218 162 095.77	80.57	19.14
所有者权益(或股东权益):					
实收资本(或股本)	285 127 200.00	283 316 200.00	1 811 000.00	0.64	0.16
资本公积	405 134 463.62	328 843 060.67	76 291 402.95	23.20	6.69
盈余公积	67 744 734.63	58 231 493.35	9 513 241.28	16.34	0.83
未分配利润	250 413 983.60	198 792 756.06	51 621 227.54	25.97	4.53
所有者权益(股东权益)合计	1 008 420 381.85	869 183 510.08	139 236 871.77	16.02	12.21
负债和所有者权益(或股东权益)总计	1 497 344 634.68	1 139 945 667.14	357 398 967.54	31.35	31.35

二、资产负债表变动情况的分析评价

企业资产总额表明企业资产的存量规模。随着企业经营规模的变动,资产存量规模也处在经常变动之中。资产存量规模过小,将难以满足企业经营的需要,影响企业经营活动的正常进行;资产存量规模过大,将造成资产的闲置,使资金周转缓慢,影响资产的利用效率。企业通过举债或吸收投资者的投资来满足对企业资产的资金需求,从而产生了债权人、投资者对企业资产的两种不同的要求权。资产、权益分别列示在资产负债表的左右两方,反映企业的基本财务状况,对资产负债表变动情况的分析评价也应当从这两方面进行。

(一) 从资产角度进行分析评价

(1) 从资产角度分析评价主要从以下三个方面进行:

① 分析资产总额规模的变动状况及各类、各项资产的变动状况,揭示出资产变动的主要方面,从总体上了解企业经过一定时期经营后资产的变动状况。

② 发现变动幅度较大或对资产总额变动影响较大的重点类别和重点项目。分析时,首先要注意发现变动幅度较大的资产类别或资产项目,特别是发生异常变动的项目;其次要把对资产总额变动影响较大的资产项目作为分析重点。某资产项目变动自然会引起资产总额发生同方向的变动,但不能完全根据该项目本身的变动来说明对资产总额的影响。某资产项目变动对资产总额的影响,不仅取决于该项目本身的变动程度,还取决于该项目在资产总额中所占的比重。当某项目本身变动幅度较大时,如果该项目在资产总额中所占比重较小,则该项目变动对资产总额的变动就不会有太大影响;反之,即使某项目本身变动幅度较小,如果其在资产总额中所占比重较大,则其对资产总额变动的影响程度也很大。如表2-2中其他应收款项目,在所有资产项目中变动幅度最大,2019年增长了2 165.81%,但由于该项目占资产总额的比重不大,所以仅使资产总额增加5.98%;相反,长期股权投资虽然只增长30.05%,但由于其所占比重较大,对资产总额的影响却达到15.08%。分析时只有注意到这一点,才能突出分析重点。

③ 注意考察资产规模变动与所有者权益总额变动的适应程度,进而评价企业财务结构的稳定性和安全性。在资产负债表上,资产总额等于负债和所有者权益总额之和。如果资产总额的增长幅度大于所有者权益总额的增长幅度,表明企业债务负担加重,这虽然可能是由于企业筹资政策变动而引起的,但却可能引起偿债保证程度下降,偿债压力加重。一般来说,为了保证企业财务结构的稳定性和安全性,资产规模变动应与所有者权益总额变动相适应。

(2) 根据表2-2,可以对华天股份有限公司资产总额变动情况做出以下分析评价。

华天股份有限公司资产总额2019年度增加357 398 967.54元,增长幅度31.35%,说明该公司2019年资产规模有较大幅度的增长。进一步分析可以发现:

① 流动资产增长150 406 019.45元,增长幅度为58.11%,使资产总额规模增长了13.19%。如果仅就这一变化来看,该公司资产的流动性有所增强。货币资金增加了52 764 874.43元,增长幅度为70.57%,这将对企业的偿债能力和满足资金流动性需要有所影响。当然,对于货币资金的这种变化是否会影响企业整体资源的效率,还应结合该公司未来的发展战略和现金需要量,从资金利用效果方面进行更为深入的分析,做出合理的评价。应收票据减少了13 272 797.58元,下降幅度达70.45%,说明应收票据的质量是可靠的,基本不存在拒付。其他应收款增加

了 68 186 875.39 元,增长幅度高达 2 165.81%,说明该公司内部控制制度执行不力,不必要的资金占用大幅增加。预付款项增加了 15 006 752.97 元,增长幅度为 77.28%,这说明企业除因商业信用预付部分款项外,还有可能是企业向有关单位提供贷款、非法转移资金或抽逃资本。存货增加 15 606 000.81 元,增长幅度为 24.81%,这可能会导致企业资金占用增加,机会成本增加;但结合固定资产的变动情况,可以认为这种变动与该公司经营规模不断扩大的状况比较吻合,有助于形成现实的生产能力。

② 长期股权投资增加了 171 891 952.69 元,增长幅度为 30.05%,说明该公司对外扩张意图明显。

③ 固定资产增加 22 406 172.29 元,增长幅度为 10.73%,使资产总额规模增长了 1.97%,是非流动资产中对资产总额变动影响较大的项目之一。固定资产规模体现了一个企业的生产能力,这说明该公司的未来生产能力会有显著提高。但整体而言,固定资产在资产总额中所占比重比较小。

④ 在建工程增加了 2 320 707.90 元,增长幅度为 2.83%,使资产总额规模上升了 0.20%。在建工程项目的增加虽然对 2019 年度的经营成果没有太大的影响,但随着在建工程在今后的陆续完工,有助于扩张该公司的生产能力。

⑤ 无形资产增加 9 722 256.68 元,增长幅度为 63.62%。经查看企业会计报表附注,发现无形资产的增加主要是该公司对专利技术和电脑软件的投入的增加引起的,表明该公司可持续发展能力和竞争能力有所提高。

(二) 从权益角度进行分析评价

权益各项目的变动既可能是企业经营活动造成的,也可能是企业会计政策变更造成的,或者是由会计的灵活性、随意性造成的。因此,只有结合权益各项目变动情况的分析,才能揭示权益总额变动的真正原因。

(1) 从权益角度分析评价主要从以下两方面进行:

① 分析权益总额的变动状况以及各类、各项筹资的变动状况,揭示出权益总额变动的主要方面,从总体上了解企业经过一定时期经营后权益总额的变动情况。通过对流动负债各项目的增减变动分析,了解企业短期筹资渠道的变化情况及偿债压力的大小,借以判断企业短期资金的筹资能力;通过对非流动负债各项目的增减变动分析,了解企业长期筹资渠道的变化情况,借以判断企业长期资金的筹资能力;通过对所有者权益各项目的增减变动分析,可进一步了解企业权益对负债偿还的保证程度和企业自己积累资金和筹资的能力与潜力。

② 发现变动幅度较大或对权益总额变动影响较大的重点类别和重点项目,为进一步分析指明方向。

(2) 根据表 2-2,可以对华天股份有限公司权益总额变动情况做出以下分析评价:

华天股份有限公司权益总额较 2019 年年末比年初增加 357 398 967.54 元,增长幅度为 31.35%,说明该公司 2019 年权益总额有较大幅度的增长。进一步分析可以发现:

① 2019 年度负债增加了 218 162 095.77 元,增长幅度为 80.57%,使权益总额增加了 19.14%。其中,流动负债增长幅度为 28.87%,主要表现为其他应付款和应付账款大幅度增长。短期借款的减少对于减轻企业的偿债压力是有利的。应付账款和其他应付款的增加则可能说明该公司的信用状况不一定值得信赖,当然这还需要结合企业的具体情况进行分析。非

流动负债对权益总额的增长幅度为12.28%,主要是由长期借款增加引起的。

② 2019年度股东权益增加了139 236 871.77元,增长幅度为16.02%,使权益总额增加了12.21%,主要是由未分配利润和资本公积的较大幅度增长引起的,盈余公积和股本的增加也是股东权益增加的原因之一。

任务四 掌握资产负债表垂直分析

任务要求

熟悉资产负债表中资产、负债及所有者权益的结构及其变动情况,掌握资产负债表垂直分析的工作步骤,分析其构成变动的合理性及其原因,以进一步判断企业财务状况的变化趋势。

相关知识

一、资产负债表垂直分析表的编制

资产负债表的垂直分析亦称共同比资产负债表分析,就是将常规形式的资产负债表转换成结构百分比形式的资产负债表,即分别以资产合计数和负债及所有者权益合计数为共同基数(为100%);然后求出表中左右两方各项目相对于共同基数的百分比,进一步结合企业规模、经营性质、销售状况以及行业风险等因素分析企业在资产运用以及资金筹措等方面存在的问题,揭示企业的资产结构和资本结构变动的合理程度,深入分析企业资产结构、资本结构及资产结构与资本结构适应程度的优化问题;在此基础上,还可将前后几期的结构百分比报表汇集在一起,以判断企业财务状况的发展趋势。具体地说,资产负债表垂直分析包括分析企业资产结构的变动情况及变动的合理性、分析企业资本结构的变动情况及变动的合理性和分析企业资产结构与资本结构的适应程度。

资产负债表垂直分析可以从静态和动态两个方面进行。从静态角度分析就是以本期资产负债表为分析对象,通过对资产负债表各项目间的依存关系以及各项目在总体中所占的比重进行对比分析,来进一步了解企业在某一时点的财务状况的稳定性与合理、恰当性,发现其中存在的问题;从动态角度分析就是将资产负债表的本期实际构成与基期构成进行对比分析,从结构变动方面来预测企业财务状况的变动趋势,以便多视角、多层次、灵活地分析资产负债表所蕴涵的会计信息,为了解企业具体状况、进行决策分析提供依据。

根据表2-1提供的资料,编制华天股份有限公司资产负债表垂直分析表,如表2-3所示。

表 2-3　华天股份有限公司资产负债表垂直分析表　　　金额单位:元

项　目	期末余额	年初余额	期末(%)	年初(%)	变动情况(%)
流动资产:					
货币资金	127 530 439.08	74 765 564.65	8.52	6.56	1.96
应收票据	5 568 336.08	18 841 133.66	0.37	1.65	−1.28
应收账款	91 857 731.82	79 743 418.39	6.13	7.00	−0.87
预付款项	34 426 109.84	19 419 356.87	2.30	1.70	0.60
其他应收款	71 335 202.91	3 148 327.52	4.76	0.28	4.48
存货	78 506 816.87	62 900 816.06	5.24	5.52	−0.28
流动资产合计	409 224 636.60	258 818 617.15	27.32	22.71	4.61
非流动资产:					
长期股权投资	743 957 757.57	572 065 804.88	49.69	50.18	−0.49
固定资产	231 131 686.21	208 725 513.92	15.44	18.31	−2.87
在建工程	84 185 982.04	81 865 274.14	5.62	7.18	−1.56
无形资产	25 004 994.77	15 282 738.09	1.67	1.34	0.33
长期待摊费用	1 879 143.37	1 914 954.61	0.13	0.17	−0.04
递延所得税资产	1 960 434.12	1 272 764.35	0.13	0.11	0.02
非流动资产合计	1 088 119 998.08	881 127 049.99	72.68	77.29	−4.61
资产总计	1 497 344 634.68	1 139 945 667.14	100.00	100.00	0.00
流动负债:					
短期借款	120 610 000.00	149 730 000.00	8.05	13.13	−5.08
应付票据	3 194 546.70	2 728 750.02	0.21	0.24	−0.03
应付账款	123 673 381.37	86 587 745.29	8.26	7.60	0.66
预收款项	6 028 461.27	1 350 681.24	0.40	0.12	0.28
应付职工薪酬	5 616 884.13	4 806 034.12	0.38	0.42	−0.04
应交税费	4 659 323.03	4 211 275.07	0.31	0.37	−0.06
其他应付款	85 141 656.33	21 347 671.32	5.69	1.87	3.82
流动负债合计	348 924 252.83	270 762 157.06	23.30	23.75	−0.45
非流动负债:					
长期借款	140 000 000.00		9.35	0.00	9.35
非流动负债合计	140 000 000.00		9.35	0.00	9.35
负债合计	488 924 252.83	270 762 157.06	32.65	23.75	8.90
所有者权益(或股东权益):					

续 表

项 目	期末余额	年初余额	期末(%)	年初(%)	变动情况(%)
实收资本(或股本)	285 127 200.00	283 316 200.00	19.04	24.85	−5.81
资本公积	405 134 463.62	328 843 060.67	27.06	28.85	−1.79
盈余公积	67 744 734.63	58 231 493.35	4.53	5.11	−0.58
未分配利润	250 413 983.60	198 792 756.06	16.72	17.44	−0.72
所有者权益(股东权益)合计	1 008 420 381.85	869 183 510.08	67.35	76.25	−8.90
负债和所有者权益(或股东权益)总计	1 497 344 634.68	1 139 945 667.14	100.00	100.00	0.00

二、资产负债表结构变动情况总体分析

(一) 资产结构总体分析

资产结构是指企业流动资产与非流动资产各主要项目占资产总额的比重,表明投入企业资源的运用。资产结构与企业所处行业及经营类型有关,也会受其经营规模和不同资金来源渠道的影响。资产结构是否合理、资产质量是否稳定、能否满足生产的需要和资金来源的特定要求,将直接影响着日常生产经营活动各环节的有效衔接与循环周转,以及企业未来持续发展的潜力,同时也在很大程度上影响着企业的及时偿债能力。资产负债表的资产项目按照流动性进行分类和排列,总的来说可以分为流动资产与非流动资产。因此,在进行总体分析时,主要就是从这两类资产的比例及其变动趋势说明企业资金的使用情况。

1. 企业资产结构总体分析的思路

(1) 从静态角度观察企业资产的配置情况,特别关注流动资产和非流动资产的比重,分析时可通过与行业的平均水平或可比企业的资产结构进行比较,对企业资产的流动性和资产风险性做出判断,进而对企业资产结构的合理性做出评价。

(2) 从动态角度分析企业资产的变动情况,对企业资产结构的稳定性做出判断,进而对企业资产结构总体变动情况做出评价。

2. 企业资产结构总体分析的应用

从表2-3可以看出:

(1) 从静态方面分析,就一般意义而言,流动资产变现能力较强,其资产风险较小;而非流动资产变现能力较差,其资产风险较大。所以,流动资产比重较大时,企业资产的流动性强而风险小;非流动资产比重较大时,企业资产弹性较差,不利于企业灵活调度资金,风险较大。华天股份有限公司2019年年末流动资产比重只有27.32%,非流动资产比重却有72.68%。根据该公司的资产结构,可以认为该公司资产的流动性不强,资产风险较大。当然,一个企业的流动资产也不宜保持过多,这将会降低企业的盈利能力。

(2) 从动态方面分析,该公司流动资产比重上升了4.61%,非流动资产比重下降了4.61%,结合各资产项目的结构变动情况来看,变动幅度不是很大,说明该公司的资产结构相对比较稳定。

(二)资本结构总体分析

资本结构是指企业各种资本的构成及其比例关系,其实质是债务资本在资本结构中安排多大的比例。资本总体结构反映的是企业资金的总体来源情况,即有多少来源于负债,有多少是所有者投入,可以反映企业可能面对的财务风险。资本结构影响着企业经营活动收益的分配方式。企业利用全部经济资源获得的息税前利润,首先需要支付债权人利息,其次才是缴纳所得税和进行利润分配。当债务资本过多而债务资金成本很低时,股东会由于财务杠杆正效应而获得超额利润回报。但当债务资金成本过高时,息税前利润中的绝大部分将主要以利息形式支付给债权人;如果息税前利润较少,甚至将不足以支付债权人利息。此时,股东权益性收益便明显减少甚至出现负收益。这种双面作用提醒经营者要注意保持合理科学的资本结构,努力改进或完善经营管理,提高总资产报酬率。同时,资本结构也决定了企业承受内外部经济冲击的能力。当债务资本偏高时,内外部经济波动对企业的影响,特别是对企业资金链的影响就有可能加剧,意味着企业面临的经营风险与财务风险较大。因此,对资本结构进行总体分析能够帮助报表使用者正确评价企业的价值水平,从而为其科学决策提供良好的基础。

1. 企业资本结构总体分析的思路

(1)从静态角度观察资本的构成,衡量企业的财务实力,评价企业的财务风险;同时结合企业的盈利能力和经营风险,评价其资本结构的合理性。

(2)从动态角度分析企业资本结构总体变动情况,对资本结构的变动情况及对股东收益可能产生的影响做出评价。

2. 企业资本结构总体分析的应用

从表2-3可以看出:

(1)从静态方面分析,华天股份有限公司2019年年末所有者权益比重为67.35%,负债比重为32.65%,资产负债率较低,财务风险相对较小。这样的财务结构是否合适,仅凭以上分析难以做出判断,必须结合企业盈利能力,通过权益结构优化分析才能予以说明。

(2)从动态方面分析,所有者权益比重下降了8.90%,负债比重上升了8.90%,但该公司2019年年末、年初的资产负债率均处于中等偏低的水平,这表明该公司资本结构还是比较稳定的,对举债经营较为慎重,一方面考虑了适当的财务杠杆效应的作用;另一方面较低的负债比例也有助于规避财务风险。

三、资产结构、负债结构和所有者权益结构的具体分析

(一)资产结构的具体分析

资产结构的具体分析就是对企业流动资产和非流动资产各自具体的构成情况进行分析。通过资产结构具体分析,可以及时发现和揭示与企业经营性质、经营时期不相适应的资产结构比例,并及时加以调整;可以及时发现企业的固定资产等非流动资产占用资金过多现象并帮助企业查找有问题资产,以减少资金沉淀,保持资产足够的流动性,加速资金周转,有效防止或消除资产经营风险。

1. 经营资产与非经营资产的比例关系

企业占有的资产是企业经营活动的物质基础,但并不是所有的资产都是用于企业自身经营的。其中,有些资产被其他企业所运用,如一些债权类资产和对外投资类资产;有些资产已经转化为今后的费用,如长期待摊费用、开发支出和递延所得税资产等。这些资产尽管是企业

的资产,但已无助于企业自身的经营。如果这些非经营资产所占比重过大,企业的经营能力就会远远小于企业资产总额所表现出来的经营能力。当企业资产规模扩大时,从表面上看,似乎是企业的经营能力增强了;但如果仅仅是非经营资产比重上升,经营资产比重反而下降了,是不能真正增强企业经营能力的。

根据表2-3的资料,可编制华天股份有限公司经营资产与非经营资产结构分析表,如表2-4所示。

表2-4 华天股份有限公司经营资产与非经营资产结构分析表　　　　金额单位:元

项　目	期末余额	年初余额	期末(％)	年初(％)	变动情况(％)
经营资产:					
货币资金	127 530 439.08	74 765 564.65	8.52	6.56	1.96
应收票据	5 568 336.08	18 841 133.66	0.37	1.65	−1.28
应收账款	91 857 731.82	79 743 418.39	6.13	7.00	−0.87
预付款项	34 426 109.84	19 419 356.87	2.30	1.70	0.60
存货	78 506 816.87	62 900 816.06	5.24	5.52	−0.28
固定资产	231 131 686.21	208 725 513.92	15.44	18.31	−2.87
在建工程	84 185 982.04	81 865 274.14	5.62	7.18	−1.56
无形资产	25 004 994.77	15 282 738.09	1.67	1.34	0.33
经营资产合计	678 212 096.71	561 543 815.78	45.29	49.26	−3.97
非经营资产:					
其他应收款	71 335 202.91	3 148 327.52	4.76	0.28	4.48
长期股权投资	743 957 757.57	572 065 804.29	49.69	50.18	−0.49
长期待摊费用	1 879 143.37	1 914 954.61	0.13	0.17	−0.04
递延所得税资产	1 960 434.12	1 272 764.35	0.13	0.11	0.02
非经营资产合计	819 132 537.97	578 401 851.36	54.71	50.74	3.97
资产总计	1 497 344 634.68	1 139 945 667.14	100	100	0.00

从表2-4可以看出,华天股份有限公司的经营资产总额有所增长,但其比重下降了3.97％,而非经营资产无论是总额还是比重都有所增加,表明该公司的实际经营能力有所下降。

2. 固定资产与流动资产的比例关系

固定资产主要是满足企业正常的生产经营需要,保持企业适当的规模与竞争力,获取充分的盈利。固定资产与流动资产的比例关系取决于企业的行业特点、生产和发展方向。一般而言,企业固定资产与流动资产之间只有保持合理的比例结构,才能形成现实的生产能力;否则,就有可能造成部分生产能力闲置、资金浪费,或加工能力不足,影响到企业生产经营的发展。以下三种固流结构政策可供企业选择:

(1) 适中的固流结构政策。采取这种策略,就是将固定资产存量与流动资产存量的比例保持在平均水平。这种情况下,企业的盈利水平一般,风险程度一般。

(2) 保守的固流结构政策。采取这种策略,流动资产比例较高。这种情况下,由于增加了流动资产,企业资产的流动性提高,资产风险会因此降低,但可能导致盈利水平的下降。

(3) 激进的固流结构政策。采取这种策略,固定资产的比例较高。这种情况下,由于增加了固定资产,会相应提高企业的盈利水平;同时可能导致企业资产的流动性降低,经营风险会因此提高。

根据表2-3的分析可以知道,华天股份有限公司2019年年末流动资产比重为27.32%,固定资产比重为15.44%,固流比例大致为1:1.77;2019年年初流动资产比重为22.71%,固定资产比重为18.31%,固流比例大致为1:1.24。如果说该公司2018年度采取的是适中的固流结构政策,那么2019年度则逐步向保守的固流结构政策转变。

3. 流动资产的内部结构

流动资产的内部结构是指组成流动资产的各个项目占流动资产的比重。分析流动资产内部结构,可以了解流动资产的分布情况、配置情况、资产的流动性及支付能力。

根据表2-3的资料,编制华天股份有限公司流动资产结构分析表,如表2-5所示。

表2-5 华天股份有限公司流动资产结构分析表

项 目	金 额(元)		结 构(%)		
	2019年年末	2019年年初	2019年年末	2019年年初	差异
货币资产	127 530 439.08	74 765 564.65	31.17	28.89	2.28
债权资产	203 187 380.65	121 152 236.44	49.65	46.81	2.84
存货资产	78 506 816.87	62 900 816.06	19.18	24.30	-5.12
流动资产合计	409 224 636.60	258 818 617.15	100.00	100.00	0.00

从表2-5可以看出,华天股份有限公司货币资产比重上升,虽然会在一定程度上提高企业的即期支付能力,但会降低企业的盈利能力;债权资产比重较大且呈上升趋势,说明企业信用政策的制定可能过于宽松,这种情况应当引起注意;存货资产比重下降,应与固定资产变动情况联系起来进行分析。针对企业的流动资产结构是否合理没有统一的绝对判断标准,仅仅通过前后两期的对比,只能说明流动资产结构的变动情况,而不能说明这种变动是否合理。为此,企业应首先选择一个标准(可以是同行业的平均水平或财务计划中确定的目标结构),然后将流动资产结构的变动情况与选定的标准进行比较,以反映流动资产结构变动的合理性。

(二) 资本结构的具体分析

通过资本结构具体分析,可以及时了解企业资金的来源渠道,衡量财务风险,发现其中存在的不合理因素;并结合企业自身的盈利能力、发展机遇以及外部的市场经济环境,进一步优化理财结构,降低理财成本,规避财务风险。

1. 负债结构的具体分析

负债结构是指负债中流动负债和非流动负债及其各项目在负债总额中所占比例关系。流动负债所占比重越高,说明企业对短期资金的依赖性越强,偿债压力越大,企业资金周转速度就要快;非流动负债所占比重越高,表明企业在经营中借助于长期资金的程度越大。一般来说,如果企业的流动资产周转速度快,在流动负债的资金成本较低的情况下,企业筹资的流动负债就可以多一些;非流动负债占负债总额的比重,成长型企业较高,成熟型企业较低。

(1) 负债结构是企业采用不同负债筹资方式所形成的,是负债筹资的结果。负债结构分析必须结合其他有关因素进行。

一是负债结构与负债规模。负债结构反映的是各种负债在全部负债中的组成情况,虽然与负债规模相关,却不能说明负债规模的大小。负债结构变化既可能是负债规模变化引起的,也可能是负债各项目变化引起的。分析时,只有联系负债规模,才能真正揭示出负债结构变动的原因和变动趋势。

二是负债结构与负债成本。企业负债不仅要按期归还本金,还要支付利息,这是企业使用他人资金必须付出的代价,通常称为资金成本。企业在筹集资金时,总是希望付出最低的代价。企业对资金成本的权衡,会影响到企业筹资方式的选择,进而对负债结构产生影响;反过来,负债结构的变化也会对负债成本产生影响。不同的负债筹资方式所取得的资金,其成本是不一样的,任何一个企业都很难只用一种负债筹资方式来获取资金。因此,当企业用多种负债筹资方式筹资时,其负债成本的高低除了与各种负债筹资方式的资金成本相关外,还取决于企业的负债结构。

三是负债结构与债务偿还期限。负债是必须要按期偿还的。企业在举债时,就应当根据债务的偿还期限来安排负债结构。企业负债结构合理的一个重要标志就是使债务的偿还期限与企业现金流入的时间相吻合,债务的偿还金额与现金流入量相适应。如果企业能够根据其现金流入的时间和金额妥善安排举债的时间、偿债的时间和债务金额,使各种长期、短期债务相配合,各种长期、短期债务的偿还时间分布合理,企业就能及时偿付各种到期债务,维护企业的信誉。否则,如果负债结构不合理,各种债务偿还期相对集中,就可能产生偿付困难,造成现金周转紧张,影响企业的形象,也会增加企业今后通过负债筹资的难度。

四是负债结构与财务风险。企业的财务风险源于企业采用的负债经营方式。不同类型的负债,其风险是不同的。一般来说,流动负债的风险要高于非流动负债。任何企业,只要采取负债经营的方式,就不可能完全回避风险,但通过合理安排负债结构可以降低财务风险。

(2) 对负债结构的分析,可以从以下三个方面进行:

一是负债期限结构分析。负债按期限长短分为流动负债和非流动负债。根据表2-1,编制华天股份有限公司负债期限结构分析表,如表2-6所示。

表2-6 华天股份有限公司负债结构期限分析表

项 目	金 额(元)		结 构(%)		
	2019年年末	2019年年初	2019年年末	2019年年初	差异
流动负债	348 924 252.83	270 762 157.06	71.37	100	-28.63
非流动负债	140 000 000.00	0.00	28.63	0.00	28.63
负债合计	488 924 252.83	270 762 157.06	100	100	

从表2-6可以看出,华天股份有限公司流动负债的比率虽然有所下降,但其比重仍然很高且远大于非流动负债,表明该公司在使用负债资金时,以短期资金为主,这虽然会降低负债成本,但会增加公司的偿债压力,承担较大的财务风险。

二是负债方式结构分析。负债按其取得方式可以分为银行信用、商业信用、应交款项、内部结算款项、未付股利和其他负债。根据表2-1,将负债按其取得来源和方式汇总整理后,编制华天股份有限公司负债方式结构分析表,如表2-7所示。

表2-7 华天股份有限公司负债方式结构分析表

项目	金额(元)		结构(%)		
	2019年年末	2019年年初	2019年年末	2019年年初	差异
银行信用	260 610 000.00	149 730 000.00	53.30	55.30	-2.00
商业信用	218 038 045.67	112 014 847.67	44.60	41.37	3.23
应交款项	4 659 323.03	4 211 275.07	0.95	1.56	-0.61
内部结算款项	5 616 884.13	4 806 034.12	1.15	1.77	-0.62
负债合计	488 924 252.83	270 762 157.06	100	100	

从表2-7可以看出,华天股份有限公司2019年银行信用的比重虽然有所下降,但银行信用仍然是该公司负债资金最主要的来源。由于银行信贷资金的风险要高于其他负债方式,因此,随着银行信贷资金比重的下降,其风险也会相应地有所降低。商业信用的比重有所上升,由2019年年初的41.37%上升到年末的44.60%,说明商业信用逐渐成为该公司负债资金的主要来源。值得注意的是,商业信用的比重过高,必须要考虑该公司的信誉与支付能力。

三是负债成本结构分析。各种负债,由于其来源渠道和取得方式不同,成本也有较大差异。有些负债(如应付账款)基本属于无成本负债,有些负债(如短期借款)则属于低成本负债,而长期借款、应付债券等则属于高成本负债。根据对各种负债成本的划分,然后归类整理,就会形成负债成本结构。根据表2-1,经整理后编制华天股份有限公司负债成本结构分析表,如表2-8所示。

表2-8 华天股份有限公司负债成本结构分析表

项目	金额(元)		结构(%)		
	2019年年末	2019年年初	2019年年末	2019年年初	差异
无成本项目	228 314 252.83	121 032 157.06	46.70	44.70	2.00
低成本项目	120 610 000.00	149 730 000.00	24.67	55.30	-30.63
高成本项目	140 000 000.00	0	28.63	0	28.63
负债合计	488 924 252.83	270 762 157.06	100	100	

从表2-8可以看出,华天股份有限公司2019年年末全部负债中,无成本负债比重为46.70%,比2019年年初提高2.00%,其结果必然导致企业负债成本下降。由此可见,合理地利用无成本负债,是降低企业负债成本的重要途径之一。但值得注意的是,高成本负债的比重上升了28.63%,这势必又会增加企业的利息负担。

2. 所有者权益结构的具体分析

所有者权益结构是指所有者权益各项目在所有者权益总额中所占比例关系。所有者权益结构可以反映企业承担风险能力的大小,所有者权益构成比重越高,企业的财务状况越稳定,发生债务危机的可能性越小。对所有者权益结构分析的目的是掌握所有者权益资金内部的构成及其变化情况,帮助决策者做出更加合理有效的经济决策。

(1) 所有者权益结构是企业采用不同的权益资本筹资方式形成的,是权益资本筹资的结果。对所有者权益结构进行分析,必须考虑以下因素:

一是所有者权益结构与所有者权益总量。所有者权益结构变动既可能是因为所有者权益总量变动引起的,也可能是因为所有者权益内部各项目本身变动引起的。

二是所有者权益结构与企业利润分配政策。所有者权益从实质上说可分为两大类:投资者投入和生产经营活动形成的结果。一般来说,投资者投资不是经常变动的。因此,由企业生产经营获得的利润积累而形成的所有者权益数量的多少,就会直接影响所有者权益结构,而这完全取决于企业的生产经营业绩和利润分配政策。如果企业实行高利润分配政策,就会把大部分利润分配给投资者,留存收益额就较小,生产经营活动形成的所有者权益所占比重就较低;反之,其比重就会提高。

三是所有者权益结构与企业控制权。如果企业通过吸收投资者追加投资来扩大企业规模,就会增加所有者权益中投入资本的比重,使企业所有者权益结构发生变化,同时也会分散企业的控制权。

四是所有者权益结构与权益资金成本。所有者权益结构影响权益资金成本的一个基本前提是所有者权益各项目的资金成本不同。事实上,在所有者权益各项目中,只有投资者投入的资本才会发生实际资金成本支出,其余各项目是无实际筹资成本的资金来源,其资金资本只不过是机会成本。基于此,留存收益在所有者权益结构中所占比重越大,则权益资金成本就越低。

(2) 对所有者权益结构分析。根据表2-1,编制华天股份有限公司所有者权益结构变动情况分析表,如表2-9所示。

表2-9 华天股份有限公司所有者权益结构变动情况分析表

项 目	金 额(元)		结 构(%)		
	2019年年末	2019年年初	2019年年末	2019年年初	差异
股本	285 127 200.00	283 316 200.00	28.27	32.60	-4.33
资本公积	405 134 463.62	328 843 060.67	40.18	37.83	2.35
投入资本合计	690 261 663.62	612 159 260.67	68.45	70.43	-1.98
盈余公积	67 744 734.63	58 231 493.35	6.72	6.70	0.02
未分配利润	250 413 983.60	198 792 756.06	24.83	22.87	1.96
内部形成资本合计	318 158 718.23	257 024 249.41	31.55	29.57	1.98
股东权益合计	1 008 420 381.85	869 183 510.08	100.00	100.00	0.00

从表2-9可以看出,如果从静态方面分析,投入资本仍然是华天股份有限公司所有者权益的最主要来源。从动态方面分析,虽然投入资本金额2019年年末较年初有所增加,但由于2019年留存收益的增加幅度更大,致使投入资本的比重下降了1.98%,内部形成权益资金的比重相应上升了1.98%,说明该公司所有者权益结构的变动主要是生产经营获得的利润积累的原因引起的。

四、资产结构和资本结构适应程度分析

(一) 资产与资本的平衡结构分析

一般说来,资产负债表中的资产和资本之间不仅存在着总量上的相等关系,而且还存在着结构上的平衡关系。这种平衡关系体现在两个方面:一是体现在非流动资产与长期融资的对应关系上,即非流动资产以长期融资来保证,以避免因资金周转困难形成债务危机;二是体现在流动资产与短期负债融资的关系上,即流动资产以短期负债融资来保证,以维持在一定风险水平下的最低融资成本。企业只有做好资产结构与融资结构的平衡,才能实现其营运的长期稳定性和高效性。

通过运用资产资本间的结构平衡分析方法,可以使会计信息使用者对企业财务状况的认识具有综合性、高层次性和最终结论性。首先,通过对资产结构与融资结构的对称性,以及资产与负债的流动能力相称性的分析,可以判断企业财务和经营上的稳定性和安全性;其次,通过对企业债务在性质、时间、数量上的物资保证性的分析,可以判断企业信用的保证程度;最后,通过对企业的资产、负债与所有者权益在数量上的平衡关系的分析,可以判断所有者权益的保障程度。

(二) 资产与资本的平衡结构类型

企业的资产结构受制于企业的行业性质,不同性质的资产,其资金融通方式也有差异。因此,尽管企业的资产与资本在总额上一定相等,但由不同投资方式产生的资产结构与不同筹资方式产生的资本结构却不完全相同。不同企业或同一企业的不同时期,由于所处的环境不同,以及对风险和收益的偏好不同,资产与资本之间的搭配关系不同,故会形成不同的结构类型。实务中,有关资产与资本的平衡结构有四种类型:保守型结构、稳健型结构、激进型结构和适中型结构。

1. 保守型结构

在这种结构下,企业的流动资产和非流动资产都是由非流动负债及所有者权益来提供,很少甚至没有短期负债。保守型结构如图2-1所示。

流动资产	非流动负债及所有者权益
非流动资产	

图2-1 保守型结构

保守型结构的特点是:由于企业的全部资产是由非流动负债和所有者权益提供,财务风险极低;但非流动负债的筹资成本大于短期负债的筹资成本,其资金成本很高;财务弹性弱,一旦企业进入用资淡季,资金存量不易做出调整。这种结构在实务中很少有企业采用。

2. 稳健型结构

在这种结构下,企业的固定资产等非流动资产、部分流动资产都由非流动负债和所有者权益资本提供,流动负债只满足于临时性流动资产之需。稳健型结构如图2-2所示。

流动资产	流动负债
非流动资产	非流动负债及所有者权益

图 2-2 稳健型结构

稳健型结构的特点是：财务风险较小，可以使企业保持相当优异的财务信誉，通过流动资产的变现足以偿还短期债务的需要；但由于长期资金来源的筹资成本一般要高于短期资金来源的筹资成本，资金成本较高，这会降低企业的盈利水平；具有一定的财务弹性，当临时性流动资产需要降低或消失时，可通过偿还短期债务来调整，一旦临时性流动资产需要再产生时，又可以通过重新举借短期债务来满足。这种结构意味着企业追求财务上的安全性会以牺牲盈利为代价。这是一种能为所有企业普遍采用的资产与权益对称结构。

3. 激进型结构

与保守型结构相反，在这种结构下，非流动负债及所有者权益不能满足非流动资产的需求，流动负债除满足全部流动资产之需外，还用于部分固定资产等非流动资产。激进型结构如图 2-3 所示。

流动资产	流动负债
非流动资产	
	非流动负债及所有者权益

图 2-3 激进型结构

激进型结构的特点是：财务风险很高，流动负债和非流动资产在流动性上并不对称，如果通过非流动资产的变现来偿还短期内到期的债务，必然会给企业带来沉重的偿债压力；但资金成本相对较低，一定程度上会增进企业的盈利水平。这种结构只适用于有准确的市场预测和良好的信用状况的企业，且只能在发展壮大时期短期内采用。

4. 适中型结构

适中型结构是介于稳健型结构与激进型结构之间的一种结构。其基本表现是：十分注重资本与资产间流动性的搭配，用于固定资产等非流动资产的资金由非流动负债及所有者权益来提供，用于流动资产的资金全部由短期借款等流动负债来提供。适中型结构如图 2-4 所示。

流动资产	流动负债
非流动资产	非流动负债及所有者权益

图 2-4 适中型结构

适中型结构的特点是：同样高的资产风险与筹资风险中和后，使企业风险均衡；负债政策要依据资产结构变化进行调整，资产结构制约负债成本；存在潜在的风险，这种结构以资产变现的时间和数量与偿债的时间和数量相一致为前提，一旦两者出现时间上和数量上的差异，如营业收入未能按期取得现金，应收账款没能足额收回，短期证券以低于购入成本出售等，就会使企业产生资金周转困难,并有可能陷于财务危机。这一结构形式只适用于经营状况良好,具有较好成长性的企业。

根据华天股份有限公司的资产负债垂直分析表2-3可以发现,该公司2019年年末流动资产的比重为27.32%,流动负债比重为23.30%,属于稳健型结构,有利于保持企业的财务信誉,财务风险小,筹资能力强;该公司2019年年初流动资产比重为22.71%,流动负债比重为23.75%。从动态方面看,虽然该公司2019年的资产结构和资本结构都有所改变,但资产结构与资本结构适应程度的性质并未改变,只是趋于保守。

本项目小结

本项目是基于资产负债表而进行的财务分析,包括具体项目分析、水平分析和垂直分析。具体项目分析是在对资产负债表进行一般性数据分析的基础上对影响企业资产、负债和所有者权益的主要项目内涵质量进行深入分析。水平分析是通过趋势分析法,将资产负债表的实际数与选定的标准进行比较,在此基础上对企业资产、负债和所有者权益的发展趋势进行评价。垂直分析是将资产负债表各项目与资产总额或权益总额比较,计算出各项目占总体的比重,分析说明企业资产结构和权益结构及其增减变动合理程度和变动的具体原因,评价企业资产结构与资本结构的适应程度。

知识链接

巧识资产

凡有一定会计知识的人都了解资产的定义:资产是企业拥有或控制的、能给企业带来经济利益流入的经济资源。说起来容易,但在实际工作中,当你真正做了会计,你未必真能认清资产的本来面目。判断一样东西是否是企业的资产,通常要看了又看。

第一看,看看所有权。通常,企业对资产都拥有所有权。例如,你为了办企业,买来了办公设备(如传真机、复印机、电脑等),这些都是你的固定资产;你销售了货物对方没给钱,这项应收账款作为债权是你的流动资产;企业注册了一项专利,这项专利则构成了你的无形资产。根据所有权判断法则也有例外的资产:由于我国的土地归国家所有,企业购买的土地只有使用权,没有所有权。所以,土地是企业一项没有所有权的资产。

第二看,看看经济利益。一样东西,如果它能为企业带来经济利益,那它就是企业的资产;否则,它就不是企业的资产。例如,某豆制品加工企业仓库里刚进了一批黄豆,价值10万元,它是该企业的资产,因为这些黄豆加工成豆制品卖了可以收钱。但不幸的是,一场大雨,仓库里"水漫金山",黄豆全部变质了,不能给企业带来经济利益。那么它就不再是企业的资产,而是企业的损失了。有人说通过资产看规模,但别忘了前提是没有"虚胖"。你应戴上"经济利益"的过滤镜去过滤一下企业的资产,是否有过时不用的物品、长期挂账的债权或已经无法使用的设备。

第三看,看看具体用途。判断一项资产应该归到哪一类,关键是看资产的经济用途:企业用它做什么。房产是什么资产?汽车是什么资产?你一定脱口而出:这些不是固定资产吗?

不一定！房地产企业的房子是商品，属于资产负债表中的存货；汽车制造企业的汽车是商品，属于资产负债表中的存货。同样的房子，你买来办公；同样的汽车，你买来跑运输，则房子、汽车则变成了你的企业的固定资产。所以，同一件东西，随着用途的不同，在资产负债表中就属于不同的项目。

归纳起来，判断资产你就有了三大法宝：所有权、经济利益和用途。你要在实践中练就一双"火眼金睛"。

能力拓展训练

拓展资源

一、单项选择题

1. 资产负债表内各项目是按照（　　）排列的。
   A. 发展能力　　　B. 流动性　　　C. 盈利能力　　　D. 偿债能力
2. 不随生产和销售规模变动而变动的资产项目是（　　）。
   A. 货币资金　　　B. 应收账款　　　C. 存货　　　D. 固定资产
3. 关于货币资金，下列说法中错误的是（　　）。
   A. 货币资金包括库存现金、银行存款和其他货币资金
   B. 信誉好的企业没有必要持有大量的货币资金
   C. 企业不仅应保持一定量的货币资金，而且越多越好
   D. 货币资金本身就是现金，无须变现
4. 交易性金融资产持有的目的是为了近期内出售获利，所以该金融资产的计价方式是（　　）
   A. 历史成本法　　B. 公允价值法　　C. 预期收益法　　D. 加权平均法
5. 在正常情况下，大多数存货的账面价值与可变现净值相比较（　　）。
   A. 账面价值较高　B. 可变现净值较高　C. 二者相等　　D. 没有可比关系
6. 对于短期借款偿还的主要保障是企业的（　　）。
   A. 资本结构　　　B. 偿债期限　　　C. 流动资产　　　D. 权益乘数
7. 对资产负债表进行综合分析，一般采用的方法首先是（　　）。
   A. 计算财务比率　B. 理解项目内涵　C. 编制比较报表　D. 进行综合评价
8. 资产负债表垂直分析表中，计算各项目所占比重时，通常以（　　）作为分母。
   A. 资产总额　　　B. 流动资产总额　C. 净利润　　　D. 所有者权益总额
9. 以下不属于经营性资产项目的是（　　）。
   A. 货币资金　　　B. 应收账款　　　C. 应收票据　　　D. 长期股权投资
10. 对（　　）而言，资本结构分析的主要目的是优化资本结构和降低资本成本。
    A. 经营者　　　B. 投资者　　　C. 债权人　　　D. 企业职工
11. 企业流动资产的资金由流动负债提供，并且长期资产的部分资金也由流动负债提供，这种情况应属于（　　）。
    A. 稳健结构　　　B. 适中结构　　　C. 激进结构　　　D. 保守结构

二、多项选择题

1. 一份完整的资产负债表通常由（　　）组成。

A. 表首　　　　　B. 正表　　　　　C. 补充资料　　　D. 分析报告
2. 资产负债表分析可以分为（　　）三部分。
A. 资产负债表水平分析　　　　　B. 资产负债表垂直分析
C. 资产负债表具体项目分析　　　D. 资产负债表补充资料分析
3. 通过对资产负债表的阅读和分析，可以了解（　　）。
A. 企业拥有的资产总额　　　　　B. 企业的资产结构
C. 企业的资金来源　　　　　　　D. 企业的资本保全情况
4. 企业货币资金存量及比重是否合适的分析评价应考虑的因素有（　　）。
A. 资产规模与业务量　　　　　　B. 企业融资能力
C. 行业特点　　　　　　　　　　D. 运用货币资金的能力
5. 分析坏账准备的计提应当关注（　　）。
A. 计提方法　　　B. 坏账期限　　　C. 计提比率　　　D. 坏账明细
6. 对存货项目的质量分析，应当关注（　　）。
A. 存货内容及构成　B. 存货计价方法　C. 存货周转状况　D. 存货跌价准备
7. 可辨认的无形资产主要包括（　　）。
A. 专利权　　　　B. 商标权　　　　C. 土地使用权　　D. 人力资源
8. 职工薪酬的内容主要包括（　　）。
A. 工资和福利费　B. 工会经费　　　C. 职工教育经费　D. 各种奖金
9. 被确认为预计负债的条件包括（　　）。
A. 该义务是企业承担的将来义务
B. 该义务是企业承担的现时义务
C. 该义务的金额能够可靠地计量
D. 履行该义务很可能导致经济利益流出企业
10. 分析非流动负债各项目的增减变动，在于分析企业长期资金的（　　）。
A. 分布状况　　　B. 筹资渠道变化　C. 运用情况　　　D. 筹资能力
11. 进行负债结构分析时必须考虑的因素有（　　）。
A. 负债规模　　　B. 负债成本　　　C. 债务偿还期限　D. 财务风险
12. 股东权益结构分析时必须考虑的因素有（　　）。
A. 企业控制权　　　　　　　　　B. 企业利润分配政策
C. 财务风险　　　　　　　　　　D. 权益资金成本
13. 采取保守的固流结构政策可能出现的财务结果是（　　）。
A. 资产流动性提高　B. 资产风险降低　C. 资产流动性降低　D. 盈利水平下降

三、判断题
1. 资产负债表揭示了企业在特定时日所持有的不同形态资产的价值存量，以及对不同债权人承担的偿债责任和对投资人净资产的价值归属。（　）
2. 货币资金规模与企业销售规模是无关的。（　）
3. 企业的应收账款增长率超过销售收入增长率是正常现象。（　）
4. 预收账款体现的是一种商业信用和资金的无偿使用。（　）
5. 非生产用固定资产的增长幅度一般不应超过生产用固定资产的增长幅度。（　）

6. 盈余公积的数量越多,反映企业资本的积累能力、补亏能力、股利分配能力以及应对风险能力越强。（　）
7. 如果企业的资金全部是自有资金,则企业既无财务风险也无经营风险。（　）
8. 如果本期期末未分配利润少于期初,说明企业本期经营亏损。（　）
9. 企业盈余公积与未分配利润的增减变化与投资者的投资行为有关。（　）
10. 资产负债表中某项目的变动幅度越大,对资产或权益的影响就越大。（　）
11. 流动负债增减变动分析,主要分析企业短期筹资渠道的变化情况及偿债压力的大小。（　）
12. 负债结构变动一定会引起负债规模发生变动。（　）
13. 稳健结构的主要标志是流动资产的一部分资金需要由长期资金来满足。（　）

四、计算分析题

华新公司2019年资产负债表简表如表2-10所示。

表2-10　资产负债表

编制单位:华新公司　　　　　2019年12月31日　　　　　　　　单位:千元

资产	期初	期末	负债及所有者权益	期初	期末
流动资产:			流动负债:		
货币资金	40 000	50 000	短期借款	37 600	55 000
交易性金融资产	28 000	20 000	应付账款	13 600	15 500
应收账款	15 500	25 000	应交税费	7 400	9 530
存　货	97 000	85 000	其他流动负债	4 487	3 300
其他流动资产	37 910	48 510	流动负债合计	63 087	83 330
流动资产合计	218 410	228 510	非流动负债:		
非流动资产:			长期借款	38 400	42 000
长期股权投资	42 200	51 000	应付债券	181 000	181 000
固定资产净值	631 000	658 500	非流动负债合计	219 400	223 000
无形资产	91 000	94 000	负债合计	282 487	306 330
非流动资产合计	764 200	803 500	所有者权益:		
			实收资本	500 000	500 000
			资本公积	107 000	102 640
			盈余公积	82 423	85 320
			未分配利润	10 700	37 720
			所有者企业合计	700 123	725 680
资产合计	982 610	1 032 010	负债及所有者权益合计	982 610	1 032 010

要求:(1) 运用水平分析法分析资产负债表的变动情况并做出评价;
　　　(2) 运用垂直分析法分析资产负债表结构变动情况并做出评价。

项目三　利润表分析

学习目标

知识目标
1. 了解利润表的含义与作用以及利润表分析的内容与目的；
2. 理解利润表的结构与具体格式；
3. 掌握利润表的具体项目分析；
4. 掌握利润表的趋势分析和结构分析方法。

能力目标
1. 能够阅读并理解利润表的各项数据；
2. 运用结构分析法对企业利润表进行结构分析；
3. 运用趋势分析法对企业收入、成本费用、利润的未来趋势进行分析。

导入案例

世通事件回顾

一、世通公司概况

世界通信公司（Worldcom，简称"世通公司"）是美国第二大长途电话公司，名列世界500强企业，拥有8.5万名员工，业务遍及65个国家和地区。在美国拥有2 000万户电话用户，同时有几万个美国企业使用该公司的语音和数据业务，它还控制着美国电脑网络50%的传输线路。

作为新经济的代表，世通公司的盈利模式是概念炒作和疯狂并购。世通公司自1995年更用此名后，购并了超过70家的企业，最著名的是以近400亿美元的代价击败英国电信公司，收购了电信业大企业微波通讯公司（MCI），创下当时最大的收购业务记录，公司发展为世界最大的电信企业之一。

作为一家上市明星企业，世通公司的股票价格曾经达到64美元一股，公司市值达到1 960亿美元，2001年营业额达到352亿美元。但是，到了2002年7月，其股票价格却跌至9美分，欠下300亿美元债务，评级被降至"垃圾级"。

二、世通公司崩溃过程

2002年4月，世通公司爆出特大财务丑闻，涉及金额达110亿美元。当月，世通公司发布有巨额亏损的财务报表，显示公司有近300亿美元债务缠身。自从会计丑闻被曝光以来，客户对世通公司能否正常运营表示担心，于是纷纷拖欠支付通信费用，而设备供应商也趁机落井下石，要求世通公司提前支付现款，否则不予供应新设备。在四面楚歌的情况下，腹背受敌的世通公司很快就陷入了更恶性的财务危机中。

2002年6月，美国证券交易委员会和司法部门开始介入。6月25日晚，世通公司承认将38亿美元的经营开支记到了资本开支账户上，从而使之业绩报告也从巨额亏损变为盈利15亿美元。美国证券交易委员会指控世通公司财务欺诈财务造假38.52亿美元，并对世通公司提出起诉，控其造假。若干州的退休基金亦控告其在2001年发债时提供误导信息。7月，纽约地方法院宣布，世通公司正式向法院申请破产保护，以1 070亿美元的资产、410亿美元的债务创下了美国破产案的历史新纪录，从而成为美国历史上最大的破产保护案。

三、世通公司崩溃的原因

首要的原因是造假。美国证券交易委员会公布的最终调查资料显示，在1999年到2001年的两年间，世通公司虚构的销售收入达90多亿美元；通过滥用准备金科目，利用以前年度计提的各种准备金冲销成本，以夸大对外报告的利润，所涉及的金额达到16.35亿美元；又将38.52亿美元经营费用单列于资本支出中，加上其他一些类似手法，使得世通公司2000年的财务报表形成了营业收入增加239亿美元的"亮点"。

其次的原因是市场竞争失败。世通公司得益于美国电信市场的开放，使其在十几年的时间里从一个小型长途电话业务折扣商，成长为仅次于美国电话电报公司的大企业，但最终却成为激烈竞争的又一个受害者。由于美国政府鼓励电信市场的竞争，反对垄断，美国电话电报公司在20世纪80年代曾被强行分拆成1家长途电话公司和7家地方性的贝尔电话公司；而1996年通过的新电信法则打破了电信市场的界限，允许各类企业越界经营原来不许经营的业务，加上20世纪90年代后期因特网的迅速崛起，电信公司投资过热，网络容量大大过剩，服务供应商越来越多，竞争环境恶化，很多企业因此债台高筑，陷入窘境，整个电信业一片愁云惨雾。铱星公司和环球电讯公司先后因此破产倒闭，成为最早的牺牲品，世通公司也未能幸免。

【思考题】 世通公司虚增利润的手段主要有哪些？

任务一　了解利润表分析的目的与内容

任务要求

熟悉利润表的定义与作用，掌握利润表的结构与格式，了解利润表分析的内容和目的。

相关知识

一、利润表的概念

（一）利润表的定义

利润表又称损益表，是一张动态的财务报表，它把某一会计期间的收入与相关成本费用进行配比，反映企业在该会计期间经营成果以及利得或损失的情况，是企业经济效益的综合体现。换句话说，利润表给企业做的是一个活生生的"录像"，专门记录了企业在一定时期内实现了多少收入、发生了多少费用、取得了多少利润。在财务报表分析中,利润表是非常重要的,因为对于任何利益相关人,从企业获取的利益来源都是企业实现的利润。

(二) 利润表的作用

利润表所反映的会计信息,可以用来了解企业在一定期间内的收入和成本费用情况,判断企业的盈利能力和利润来源;可以用来评价一个企业的经营效率和经营成果,评估投资的价值和报酬,进而衡量一个企业在经营管理上的成功程度。具体来说,有以下三个方面的作用:

(1) 利润表可以作为经营成果的分配依据。利润表反映企业在某一会计期间的营业收入、营业成本、税金及附加、各项期间费用和营业外收支等项目,最终计算出利润综合指标以反映企业在该会计期间实现的净利润或发生亏损的情况。利润表上的数据直接影响许多相关利益集团的利益,如国家的税收收入、管理人员的报酬、职工的薪酬、股东的股利等。

(2) 利润表能综合反映企业生产经营活动的各个方面,有助于考核企业经营者的业绩。企业在生产、经营、投资和筹资等各项活动中的管理效率和效益都可以从利润数额的增减变化中综合反映出来。通过将收入、成本费用、利润与企业的生产经营计划对比,可以考核生产经营计划的完成情况,体现经营者能力水平的高低、管理工作的好坏,表明经营者在生产、经营和理财方面的管理效率和效益,是企业经营绩效的直接反映。

(3) 利润表可以用来分析企业的获利能力、预测企业未来的现金流量。利润表揭示了企业经营利润、投资净收益和营业外收支净额的详细资料,可据以分析企业的盈利水平,评估企业的获利能力。评价一个企业是否具有持久的获利能力,主要看其营业利润。如果一个企业营业利润多,则企业具有较强的获利能力;如果企业的营业外收入很多,可以认为企业能够创造利润,但不能判断企业具有较强的获利能力。同时,报表使用者所关注的各种预期的现金来源、金额和时间,如股利或利息、出售证券的所得及借款的清偿,都与企业的获利能力密切相关。

二、利润表的结构和格式

(一) 利润表的结构

利润表的编制依据是收入、费用与利润三者之间的相互关系,即"收入－费用＝利润"。利润表是通过一定的表格来反映企业的经营成果。利润表的格式主要有单步式利润表和多步式利润表两种。

单步式利润表简单套用"收入－费用＝利润"这一定量关系,分别将所有收入和所有费用加总,二者相减得到最终利润,而不考虑具体收入类别与成本费用类别之间的因果配比关系。虽然该表简单、易编、直观,但不利于对利润构成进行分析,也不利于对影响不同时期经营成果的因素进行比较分析。

多步式利润表则依据"收入－费用＝利润"这一基本公式,根据经营活动与非经营活动对企业利润的贡献情况排列编制,依据利润构成因素,将收入与费用在表中分别对应列示并进行分层次的配比,逐步得出不同层次的利润数据。多步式利润表比单步式利润表复杂,但它能够充分体现利润的形成过程与内容,揭示最终净利润的来源,为信息使用者提供更多有意义的信息。

利润表一般由表首、正表和补充资料三部分组成。表首主要包括报表名称、编制单位、编制日期和金额单位等要素。正表是利润表的主体部分,主要反映收入、费用和利润各项目的具体内容及相互关系。补充资料主要是用于列示那些影响本期报表金额或未来经营活动,而在本期利润表中无法或不便表达的项目,以便于报表使用者准确地分析企业的经营成果。

(二)利润表具体格式

我国现行《企业会计准则》中列示的利润表采用多步式的利润表。其具体格式如表3-1所示。

表3-1 利润表

会企02表

编制单位:华天股份有限公司　　　　2019年　　　　　　　　　　单位:元

项　目	2019年	2018年
一、营业收入	500 825 388.30	478 503 678.72
减:营业成本	414 347 374.98	403 708 188.42
税金及附加	2 038 958.87	2 588 271.22
销售费用	16 251 137.97	9 925 950.66
管理费用	45 898 208.68	28 980 108.11
研发费用		
财务费用	10 069 947.35	11 935 030.80
其中:利息费用	—	—
利息收入		
加:其他收益		
投资收益(损失以"—"号填列)	67 667 955.90	67 115 706.01
其中:对联营企业和合营企业的投资收益	15 483 559.89	12 240 741.18
以摊余成本计量的金融资产终止确认收益(损失以"—"号填列)		
公允价值变动收益(损失以"—"号填列)	—	—
信用减值损失(损失以"—"号填列)	−2 504 126.94	−2 392 518.39
资产减值损失(损失以"—"号填列)	−1 834 869.22	−246 758.02
资产处置收益(损失以"—"号填列)	—	—
二、营业利润(亏损以"—"号填列)	75 548 720.19	85 842 559.11
加:营业外收入	22 626 384.41	3 764 591.60
减:营业外支出	539 956.48	1 178 560.64
三、利润总额(亏损总额以"—"号填列)	97 635 148.12	88 428 590.07
减:所得税费用	2 502 735.30	2 210 822.59
四、净利润(净亏损以"—"号填列)	95 132 412.82	86 217 767.48
(一)持续经营净利润(净亏损以"—"号填列)	95 132 412.82	86 217 767.48

续　表

项　　目	2019 年	2018 年
（二）终止经营净利润（净亏损以"—"号填列）		
五、其他综合收益的税后净额	—	—
（一）不能重分类进损益的其他综合收益		
1. 重新计量设定受益计划变动额	—	—
2. 权益法下不能转损益的其他综合收益	—	—
3. 其他权益工具投资公允价值变动		
4. 企业自身信用风险公允价值变动		
……	—	—
（二）将重分类进损益的其他综合收益	—	—
1. 权益法下可转损益的其他综合收益		
2. 其他债权投资公允价值变动		
3. 金融资产重分类计入其他综合收益的金额	—	—
4. 现金流量套期储备		
5. 外币财务报表折算差额		
……	—	—
六、综合收益总额	95 132 412.82	86 217 767.48
七、每股收益		
（一）基本每股收益	0.333 6	0.304 3
（二）稀释每股收益	0.333 6	0.304 3

在该利润表中，不仅反映了企业最终的经营成果——净利润，还反映了不同层次的利润——营业利润和利润总额以及它们的形成过程。这几个部分的构成项目及其相互关系可用公式表示如下：

第一步，从营业收入出发，按照"营业收入－营业成本－税金及附加－销售费用－管理费用－研发费用－财务费用＋其他收益＋投资收益（减投资损失）＋公允价值变动收益（减公允价值变动损失）－信用减值损失－资产减值损失＋资产处置收益＝营业利润"这一顺序，反映企业当期整个资产经营活动直接创造的经营利润。这是企业利润来源的基础和重心，一定程度上具有可持续性，因此，也是分析预测利润发展变动趋势的主要信息之一。

第二步，从营业利润出发，依据"营业利润＋营业外收入－营业外支出＝利润总额"的关系式，揭示和反映利润总额各组成要素的当期影响金额。

第三步，在利润总额的基础上，减去所得税费用，得出净利润（或净亏损），即为企业当年可供分配利润的主要组成增量部分。

第四步，在上述净利润（或净亏损）的基础上，以普通股股数为基数，计算企业当期的每股收益，即反映企业当期为普通股股东创造的利润水平。

第五步,以净利润(或净亏损)和其他综合收益为基础,计算综合收益总额。

三、利润表分析的内容和目的

(一) 利润表分析的内容

1. 利润表具体项目分析

利润表具体项目分析就是对利润表中的营业利润、利润总额、净利润和其他综合收益的税后净额进行分析,同时对形成各层次利润的不同项目进行分析。

2. 利润表趋势分析

利润表趋势分析也称为利润表水平分析,是通过对利润表中各项目在若干期的观察,计算其增减变动额和增减变动百分比,从而了解企业收入、成本费用项目的变动情况,据以判断、预测企业经营成果的变化趋势。

3. 利润表结构分析

利润表结构分析也称为利润表垂直分析,就是通过编制利润表结构分析表来进行分析,将利润表中各项目与营业收入比较,计算出各项目占营业收入的比重,揭示各项利润及成本费用与收入的关系;并将各项目比重与历史数据、行业水平进行比较,分析说明企业利润构成各项目的结构及增减变动情况等。

(二) 利润表分析的目的

(1) 正确评价企业各方面的经营业绩。由于利润受各环节和各因素的影响,故通过对不同环节的利润分析,可以准确地说明企业各环节的经营业绩。

(2) 及时、准确地发现企业经营管理中存在的问题。正因为分析不仅能明确业绩,还能发现问题。所以,通过对利润表的分析,可以发现企业在各经营环节存在的问题或不足,为进一步改进企业经营管理工作指明方向。

(3) 为投资者、债权人的投资与信贷决策提供正确信息。无论是投资者还是债权人,他们通过对利润表的分析,揭示出企业的经营潜力及发展前景,从而做出准确的投资决策和信贷决策。

任务二 掌握利润表项目的阅读与分析

任务要求

熟悉利润表中营业利润、利润总额及净利润的形成过程,掌握收入、费用及利润各具体项目阅读与分析的工作步骤,判断收入、费用及利润各具体项目的真实性及可靠性。

相关知识

利润表项目的阅读与分析就是通过对利润表中各项目内容、质量内涵进行逐一分析,以确定利润形成过程和利润结果的质量高低。从利润形成的过程来看,企业的利润来源有多种,包括主营业务、其他业务、投资收益、营业外收支和资产价值变动损益等;不同来源的利润在未来的可持续性不同,只有企业利润主要来自那些未来持续性较强的经济业务时,利润的质量才比较高。从利润结果来看,因为权责发生制的关系,企业利润与现金流量并不同步,而没有现金支撑的利润质量较差。下面对利润表每个项目进行具体的质量分析。

一、收入类项目的阅读与分析

这里所说的收入类项目,是指所有带来企业经济利益流入,从而导致企业利润增加的项目,包括营业收入、投资净收益、公允价值变动损益和营业外收入等。

(一)"营业收入"项目的阅读与分析

营业收入是指企业在销售商品、提供劳务及让渡资产使用权等日常活动中所形成的经济利益的总流入,包括主营业务收入和其他业务收入两部分。营业收入是企业创造利润的核心,最具有未来的可持续性。如果企业的利润总额绝大部分来源为营业收入,则企业的利润质量较高。阅读与分析营业收入时应结合会计报表附注进行,从而了解营业收入中主营业务收入和其他业务收入各自的金额,帮助报表使用者分析企业主营业务发展趋势,进而做出合理的决策。通过对比不同期间本项目的变化,可以掌握企业经营前景和未来发展态势。

1. 主营业务收入的数量与质量分析

主营业务收入是指企业经营主要业务所取得的收入,是企业生产经营成果能否得到社会承认的重要标志;同时,主营业务收入又是许多经济指标(如销售利润率、资产周转率等)的计算基数。主营业务收入是利润形成的主要来源,不同行业的主营业务收入内容差异很大,如工业企业的主营业务收入主要为企业销售产品的收入,而金融、保险、建筑和通信等行业的主营业务收入则主要为企业提供服务的收入。

(1)对主营业务收入首先要进行数量判断,将主营业务收入与资产总额配比。主营业务收入代表了企业的主要经营能力和盈利能力,而这种能力应与企业的生产经营规模相适应。这种分析应当结合企业所处行业、企业经营生命周期来展开。一般而言,主营业务收入占资产总额的比重,工业企业和商业企业较高,某些特殊行业(如航天、饭店服务业)较低;处于成长或衰退阶段的企业较低,处于成熟阶段的企业较高。若两者不配比(过低或过高),需要进一步进行质量判断。

(2)对主营业务收入进行质量判断应注意以下四点:

① 主营业务收入的确认分析。依据《企业会计准则》的规定,对不同种类的主营业务收入有不同的确认标准。

第一,销售商品收入的确认。在商品销售的交易中,要求企业在确认收入时要判断商品控制权是否转移给买方,而并不注重表面上商品是否已经发出;要求企业判断商品的价款能否收回,而并不注重形式上是否已取得收取价款的权利等。这样就要求企业针对不同交易的特点,分析交易的实质,正确判断与所售出商品相关的权利与义务是否已经转移,是否仍对售出的商品实施控制,相关的经济利益能否流入企业,收入和成本能否可靠计量等重要条件。只有这些条件同时满足,才能确认收入;否则,即使已经发出商品,或即使已经收到款项,也不能确认收入。比如,企业对已售出的商品拥有回购的权利,则意味着该项业务表面是销售,其实质是融资,不能确认销售收入。因此,分析时应当查看企业在确认收入时是否将应当在本期入账的销售收入延期入账(如记入预收账款、其他应收款等项目),是否将不应在本期入账的收入确认为本期收入，是否存在先确认后又做退货或回购等行为，以达到调节利润额粉饰会计报表的目的。

第二，劳务收入的确认。对于劳务收入，应按照不同情况分别进行确认和计量：一是在资产负债表日能够对该项交易的结果进行可靠的估计，应按照完工百分比法确认提供劳务收入；二是在资产负债表日不能对交易的结果进行可靠的估计，则不能按照完工百分比法确认收入，企业应该按照谨慎性原则进行处理，对已发生的成本和可能收回的金额进行尽可能合理的估计，只确认可能发生的损失，而不确认可能发生的收益。因此，分析时，对于企业发生的劳务收入使用完工百分比法确认收入的，应判断企业的完工百分比的估计是否合理；在确认收入时是否遵循了谨慎性原则，企业已经确认的收入在未来是否具有较为稳定的可收回性。

第三，让渡资产使用权收入的确认。让渡资产使用权收入是指企业出租固定资产和无形资产取得的收入。确认让渡资产使用权收入，一般应同时具备以下两个条件：一是与让渡资产使用权相关的经济利益很可能流入企业，二是相关的收入金额能够可靠计量。

② 现销收入与赊销收入占主营业务收入的比重分析。观察企业的销售方式，是以赊销为主还是以现销为主。企业主营业务收入中现销收入与赊销收入的构成受企业的产品适销程度、企业竞争战略等多个因素的影响。通过对两者结构及其变动情况分析，可以了解与掌握企业产品销售情况及其战略选择，分析判断其合理性。一般而言，如果赊销比重较大，应进一步将其与本期预算、与企业往年同期实际、与行业水平进行比较，评价主营业务收入的质量。当然，在市场经济条件下，赊销作为商业秘密并不要求企业披露其赊销收入情况。所以，这种分析方法更适用于企业内部分析。

③ 主营业务收入是否存在关联方交易分析。一些企业的主营业务收入主要来自与关联方交易，对于这种收入应当慎重考虑。如果企业为集团公司或上市公司，为获取不当利益往往利用关联方交易来进行所谓的"盈余管理"。关联方交易虽然不是非法交易，但其交易价格很可能是非公允的，是为了实现企业所在集团的整体利益。关联方交易不同于单纯的市场行为，存在通过地位上的不平等而产生交易上的不平等来迎合自己利益需要的可能。一些上市公司由于在关联公司内部进行"搬砖头"式的关联销售，难有现金流入。因此，关联方交易形成的收入并不一定真实，分析时要关注会计报表附注对关联方交易的披露，分析关联方交易商品价格的公平性；应当考虑将其单列，或者对其按照公允价值进行调整，如果难以调整，可以直接将其从企业收入中剔除出去。

④ 行政手段造成的收入占企业收入的比重分析。我国市场化过程并未完成，很多地方政府利用手中的行政权力干涉企业经营的事情时有发生。最为明显的手段就是歧视外地企业，限制外地产品流入本地，从而为本地企业减少竞争和增加收益。如此手段增加的收入与企业自身的竞争能力无关，质量不高，应在分析时将其予以剔除。

2. 营业收入的结构分析

（1）营业收入的品种构成分析。企业经营的产品或服务的品种是否适合市场的需要，对企业今后的生存和发展至关重要。分析的方法一般是首先计算各经营品种的收入占全部营业收入的比重，再通过比较比重的变化来发现企业经营品种结构的变化幅度。对企业营业收入的品种结构进行分析，可以观察企业的产品和服务是否符合市场的需求，企业产品品种的变化也反映了企业发展战略的变化。

【业务实例3-1】 华欣股份有限公司2018年和2019年营业收入的构成情况如表3-2

所示,请做出分析评价。

表 3-2 华欣股份有限公司 2018 年和 2019 年营业收入构成情况表

项　　目	2018 年比重(%)	2019 年比重(%)
营业收入	100	100
主营业务收入	90	92
其中:		
甲	35	25
乙	48	57
丙	7	10
其他业务收入	10	8
其中:		
材料销售	5	4
运输业务	3	2
出租包装物	2	2

在华欣股份有限公司的营业收入中,2019 年的构成情况是:主营业务收入占 92%,其中甲产品占 25%,乙产品占 57%,丙产品占 10%;其他业务收入占 8%,其中材料销售占 4%,运输业务占 2%,出租包装物占 2%。因此,该公司要增加收入,重点应放在扩大甲、乙两种产品的销售上。在此基础上,再将其与该公司 2018 年的营业收入构成进行对比分析,从而进一步了解哪一种产品的比重上升(下降),上升(下降)的原因是什么,然后根据这种分析做出正确的决策。例如,2019 年甲产品所占比重比 2018 年有所下降,经分析,其主要原因是该产品已经处于成熟阶段,市场已经饱和,该公司应停止扩大生产该产品,以免遭受损失;乙产品所占比重由 2018 年的 48% 上升到 2019 年的 57%,经分析,其主要原因是该产品正处于成长期,市场销售潜力仍很大,所以公司应保持该产品的生产规模;丙产品所占比重虽然不大,但也有一定程度的上升,经分析,该产品正处于上升阶段,市场前景看好,公司应扩大生产和销售,以占有更多市场份额。

从其他业务收入来看,2019 年比 2018 年比重降低了 2%。其中材料销售降低了 1%,运输业务降低了 1%,出租包装物的比重没有变化。从企业经营目标来看,这种变化是可喜的,说明该公司将主要精力放在了主营业务上,应予以肯定。

(2) 营业收入的区域构成分析。对收入区域构成的分析,有助于预计企业未来期间的收入状况。如观察企业的主要收入是来源于国内还是国外:如果主要市场在国外,则汇率的变动在未来对收入的影响程度有多大;对于国内销售的部分主要集中在哪个区域,是否主要集中在企业的所在地,这种对于本地市场的占领是因为自身产品的竞争实力还是因为行政垄断,如果是因为行政垄断所致,应当质疑该收入在未来的持续性和产品的竞争能力。对于企业尚未占领的区域,企业是否具有相应的推进计划,该计划执行的主要阻力在哪里。此外,不同区域消费者的消费偏好不同,企业产品的配置是否适应了这种偏好差异。

(3) 营业收入的行业结构分析。收入的行业结构是指在企业的全部营业收入中,各行业的营业收入比例。各行业收入比例不同,企业所面临的风险也就不同。企业所经营行业的类别越多,比例越平均,其经营风险也就越小。

(4) 营业收入的有效性结构分析。有效收入与无效收入的判断标志,主要看收入是否最终给企业带来经济利益,主要形式是带来现金净流入。这方面分析需要结合现金流量表中"销售商品、提供劳务收到的现金"项目来进行。由于会计上收入是按权责发生制核算的,只要产品发出,不管货款是否收到,都作为收入,这就有可能使一部分的应收账款收不回来,形成坏账。因此,判断一个企业收入的有效性,主要是看在收入增长的同时,与之对应的现金流入量是否增长;若没有现金流入量,而是应收账款增长,就要引起重视,特别是编制年终报表时。

(二)"其他收益"项目的阅读与分析

"其他收益"项目反映的是计入其他收益的政府补助,以及其他与日常活动相关且计入其他收益的项目。该项目应根据"其他收益"科目的发生额分析填列。企业作为个人所得税的扣缴义务人,根据《中华人民共和国个人所得税法》收到的扣缴税款手续费,应作为其他与日常活动相关的收益在该项目中填列。

(三)"投资收益"项目的阅读与分析

"投资收益"项目反映的是企业进行对外投资产生的投资收益或投资损失,包括从被投资企业分得的投资利润、股票投资应得的股利、债券投资应得的利息、出售所持投资的损益等。投资收益是指企业从事各项对外投资活动取得的收益(各项投资业务获取的所得大于其成本的差额);投资损失是指企业从事各项对外投资活动发生的损失(各项投资业务获取的所得小于其成本的差额)。投资收益大于投资损失的差额为投资净收益,反之为投资净损失。能产生投资收益的会计事项不仅包括企业所有类型的对外投资业务产生的已实现收益,还包括企业实物投资以及持有的各种金融工具等导致的损益。"投资收益"项目下的"以摊余成本计量的金融资产终止确认收益"项目,反映企业因转让等情形导致终止确认以摊余成本计量的金融资产而产生的利得或损失,应根据"投资收益"科目的相关明细科目的发生额分析填列。

分析该项目时应结合企业的具体投资项目进行阅读和分析。对投资收益的分析应注意以下四点:

(1) 若公司账面上有巨额长期股权投资,分析时应根据报表附注认真分析投资项目所处的行业风险与发展前景以及投资项目本身的经济效益与增长潜力,以分析该长期股权投资的投资收益是否为公司长期依赖的利润来源项目。

(2) 若交易性金融资产中债券投资所占份额较少,而企业交易性金融资产的公允价值变动损益巨增,则表明企业可能正投资股市,即使本年度获得了大量投资收益,也存在潜在的风险,应加以警惕。

(3) 在投资收益是对合营企业或联营企业长期投资的情况下,企业要将这部分投资收益用于利润分配,有可能导致企业现金流转的困难。

(4) 分析确定企业对外投资的目的。鉴于投资收益不属于企业的主营业务收入,除了一些主要的投资公司之外,企业不应动用正常生产经营的资金进行对外投资。另外,对外投资不是企业经常性的行为,企业投资收益(尤其是对一些短期项目的投资)一般不具有可持续性,即使当期企业获得了金额较大的投资收益,也不能对其评价过高。因此,分析投资收益的质量,主要是分析投资收益有无相应的现金流量支撑并关注这种忽高忽低的非正常现象。

(四)"公允价值变动收益"项目的阅读与分析

"公允价值变动收益"项目反映的是企业交易性金融资产、交易性金融负债,以及采用公允价值模式计量的投资性房地产、衍生工具、套期保值业务等公允价值变动形成的应当计入当期损益的利得或损失。按照企业会计准则的规定,对于上述公允价值变动频繁、同时企业以获取差价为目的而持有的资产或负债,应按照期末公允价值调整账面价值,两者之间的差额计入公允价值变动损益。因此,该项目反映的是这些资产或负债在存续期内没有实现的价值变动。

该项目阅读时应结合利润表附表相关具体项目的明细资料。分析该项目时,关键是注意企业获取的相关资产公允价值是否合理,是否将不适合使用公允价值的资产或负债划分为此类。另外,在依据营业利润等数据分析企业盈利能力时,可考虑将公允价值变动损益以及前述的投资收益、净敞口套期收益对营业利润的影响予以剔除,以便于未来经营状况的合理预测。

(五)"资产处置收益"项目的阅读与分析

"资产处置收益"项目反映的是企业出售划分为持有待售的非流动资产(金融工具、长期股权投资和投资性房地产除外)或处置组(子公司和业务除外)时确认的处置利得或损失,以及处置未划分为持有待售的固定资产、在建工程、生产性生物资产及无形资产而产生的处置利得或损失。债务重组中因处置非流动资产(金融工具、长期股权投资和投资性房地产除外)产生的利得或损失和非货币性资产交换中换出非流动资产(金融工具、长期股权投资和投资性房地产除外)产生的利得或损失也包括在本项目内。该项目应根据"资产处置损益"科目的发生额分析填列。

(六)"营业外收入"项目的阅读与分析

"营业外收入"项目反映的是企业发生的除营业利润以外的各项收益,包括罚款净收入、无法支付的应付款项、接受捐赠的收益、盘盈利得和与企业日常活动无关的政府补助等。尽管营业外收入这些小项目对利润不会产生主要贡献,但也不能忽视其对利润的影响。如债务重组收益计入营业外收入,直接确认为当期损益,这就给企业带来利润飞升的契机,特别是那些负债金额较高又有可能获得债务豁免的企业,可以由此获得巨额利润。但若营业外收入中的技术转让收入保持一个较大的数额和持续的增长,则反映企业的研究开发工作做得较好,而这正是企业将来发展所必需的。因此,营业外收入数额较大并不一定是坏事,它能使企业净利润增加,增加企业利润分配的能力。

一般情况下,营业外收入发生的金额较小,对企业利润的影响也较弱,如果某个期间企业的相关金额较大,分析时应关注发生的原因。首先,营业外收入并不是由企业经营资金耗费所产生的,不需要企业付出代价,实际上是一种纯收入,不需要与费用进行配比。因此,在分析时要注意企业在会计核算中是否严格区分营业外收入与营业收入的界限。其次,营业外收入是由非日常活动偶然产生的,是不经过经营过程就能取得或不曾期望获得的收益,且多为企业经营者所不能控制或左右的,具有稳定性差和不可持续的特点。所以,在分析盈利能力时,应当从利润总额中将营业外收入项目剔除。最后,作为企业利润的组成部分,这些非经常性损益最容易被经营管理者用于粉饰报表、操纵利润,其可靠性有待考证,这就需要关注企业会计报表附注中有关债务重组等事项的披露。

二、费用项目的阅读与分析

这里所说的费用类项目,是指所有引起企业经济利益流出,从而导致企业利润减少的项目,包括营业成本、期间费用、资产减值损失、营业外支出和所得税费用等。

(一)"营业成本"项目的阅读与分析

"营业成本"项目反映与营业收入相关的已经确定了归属期和归属对象的成本。营业成本是指企业为生产产品、提供劳务而发生的各种耗费,是按一定产品或劳务对象所归集的费用,是对象化的费用,是为取得营业收入而付出的代价,反映了资源的耗费情况。与营业收入相对应,营业成本也分为主营业务成本和其他业务成本两部分。对工业企业来说,营业成本表现为已销售产品的生产成本;对商品流通企业来说,营业成本表现为已销商品成本。

对营业成本的解读有助于观察企业成本控制的能力和成本的变动趋势,并且与营业收入进行配比后可得出企业毛利的情况。因此,阅读时应结合利润表附表进行,以了解营业成本中主营业务成本和其他业务成本各自的数额,看是否与主营业务收入和其他业务收入相互配比;同时,还应比较报告期与基期的成本变化,以分析成本变化趋势。

1. 主营业务成本

主营业务成本是指企业经营主要业务而发生的实际成本,是为取得主营业务收入所付出的代价。对主营业务成本进行分析,首先要进行数量判断:主营业务成本与主营业务收入配比,将两者之差除以主营业务收入,即得出一个重要的财务指标——毛利率,并以此结合行业、企业经营生命周期来评价主营业务成本的合理性。一般而言,工业企业和商业企业的毛利率在20%左右,饮食业的毛利率在40%左右。毛利率过低或过高,都需要进一步进行质量判断。由于企业不对外公布成本的构成和计算方法,所以外部分析人员较难进行准确的成本分析。对主营业务成本进行质量判断时应注意以下三点:

(1) 主营业务成本的确认。为了正确反映每一会计期间的收入、成本和利润情况,根据收入和费用配比原则,企业应在确认收入的同时结转相关的成本。结转成本时应注意三个问题:一是在收入确认的同一会计期间,相关的成本必须结转;二是如果一项交易的收入尚未确认,即使商品已经发出,相关成本也不能结转;三是企业应按每项业务分别核算与相应收入相关的成本,以详细反映每一重大交易的收入、成本和毛利的信息。

(2) 影响主营业务成本水平的高低既有企业不可控的因素(如受市场因素的影响而引起的价格波动),也有企业可以控制的因素(如企业可以选择供货渠道、采购批量来控制成本水平),还有企业通过成本会计系统(如对日常存货发出,企业可以选择先进先出法、加权平均法、移动平均法和个别认定法等)的核算对企业制造成本的处理。因此,对主营业务成本降低和升高的评价应结合多种因素进行。

(3) 企业操纵主营业务成本的主要方式。检查企业主营业务收入与主营业务成本之间的匹配关系,看企业是否存在操纵主营业务成本的行为。在实际工作中,一些企业往往利用会计政策职业判断的空间"调控"成本。一是应在本期确认的成本而延期确认,即将主营业务成本做资产挂账,导致当期费用低估、资产价值高估;二是应在后期确认的成本而在本期提前确认,即将资产列作费用,导致当期费用高估、资产价值低估;三是随意变更成本计算方法和费用分配方法,按照经营者的意图,随意选用对企业有利的成本核算方法(如在材料价格持续上升的情况下,存货发出的计价由加权平均法变更为先进先出法)。上述种种手段使成本数据波动被人为操纵,达到调节利润表项目数据的目的,从而使财务信息失真,误导会计信息使用者。

2. 其他业务成本

其他业务成本是指企业取得其他业务收入而发生的费用和代价,如出售材料的成本、出租资产折旧等。对其分析要注意与其他业务收入的配比和在营业成本中的比例。如果企业其他业务成本占营业成本的比重过高,则说明企业主营业务发展前景欠佳。

3. 营业成本与营业收入的配比关系

对"营业成本"项目比较有意义的分析方法是计算"营业成本对营业收入的比率",并在不同会计期间进行比较,观察其变化的趋势。一旦企业的这个比率呈上升趋势,在其他费用条件一定的情况下,则企业的经营获利能力将出现下降的态势,说明企业的内部管理出现了问题。

(二)"税金及附加"项目的阅读与分析

"税金及附加"项目反映的是企业从事生产经营活动、按税法规定应缴纳并在会计上从营业利润中扣除的税金及附加,包括房产税、车船使用税、印花税、消费税、资源税、城建税和教育费附加等税费,体现的是企业生产经营环节中的税收负担。税金及附加的分析,应将该项目与企业营业收入对应分析,因为企业在一定时期内取得的营业收入要按有关规定交纳各种税金;同时,还应注意按照企业当期取得的营业收入所缴纳的各种税金计算是否正确。因为税金及附加金额相对较小,对企业利润的影响程度相对也较小,所以不是分析的重点。

(三)"销售费用"项目的阅读与分析

"销售费用"项目反映的是企业销售商品和材料、提供劳务的过程中发生的各种费用,包括运输费、装卸费、包装费、保险费、展览费、广告费、售后服务费等以及为销售本企业商品而专设的销售机构的职工薪酬、业务费、折旧费和修理费等经营费用。销售费用作为一项期间费用,是企业当期为了开拓市场、促销产品而产生的,与本期营业收入有较强的相关关系。所以,应从本期收入中全额扣除。

对销售费用的分析应注意其支出数额与本期收入之间是否匹配;如果不匹配,应当关注其原因。具体包括以下三个方面:

一是对销售费用的压缩和控制,要和企业自身的具体情况、所处的发展阶段以及企业的长期发展战略结合起来。因为销售费用从其功能来分析,有的与企业的业务活动规模有关(如运输费、装卸费、包装费、整理费、保险费、差旅费等),有的与企业从事销售活动人员的待遇有关(如营销人员的薪酬),也有的与企业的市场开拓、售后服务、企业品牌知名度扩大及企业的未来发展有关(如广告费)。一般认为,在企业快速发展时,企业的工作重心是扩大销售规模、占领市场,这时销售费用相应较大且增长较快;如果片面追求短期销售费用的降低,减少相关开支,这有可能对企业的长期发展造成不利影响。所以,在对销售费用的分析上,不应简单地看其数额的增减。

二是如果销售费用有较大的增长,应观察增长的内容是什么。如果是企业广告费的大额支出,应对其作用期间进行判断。根据企业会计准则的规定,企业广告费在发生时全额计入当期损益;但对于一些数额巨大的广告支出,可能给企业带来的影响会在本期之后还将存在,对于此种大额的广告费支出,应当仔细判断对市场的影响和该广告的效果。

三是企业如果在新地域和新产品上投入较多的销售费用(如在新地域设立销售机构和销售人员的支出等),这些新的支出不一定在本期就能增加销售收入,分析时对此应当慎重分析,以判定其对今后期间收入增加的效应。

(四)"管理费用"项目的阅读与分析

"管理费用"项目反映的是企业为组织和管理企业生产经营发生的各种费用,包括企业在筹建期间发生的开办费、董事会和行政管理部门在企业的经营管理中发生的,或者应由企业统一负担的公司经费(包括行政管理部门职工薪酬、修理费、物料消耗、低值易耗品摊销、办公费和差旅费等)、失业保险费、劳动保险费、董事会会费(包括董事会成员津贴、会议费和差旅费等)、聘请中介机构费、咨询费(含顾问费)、诉讼费、业务招待费、技术转让费、矿产资源补偿费、无形资产摊销、研究与开发费、排污费、存货盘亏或盘盈(不含应计入营业外支出的存货损失)等。管理费用和销售费用一样,也应当保持一定的稳定性,不能一味地追求降低。

  管理费用的内容比较庞杂,对其进行分析不应只停留在总量的增减变化上,还应关注其结构及结构的变化,以便有针对性地提出控制管理费用的措施。对管理费用的结构分析,常见的分析方法有两种:一是按费用项目进行分析,二是按部门进行分析。总体而言,管理费用的支出水平与企业规模相关,对管理费用有效地控制可以体现企业管理效率的提高。管理费用开支过多,可能意味着企业经费控制不得力,管理效率低下,存在一定程度的浪费或虚报行为。

  此外,因为管理费用多数项目属于固定性费用,与企业营业收入在一定范围和期间内没有很强的相关性。因此,一方面,分析时不能仅仅依据营业收入的一定比率来判断管理费用的支出效率;另一方面,企业提高管理效率的最优途径就是增加收入,使得一定数额的管理费用支持更大的营业规模。最后,如果分析时能够获得企业内部财务预算,通过与预算数的对比,可以更容易地得到企业管理费用的质量状况。

  (五)"研发费用"项目的阅读与分析

  "研发费用"项目反映的是企业进行研究与开发过程中发生的费用化支出,以及计入管理费用的自行开发无形资产的摊销。该项目应根据"管理费用"科目下的"研究费用"明细科目的发生额,以及"管理费用"科目下的"无形资产摊销"明细科目的发生额分析填列。需注意的是,该项目的控制或减少对企业长远发展是不利的,如企业研发费下降会限制企业今后的发展,如果企业本期资金充裕,将不会减少此类支出;如果本期发生这些项目的支出下降,应关注企业是否本期面临资金紧张的问题。

  (六)"财务费用"项目的阅读与分析

  "财务费用"项目反映的是企业为筹集生产经营所需资金而发生的筹资费用,包括利息支出(减利息收入)、汇兑损失(减汇兑收益)以及相关的手续费、发生的现金折扣或享受的现金折扣等,为购建或生产符合资本化条件的资产而发生的借款费用中不能资本化的部分也在此列示。财务费用的发生主要与以下三个业务内容直接相关:一是与企业借款融资相关;二是与企业购销业务中的现金折扣相关;三是与企业外币业务汇兑损益相关。

  需注意的是,"财务费用"项目下的"利息费用"项目,反映企业为筹集生产经营所需资金等而发生的应予费用化的利息支出。该项目应根据"财务费用"科目的相关明细科目的借方发生额分析填列;"财务费用"项目下的"利息收入"项目,反映企业按照相关会计准则确认的应冲减财务费用的利息收入。该项目应根据"财务费用"科目的相关明细科目的贷方发生额分析填列。

  因此,对财务费用进行质量分析应当细分其内部结构,观察企业财务费用的主要根源。首先,应将财务费用的分析与企业资本结构的分析相结合,观察财务费用的变动是源于企业短期借款还是长期借款;同时,观察对于借款费用中应当予以资本化的部分是否已经资本化,或者应当计入财务费用的部分是否对其进行了资本化。其次,应当关注购销业务中发生的现金折扣情况,关注企业应当取得的购货现金折扣是否都已经取得;若是存在大量没有取得的现金折扣,应怀疑企业现金流是否紧张。最后,如果企业存在外币业务,应关注汇率对企业业务的影响,观察企业对外币资产和债务的管理能力。当汇率波动不大时,汇兑损益往往也是比较小的;但若在一段较长时期内,汇率的波动趋势呈单一方向变动时,企业就有可能面临较大的汇兑损益。但现实中汇率不可能永远朝着一个方向波动,汇兑损益常常带有较大的不确定性,在一定程度上并不属于企业的经营所得或所耗。

经典案例

对于大部分航空公司而言,飞机作为重要的经营性资产,需要从国外大量进口。而飞机的高昂成本与售价,使不少航空公司在购机时基本上采用了分期付款的模式,这就形成了航空公司的巨额债务。由于目前全球飞机采购主要还是以美元计价结算,因此,各大航空公司几乎都有较大比例的美元负债。

以中国国际航空股份有限公司(简称:中国国航,证券代码:601111)为例,2012年半年报的附注说明中显示:公司期末全部负债中,人民币负债仅占18%,而美元负债却高达76%;而同期东方航空股份有限公司(简称:东方航空,证券代码:600115)的全部外债中,美元外债占比达90%以上。

因此,如果人民币兑美元升值,则我国国内这些拥有高额美元债务的航空公司就可以获得较为可观的汇兑收益;反之,如果人民币兑美元贬值,则这些航空公司就会遭遇财务账面上的汇兑损失。下表是2009—2013年中国国航的部分财务数据,从中可以大致了解汇率波动对我国航空公司的财务影响。

2009—2013年中国国航部分财务数据

单位:亿元

年 份	净利润	财务费用	同比增	汇兑净收益	同比增
2009年	50.29	12.06		1.09	
2010年	122.08	−5.39	减17.45	18.91	增17.82(增16.35倍)
2011年	74.77	−15.50	减10.11	30.63	增11.72(增61.98%)
2012年	49.48	21.99	增37.49	1.19	减29.43(减96.08%)
2013年	33.19	7.77	减14.22	19.38	增18.19(增15.29倍)

从上表可以看出:2010—2011年,中国国航连续两年财务费用出现负值,这主要得益于人民币对美元的持续升值所带来的巨额汇兑净收益。以2011年为例,当年人民币对美元累计升值近5.1%,中国国航因此获得了高达30.63亿元的汇兑净收益,占该公司当年净利润的近41%。

但到了2012年,人民币兑美元汇率一改过去几年单边升值的走势而呈现出波动性变化,全年人民币升值幅度收窄为1.03%,航空业昔日"坐享其成"的好日子风光不再。汇兑收益和投资收益的减少成为中国国航当年净利润大幅下滑的主因。2012年公司汇兑净收益仅1.19亿元,相比上年30.63亿元来讲明显缩水,减少幅度达到96.08%,直接造成公司净利润的大幅下降。

2013年人民币对美元的再次大幅升值,给中国国航直接带来了19.38亿元的汇兑净收益。这也在一定程度上减缓了因国际经济复苏艰难、国内经济增速放缓等因素对公司净利润的不利影响。

阅读该项目时还应主要关注其变化情况,进而分析节约开支的可能性。财务费用中绝大部分是利息费用。利息费用的大小主要取决于三个因素:贷款规模、利率和期限。从总体上说,如果因贷款规模的原因导致财务费用的下降,企业会因此而改善盈利能力;但对此也要加以警惕,企业可能因贷款规模的降低而限制了发展。贷款期限通过利率来影响财务费用,而利率水平主要受企业外部环境的影响,故不应对企业因贷款利率的宏观下调而导致的财务费用降低给予过高的评价。另外,沉重的利息费用是现在许多企业面临的问题,这既有历史的原因,也有企业忽视经营中的财务风险,盲目扩大规模或追求财务杠杆效益,举债经营所致。所以,严格控制企业不合理的投资、控制企业负债经营的规模和水平、优化企业的资本结构,是提高企业经济效益的重要措施。

(七)"信用减值损失"项目的阅读与分析

"信用减值损失"项目,反映的是企业按照《企业会计准则第 22 号——金融工具确认和计量》的要求计提的各项金融工具信用减值准备所确认的信用损失。该项目应根据"信用减值损失"科目的发生额分析填列。

(八)"资产减值损失"项目的阅读与分析

"资产减值损失"项目反映的是企业计提各项资产减值准备所形成的损失。企业对于绝大部分资产都应当计提减值准备,这是谨慎性原则的要求;并且企业许多资产减值准备在计提后不能转回,这样的资产主要有固定资产、无形资产等长期资产,因为这些资产的公允价值的日常波动很小,如果发生减值,则其日后回升是很困难的。另外,应注意的是,《企业会计准则》允许企业计提的资产减值准备基本上都不得在所得税前扣除,这表明无论企业采取什么样的资产减值准备政策,在税收法规上均不予以承认,从而避免了企业通过资产减值准备的计提来避税的可能。

该项目必须结合相关证明材料进行相应的分析,才能解读其变化的具体原因。分析时,应当关注会计报表附注中的企业资产减值明细表,明确其构成,评价每项资产减值准备的计提是否充分,是否存在企业计提不足或过度计提的状况,并且与历史资产减值状况对比,观察减值准备的异常变化,企业是否用资产减值来调节利润。

(九)"营业外支出"项目的阅读与分析

"营业外支出"项目反映的是企业发生的除营业利润以外的各项支出,如固定资产盘亏、债务重组损失、罚款支出、捐赠支出、非常损失、非正常停工损失、赔偿金和违约金等。营业外支出与费用的区别,如同营业外收入与营业收入的区别,费用是日常活动产生的,是总额概念;营业外支出由非日常活动产生,是净额概念。营业外支出性质特殊,对企业经营成果的影响方式与营业费用也有区别。因此,应在利润表中单独列示,以利于报表使用者解释、评价、预测它们的变动情况及其对经营成果的影响。一般情况下,营业外支出发生的金额较小,对企业利润的影响也较弱;如果某个期间企业的相关金额较大,分析时应关注发生的原因,应根据内容具体分析。鉴于该项目内容在未来没有持续性,在分析盈利能力时,应当从利润总额中将营业外支出项目剔除。

(十)"所得税费用"项目的阅读与分析

"所得税费用"项目反映的是企业应当从当期利润总额中扣除的所得税费用,它是企业在一定会计期间,在不影响向国家缴纳应交所得税的前提下,按照企业所得税会计准则所确认的所得税费用。在不考虑暂时性差异和永久性差异的条件下,所得税费用应当与企业的利润总额成比例关系。但在实务中,由于税法与企业会计准则对于企业收入成本费用项目金额的认定不同而存在暂时性差异和永久性差异,使得所得税费用与企业的利润总额呈现出比较复杂的关系。因此,该项目并不是直接由当期利润总额乘以所得税税率得到的。企业当期所得税费用可以分为两部分,一个是当期企业缴纳的部分,即按照税法计算的应交所得税;另一个是在当期发生但在以后期间缴纳的部分,即递延所得税。递延所得税的产生是源于企业会计准则和税法对企业资产和负债的认定差异。按照企业会计准则的规定,所得税的核算采用资产负债表债务法,资产和负债的账面价值与其计税基础之间的差额为暂时性差异,该差异乘以税率就得到了递延所得税。导致后期的应交所得税大于所得税费用的当期递延所得税称为递延所得税负债,导致后期的应交所得税小于所得税费用的当期递延所得税称为递延所得税资产。另外,企业在所得税费用方面的节约,属于企业税收筹划的范畴,与企业常规的费用控制有明显的不同。因此,企业对所得税不存在常规意义上的降低或控制问题。

所得税费用的分析要点是:首先,分析时应当结合资产负债表中的递延所得税资产、递延所得税负债和应交税费项目来分析本项目的质量,关注企业对于资产负债的计税基础的确定是否公允;其次,对于销售费用、管理费用和财务费用的有关项目来说,如果企业的支出超过国家的有关规定,则其超支部分要作为计税利润上缴所得税;再次,应注意如果存在非同一控制下的企业合并,则递延所得税应调整商誉,以及对于其他债券投资与其他权益工具投资公允价值变动导致的递延所得税应计入所有者权益,对于这两项资产负债账面价值与计税基础导致的递延所得税不能计入所得税费用;最后,应关注企业确认的递延所得税资产是否以未来期间可能取得的用来抵扣可抵扣暂时性差异的应纳税所得额为限,超出部分因在后期不能转回,故在本期不能确认为递延所得税资产。

三、利润项目的阅读与分析

利润是衡量企业经营目标实现程度的一个重要指标,也是观察企业经营能力和发展能力的一个重要因素。利润表中的利润项目有三个,即营业利润、利润总额和净利润。这三个利润项目内涵及实际意义均不同,分析时应结合其明细资料分别进行。对利润项目的分析,除了要结合收入和费用的项目进行分析之外,还应从数量和质量两个方面进行分析。

(一) 利润项目的阅读

1. "营业利润"项目的阅读

营业利润是企业在生产经营活动中实现的经营性利润,是企业利润的主要来源。营业利润的多少反映了企业的总体经营管理水平和效果。

(1) 营业利润额较大。当企业营业利润额较大时,通常认为该企业经营管理水平和效果较好。但在分析中应注意如下问题:

一是因为营业利润中包括了其他业务利润,所以企业多元化经营、多种经营业务开展得较好时,其他业务利润会弥补主营业务利润的不足;但若其他业务利润长期高于主营业务利润,应考虑企业产业结构调整问题。

二是应注意其他业务利润的用途,是用来发展主营业务,还是用于非生产经营性消费(如购买小汽车、高档装修)。如果是前者,企业的盈利能力会越来越强;如果是后者,企业则缺乏长远盈利能力。

(2) 营业利润额较小。当企业营业利润额较小时,应着重分析主营业务利润的大小、多种经营的发展情况和期间费用的多少。如果企业主营业务利润和其他业务利润均较大,但期间费用较高,也会使营业利润较小。这就要重点分析三项期间费用的构成,找出三项期间费用居高的原因,并对其进行严格控制与管理,通过降低费用来提高营业利润。

从表 3-1 和表 3-4 可以看出,华天股份有限公司 2019 年度营业利润为 75 548 720.19 元,比 2018 年度减少 10 293 838.92 元,降低幅度为 11.99%。这主要是由于管理费用和销售费用大幅增加所致:管理费用 2019 年比 2018 年增加 16 918 100.57 元,增幅高达 58.38%;销售费用 2019 年比 2018 年增加 6 325 187.31 元,增幅高达 63.72%。

2. "利润总额"项目的阅读

利润总额是企业当期的经营成果,即营业利润与营业外收支净额之和。由于营业外收支净额属于非经常性项目的净收益,故其稳定性最差。但是,不管利润的形成原因如何,全部的利润都增加了所有者权益,都可以用于对投资者进行分配。因此,利润总额总是多多益善。

从表 3-1 和表 3-4 可以看出,华天股份有限公司 2019 年度利润总额为 97 635 148.12 元,比 2018 年度增加 9 206 558.05 元,提高幅度为 10.41%。这主要是由于营业外收入大幅增加所形成的:营业外收入 2019 年比 2018 年增加 18 861 792.81 元,增幅高达 501.03%。

3. "净利润"项目的阅读

净利润是企业当期利润总额扣除所得税费用以后的余额,即企业的税后利润。在正常情况下,所得税费用是相对稳定的。因此,只要利润总额较大,净利润也会较高。在分析时要注意盈利质量的高低,即盈利是否具有可持续性。

需要注意的是,"净利润"项目下的"(一)持续经营净利润"和"(二)终止经营净利润"项目,分别反映净利润中与持续经营相关的净利润和与终止经营相关的净利润。该两个项目应按照《企业会计准则第 42 号——持有待售的非流动资产、处置组和终止经营》的相关规定分别列报。

从表 3-1 和表 3-4 可以看出,华天股份有限公司 2019 年度净利润为 95 132 412.82 元,比 2018 年度增加 8 914 645.34 元,提高幅度为 10.34%。

4. "其他综合收益的税后净额"项目的阅读

其他综合收益的税后净额是指其他综合收益各项目分别扣除所得税影响之后的净额,反映的是企业直接确认为所有者权益的利得和损失扣除所得税影响之后的部分,具体又分为不能重分类进损益以及将重分类进损益两部分。

"不能重分类进损益的其他综合收益"项目反映的是不影响企业以后会计期间损益的税后利得和损失。其中,"其他权益工具投资公允价值变动"项目,反映企业指定为以公允价值计量且其变动计入其他综合收益的非交易性权益工具投资发生的公允价值变动,应根据"其他综合收益"科目的相关明细科目的发生额分析填列;"企业自身信用风险公允价值变动"项目,反映企业指定为以公允价值计量且其变动计入当期损益的金融负债,由企业自身信用风险变动引起的公允价值变动而计入其他综合收益的金额,应根据"其他综合收益"科目的相关明细科目的发生额分析填列。

"将重分类进损益的其他综合收益"项目反映的是影响以后会计期间损益的税后利得和损失。其中,"其他债权投资公允价值变动"项目,反映企业分类为以公允价值计量且其变动计入其他综合收益的债权投资发生的公允价值变动,企业将一项以公允价值计量且其变动计入其他综合收益的金融资产重分类为以摊余成本计量的金融资产,或重分类为以公允价值计量且其变动计入当期损益的金融资产时,之前计入其他综合收益的累计利得或损失从其他综合收益中转出的金额作为该项目的减项,应根据"其他综合收益"科目下的相关明细科目的发生额分析填列;"金融资产重分类计入其他综合收益的金额"项目,反映企业将一项以摊余成本计量的金融资产重分类为以公允价值计量且其变动计入其他综合收益的金融资产时,计入其他综合收益的原账面价值与公允价值之间的差额,应根据"其他综合收益"科目下的相关明细科目的发生额分析填列;"其他债权投资信用减值准备"项目,反映企业按照《企业会计准则第22号——金融工具确认和计量》(财会〔2017〕7号)第十八条分类为以公允价值计量且其变动计入其他综合收益的金融资产的损失准备,应根据"其他综合收益"科目下的"信用减值准备"明细科目的发生额分析填列;"现金流量套期储备"项目,反映企业套期工具产生的利得或损失中属于套期有效的部分,应根据"其他综合收益"科目下的"套期储备"明细科目的发生额分析填列。

无论属于哪一种,"其他综合收益的税后净额"都不影响企业的当期损益,也不属于企业日常经营成果。如"其他债权投资公允价值变动"项目仅仅表示企业持有的其他债权投资因公允价值变动而产生的当期账面影响数,但由于公允价值的连续变动特性,因而并不一定表示企业最终可以实现的该项资产的价值增值(或减值)幅度。再如,在企业对长期股权投资采用权益法核算时,由于被投资单位因接受捐赠、获得政府补助等原因引起了所有者权益总额的变动,投资企业会按照持股比例确认相应的利得(即"其他综合收益")。显然,这在一定程度上也带有被动性和偶然性的色彩。同时,这种影响也仅仅只是账面上的数值变动,对投资企业未来损益和所有者权益究竟有多少实质性影响,还取决于市场对被投资单位价值的整体评价。

5."综合收益总额"项目的阅读

"综合收益总额"是净利润与其他综合收益的税后净额相加后的合计数,反映了企业当期除增资扩股及资本公积变动之外的所有者权益总额的变动金额。

6."每股收益"项目的阅读

每股收益是股份公司普通股股东每持有一股所能享有的当期净利润或所应承担的当期净亏损。根据计算时对普通股股份数量的确定方法不同,每股收益分为基本每股收益和稀释每股收益。基本每股收益只考虑当期实际发行在外的普通股股份,按照归属于普通股股东的当期净利润除以当期实际发行在外普通股的加权平均数计算确定。稀释每股收益是以基本每股收益为基础,假设企业所有发行在外的稀释性潜在普通股均已转换为普通股,从而分别调整归属于普通股股东的当期净利润以及发行在外普通股的加权平均数计算而得的每股收益。

每股收益是投资者分析企业盈利能力的重要指标,分析时应注意:

(1)每股收益计算的局限性在于本期内发生送股或配股的公司,每股收益与前期相比可能有较大的下降,但这种变化只是由企业发行在外的股票数量变动而引起的,并不能说明企业盈利能力的下降。

(2)每股收益的行业差别。对每股收益的比较、分析尽量在同行业内进行,因不同行业企业每股收益有差异。

从表3-1和表3-4可以看出,华天股份有限公司2019年度基本每股收益为0.3336元,比2018年度增加0.0293元,提高幅度为9.63%;2019年度稀释每股收益为0.3336元,比2018年度增加0.0293元,提高幅度为9.63%。

(二) 利润项目的分析

1. 利润项目数量方面的分析

在数量方面,主要看绝对值的大小,要结合利润表中其他项目进行分析,看其在利润表结构中的比重是上升还是下降;与前期利润相比,是否增加,增加的幅度有多大,观察利润连续多期的变动轨迹,来预测利润的发展趋势,从而对企业做出合理的评价。

2. 利润项目质量方面的分析

在质量方面,应从以下三点进行分析:

(1) 实行持续、稳健的会计政策。会计计量是影响利润的主要因素。如果企业没有持续、稳健的会计政策,对收入和费用计量不谨慎,所得的利润就会不太准确。一些企业虚计利润的粉饰手段,大多是多计收入、少计成本。

(2) 利润的结构。企业的利润形成结构比较复杂,有营业利润、利润总额和净利润等。一个合理的、稳健的利润结构是经常性业务利润占绝大部分,因为只有经常性业务利润,才是企业持续不断的利润,才对预测和决策有价值;而非经常性业务利润(如营业外收支净额等),不具有持续性,稳定性差。在营业利润中,应是主营业务利润占大部分,其他业务利润和投资收益占的比重少,这样才合理。

(3) 会计利润的局限性。会计利润是以权责发生制为前提计算的,这就使利润中有一些没有实现现金流入的利润(如赊销收入而形成的利润),如果发生坏账损失,据此得来的就是无效利润。这样的利润比重越大,利润的质量就越差。所以在分析时,在考察利润增长的同时也要考察现金流量和应收账款的情况,进行准确的判断评价。

四、利润质量分析

一般来说,企业的净利润高表示企业盈利能力强,企业的发展前景看好。但正如前面对利润项目的分析,利润还存在着结构问题;而盈利结构是否合理,决定着企业的长远发展前景。因此,进行利润质量分析有着十分重要的意义。

(一) 利润的结构质量分析

我国财政部 2006 年公布的《企业会计准则 30 号——财务报表列报》中,已不再区分主营业务和其他业务。主营业务利润因而被并入营业利润,但考虑到在实际业务中企业主营业务和其他业务对企业经营成果的影响不同,这里依然采用四个利润项目的分类。根据利润表的四个重要指标的不同组合,可将其进行如下分类,如表 3-3 所示。

表 3-3 利润结构质量分析表

项目类型	A						B					
主营业务利润	盈利						亏损					
营业利润	盈利			亏损			盈利			亏损		
利润总额	盈利		亏损		盈利	亏损	盈利		亏损		盈利	亏损
净利润	盈利	亏损	亏损	盈利	亏损	亏损	盈利	亏损	亏损	盈利	亏损	亏损
类别编号	A1	A2	A3	A4	A5	A6	B1	B2	B3	B4	B5	B6

A1、A2、A3 为企业的正常经营情况。其中，A1 的利润质量最高，主营业务实现的利润不仅可以弥补各项期间费用，还可以向国家上缴企业所得税，最终形成可供企业发展或向股东分红的净利润，保证了企业具有可持续的发展能力，是企业利润结构的理想状态。A2 产生亏损的原因在于应税所得与会计利润出现了巨大的差额，究其原因，无外乎两种因素：时间性差异和永久性差异。时间性差异可随着时间的推移逐步消失，它对利润的影响只是暂时的，如果 A2 产生的原因是时间性差异造成的，尽管出现亏损，也可视同为 A1 来理解；若是永久性差异造成的，如自制的产品用于在建工程项目，支付各种赞助费、发生和计提过多的业务招待费等，则应具体问题具体分析。一般来说，A2 的亏损状况是暂时现象，但要注意限制各种赞助费和业务招待费的开支。A3 的出现，表明企业发生了过多的营业外支出，如固定资产报废毁损发生的净损失。

A4、A5、A6 表明企业毛利率太低，不足以弥补各项期间费用。其中，A6 是因为毛利率低而产生亏损的代表。A4 出现的盈利主要是营业外收入形成的，这种盈利只是暂时的，分析时可视同 A6 考虑。A5 的出现，说明本期存在着应税所得大于会计利润的现象，无论是何种差异造成的，均可视同 A6 看待。若因为投资损失，则应分析撤回投资的可能性，确保企业主营业务的发展。

B1、B2、B3 的共同点在于主营业务利润为负，而营业利润为正。这种现象的出现，表明企业其他业务突出或企业拥有巨大的存量现金，能够产生足够的其他业务收益或利息收入来弥补主营业务的不足。作为经营者要考虑产业结构的调整或寻求好的项目，以此来形成企业利润的新增长点。

B4、B5、B6 表明企业要考虑进行深层次的变革或转产，否则会面临破产的风险。B4 出现的盈利，是由于企业过多的营业外收入的结果，单就企业而言，其利润质量不高；而 B6 则表明企业已处于危机之中。

（二）利润的内涵质量分析

以上对利润结构质量进行分析，有助于在分析时把握大的方向。但形成企业利润的因素有很多，除进行宏观层面的分析外，还应进行微观分析，即对利润的内涵进行分析。

1. 信号识别法

由于企业经营管理、产品市场需求等方面的原因，或者报表编制者出于各种目的对利润表进行人为的粉饰等因素，都会造成利润质量或利润表的信息质量不高，主要表现在以下八个方面：

（1）其他应收款、长期待摊费用非正常上升。这种不正常上升，有可能是企业当前发生费用及损失无能力吸收而暂时放入这些项目内，将实亏转化为潜亏。

（2）一次性收入的突升。企业可能利用资产重组、非货币性资产置换、股权投资转让、非生产性资产销售所得等手段调节企业利润。

（3）期间费用中广告费占销售收入的比率相对下降，这样可以提高当期利润，但从长期看对企业不利。

（4）对各项准备金不提或少提，改变折旧计提方法或折旧提取不足等，借以提高当期利润。

（5）没有资金支持的应付职工薪酬上升，暗示企业支付工资能力低，现金流向可能存在问题。

(6) 毛利率下降,一是说明企业产品价格降低,市场竞争激烈;二是成本可能失去了控制,有上升趋势;三是企业产品组合发生了变化,对企业利润产生影响。

(7) 企业大量的货款不能及时收回,产生挂账、呆账和坏账的风险加大,业绩隐藏在应收账款上,利润质量不佳。

(8) 企业的业绩过分依赖非主营业务。有些企业为了维持一定的利润水平,通过非主营业务实现的利润来弥补主营业务和投资收益的不足。这种方法可以使企业短期内维持表面的繁荣,但会影响企业的长期发展战略。

2. 剔除识别评价法

在分析利润质量时,可以将影响利润质量的个别因素单独列示或剔除出来,之后再对企业的利润进行分析。

(1) 不良资产剔除法。不良资产主要是指长期待摊费用等虚拟资产或高龄应收账款、存货跌价和积压损失、投资损失等项目。如果不良资产的总额接近或超过净资产,或者不良资产的增加额(增加幅度)超过净资产的增加额(增加幅度),或者不良资产的增加额(增加幅度)超过净利润的增加额(增加幅度),说明企业当期利润有"水分"。

(2) 关联交易剔除法。将来自关联企业的营业收入和利润剔除,分析企业的盈利能力有多大程度依赖关联企业。如果主要依赖于关联企业,就应特别关注关联交易的定价政策,分析企业是否以不等价交换的方式与关联企业进行交易以调节盈余。当然有的集团母公司只管生产,而子公司专门从事销售,这是例外情况,分析时要区别对待,不能一概而论。

(3) 异常利润剔除法。将补贴收入、营业外收入从利润总额中扣除,以分析评价企业利润来源主要渠道及其稳定性。分析中要特别注意营业外收入等一次性的偶然收入。

五、分部报告的阅读与分析

分部报告是指企业按照内部各大类构成(如按照业务形成的业务分部,或按照地区形成的地区分部)所提供的有关各大类分部的收入、费用及资产、负债等财务信息的报告。

在市场竞争日趋激烈的经济环境中,由于竞争与发展的需要,企业的生产经营规模、经营范围、涉足的行业与地区等都有可能日益扩张,成为在多地区从事多种经营业务活动的多元化经济实体。然而,由于不同行业的经营特点不同,不同地区的经济、政治及法律环境不同,使得企业处于不同行业、不同地区的经营活动所面临的风险各不相同,因此对企业整体生产经营及盈利水平和未来发展的影响也各不相同。为了便于报表使用者全面了解企业主要经营业务构成、可能承担的经营风险与预计经营业绩,我国《企业会计准则第35号——分部报告》明确提出"企业存在多种经营或跨地区经营的,应当按照本准则规定披露分部信息。"

分部报告具体包含业务分部和地区分部的报告。其中,业务分部是指企业内部可以区分出来、提供单项或一组相关产品或劳务,且承担着与其他业务分部不同的风险和报酬的业务组成部分。业务分部可以是企业内部的一个部门,也可以是由若干个相关部门组成的一个整体。地区分部是指企业内部处于特定经济环境下提供产品或者劳务,且承担着与其他处于不同经济环境下从事经营活动的组成部分不同的风险和报酬的组成部门。地区分部可以是一个国家或数个经营风险与经营报酬相近似的多个国家的组合,小到一国之内的一个或数个行政区域的组合。

当一个分部的收入或资产达到企业各个分部收入总额或资产总额的10%以上,或一个分部的营业利润(或营业亏损)达到企业各个盈利(或亏损)分部营业利润(或营业亏损)合计数的10%及以上时,意味着该分部在企业整体经济运营中具有明显的重要性,按照规定就应该作为报告分部披露其分部的营业收入与营业成本、分部的期间费用与营业利润,以及分部的资产、负债及其与个别报表或合并报表总额信息之间的调节情况等。

阅读与分析分部报告,是为了更为合理地分析评价企业的经营活动、经营风险与经营业绩,以便对企业整体做出更为准确合理的判断,为相关决策提供依据。

任务三　掌握利润表趋势分析

任务要求

熟悉利润表中形成营业利润、利润总额及净利润各项目的增减变动情况,掌握利润表趋势分析的工作步骤,分析营业利润、利润总额及净利润变动的合理性及其原因,借以进一步判断企业经营成果的发展趋势。

相关知识

一、利润表趋势分析的概念

利润表趋势分析就是将利润表的本期实际数与上期数或基数进行比较,以揭示利润变动差异,分析评价利润表各项目增减变动情况,揭示产生差异的原因。利润表趋势分析可以用金额、百分比的形式,对每个项目的本期或多期的金额与其基期的金额进行比较分析,计算出利润表各项目的增减变动百分比,以观察企业经营成果的变化趋势。通过观察利润表中各项目的增减变化情况,可以发现重要的并且异常的变化,并对这些变化做进一步分析,找出其变化的原因,判断这种变化是有利还是不利,力求对这种趋势是否会持续做出判断。在实际工作中,应用趋势分析法进行利润表的分析,可以通过编制利润水平分析表的方法实现,即通过计算利润表中各项目在一个较长时期的变动情况,观察各项利润构成及影响因素变动趋势,从而揭示企业经营活动业绩与特征,为利润预测、决策和编制预算指明方向。

利润表趋势分析,可以对趋势数据从利润构成项目上进行分析,也可以从总体到分项进行分析。在进行利润趋势分析时,要注意各种方法的综合运用,注意以下两个问题:一是详细分析营业收入变化的原因,可做销售数量、单价的因素分析,进而分析企业占有的市场份额,分析未来竞争力;二是对营业成本变化的原因进行分析,注意其价格及相关因素的变动。

二、编制利润水平分析表

根据表3-1资料,编制华天股份有限公司利润水平分析表,如表3-4所示。

表 3-4　华天股份有限公司利润水平分析表　　　　　　　　　　　　单位:元

项　目	2019 年度	2018 年度	增减额	增减(%)
一、营业收入	500 825 388.30	478 503 678.72	22 321 709.58	4.66
减:营业成本	414 347 374.98	403 708 188.42	10 639 186.56	2.64
税金及附加	2 038 958.87	2 588 271.22	−549 312.35	−21.22
销售费用	16 251 137.97	9 925 950.66	6 325 187.31	63.72
管理费用	45 898 208.68	28 980 108.11	16 918 100.57	58.38
财务费用	10 069 947.35	11 935 030.80	−1 865 083.45	−15.63
加:公允价值变动收益	—	—		
投资收益	67 667 955.90	67 115 706.01	552 249.89	0.82
其中:对联营企业和合营企业的投资收益	15 483 559.89	12 240 741.18	3 242 818.71	26.49
信用减值损失	−2 504 126.94	−2 392 518.39	−111 608.55	4.66
资产减值损失	−1 834 869.22	−246 758.02	−1 588 111.20	643.59
二、营业利润	75 548 720.19	85 842 559.11	−10 293 838.92	−11.99
加:营业外收入	22 626 384.41	3 764 591.60	18 861 792.81	501.03
减:营业外支出	539 956.48	1 178 560.64	−638 604.16	−54.19
三、利润总额	97 635 148.12	88 428 590.07	9 206 558.05	10.41
减:所得税费用	2 502 735.30	2 210 822.59	291 912.71	13.20
四、净利润	95 132 412.82	86 217 767.48	8 914 645.34	10.34
五、每股收益				
(一) 基本每股收益	0.333 6	0.304 3	0.029 3	9.63
(二) 稀释每股收益	0.333 6	0.304 3	0.029 3	9.63

三、利润变动趋势分析评价

企业利润变动趋势分析评价就是对企业营业利润、利润总额和净利润变动趋势进行分析，进而评价企业获利能力，预测企业未来盈利水平。

(一) 营业利润分析

营业利润既包括企业的主营业务利润和其他业务利润，又包括企业公允价值变动净收益和对外投资的净收益等项目。它反映了企业生产经营业务的财务成果。本例中华天股份有限公司 2019 年营业利润减少主要是由于成本费用过高所致。2019 年营业收入比 2018 年增长 22 321 709.58 元，增长率为 4.66%；税金及附加和财务费用的下降，增利 2 414 395.80 元，投资收益的增加，增利 552 249.89 元。但由于其他成本费用均有不同程度的增加，抵消了营业收入的增长。营业成本、销售费用和管理费用增加了 33 882 474.44 元；信用减值损失和资产减值损失增加，减利 1 699 719.75 元，增减相抵，营业利润减少 10 293 838.92 元，下降幅度为

11.99%。值得注意的是,销售费用、管理费用及资产减值损失的大幅度上升,可能是不正常的现象。

(二) 利润总额分析

利润总额是反映企业全部财务成果的指标,它不仅反映企业的营业利润,还反映企业的营业外收支情况。本例中华天股份有限公司 2019 年利润总额比 2018 年增长了 9 206 558.05 元,关键原因是营业外收入比上年增长了 18 861 792.81 元,增长率为 501.03%;同时,营业外支出下降也是导致利润总额增长的有利因素,营业外支出减少了 638 604.16 元,下降幅度为 54.19%。但该公司营业利润减少的不利影响,使利润总额减少了 10 293 838.92 元。增减因素相抵,利润总额增长了 9 206 558.05 元。必须指出的是,尽管营业外收入的增长和营业外支出的下降对利润总额的增长是有利的,但毕竟是非经常性项目,数额过高也是不正常现象。

(三) 净利润分析

净利润是反映企业所有者最终取得的财务成果,或可供企业所有者分配或使用的财务成果。本例中华天股份有限公司 2019 年度实现净利润 95 132 412.82 元,比 2018 年增长了 8 914 645.34 元,增长率为 10.34%,增长幅度不高。从利润水平分析表来看,该公司净利润增长主要是由利润总额比上年增长 9 206 558.05 元引起的;由于所得税费用比上年增长 291 912.71 元,二者相抵,导致净利润增长了 8 914 645.34 元。

任务四　掌握利润表结构分析

任务要求

熟悉利润表中各项目占营业收入的比重及其增减变动情况,掌握利润表结构分析的工作步骤,分析营业利润、利润总额及净利润占营业收入比重变动的合理性及其原因,以进一步判断企业经营成果的发展趋势。

相关知识

一、利润表结构分析的概念

利润表结构分析就是将常规形式的利润表换算成结构百分比形式的利润表,即以营业收入为共同基数(定为100%),求出表中各项目相对于共同基数的百分比,从而可以了解企业利润表的各项目占营业收入的比重、有关销售利润率以及各项费用率的情况;同时其他各个项目与关键项目之间的比例关系也会更加清晰地显示出来,据此分析企业利润的稳健性和合理性,进而做出利润质量的判断和评价。在此基础上,还可将前后几期的结构百分比报表汇集在一起,以判断企业盈利状况的发展趋势。

利润表结构分析可以分为企业的收支结构分析和盈利结构分析两部分。通过收支结构分析,揭示出企业的各项支出占营业收入的比重,从而可以判断企业利润形成的收支成因,从整体上说明企业的收支水平,并可以查找出制约企业盈利水平提高的主要支出项目。通过盈利结构分析,揭示出企业不同业务的盈利水平和盈利能力,并可以进一步揭示出它们各自对企业总盈利水平的影响方向和影响程度。

在实际工作中,应用结构分析法进行利润表的分析,可以通过编制利润垂直分析表的方法来实现。分析评价总体思路是以利润垂直分析表数据为依据,分析企业营业利润、利润总额和净利润等结构变动情况及变动原因,重点关注利润来源。

二、编制利润垂直分析表

根据表3-1的资料,编制华天股份有限公司利润垂直分析表,如表3-5所示。

表3-5　华天股份有限公司利润垂直分析表　　　　　单位:%

项　目	2018年度	2019年度	变动幅度
一、营业收入	100.00	100.00	—
减:营业成本	84.37	82.73	−1.64
税金及附加	0.54	0.41	−0.13
销售费用	2.07	3.24	1.17
管理费用	6.06	9.16	3.10
财务费用	2.49	2.01	−0.48
加:公允价值变动收益	—	—	—
投资收益	14.03	13.51	−0.52
其中:对联营企业和合营企业的投资收益	2.56	3.09	0.53
信用减值损失	−0.50	−0.50	0.00
资产减值损失	−0.05	−0.37	−0.32
二、营业利润	17.95	15.09	−2.86
加:营业外收入	0.79	4.52	3.73
减:营业外支出	0.25	0.11	−0.14
其中:非流动资产处置损失	0.01	0.02	0.01
三、利润总额	18.49	19.50	1.01
减:所得税费用	0.46	0.50	0.04
四、净利润	18.03	19.00	0.97

三、利润结构变动分析评价

从表3-5可以看出华天股份有限公司2019年各项财务成果的构成情况:营业利润占营业收入的比重为15.09%,与2018年的17.95%相比下降了2.86%;利润总额占营业收入的比重为19.50%,比2018年的18.49%增长了1.01%;净利润占营业收入的比重19.00%,比2018年的18.03%增长了0.97%。由此可见,该公司2018年、2019年的经营基本稳定,从企业利润的构成上看，利润总额和净利润占营业收入的结构比重都有所增长，说明2019年的盈利水平比2018年有所增加；但营业利润的结构比重下降，说明企业利润的质量不容乐观。

分析各项财务成果增减的原因，从营业利润结构比重的下降来看，主要是由于销售费用、管理费用和资产减值损失的比重上升以及投资收益比重下降所致。利润总额结构增长的主要原因就是营业外收入比重增长所致。营业成本、税金及附加、财务费用、营业外支出下降，对营业利润、利润总额和净利润都产生了一定的有利影响。

最后，需要强调的是，利润表结构分析既可用于对同一企业不同时期盈利状况的纵向比较，也可用于对同一时期不同企业或者与同行业平均水平之间的横向比较。而与同行业平均水平进行比较，可以反映出企业在行业中的盈利能力是否具有持续的竞争力。

本项目小结

本项目是基于利润表而进行的财务分析，包括具体项目分析、趋势分析和结构分析。具体项目分析是在对利润表进行一般性数据分析的基础上对影响企业营业利润、利润总额和净利润的主要项目内涵质量进行深入分析。趋势分析是将利润表的本期实际数与上期数或基数进行比较，以揭示利润变动差异，分析评价利润表各项目增减变动情况，揭示产生差异的原因。结构分析是将常规形式的利润表换算成结构百分比形式的利润表，可以了解企业利润表的各项目占营业收入的比重、有关销售利润率以及各项费用率的情况，同时其他各个项目与关键项目之间的比例关系也会更加清晰地显示出来，据此分析企业利润的稳健性和合理性，进而做出利润质量的判断和评价。

知识链接

钟表店到底亏了多少——巧学利润表

一个衣着华丽的女郎走进一家品牌钟表店，她看中了一款镶嵌钻石的新款手表，进价5 000元，税金及其他摊销的费用为500元，标价12 800元。与店老板讨价还价后，讲好价钱是9 980元。该女郎拿出一沓面值100元的人民币，共计10 000元付给了店老板。钟表店老板为了找钱，拿了1张100元的钞票到隔壁的服装店兑换成零钱，然后把钻石手表和20元零钱交给该女郎。女郎走后，服装店老板再仔细检查那张钞票，发现是假的，就来找钟表店老板，钟表店老板只得自认倒霉赔人家100元，并赶紧把自己手中的99张100元钞票又找人鉴定一下，结果发现又有79张是假的。

那么，请你核算一下，钟表店老板在这笔生意中一共损失了多少钱？有以下4个答案供你选择，先好好想想，你很可能答错：

A. 9 980元　　　　B. 100 000元　　　　C. 8 020元　　　　D. 3 520元

通过本项目的学习，我们知道：利润表实际上是对利润产生过程的总体反映，但不是用总收入减去总成本和总费用直接得出，而是像剥竹笋一样依次递进累计形成的，即营业利润→利润总额→净利润。用这种方法，企业容易分析最后的盈利或亏损是什么原因造成的，是主营业务不利还是意外损失，主营业务不利是收入太低还是成本太高……所以，通过利润表，可以看到公司的业务经营层、管理层对利润的影响,以及社会环境对经营利润的影响。简单一张表,不是数字,而是历史,是公司经营的历史。

那么,故事中的钟表店老板到底亏了多少?我们一起来核算一下:

(1) 收入。收到10 000元,找回20元,所以收入为9 980元。

(2) 成本费用。钻石手表的进价为5 000元,税金及其他摊销的费用为500元,共计5 500元。

(3) 钟表店老板拿出100元真钞,赔给服装店老板,而且另外又有79张100元为假钞,所以钟表店老板有8 000元的意外损失,也就是财务上的营业外支出。

现在,我们可以轻松地算出钟表店老板到底亏了多少:

利润＝9 980－5 500－8 000＝－3 520(元)

所以,正确答案应该选D,即钟表店老板在这笔生意中亏了3 520元。你算对了吗?这个答案绝对没错,千万不要被钟表店老板收到的8 000元假钞的"表面现象"所迷惑。

能力拓展训练

拓展资源

一、单项选择题

1. （　　）是利润表中所反映出的企业第一个层次的业绩,反映企业通过生产经营获得利润的能力。
   A. 利润总额　　　　B. 净利润　　　　C. 营业利润　　　　D. 营业外收支净额

2. 反映企业全部财务成果的指标是（　　）。
   A. 主营业务利润　　B. 营业利润　　　C. 利润总额　　　　D. 净利润

3. 与利润分析无关的资料是（　　）。
   A. 收入明细表　　　　　　　　　　　B. 应交增值税明细表
   C. 分部报表　　　　　　　　　　　　D. 营业外收支明细表

4. 为销售本企业商品而专设的销售机构的职工薪酬应计入（　　）。
   A. 财务费用　　　　B. 营业外支出　　C. 管理费用　　　　D. 销售费用

5. 对（　　）项目进行分析时,应注意其计算的准确性和缴纳的及时性。
   A. 营业利润　　　　B. 税金及附加　　C. 投资收益　　　　D. 净利润

6. 分析税金及附加时,应将该项目与（　　）进行对应的配比分析,如果两者不配比,就可能存在"漏税"之嫌。
   A. 资产　　　　　　B. 利润总额　　　C. 投资收益　　　　D. 营业收入

7. （　　）支出应计入管理费用,而且要根据其发生额与当期营业收入的比例关系,将超标准支付部分进行纳税调整。
   A. 所得税费用　　　B. 业务招待费　　C. 资产减值损失　　D. 修理费

8. 以下各项中,不影响企业利润总额分析的项目是（　　）。
   A. 投资收益　　　　B. 营业收入　　　C. 营业外支出　　　D. 所得税费用

9. 每股收益是（　　）中的项目。
   A. 资产负债表　　　B. 利润表　　　　C. 现金流量表　　　D. 所有者权益变动表

10. 利润表结构分析表中,通常选择（　　）项目金额作为分母,其他项目金额作为分子,计算占该项目的比重。

114

A. 营业利润　　　　B. 营业收入　　　　C. 主营业务收入　　D. 利润总额

二、多项选择题

1. 通过利润表,可以获取的企业信息有(　　)。
A. 一定期间的收入状况　　　　　　B. 一定期间的成本费用状况
C. 企业的获利能力　　　　　　　　D. 企业的利润来源
2. 下列各项中,会影响营业利润的有(　　)。
A. 营业外收入　　B. 营业成本　　　C. 销售费用　　　D. 投资收益
3. 下列各项中,属于营业外支出的有(　　)。
A. 盘亏损失　　　　　　　　　　　B. 非常损失
C. 非流动资产处置损失　　　　　　D. 公益性捐赠支出
4. 投资收益一般包括(　　)。
A. 对外投资分得的利润　　　　　　B. 投资到期收回价款高于账面价值的差额
C. 现金股利和债券利息　　　　　　D. 投资中途转让价款高于账面价值的差额
5. 利润表中反映企业经营成果的指标主要有(　　)。
A. 毛利　　　　　B. 营业利润　　　C. 利润总额　　　D. 净利润
6. 对利润表项目进行阅读与分析应主要对(　　)进行阅读与分析。
A. 收入类项目　　B. 费用类项目　　C. 利润类项目　　D. 利润结构
7. 财务费用项目分析的内容包括(　　)。
A. 所得税费用　　B. 利息支出　　　C. 手续费　　　　D. 汇兑损失
8. 投资收益分析应包括的内容有(　　)。
A. 利息收入分析　　　　　　　　　B. 租金收入分析
C. 处置固定资产的损益分析　　　　D. 股利收入
9. 企业的经营性利润在利润总额中占的比重大,说明企业的盈利(　　)。
A. 稳定性差　　　B. 稳定性好　　　C. 持续性差　　　D. 持续性好
10. 如果企业的(　　)主要由非营业利润获得,则该企业利润实现的真实性和特殊性应引起报表分析人员的重视。
A. 利润总额　　　　　　　　　　　B. 公允价值变动损益
C. 投资收益　　　　　　　　　　　D. 净利润

三、判断题

1. 利润表的表首是利润表的主体部分,能反映企业收入、费用和利润各项目的内容及相互关系。　　　　　　　　　　　　　　　　　　　　　　　　　　　　　(　　)
2. 只有企业的利润主要来自那些未来持续性较强的经济业务时,利润的质量才比较高。
　　　　　　　　　　　　　　　　　　　　　　　　　　　　　　　　　　(　　)
3. 如果企业的营业收入主要来自与关联方的交易,那么其真实性就应该受到质疑。
　　　　　　　　　　　　　　　　　　　　　　　　　　　　　　　　　　(　　)
4. 利润表中的资产减值损失反映企业实际发生的各项资产损失。　　　　　(　　)
5. 管理费用中的工会经费、失业保险费和劳动保险费属于企业承担的社会责任,企业不得为控制费用开支而随意减少。　　　　　　　　　　　　　　　　　　(　　)
6. 当企业营业利润较小时,应着重分析主营业务利润的大小、多种经营的发展情况以及

期间费用的多少。（　　）

7. 营业外收入具有稳定性，企业可以根据这部分收益来预测将来的净收益水平。（　　）

8. 如果企业的营业利润主要来源于投资收益，则应肯定企业以前的投资决策的正确性，但要分析企业内部管理存在的问题，以提高企业经营活动内在的创利能力。（　　）

9. 如果企业的其他业务利润长期高于主营业务利润，那么企业应适当考虑调整产业结构。（　　）

10. 对利润表的综合分析，要通过编制比较利润表分别做利润增减变动的分析和构成变动的分析。（　　）

四、计算分析题

华鑫公司主要生产小型及微型数据处理电脑，其市场目标主要定位于小规模公司和个人使用。该公司生产的产品质量优良，价格合理，在市场上颇受欢迎，销路很好。因此，该公司也迅速发展壮大起来。该公司目前正在做 2019 年的财务分析，财务总监蒋子华将向总经理汇报 2019 年公司的财务状况和经营成果，汇报的重点是公司经营成果的完成情况，并要出具具体的分析数据。

金永威是该公司的助理会计师，主要负责利润的核算、分析工作。财务总监蒋子华要求金永威对该公司 2019 年和 2018 年的有关经营成果的资料进行整理分析，并对公司经营成果的完成情况写出分析报告，以供公司领导决策考虑。接到财务总监蒋子华交给的任务后，金永威立即收集有关经营成果的资料。资料如表 3-6 至表 3-8 所示。

表 3-6　利润表

编制单位：华鑫公司　　　　　　　2019 年　　　　　　　　　　单位：千元

项　　目	2019 年	2018 年
一、营业收入	1 296 900	1 153 450
减：营业成本	1 070 955	968 091
税金及附加	14 496	6 805
销售费用	2 723	1 961
管理费用	124 502	108 309
财务费用	−24 122	105 541
加：公允价值变动损益	−5 318	−2 192
投资收益	21 509	68 976
二、营业利润	124 537	29 527
加：营业外收入	80	0
减：营业外支出	3 113	1 961
三、利润总额	121 504	27 566
减：所得税费用	23 344	4 268
四、净利润	98 160	23 298

表 3-7　华鑫公司财务费用明细表　　　　　　　　　　　　单位:千元

项　目	2019 年	2018 年
利息支出	970	128 676
减:利息收入	26 854	25 320
汇兑损失	3 108	2 809
减:汇兑收益	1 480	756
其他	134	132
财务费用合计	－24 122	105 541

表 3-8　华鑫公司管理费用明细表　　　　　　　　　　　　单位:千元

项　目	2019 年	2018 年
工资及福利费	64 540	64 320
劳动保险费	4 340	4 308
业务招待费	8 988	4 211
工会经费	1 150	1 048
折旧费	1 540	1 540
技术开发费	38 600	27 856
其他	5 344	5 026
管理费用合计	124 502	108 309

请运用以上信息,协助金永威做好以下分析工作:
(1) 运用趋势分析法编制利润水平分析表;
(2) 对公司 2019 年利润较 2018 年的增减变动情况进行分析评价;
(3) 运用结构分析法编制利润结构分析表;
(4) 对公司 2019 年利润结构变动情况进行分析评价。

项目四　现金流量表分析

学习目标

知识目标

1. 熟悉企业现金流量表的基本内容；
2. 掌握经营活动、投资活动和筹资活动产生的现金流量质量分析，以及现金及现金等价物净增加额的质量分析；
3. 掌握现金流量趋势分析和结构分析的方法。

能力目标

能够运用现金流量趋势分析和结构分析的方法，进行现金流量表分析的操作。

导入案例

企业经营之策——现金为王

有记者问房地产界的大亨潘石屹："你认为买房子最应把握的原则是什么？"他回答："地段，地段，还是地段。"有人又问："你认为企业经营最应把握的原则是什么？"他回答："现金，现金，还是现金。"可见，"现金为王"，现金是企业最重要的经济资源，因为企业的一切生产经营活动都始于现金而又终于现金。现金对于企业与现金对于我们个人的生活一样同等重要。

没有比较充足的现金，企业会怎样？企业将不可能持续经营下去，一个好的企业也会垮掉，你可以想象到：股东没钱可分；供应商怕收不到货款不愿供应原材料；银行不愿贷款；债权人催债；税款交不起被罚款；员工工资发不出导致人心不稳人才流失。最后，企业只有一条路——破产！只有经营困难即将破产的企业才会有现金危机吗？错！！！盈利和成长过快的企业也会发生破产，即"盈利性破产"和"成长性破产"。

"盈利性破产"是指企业账面利润为正数，但因缺乏足够现金维持日常运营或偿还债务而被迫破产。例如，某家企业采用宽松的信用政策导致赊销比例过大，而对应收账款的管理和控制不利，坏账损失严重；尽管利润表上体现的是盈利，但当因收回的现金不足以抵补生产和投资所需的资金或应偿还的债务时，该企业也会面临破产的危险。

"成长性破产"是指企业发展过快导致现金不能满足投资需求而引发的破产。例如，某家企业的应收账款管理得很好，存货也没有积压，但前景广阔的市场和迅速增长的销售额让经营者决定不断扩大投资，这可能会导致该企业的盈利不能满足投资，进而该企业又大量举债，当现金流不足时，破产就离这家企业不远了。

盈利是必要的，但不能只顾盈利而忽略了现金的管理。看企业的收益，更要重视收益的质量，所以既要分析利润表，更要分析现金流量表，因为到手的钱才算是自己的钱，没有现金的富翁不算是真正的富翁。因此，了解企业的现金流量，不仅有助于相关利益人更好地评价企业的经营风险和业绩，而且有助于预测企业的未来发展。

【思考题】 你对"现金为王"这句话真的理解了吗？请将某一上市公司上年的利润表和现金流量表做对比分析，加深对"现金为王"的理解。

任务一　了解现金流量表的内容、格式及其分析目的

任务要求

熟悉现金流量表的概念和内容，掌握现金流量表的编制方法与格式，理解影响现金流量的因素，了解现金流量表分析的目的。

相关知识

一、现金流量表的概念

现金流量表就是以收付实现制为基础，反映企业在一定时期内现金和现金等价物流入和流出情况的动态报表，是企业会计报表的四大主表之一。在20世纪80年代以前，企业会计报表只包括资产负债表和损益表，但随着市场经济的发展和企业经营的日趋复杂，影响企业可持续发展的主要因素不仅仅包括按权责发生制核算体系下的资产负债匹配关系，以及企业在扣除成本费用后的利润多少，还包括企业资金周转是否顺畅，是否具备足够的现金储备供企业运营发展和生产经营所用。而现金流量表最主要的特征之一便是其编制方法采用了收付实现制，以企业实际收到或付出现金的时期作为列示依据，与资产负债表和利润表采用的权责发生制编制方法存在本质上的不同。因此，现金流量表的价值是不可低估的。现金流量表可以揭示企业获取现金和现金等价物的能力，从而评价企业的经营活动及其成果的质量；可以反映企业现金及现金等价物流入、流出结构的变动情况和变动原因，从而评价和预测企业的财务状况。

二、现金流量表的内容和编制方法

现金流量表是以现金为基础编制的，其中现金包括企业的库存现金、存入银行等金融机构并可以随时用于支付的银行存款、其他货币资金和现金等价物。现金流量就是现金流入和流出的数量，具体是指企业在一定时期内现金流入和流出的数量，现金流量的净额则是现金流入和流出之差。根据企业业务活动的性质和现金流量的来源，现金流量表将企业一定期间产生的现金流量分为三类：经营活动现金流量、投资活动现金流量和筹资活动现金流量。经营活动是指企业投资活动和筹资活动以外的所有交易和事项，即以企业日常经营为基本内容的经济活动，如购销商品、提供或接受劳务、缴纳税费和支付职工薪酬等日常管理与营销活动。投资活动是指企业长期资产的购建和不包括在现金等价物范围内的投资及其处置活动，如对外进

行的股权或债权性投资及其处置、对内进行的固定资产或无形资产的购建与处置等。筹资活动是指导致企业资本及债务规模和构成发生变化的活动,如银行借款的取得与偿还、企业债券的发行与偿还、股票的发行与股利的支付等。

编制现金流量表时,列报经营活动现金流量的方法有两种:一是直接法,二是间接法。所谓直接法,是指按现金流入和现金流出的主要类别直接反映企业经营活动产生的现金流量。在直接法下,一般是以利润表中的营业收入为起点,调节与经营活动有关项目的增减变动,然后计算出经营活动产生的现金流量。采用直接法编制现金流量表,便于分析企业经营活动产生的现金流量的来源和用途,预测企业现金流量的未来前景。所谓间接法,是指以净利润为起点,调整不涉及现金(但涉及利润)的收入、费用、资产减值损失和营业外收支等有关经营活动的项目,以及不涉及利润(但涉及经营活动现金流量)的应收、应付及存货等有关项目的增减变动,剔除与经营活动无关(但与净利润有关)的投资活动、筹资活动对现金流量的影响,据此计算经营活动产生的现金流量。采用间接法编制现金流量表,便于将净利润与经营活动产生的现金流量净额进行比较,了解净利润与经营活动产生的现金流量差异的原因,从现金流量的角度分析净利润的质量。但要注意,这两种方法得到的经营活动现金净流量应当相等。

三、现金流量表的格式

我国企业现金流量表采用报告式结构,将现金流量分为经营活动产生的现金流量、投资活动产生的现金流量以及筹资活动产生的现金流量,并最终汇总反映企业一定会计期间现金及现金等价物的净增加额。现金流量表包括正表(见表4-1)和补充资料。正表部分采用直接法填列来自企业经营活动的现金流量,补充资料包括采用间接法将净利润调整为经营活动的现金流量、不涉及现金收支的投资活动和筹资活动、现金和现金等价物净增加额。

表4-1 现金流量表

会企03表

编制单位:华天股份有限公司　　2019年度　　单位:元

项　目	2019年	2018年
一、经营活动产生的现金流量		
销售商品、提供劳务收到的现金	469 234 955.89	441 230 068.03
收到的税费返还	885 303.19	5 577 938.18
收到其他与经营活动有关的现金	140 475 274.34	27 515 492.44
经营活动现金流入小计	610 595 533.42	474 323 498.65
购买商品、接受劳务支付的现金	334 374 490.59	325 039 019.91
支付给职工以及为职工支付的现金	44 557 809.35	37 539 638.32
支付的各项税费	21 594 053.78	21 704 168.21
支付其他与经营活动有关的现金	141 781 095.52	65 332 312.98
经营活动现金流出小计	542 307 449.24	449 615 139.42
经营活动产生的现金流量净额	68 288 084.18	24 708 359.23

续　表

项　目	2019 年	2018 年
二、投资活动产生的现金流量		
收回投资收到的现金	0.00	950 000.00
取得投资收益收到的现金	55 757 999.14	55 746 113.03
处置固定资产、无形资产和其他长期资产收回的现金净额	24 121 740.00	76 475.24
处置子公司及其他营业单位收到的现金净额		
收到其他与投资活动有关的现金		
投资活动现金流入小计	79 879 739.14	56 772 588.27
购建固定资产、无形资产和其他长期资产支付的现金	78 118 157.21	63 370 998.14
投资支付的现金	108 204 563.25	13 112 500.00
取得子公司及其他营业单位支付的现金净额		
支付其他与投资活动有关的现金		
投资活动现金流出小计	186 322 720.46	76 483 498.14
投资活动产生的现金流量净额	−106 442 981.32	−19 710 909.87
三、筹资活动产生的现金流量		
吸收投资收到的现金	22 909 150.00	0.00
取得借款收到的现金	48 190 000.00	224 460 000.00
收到其他与筹资活动有关的现金		
筹资活动现金流入小计	471 099 150.00	224 460 000.00
偿还债务支付的现金	337 310 000.00	234 460 000.00
分配股利、利润或偿付利息支付的现金	41 993 670.83	45 026 353.42
支付其他与筹资活动有关的现金	875 707.60	845 000.00
筹资活动现金流出小计	380 179 378.43	280 331 353.42
筹资活动产生的现金流量净额	90 919 771.57	−55 871 353.42
四、汇率变动对现金及现金等价物的影响		
五、现金及现金等价物净增加额	52 764 874.43	−50 873 904.06
加:期初现金及现金等价物余额	74 765 564.65	125 639 468.71
期末现金及现金等价物余额	127 530 439.08	74 765 564.65

四、影响现金流量的因素

影响企业现金流量的因素很多,总的来说,可归纳为宏观和微观两个方面。

（一）影响现金流量的宏观因素

分析企业的现金流量，首先要了解企业所处的宏观环境，如可能对企业现金流量产生影响的政治环境、经济环境、金融环境、企业对经济周期不同阶段的敏感性等。这些宏观环境状况往往会对企业现金流量产生持续而深远的影响。比如经济萎缩时，销售普遍下降；经济扩张时，销售普遍增长，从而引起企业现金流量的不同变化。又如国家为了扶持某些行业、某些地区的发展，会采取一些优惠措施，这在一定程度上也会影响企业的现金流量。

（二）影响现金流量的微观因素

影响企业现金流量的微观因素进一步可细分为微观外部因素和微观内部因素。

1. 微观外部因素

对企业现金流量产生重要影响的微观外部因素主要是行业影响。企业所处行业及其经营背景不同，会对企业经营竞争力、经营规模、经营效果、资本运营等方面产生本质的差异，进而影响到企业的现金流量。一般而言，制造业的资本运营要慢于服务业，而经营规模要大于服务业，制造业的经营竞争更加激烈和残酷，企业微观环境对这类行业现金流量影响很广泛。同样，较之于现代的、先进的行业来说，传统的、落后的行业其现金流量受到微观外部因素的影响更深。

因此，对现金流量分析，了解影响企业或行业现金流量的这些微观外部因素是至关重要的，要因行业而异、因企业而异。分析时要判断预期的行业增长率、预期的经营能力、技术发展等。当一个企业跨行业经营时，分析人员还应当分析几个行业间的相互影响，或者是否依赖于另一个或几个经济因素。

2. 微观内部因素

微观内部因素即是企业自身因素。对企业来说，这一因素可归结为企业日常业务对现金流量的影响、营运管理对现金流量的影响两大类。

企业日常业务是影响现金流量的直接根源。在企业的经营活动、投资活动、筹资活动中，凡属于现金各项目与非现金各项目之间的交易或事项，都会引起现金流量的变化，从而导致企业现金净流量的增减。

企业在经济活动中的营运管理也是影响现金流量的重要因素之一。营运管理的效果，最终体现为现金流量增减变化的优劣。营运管理水平的不同，在企业中会形成不同的财务政策和经营政策，形成参差不齐的资产质量，产生周期长短不同的经营循环链，最后通过渗透到企业日常业务中的交易或事项，形成千差万别的现金净流量的增减。

五、现金流量表分析的目的

编制现金流量表的目的是为会计信息使用者提供企业在一定会计期间内现金和现金等价物流入和流出的信息，以便于会计信息使用者了解和评价企业获取现金和现金等价物的能力，并据以预测企业未来期间的现金流量。在日益崇尚"现金为王"的企业理财中，阅读与分析现金流量表是非常重要的。通过现金流量表分析，会计信息使用者可以达到以下目的：

（1）评价企业利润质量。评价企业利润质量的一个关键就是观察利润受到现金流量支撑的程度。因为利润的确认、计量基础是权责发生制，其实现的时间与收取现金的时间往往存在一定差距。对于企业更重要的是取得现金的流入，而不是仅仅得到账面的利润。通过对现金流量表补充资料中采用间接法将净利润调节为经营活动现金流量计算过程的分析，可以充分了解利润与现金流量之间差异的大小和原因,真实评价企业利润质量。

(2) 分析企业的财务风险,评价企业风险水平和抗风险能力。企业资金的主要来源之一是负债。负债水平过低,会导致企业不能获得财务杠杆利益;但负债水平过高,又会引起较大的财务风险。这种财务风险的承担能力与企业现金流量状况直接相关,如果企业债务到期而没有足够的现金归还,这种风险就会转化为真实的危机,甚至导致企业破产;反之,如果企业现金充裕,现金流量状况稳定,则可以承担较高的负债水平,同时利用高负债获得高杠杆利益。因此,对现金流量表的分析可以满足会计信息使用者对企业未来偿债现金流预测和判断的需要。

(3) 预测企业未来现金流量。投资者在做出是否投资的决策时需要考虑原始投资的保障、股利的获得等有利或不利因素的影响;债权人在做出是否贷款的决策时,关心的是能否按时获得利息和到期足额收回本金。所有这些都取决于企业本身的现金流量的金额、时间及不确定性。企业未来现金流量来自企业的经营活动、投资活动和筹资活动。这些方面的历史现金流量信息都已反映在企业的现金流量表中,这些构成了企业未来现金流量预测的基础。对现金流量表的分析就是将历史现金流量与未来现金流量联系起来,满足会计信息使用者的要求。

(4) 了解企业的偿债能力、支付能力与营运能力。投资者和债权人评估企业偿还债务、支付股利的能力,最直接有效的方法是分析企业的现金流量,即企业产生现金的能力。企业产生现金的能力,从根本上讲取决于经营活动的净现金流入。因此,通过现金流量表,并配合资产负债表和利润表,计算出一系列与经营活动产生的现金流量相关的现金流量比率,可以了解企业的现金能否偿还到期债务、支付股利和进行必要的固定资产投资,了解企业现金的流转效率和效果,从而便于投资者做出投资决策以及债权人做出信贷决策。

总之,现金流量表分析能够使报表使用者有效地了解和评价企业获取现金的能力,并据以预测企业未来现金流量的变动,以此衡量企业未来时期的偿债能力,防范和化解由负债产生的财务风险。

任务二　掌握企业现金流量质量分析

任务要求

熟悉现金流量表中经营活动、投资活动及筹资活动现金流量的形成,掌握经营活动、投资活动及筹资活动各具体现金流量项目阅读与分析的工作步骤,判断经营活动、投资活动及筹资活动各具体现金流量项目的真实性及可靠性。

相关知识

现金流量的质量,是指企业的现金流量能够按照企业的预期目标进行运转的质量。具有较高质量的现金流量应当具有如下特征:一方面,企业现金流量的状态体现了企业发展的战略要求；另一方面，在稳定发展阶段，企业经营活动的现金流量应当与企业经营活动产生的利润有一定的对应关系，并能为企业的扩张提供现金流量的支持。现金流量质量分析就是通过评价现金流量对企业经营状况的客观反映程度，为改善企业财务与经营状况、增强持续经营能力提供相应的信息。对于企业现金流量的质量分析，应从以下两个方面进行：一是对三类现金流量各自的整体质量分析；二是对各个现金流量项目的质量分析。尽管企业经营活动、投资活动和筹资活动由于活动的性质不同，其相应的现金流量性质也会不相同，但各自的现金净流量都有三种结果，即大于零、等于零和小于零；而且每种结果都与企业所在发展阶段、发展战略、所处行业、宏观经济政策、市场环境以及企业自身的营运管理等因素有关，所以在分析时不能仅仅依据现金净流量的大小做出优劣判别，还必须结合影响这些现金流量的各种具体因素进行系统性评价。在对三类现金流量各自的整体质量分析的基础上，再进行各个现金流量项目的质量分析，分析内容包括企业现金流量的构成，哪些项目在未来期间可以延续，哪些项目是偶然发生的，以及各个项目发生的原因等。总之，整体质量分析是基础和导向，项目质量分析是深入和佐证；二者的分析结论要能相互支撑，从而对企业的现金流量形成一致的评价。

一、经营活动产生的现金流量质量分析

经营活动是企业在日常营业活动中从事的正常经营业务，主要包括销售商品、提供劳务、经营性租赁、购买货物、接受劳务、支付职工薪酬和缴纳税款等。经营活动产生的现金流量的最大特点，在于它与企业日常营运活动直接的密切关系。无论是现金流入量还是现金流出量，都体现了企业在维持目前生产能力和生产规模状态下对现金及其等价物的获得与支出水平。一般来说，在正常情况下企业经营活动现金流量是构成企业现金流量的主要部分，其产生的现金流入应是企业现金的主要来源，而且在未来的可持续性也最强。经营活动产生的现金流量净额表明企业经营活动获取现金的能力。与净利润相比，经营活动所产生的现金流量净额的多少，能够更确切地反映企业的经营质量。所以，对该部分内容的分析是现金流量质量分析的重点。

（一）经营活动现金流量整体质量分析

经营活动现金流量的稳定性和再生性较好，一般情况下应占较大比例。如果企业经营活动所得的现金占较大比重，说明企业从生产经营中获取现金的能力较大；反之，如果企业经营活动的现金流量比重较小，则说明企业资金的来源主要依赖增加资本或对外负债。

1. 经营活动产生的现金流量净额大于零

一般而言，企业经营活动现金流量净额大于零意味着企业生产经营比较正常，具有"自我造血"功能，而且经营活动现金净流量占总现金净流量的比重越大，说明企业的财务状况越稳定，支付能力越有保障。但是，企业在日常经营活动中不仅有导致现金流出的付现成本，还会发生一些非付现成本和费用（如固定资产折旧和无形资产摊销等）。这些成本费用在生产经营过程中虽然短期内不涉及现金支付，但从长期来看，只要企业维持简单再生产，这些项目的现金流出迟早会发生。因此，企业经营活动产生的现金流量净额仅大于零是不够的，只有经营活动产生的现金流量净额大于零并在补偿当期的非付现成本费用后仍有剩余，才意味着剩余的现金在未来期间基本上不再为经营活动所需，企业可以将该部分现金用于扩大生产规模，或者选择其他有盈利能力的项目进行投资，从而增加企业的竞争能力；反之，如果经营活动产生的现金净流量大于零的程度很小，只能部分或几乎不能补偿当期发生的非付现成本费用，则企业

就难以进行长期资金投资,难以达到战略上的发展。因此,分析时不能仅仅停留在经营活动现金流量净额是不是大于零上,还应进一步关注其大于零的程度,即能否补偿非付现成本费用,否则就可能得出较为片面的结论。

2. 经营活动产生的现金流量净额等于零

若经营活动产生的现金流量净额等于零,则意味着企业通过正常的供、产、销所带来的现金流入量,恰恰能够支付因经营活动而引起的现金流出,企业的经营活动现金流量处于"收支平衡"的状态。在这种状态下,企业正常经营活动虽然不需要额外补充流动资金,但企业的经营活动也不能为企业的投资活动以及融资活动贡献现金。

必须指出的是,按照企业会计准则,企业经营成本中有相当一部分属于按照权责发生制的要求而确认的摊销成本(如固定资产折旧、无形资产和长期待摊费用的摊销等)与应计成本(如预提设备大修理费用等),即非付现成本。这样,在经营活动产生的现金流量净额等于零时,企业经营活动产生的现金流量不可能为这部分非付现成本的资源消耗提供货币补偿。因此,该种情况在企业现实经营中比较少见,因为如果这种状态长期持续下去,不仅使得企业能够增加未来收益的长期投资无法实施,而且对简单再生产的维持也只能停留在短期内;当企业不再具备简单再生产的条件(如陈旧设备需要进行更新改造才能使用)时,则简单再生产也无法维持。此时如果企业想继续生存下去,只能通过外部融资来解决资金困难。因此,如果企业在正常生产经营期间持续出现这种状态,企业经营活动的现金流量的质量就不高。

3. 经营活动产生的现金流量净额小于零

若企业经营活动产生的现金流量净额小于零,则意味着企业通过正常的供、产、销所带来的现金流入量不足以支付因经营活动而引起的现金流出。

如果这种情况出现在企业经营初期,可以认为这是企业在发展过程中不可避免的正常现象。因为在企业生产经营活动的初期,各个环节都处于"磨合"状态,设备、人力以及资源的利用率相对较低,材料的消耗量相对较高,经营成本较高,从而导致企业现金流出较多;同时,为了开拓市场,企业有可能投入较大资金,采用各种手段将自己的产品推向市场,从而有可能使企业在这一时期的经营活动现金流量表现为"入不敷出"状态。但是,如果企业在正常生产经营期间仍然出现这种状态,则说明企业经营过程的现金流转存在问题,通过经营活动创造现金流量净额的能力下降。在这种情况下,企业不仅不能长期发展,甚至在短期内进行简单再生产都出现问题。如果这种局面长期内不能改变,企业的现金缺口将越来越大,必须通过再融资或挤占本应投资的长期资金来维持流动资金的需求。如果企业自身的资金积累消耗殆尽,又难以从外部取得资金,则企业将陷入财务危机。

4. 经营活动产生的现金流量净额与净利润对比分析

利润表上反映的净利润是企业根据权责发生制确定的,并不能反映企业生产经营活动产生了多少现金流入;而现金流量表中的经营活动产生的现金流量净额是以收付实现制为基础确定的,故经营活动产生的现金流量净额与净利润往往是不一致的。为了防止人为操纵利润和加强企业经营管理,有必要将经营活动的现金流量净额与净利润进行对比,以了解净利润与经营活动产生的现金流量净额差异的原因,从而对净利润的质量进行客观的评价。

若经营活动产生的现金流量净额大于或等于净利润,通常说明企业的收现能力较强,经营活动现金流量的质量与净利润质量较好;若经营活动产生的现金流量净额小于净利润,则说明企业净利润的含金量不高——存在大量的赊销行为及未来的应收账款坏账风险,同时某种程度上存在着利润操纵之嫌。

在分析企业经营活动现金流量时,应该结合资产负债表和利润表以及企业披露的其他信息一起进行。特别是在辨别报表信息真伪时,更应该将各种数据结合起来分析,因为企业通过造假提供虚假盈利信息的迹象不仅会体现在资产负债表和利润表中,有时也会在现金流量表中露出马脚。如在蓝田股份公司2000年的年度现金流量表中可以发现:该公司当年"支付给职工以及为职工支付的现金"全年仅2 256万元。以该公司披露的13 000名职工计算,2000年度该公司职工人均每月收入仅144.6元。如此低廉的收入水平,无论是对于30%以上为大专水平的蓝田股份职工,还是对于历年业绩十分"优异"的蓝田股份,都是令人难以置信的。这就有可能蕴含着公司利用对工资成本的转移调减费用、虚增利润的嫌疑。

(二) 经营活动现金流量项目的质量分析

在现金流量表中,经营活动的现金流量应当按照经营活动的现金流入和流出的性质分项列示。

1. 经营活动的现金流入量

在现金流量表中,按照经营活动现金流入的来源设置不同的项目,来具体反映经营活动的现金流入量。

(1) 销售商品、提供劳务收到的现金。本项目反映企业从事正常经营活动所获得的、与销售商品或提供劳务等业务收入相关的现金收入(包含在业务发生时向客户收取的增值税销项税额等)。具体包括企业本期销售商品、提供劳务收到的现金,以及前期销售商品、提供劳务本期收到的现金和本期预收的款项,减去本期销售本期退回的商品和前期销售本期退回的商品支付的现金。企业销售材料和代购代销业务收到的现金,也在本项目反映。

本项目应当是企业现金流入的主要来源,应占经营活动现金流入的绝大部分,其数额不仅取决于当期销售商品、提供劳务取得的收入数额,还取决于企业的信用政策。这两个因素在未来期间都具有很强的持续性,分析时应重点关注。通过与利润表中的营业收入相对比,可以判断企业销售收现率的情况。较高的收现率表明企业产品定位正确,适销对路,并已形成卖方市场的良好经营环境。

(2) 收到的税费返还。本项目反映企业实际收到的以现金形式返还的增值税、所得税、消费税、关税和教育费附加返还款等各种税费。

本项目体现了企业因在税收方面享受政策优惠所获得的已交税金的回流金额。该项目通常数额不大,很多企业该项目数额为零。只有外贸出口型企业、国家财政扶持领域的企业或地方政府支持的上市公司等企业才有可能涉及。因此,分析时一方面应当与企业的营业收入相结合,同时注意有些企业虚构收入,但现金流量表中却没有收到相应的税费返还情况;另一方面还应当关注企业享受的税收优惠在未来可持续的时间,以及哪些税收项目享受优惠。

(3) 收到其他与经营活动有关的现金。本项目反映企业除了上述各项目之外收到的罚款收入、押金、赔偿金收入、政府补助以及经营租赁收到的租金等其他与经营活动有关的现金流入,金额较大的应当单独列示。

该项目因内容往往具有一定的偶然性,在分析时不应过多关注;如果该项目金额较大,还应观察剔除该项目后企业经营活动现金净流量的情况。

(4) 经营活动现金流入小计。本项目反映企业本期经营活动所收取的全部现金总额,在数量上等于上述三项金额的合计。

2. 经营活动的现金流出量

在现金流量表中,按照企业经营活动现金流出的去向设置支出项目,来具体反映企业在经营活动的不同方面所实际支付的现金。

(1) 购买商品、接受劳务支付的现金。本项目反映企业从事正常经营活动所支付的、与购买商品、接受劳务等业务支出相关的现金流出(包含在业务发生时向供应商支付的增值税进项税额等)。具体包括企业本期购买商品、接受劳务实际支付的现金,以及本期支付前期购买商品、接受劳务的未付款项和本期预付款项,减去本期发生的购货退回收到的现金。

本项目是企业正常生产经营活动中支付现金的主要部分,通常具有数额大、所占比重大等特点,在未来的持续性较强,分析时应重点关注该项目的内容和构成。将其与利润表中的营业成本相对比,可以判断企业购买商品付现率的情况,借此可以了解企业资金的紧张程度或企业的商业信用情况,从而可以更加清楚地认识企业目前所面临的财务状况。

(2) 支付给职工以及为职工支付的现金。本项目反映企业本期实际支付给从事生产经营与管理活动的在职职工的工资、奖金、各种津贴和补贴,以及为这些职工支付的诸如养老保险、失业保险、商业保险、住房公积、困难补助等职工薪酬,但应由在建工程、无形资产负担的职工薪酬以及支付的离退休人员的职工薪酬除外,二者分别在"购建固定资产、无形资产和其他长期资产支付的现金"和"支付其他与经营活动有关的现金"项目反映。

支付给职工以及为职工支付的现金是保证劳动者自身生存及其再生产的必要开支。因此,该项目也是企业持续性的现金支出项目,金额波动不大。分析时应重点关注该项目的内容,注意企业是否将不应纳入其中的部分包含在内;同时该项目也可以在一定程度上反映企业生产经营规模的变化。

(3) 支付的各项税费。本项目反映企业本期发生并支付的、本期支付以前各期发生的以及预缴的增值税、所得税、教育费附加、矿产资源补偿费、印花税、房产税、土地增值税、车船税等税费。该项目包含了企业所缴纳的几乎各种税费,当然也有例外,如企业支付的、按规定计入固定资产价值的耕地占用税包含在"购建固定资产、无形资产和其他长期资产支付的现金"项目中,以及在购买商品时随交易价款一并结算支付的增值税进项税额包含在"购买商品、接受劳务支付的现金"项目中。

该项目会随着企业销售规模的变动而变动。通过该项目分析,可以判断企业真实的税负状况。

(4) 支付的其他与经营活动有关的现金。本项目反映企业支付的各项不能列入前述各项目的,其他与经营活动有关的现金流出项目,如支付给离退休人员的各项费用、罚款支出、赔偿金支出、支付的差旅费、业务招待费、保险费、办公费用、营销费用以及经营租赁支付的现金等其他与经营活动有关的现金流出,金额较大的应当单独列示。

该项目具有不稳定性,数额不应过多,分析时注意关注其内容构成变化。

(5) 经营活动现金流出小计。该项目反映企业当期在经营活动中实际支付的现金总额,在数量上等于上述四项金额的合计,是经营活动现金流入的抵减项目。

从表 4-1 可以看出,华天股份有限公司 2019 年经营活动产生的现金流量净额为 68 288 084.18 元。其中,经营活动现金流入为 610 595 533.42 元,现金流出为 542 307 449.24 元,说明该公司经营活动的现金流量自我造血能力较强,通过经营活动收到的现金,不仅能够满足经营本身的需要,还可以为企业的其他各项活动(如用于再投资或偿债)提供有力的支持。

二、投资活动产生的现金流量质量分析

投资活动是指企业对外的股权、债权投资，以及对内的非货币资产（固定资产、无形资产等长期资产）投资。投资活动产生的现金流量反映企业固定资产等长期资产投资及对外股权性、债权性投资业务的现金流量情况。当然，该部分内容也反映以前期间的投资在本期处置所导致的现金流入状况，该部分事项会影响企业当期损益；同时投资的回收也说明企业经营规模的下降以及战略调整。投资活动着眼于企业的长期策略，因此，投资活动产生的现金流量的最大特点在于，就当期而言，它与企业日常营运活动几乎是并列或独立的，对当期经营活动及其成果的影响一般较小，但对企业未来期间的损益和现金流量产生着一定的，甚至有时是巨额的、不容忽视的影响：目前大量的投资活动现金流入可能意味着未来相关经营活动现金流入的大幅度萎缩（如企业压缩经营规模而大量处置长期资产）；而目前大量的投资活动现金流出，又可能蕴含着未来会产生或促使大量的经营活动现金流入（如企业为扩大经营规模而大量购建固定资产），这便形成了投资活动与经营活动的潜在促进关系。

（一）投资活动现金流量整体质量分析

1. 投资活动产生的现金流量净额大于或等于零

若投资活动产生的现金流量净额大于或等于零，则意味着企业在投资活动方面的现金流入量大于或等于流出量。这种情况的发生，如果是由于企业在本会计期间投资回收的规模大于投资支出的规模，就表明企业资本运作收效显著、投资回报及变现能力较强；如果是由于企业处置现有的非流动资产以求变现，就表明企业产业、产品结构可能有所调整；或者企业为补偿日常经营活动的现金需求而又难以从外部筹资，则企业未来的生产能力将受到严重影响，已经陷入深度的债务危机之中。如果是后者，应该进一步分析企业的财务状况和是否存在财务危机的隐患。

2. 投资活动产生的现金流量净额小于零

若投资活动产生的现金流量净额小于零，意味着企业在购建固定资产、无形资产和其他非流动资产、权益性投资及债权性投资等方面所流出的现金之和，大于企业因收回投资、分得股利或利润、取得债权利息收入、处置固定资产和无形资产以及其他非流动资产而流入的现金净额之和。

在企业投资活动符合企业的长期投资规划和短期计划的条件下，若投资活动产生的现金流量净额小于零，则可能表明企业扩大未来生产规模和经营范围的能力较强，企业将面临新的发展机遇或进入生产经营的快速增长阶段；也可能表明企业进行产业或产品结构调整的能力或参与资本市场运作实施股权及债权投资的能力较强，企业在寻找新的经济增长点，对未来经营活动的现金流量将会有较大的促进作用，是投资活动现金流量的正常状态。这种企业投资活动的现金流量处于"入不敷出"的状态对企业的长远发展是有利的。

在企业投资活动现金流量净额小于零，处于"入不敷出"的情况下，投资活动所需的资金缺口可通过以下方式予以解决：消耗企业现存的货币积累；挤占本来用于经营活动的现金，削减经营活动的现金消耗；利用经营活动积累的现金进行补充；在不能挤占本来用于经营活动的现金的条件下，进行额外贷款融资以支持投资活动的现金需要；在没有贷款融资的情况下，通过拖延债务支付而加大投资活动引起的负债规模。

(二) 投资活动现金流量项目的质量分析

在现金流量表中，投资活动的现金流量应当按照投资活动的现金流入和流出的性质分项列示。

1. 投资活动现金流入量

在现金流量表中，按照投资活动现金流入的来源设置不同的项目，来具体反映投资活动的现金流入量。

（1）收回投资收到的现金。本项目反映企业出售、转让或到期收回除现金等价物以外的交易性金融资产、长期股权投资和其他权益工具投资而收到的现金，以及出售或转让其他债权投资与收回债权投资本金而收到的现金，但债权投资收回的利息除外。

该项目不能绝对地追求数额较大。分析时应当注意企业是否将原本划分为债权投资的资产在其未到期之前出售，如果存在这种情况，应注意企业是否存在现金流量吃紧的问题。此外，如果企业处置了长期股权投资，应确定处置的意图是什么，是因为被投资企业的收益下滑，还是因为企业调整了未来期间的战略。

（2）取得投资收益收到的现金。本项目反映企业因股权投资而分得的现金股利，从子公司、联营企业或合营企业分回利润而收到的现金，以及因债权投资而取得的现金利息收入。

将其与利润表中的投资收益相对比，可以借此分析企业所实现的投资收益的收回情况。需注意的是，企业因股权投资而分得的股利或利润，往往并非能够在当年就能收到，一般到下一年才能收到。因此，分得股利或利润所收到的现金，通常包括前期分得的现金股利或利润。

（3）处置固定资产、无形资产和其他长期资产收回的现金净额。本项目反映企业出售、报废固定资产、无形资产和其他长期资产所取得的现金（包括因资产毁损而收到的保险赔偿收入），减去为处置这些资产而支付的有关费用后的净额。

本项目的现金流入量与企业的日常运营没有直接的必然联系，一般是偶发事件，在未来不具有可持续性。所以，在分析考虑企业未来获取现金的能力时，对该项目不应过多考虑。分析时应关注企业处置这些长期资产的目的，以及这些资产在企业总体经营活动中的地位和作用。如果企业处置的是正在使用的固定资产或无形资产，应确定企业是因为为了配合企业战略目标转移、调整未来经营方向，缩减当前经营规模、准备转产而进行相应的产能结构调整；还是因为企业当前遇到了现金流危机，需要变现部分长期资产来应急。如果是后者，应引起高度警惕。

（4）处置子公司及其他营业单位收到的现金净额。本项目反映企业处置子公司及其他营业单位所取得的现金减去子公司及其他营业单位持有的现金及现金等价物后的净额。

处置子公司及其他营业单位一般多多少少会影响企业整体经营布局和运营规模，因此，应关注企业处置的目的，并确定这种行为对企业的长远影响。其中处置子公司主要影响的是企业与该子公司原本可能存在的业务往来的未来持续性及其交易变动；而处置其他营业单位则可能直接减少或压缩了企业本身的经营范围或业务规模。这些行为对企业未来经营性活动现金净流入一般都会产生削减的作用。但如果企业处置的是常年亏损、入不敷出的营业单位，则这种剥离反而会减轻企业负担、增加未来经营性活动的现金净流入量。

（5）收到其他与投资活动有关的现金。本项目反映企业除上述四项内容之外所收到的其他与投资活动有关的现金流入，如企业在进行购买股票、债券等证券投资时，所支付的价款中包含了已宣告发放但尚未发放的股息、或者已到付息期但尚未领取的利息，则在投资之后收到这些股息或利息时,不是计入"取得投资收益所收到的现金"之中,而是在本项目中进行反映的。本项目金额通常不大或很少出现,对企业现金流量的总体影响也相对较小。

(6) 投资活动现金流入小计。该项目反映企业当期投资活动所收到的全部现金,在数量上等于上述五项金额的合计。

2. 投资活动的现金流出量

在现金流量表中,按照企业投资活动现金流出的去向设置支出项目,来具体反映企业在投资活动的不同方面所实际支付的现金。

(1) 购建固定资产、无形资产和其他长期资产支付的现金。本项目反映企业购买、建造固定资产、取得无形资产和其他长期资产所支付的现金(主要包括购进设备所支付的现金、进行建筑安装工程所支付的现金、购买工程物资所支付的现金、为建造固定资产而缴纳的耕地占用税等)及支付应由在建工程或无形资产负担的职工薪酬现金支出,但为购建固定资产而发生的借款利息资本化部分、融资租入固定资产所支付的租赁费除外。

该项目本身与企业本期的日常生产经营规模没有太多直接的必然联系,但会在很大程度上影响企业未来的生产经营规模与生产能力,甚至在一定程度上还会改变企业的资产结构与经营方向。该项目产生的资金大量流出,可能意味着企业未来运营规模的扩张、生产技能的改进与经营策略的调整,这对企业未来期间的利润和经营活动所需现金流出以及相应的经营成果带来的现金流入都会产生较大的、不可忽视的影响。另外,不同经营周期的企业在该项目上发生的金额也不同,一般处于初创期和成长期的企业投资较多,本项目发生金额较大;而在衰退期的企业通常投资较少,甚至会处置长期资产,缩小经营规模。

(2) 投资支付的现金。本项目反映企业取得的除现金等价物以外的权益投资和债权投资所支付的现金以及支付的佣金、手续费等附加费用。本项目作为企业本期的一笔现金流出,并不直接影响企业当期的经营活动,但意味着企业未来获得股息、利息、利润以及转让或出售投资所得的现金流入的潜在可能;此外,股权投资所可能带来的对被投资单位的共同控制或重大影响,也有可能对企业未来获得经营资源或打开购销渠道、增强经营活力与获取现金的能力等提供潜在的和良好的帮助;甚至有助于企业达成经营方面的战略合作。

该项目表明企业参与资本市场运作、实施股权及债权投资能力的强弱,应分析投资方向与企业的战略目标是否一致。分析时应关注企业在本项目的支出金额是否来自企业闲置资金,是否存在挪用主营业务资金进行投资的行为。

(3) 取得子公司及其他营业单位支付的现金净额。本项目反映企业购买子公司及其他营业单位购买出价中以现金支付的部分,减去子公司或其他营业单位持有的现金和现金等价物后的净额。

与前面处置子公司及其他营业单位可能产生的影响类似,购买子公司及其他营业单位也会影响企业未来的整体运作规模。其中购买子公司一方面会影响企业日后的投资收益,另一方面当购入子公司与企业存在一定的产业链关系时,关联交易便在所难免,对企业的影响便可能是深层次的;而购买其他营业单位主要会扩大企业本身的经营范围或业务规模,对企业未来经营性活动现金流入量一般都会产生促进的作用。

(4) 支付其他与投资活动有关的现金。本项目反映企业除上述三项内容之外所支付的其他与投资活动有关的现金流出,如企业在进行购买股票、债券等证券投资时,所暂时垫付的被投资方已宣告发放但尚未发放的股息、或者已到付息期但尚未领取的利息等,以及为进行投资而支付的咨询费等,不是计入"投资支付的现金"之中,而是在本项目中进行反映的。

本项目金额通常不大或很少出现,更谈不上有经常性,所以对企业的现金影响也非常微弱;如果数额异常,应做进一步分析。

(5)投资活动现金流出小计。该项目反映企业当期投资活动所支付的全部现金,在数量上等于上述四项金额的合计。

从表4-1可以看出,华天股份有限公司2019年投资活动产生的现金流量净额为 -106 442 981.32 元。其中,投资活动现金流入为 79 879 739.14 元,现金流出为 186 322 720.46 元。该公司购建固定资产、无形资产和其他长期资产支付的现金流出为 78 118 157.21 元,远远大于处置固定资产、无形资产和其他长期资产的现金流入 24 121 740.00 元,这是扩展中的企业表现出来的常态。而全部投资活动现金流量之所以为负数,主要是投资支付的现金与购建固定资产、无形资产和其他长期资产支付的现金数额较大所致。值得肯定的是,该公司对外投资取得的收益不错,取得投资收益收到的现金高达 55 757 999.14 元。

三、筹资活动产生的现金流量质量分析

筹资活动主要包括吸收投资、发行股票、分配利润和借入款项等。筹资活动产生的现金流量揭示了企业出于各种需求而进行资金筹措活动所产生的现金流入与流出金额,反映了企业的融资能力和融资政策。筹资活动产生的现金流量的最大特点,在于它现时现金流量与未来现金流量在一定程度上的对应性,即目前该类现金流入量的发生,在一定程度上意味着未来要求有相应的现金流出量;而目前该类现金流出量的存在,则是以往相应的现金流入量所引起的必然结果。

(一)筹资活动现金流量整体质量分析

筹资活动现金流量会直接影响企业的资本结构及偿债压力,也会对企业生产经营范围与投资规模产生明显的影响。

1. 筹资活动产生的现金流量净额大于零

若筹资活动产生的现金流量净额大于零,则意味着企业在吸收权益性投资、发行债券以及借款等方面所收到的现金之和大于企业在偿还债务、支付筹资费用、分配股利或利润、偿付利息以及减少注册资本等方面所支付的现金之和。

正常情况下,企业的资金需求主要是通过自身经营活动现金流入解决的。当企业处于初创、成长阶段,或者遇到经营危机时,仅仅依靠经营活动现金流入是不够的,此时企业应通过外部筹资来满足资金需求。例如,企业处于发展的快速成长阶段,需要扩大生产规模或经营范围而导致企业投资活动的现金流出量较大,而此时企业经营活动的现金净流入量又常常不能满足,所以企业对现金的需求主要通过筹资活动现金流入来解决。因此,分析企业筹资活动产生的现金流量净额大于零是否正常,关键要看企业筹资活动是否已经纳入企业的发展规划,是企业以扩大投资和经营活动为目标的主动筹资行为,还是企业因投资活动和经营活动的现金流出失控不得已而为之的被动筹资行为。

2. 筹资活动产生的现金流量净额小于零

若筹资活动产生的现金流量净额小于零,则意味着企业筹资活动收到的现金之和小于企业筹资活动支付的现金之和。这种情况的出现,如果是由于企业在本会计期间集中发生债务偿还、支付筹资费用、分配股利或利润、偿付利息等业务,则表明企业经营活动与投资活动在现

金流量方面运转较好,自身资金周转已经进入良性循环阶段,经济效益得到增强,从而使企业支付债务本息和股利的能力加强;如果是由于企业在投资或企业扩张方面没有更多作为造成的,或者是丧失融资信誉造成的,则表明筹资活动产生的现金流量的质量较差。

(二) 筹资活动现金流量项目的质量分析

在现金流量表中,筹资活动的现金流量应当按照筹资活动的现金流入和现金流出的性质分项列示。对筹资活动现金流量的阅读,关键在于理解企业所筹资金的来源渠道及其规模大小,推测企业所筹资金的用途或动机,以及可能对未来产生的资金压力等。

1. 筹资活动的现金流入量

在现金流量表中,按照筹资活动现金流入的来源设置不同的项目,来具体反映筹资活动的现金流入量。

(1) 吸收投资收到的现金。本项目反映企业以发行股票、债券等方式筹集资金实际收到的款项,减去直接支付给金融等企业的佣金、手续费、宣传费、咨询费、印刷费等发行费用后的净额。企业以发行股票方式筹集资金,在带来可供长期使用而无须偿还的自有资金的同时;由于在一定程度上降低了资产负债率,从而提高了企业对债权人利益的保障程度,也为企业日后的债务筹资提供了更有力的支撑。而企业若以发行债券方式筹集资金,则在带来目前可供使用的债务资金的同时,也造成了企业日后按期还本付息的资金压力。因此,如果该项现金来源金额过大,而企业当期资产负债表显示实收资本或股本变动较小或无变动,则说明此项现金流入主要来源于债务性筹资,就应充分考虑和分析该企业未来获取现金、偿付本息的能力,以及偿还时大量的资金流出给企业正常经营所可能产生的负面影响。

(2) 取得借款收到的现金。本项目反映企业向银行或非银行金融机构借入各种短期或长期借款所收到的现金。但企业在向银行或非银行金融机构借款获得目前可供使用资金的同时,会造成日后按期还本付息的资金压力。分析时关注借款用途及内容,如结合资产负债表,对短期借款与长期借款进行比较分析,以判断企业资金结构是否合理、稳定;将本项目与"购建固定资产、无形资产和其他长期资产支付的现金"等项目进行核对,以此对企业借款合同的执行情况做出分析和判断。

(3) 收到其他与筹资活动有关的现金。本项目反映企业除上述两项外,收到的其他与筹资活动有关的现金流入,如企业接受的现金捐赠等。这类现金流入通常在企业筹资活动现金流入量中所占比重很小,有时甚至不会出现;如果数额有异常,应进一步分析。

(4) 筹资活动现金流入小计。本项目反映企业当期通过各种筹资活动实际收到的现金总额,在数量上等于上述三项金额的合计。

2. 筹资活动现金流出量

在现金流量表中,按照企业筹资活动现金流出的去向设置支出项目,来具体反映企业在筹资活动的不同方面所实际支付的现金。

(1) 偿还债务支付的现金。本项目反映企业在当期偿还已经到期的各项债务本金所产生的现金支出金额。该项目与"吸收投资收到的现金"以及"取得借款收到的现金"结合起来,可以观察企业使用债务的方式,如是否存在借新债还旧债,并由此使用短期资金用于长期投资的行为;同时结合企业经营活动现金流量,可以观察企业日常经营活动所需流动资金是自己创造,还是一直靠借款维持。如果是后者,则这样借入的现金质量不高。对本项目进行分析时,要结合行业和企业生产经营规模、经营生命周期以及历史情况来分析。

(2) 分配股利、利润或偿付利息支付的现金。本项目反映企业实际支付的现金股利、支付给其他投资单位的利润或用现金支付的借款利息、债券利息。该项资金流量的大小,在某种程度上也传递着企业用资成本的高低。本项目应关注内容组成变化,要关注企业现时的支付能力,要结合企业的资产规模、所有者权益规模和负债规模以及当期利润水平进行分析。

(3) 支付其他与筹资活动有关的现金。本项目反映企业除上述两项外,支付的其他与筹资活动有关的现金流出,包括以发行股票、债券等方式筹集资金而由企业直接支付的审计和咨询等费用、为购建固定资产而发生的借款利息资本化部分、融资租入固定资产所支付的租赁费、以分期付款方式购建固定资产以后各期支付的现金,以及企业对外捐出的现金等。一般来说,该项目的数额较小,如果数额较大,应注意分析其合理性。

(4) 筹资活动现金流出小计。本项目反映了企业当期筹资活动所支付的全部现金流出量,在数量上等于上述三项金额的合计。

从表 4-1 可以看出,华天股份有限公司 2019 年筹资活动产生的现金流量净额为 90 919 771.57 元。其中,筹资活动现金流入为 471 099 150.00 元,现金流出为 380 179 378.43 元。该公司的筹资是以债务筹资为主,金额高达 448 190 000.00 元,占全部筹资活动现金流入的 95.14%。由于存在大量的债务筹资,使得企业还本付息的压力相当大。从表中可以看到,企业以现金偿还债务的本金高达 337 310 000.00 元。因此,企业应注重调整筹资的结构和比例,以防范债务融资风险。

四、现金流量项目组合的质量分析

将上述不同性质的三类现金流量,根据其净额为正还是为负进行排列组合,可以发现,在不同的组合下,其产生的背景和结果是不同的,所要采取的措施也是不同的。具体分析情况如表 4-2 所示。

表 4-2 现金流量项目组合质量分析表

经营活动	投资活动	筹资活动	分析影响结果
+	+	+	企业筹资能力强,经营与投资收益良好,是一种较为理想的状态。此时应警惕资金浪费,把握良好的投资机会
+	+	-	企业进入成熟期。这时企业产品销售市场稳定,已进入投资回收期,经营及投资进入良性循环,财务状况安全,但很多外部资金需要偿还,以保持企业良好的融资信誉
+	-	+	企业进入高速发展扩张时期。这时产品市场占有率高,销售呈现快速上升趋势,经营活动中大量货币资金回笼。但为了扩大市场份额,企业仍需要大量追加投资,仅靠经营活动现金流量净额远不能满足所追加投资,必须筹集必要的外部资金作为补充
+	-	-	企业经营状况良好,可以在偿还前欠债务的同时继续投资,但应密切关注经营状况的变化,防止由于经营状况恶化而导致财务状况恶化
-	+	+	企业靠举债维持经营活动所需资金,财务状况可能恶化;投资活动现金流入增加是一个亮点,但要分析是来源于投资收益还是投资收回。如果是后者,企业面临的形势将更加严峻

续 表

经营活动	投资活动	筹资活动	分析影响结果
-	+	-	企业衰退期的症状:市场萎缩,产品市场占有率下降,经营活动现金流入小于流出;同时企业为了应付债务不得不大规模收回投资以弥补现金不足。如果投资活动现金流量来源于投资收益则企业状况还好;如果是来源于投资收回,则企业将会出现更深层次的危机
-	-	+	有两种情况:一是企业处于初创阶段,需要投入大量资金,形成生产能力并开拓市场,其资金来源只有对外融资;二是企业处于衰退阶段,靠对外融资维持日常生产经营活动,如不能渡过难关,则前途不容乐观
-	-	-	这种情况往往发生在盲目扩张后的企业,由于市场预测失误等原因,造成企业经营活动现金流出大于流入,投资效益低下造成亏损,使投入扩张的大量资金难以收回,财务状况异常危险,到期债务不能偿还

五、现金及现金等价物净增加额的质量分析

(一)现金及现金等价物净增加额为正数

企业的现金及现金等价物净增加额为正数,若这主要是由经营活动产生的现金流量净额引起的,则表明企业经营状况好,收现能力强,坏账风险小;若这主要是由投资活动产生的,甚至是由处置固定资产、无形资产和其他非流动资产引起的,则表明企业生产经营活动能力衰退,或者是企业为了走出不利境地而调整资产结构,这必须结合资产负债表和利润表做深入分析;若这主要是由筹资活动引起的,则意味着企业未来将支付更多的本息或股利,需要创造更多的现金流量净增加额,才能满足支付需要。

(二)现金及现金等价物净增加额为负数

企业的现金及现金等价物净增加额为负数,通常是一个不利信息。但如果企业经营活动产生的现金流量净额是正数且金额较大,而企业整体上现金流量净额减少主要是由固定资产、无形资产或其他非流动资产投资引起的,如企业进行设备更新、扩大生产能力或投资开拓新的市场等,此时现金流量净额减少并不意味着企业经营能力不佳,而是意味着企业未来可能有更大的现金流入;同样,如果企业现金流量净额减少主要是由于偿还债务及利息引起的,就意味着企业未来用于偿债的现金将减少,企业财务风险变小,只要企业生产经营保持正常运转,企业就不会衰退。

从表4-1可以看出,华天股份有限公司2019年年末现金及现金等价物比年初增加52 764 874.43元。其中,经营活动产生的现金流量净额为68 288 084.18元,投资活动产生的现金流量净额为-106 442 981.32元,筹资活动产生的现金流量净额为90 919 771.57元。总的来说,华天股份有限公司正处于高速发展扩张时期。这时产品市场占有率高,销售呈现快速上升趋势,经营活动中大量货币资金回笼;当然为了扩大市场份额,企业仍需大量追加投资,但仅靠经营活动现金流量净额远不能满足追加投资,还必须筹集必要的外部资金作为补充。

从以上分析可以看出,对于一个健康的正处于成长阶段的企业来说,经营活动现金净流量一般应大于零,投资活动的现金净流量应小于零,筹资活动的现金净流量应正负相间。

六、现金流量表补充资料涉及的项目

补充资料是现金流量表非常重要的部分,反映的内容较多。报表分析者要全面把握现金

流量表的有关信息,就必须仔细阅读分析补充资料所披露的信息。补充资料是由三部分内容构成的。

(一)将净利润调节为经营活动的现金流量净额

这部分是以本期净利润为起算点,用间接法调整不涉及现金的收入、费用、营业外收支以及有关项目的增减变动,据此计算出经营活动的现金流量净额。该部分从另一个侧面说明企业经营获利与现金流量的各项具体影响因素及其影响程度,应与正表中采用直接法计算的经营活动的现金流量净额相等。经营活动的现金流量净额是按收付实现制确认和计量的;而利润表反映的当期净利润是按权责发生制确认和计量的,而且当期净利润既包括经营净损益,又包括不属于经营活动的损益。因此,采用间接法将净利润调节为经营活动的现金流量净额时,涉及调整的项目主要有:

(1)当期没有实际收到或付出现金的经营活动事项,如赊购物资、赊销商品,计提固定资产折旧、摊销无形资产和长期待摊费用,以及计提资产减值准备等。这些项目虽然构成了企业的当期收入或费用,影响着企业当期利润;但从资金流转角度来看,现金流是提前或滞后发生的,并没有引起企业本期的现金流入或流出,自然也不会影响现金净流量。

(2)不属于经营活动的损益项目,如当期发生的利息费用以及固定资产、无形资产处置净损益。这些项目的产生,与企业的投资和筹资活动息息相关,却不属于企业日常生产经营活动项目,也不构成企业经营活动的现金净流量。

(3)经营性应收、应付项目,如应收、应付账款,应收、应付票据,预收、预付账款,应付职工薪酬,应交税费,其他应收、应付款等。这些项目的增减变动,可能并不影响企业的当期利润,但却对企业当期经营活动的现金净流量有直接的影响。

(二)不涉及现金收支的投资和筹资活动

这部分反映企业本期发生的影响资产、负债和所有者权益但不影响现金收支的所有投资和筹资活动的信息。这些投资和筹资活动是企业的重大理财活动,虽在当期不涉及现金收支,但对企业未来各期的现金流量可能会产生深远的影响。因此,应单列项目在补充资料中反映。目前,我国企业现金流量表补充资料中列示的不涉及现金收支的投资和筹资活动项目主要有以下三项:

(1)债务转为资本,反映企业本期转换为资本的债务金额。这意味着企业未来财务负担与资金压力的减轻,但所有者权益会因此增加,净资产报酬率、资产负债率等指标会因此有所降低。

(2)一年内到期的可转换公司债券,反映企业一年内到期的可转换公司债券的本息。

(3)融资租入固定资产,反映企业本期融资租入固定资产记入"长期应付款"科目的金额。

(三)现金流量净增加额

这部分是通过对现金、银行存款、其他货币资金账户以及现金等价物的期末余额与期初余额相减得出的差额,而且补充资料中的现金流量净增加额应与现金流量表的最后一项"现金及现金等价物净增加额"金额相等,并以此作为核对标准。

任务三　掌握企业现金流量趋势分析

任务要求

熟悉现金流量表中经营活动、投资活动及筹资活动各具体现金流量项目金额与比重的变动,掌握企业现金流量趋势分析的工作步骤,分析经营活动、投资活动及筹资活动各具体现金流量项目变动的合理性及其原因,借以进一步判断企业现金流量的发展趋势,有效地预测企业未来现金流量状况。

相关知识

一、现金流量趋势分析的内容与方法

现金流量趋势分析就是将企业现金流量表的本期实际数与上期数或基数进行比较,以反映企业现金流入、流出的变动差异,分析评价现金流量表各项目增减变动情况,揭示产生差异的原因。现金流量表趋势分析可以用金额、百分比的形式,对每个项目的本期或多期的金额与其基期的金额进行比较分析,计算出现金流量表各项目的增减变动百分比,以观察企业现金流量的变化趋势。现金流量的趋势分析可以帮助报表使用者了解企业现金流量变动的原因,了解企业现金流量的变动趋势,并在此基础上预测企业未来的现金流量,从而为投融资决策提供依据。在进行现金流量趋势分析时,还应当结合资产负债表和利润表等信息,以明确企业整体现金流量和分项目现金流量变动的结果是有利还是不利。

在实际工作中,应用趋势分析法进行现金流量表的分析,可以通过编制现金流量水平分析表的方法实现,即通过计算现金流量表中各项目本期与前期相比的增减额和增减比例,来揭示本期现金流量与前期现金流量的差异。

二、编制现金流量水平分析表

通过编制现金流量水平分析表,可以观察和比较相同项目增减变动的金额及幅度,揭示企业经营活动、投资活动和筹资活动现金流量的变动差异。根据表 4-1 资料,编制华天股份有限公司现金流量水平分析表,如表 4-3 所示。

表 4-3　华天股份有限公司现金流量水平分析表　　　　　　　　　　金额单位:元

项　目	2019 年	2018 年	增减额	增减(%)
一、经营活动产生的现金流量				
销售商品、提供劳务收到的现金	469 234 955.89	441 230 068.03	28 004 887.86	6.35
收到的税费返还	885 303.19	5 577 938.18	-4 692 634.99	-84.13

续　表

项　目	2019年	2018年	增减额	增减(%)
收到其他与经营活动有关的现金	140 475 274.34	27 515 492.44	112 959 781.90	410.53
经营活动现金流入小计	610 595 533.42	474 323 498.65	136 272 034.77	28.73
购买商品、接受劳务支付的现金	334 374 490.59	325 039 019.91	9 335 470.68	2.87
支付给职工以及为职工支付的现金	44 557 809.35	37 539 638.32	7 018 171.03	18.70
支付的各项税费	21 594 053.78	21 704 168.21	−110 114.43	−0.51
支付其他与经营活动有关的现金	141 781 095.52	65 332 312.98	76 448 782.54	117.02
经营活动现金流出小计	542 307 449.24	449 615 139.42	92 692 309.82	20.62
经营活动产生的现金流量净额	68 288 084.18	24 708 359.23	43 579 724.95	176.38
二、投资活动产生的现金流量				
收回投资收到的现金	0.00	950 000.00	−950 000.00	−100.00
取得投资收益收到的现金	55 757 999.14	55 746 113.03	11 886.11	0.02
处置固定资产、无形资产和其他长期资产收回的现金净额	24 121 740.00	76 475.24	24 045 264.76	31 441.90
投资活动现金流入小计	79 879 739.14	56 772 588.27	23 107 150.87	40.70
购建固定资产、无形资产和其他长期资产支付的现金	78 118 157.21	63 370 998.14	14 747 159.07	23.27
投资支付的现金	108 204 563.25	13 112 500.00	95 092 063.25	725.20
投资活动现金流出小计	186 322 720.46	76 483 498.14	109 839 222.32	143.61
投资活动产生的现金流量净额	−106 442 981.32	−19 710 909.87	−86 732 071.45	440.02
三、筹资活动产生的现金流量				
吸收投资收到的现金	22 909 150.00	0.00	22 909 150.00	
取得借款收到的现金	448 190 000.00	224 460 000.00	223 730 000.00	99.67
筹资活动现金流入小计	471 099 150.00	224 460 000.00	246 639 150.00	109.88
偿还债务支付的现金	337 310 000.00	234 460 000.00	102 850 000.00	43.87
分配股利、利润或偿付利息支付的现金	41 993 670.83	45 026 353.42	−3 032 682.59	−6.74
支付其他与筹资活动有关的现金	875 707.60	845 000.00	30 707.60	3.63
筹资活动现金流出小计	380 179 378.43	280 331 353.42	99 848 025.01	35.62
筹资活动产生的现金流量净额	90 919 771.57	−55 871 353.42	146 791 124.99	−262.73
四、汇率变动对现金及现金等价物的影响				
五、现金及现金等价物净增加额	52 764 874.43	−50 873 904.06	103 638 778.49	−203.72
期末现金及现金等价物余额	127 530 439.08	74 765 564.65	52 764 874.43	70.57

通过对表4-3的分析,可以得到以下几方面的信息:

(1) 华天股份有限公司2019年净现金流量比2018年增加103 638 778.49元。这一增长源于经营活动和筹资活动产生的现金净流入增加额超过了投资活动产生的现金净流出增加额。2019年经营活动、投资活动和筹资活动产生的现金流量净额较2018年的变动额分别为43 579 724.95元、-86 732 071.45元和146 791 124.99元。

(2) 该公司经营活动产生的现金流量净额2019年比2018年增长了43 579 724.95元,增长率为176.38%。经营活动现金流入量和现金流出量2019年分别比2018年增长28.73%和20.62%,增长额分别为136 272 034.77元和92 692 309.82元。经营活动现金流入量的增加主要是因为收到其他与经营活动有关的现金增加了112 959 781.90元,增长率为410.53%;还有销售商品、提供劳务收到的现金增加了28 004 887.86元,增长率为6.35%。经营活动现金流出量的增加主要是受支付其他与经营活动有关的现金增加76 448 782.54元,增长率为117.02%的影响;另外,购买商品、接受劳务支付的现金和支付给职工以及为职工支付的现金亦有不同程度的增加。

(3) 该公司投资活动产生的现金净流出2019年比2018年增加了86 732 071.45元,主要原因是由于2019年投资支付的现金和购建固定资产、无形资产和其他长期资产支付的现金分别比2018年增加95 092 063.25元和14 747 159.07元;而处置固定资产、无形资产和其他长期资产收回的现金净额只增加了24 045 264.76元,取得投资收益收到的现金只增加了11 886.11元,微不足道到可以忽略不计。具体分析来看,该公司2018年、2019年均取得了较为可观的对外投资收益,仅以现金形式收到的投资回报均高达5 500多万元,由此也可以说明该公司这两年基本没有收回对外投资,相反2019年对外投资绝对金额明显上升(增加了9 500多万元,幅度高达7.25倍)的原因;此外,该公司2019年处置固定资产、无形资产和其他长期资产收回的现金达2 400多万元,比2018年增长了314倍之巨,而同期购建固定资产、无形资产和长期资产支付的现金达7 800多万元,比2018年增长了近1/4,这种在固定资产、无形资产等项目上的同期大额进出,表明该公司目前可能在做一些经营战略方面的大调整,包括对原有项目的适当控制压缩,和对新增项目的加大投入等。

(4) 该公司筹资活动产生的现金流量净额2019年比2018年增长了146 791 124.99元,主要原因是本年取得借款收到的现金较上年增加了223 730 000.00元。这一方面与该公司低资金成本策略有关,是偿还原有债务的一个暂时性保障;另一方面是该公司出于经营战略的考虑而加大了对新增项目的资金投入等。

三、现金流量趋势分析应注意的问题

由于现金流量在企业价值评估中的地位相当重要,现金流量趋势分析也就成为整个趋势分析的核心和重点。但对企业经营活动、投资活动和筹资活动产生的现金流量趋势分析不能单纯就某个项目的变动进行孤立分析,而必须结合表中项目与项目之间、表与表之间有关项目的相互联系进行分析。只有这样才能全面准确地对企业现金流量的变化趋势进行分析评价。分析时,应注意以下三点:

一是经营活动现金流量趋势分析要将现金的流入、流出的变动同利润表中营业收入、成本变动结合起来;经营活动现金流量净额的变动同经营活动现金流入、流出的变动结合起来。

二是投资活动现金流量趋势分析要与资产负债表中固定资产、在建工程等非流动资产的

变动结合起来；投资活动现金流出趋势分析与筹资活动现金流入趋势分析相结合。

三是筹资活动现金流出趋势分析与经营活动现金流量净额趋势分析相结合。

任务四　掌握企业现金流量结构分析

任务要求

熟悉现金流量表中现金流入、现金流出以及现金流入流出的构成状况，掌握企业现金流量结构分析的工作步骤，分析现金流入、现金流出以及现金流入流出结构变动的合理性及其原因，借以进一步判断企业现金流量的增减变动和发展趋势。

相关知识

一、现金流量结构分析的概念

现金流量结构是指各种现金流入量、现金流出量及现金净流量在企业总的现金流入量、总的现金流出量及总的现金净流量中的比例关系，可以划分为现金流入结构、现金流出结构和现金净流量结构。现金流量结构分析就是通过对现金流量表中不同项目之间的比较，分析企业现金流入的来源和现金流出的方向，评价各种现金流量的形成原因。通过现金流量结构分析可以具体了解现金主要来自哪里、主要用于何处以及现金净流量是如何构成的，进一步分析企业现金增减变动的因素，并据以分析企业现金充裕或紧张的原因，从而有利于对现金流量做出更准确的评价，在此基础上预测企业在未来期间的现金流量的变动趋势。现金流量结构分析一般采用结构百分比法。现金流量结构分析包括现金流入结构分析、现金流出结构分析以及现金流入流出结构分析。

二、现金流入结构分析

现金流入结构分析就是将经营活动、投资活动和筹资活动的现金流入加总合计，然后计算每个现金流入项目金额占总流入金额的百分比，分析现金流入的结构和内涵。现金流入结构分析分为总流入结构分析和内部流入结构分析。

现金总流入结构分析是对企业经营活动现金流入、投资活动现金流入和筹资活动现金流入在全部现金流入中所占比重进行分析；内部流入结构分析是对各类业务活动现金流入中具体项目的流入构成情况进行分析。通过现金流入结构分析，可以了解企业的现金来自何方，明确各现金流入项目在结构中的比重，发现存在的问题，为增加现金流入提供决策依据。

通常情况下，企业的现金流入量中，经营活动的现金流入应占大部分的比例，特别是其主营业务活动流入的现金应明显高于其他各项业务活动流入的现金。但对于经营业务不同的企业，这个比例也可以有较大差异。一个单一经营、主营业务突出的企业，其主营业务的现金流入可能占到经营活动现金流入的95%以上；而主营业务不突出的企业这一比例肯定会低得很多。另外,一个稳健型的企业,一般专心于其特定经营范围内的业务,即使有闲置资金,也不愿投资,甚至不愿多举债,那么其经营活动的现金流入所占的比例也肯定会高,投资和筹资活动的现金流入可能较低甚至没有。而激进型的企业,往往千方百计地筹资,又千方百计地投资扩张。筹资有力又投资得当的企业在某一特定时期内,可能在筹资活动中流入了现金,又在前期的投资活动中得到了大量的现金收益回报,这类企业投资和筹资活动的现金流入所占比例会高些,有时可能超过经营活动的现金流入比例。而筹资虽有力但投资不当的企业,其现金流入结构可能是筹资的现金流入很大,而投资活动经常只有现金流出,少有甚至没有现金流入。在现金流入结构具体分析中,可以通过将不同时期的构成比重进行对比,评价企业自身经营创造现金能力的强弱变化。

以华天股份有限公司为例,根据表4-1,编制现金流入结构分析表,如表4-4所示。

表4-4 现金流入结构分析表

项 目	金额(元) 2019年	金额(元) 2018年	结构百分比(%) 2019年	结构百分比(%) 2018年	变动情况(%)
销售商品、提供劳务收到的现金	469 234 955.89	441 230 068.03	40.40	58.40	−18.00
收到的税费返还	885 303.19	5 577 938.18	0.08	0.74	−0.66
收到其他与经营活动有关的现金	140 475 274.34	27 515 492.44	12.09	3.64	8.45
经营活动现金流入小计	610 595 533.42	474 323 498.65	52.57	62.78	−10.21
收回投资收到的现金	0.00	950 000.00	0.00	0.13	−0.13
取得投资收益收到的现金	55 757 999.14	55 746 113.03	4.80	7.37	−2.57
处置固定资产、无形资产和其他长期资产收回的现金净额	24 121 740.00	76 475.24	2.08	0.01	2.07
投资活动现金流入小计	79 879 739.14	56 772 588.27	6.88	7.51	−0.63
吸收投资收到的现金	22 909 150.00	0.00	1.97	0.00	1.97
取得借款收到的现金	448 190 000.00	224 460 000.00	38.58	29.71	8.87
筹资活动现金流入小计	471 099 150.00	224 460 000.00	40.55	29.71	10.84
现金流入合计	1 161 574 422.56	755 556 086.92	100	100	0.00

通过对表4-4的分析,可以得到下列信息:

(1)华天股份有限公司2018年度与2019年度现金流入总量分别为755 556 086.92元与1 161 574 422.56元。以经营活动产生的现金流入量居多,均占各年现金流入总量的50%以上,其中,2018年经营活动现金流入量占现金流入总量的62.78%,2019年经营活动现金流入量占现金流入总量的52.57%,也就是说,该公司的现金流入主要来自经营活动;其次来自筹资活动(两年均在29%以上);来自投资活动的现金流入最少(2019年还不到7%)。

(2)该公司经营活动现金流入中的销售商品、提供劳务收到的现金所占比重最大(两年均在40%以上),说明企业的主营业务较为稳定,这对于企业的可持续发展是有利的。投资活动现金流入不仅所占比重极小(两年均在8%以下),而且只有取得投资收益收到的现金与处置固定资产、无形资产和其他长期资产收到的现金;但取得投资收益收到的现金流入量较多(两年均在4%以上),说明企业对外投资的决策正确;而处置的资产如果是多余或闲置的,这种变现对企业的经营和理财有利,否则可能说明企业经营或偿债出现了困难。相对于2018年,该公司2019年的筹资规模明显扩大,通过借款所获得的资金在现金流入总量所占的比例从29.71%猛增至38.58%,增幅高达近30%。

三、现金流出结构分析

现金流出结构分析就是将经营活动、投资活动和筹资活动的现金流出加总合计,然后计算每个现金流出项目金额占总流出金额的百分比,分析现金流出的结构和内涵。现金流出结构分析同样分为总流出结构分析和内部流出结构分析。

现金总流出结构分析是对企业经营活动现金流出、投资活动现金流出和筹资活动现金流出在全部现金流出中所占比重进行分析;内部流出结构分析是对各类业务活动现金流出中具体项目的流出构成情况进行分析。通过现金流出结构分析,可以了解企业的现金流向何方,明确各现金流出项目在结构中的比重,分析存在的问题,进而分析企业未来发展状况和各项现金流出波动的原因,为控制现金流出提供决策依据。

通常情况下,经营活动的现金流出,如购买商品、接受劳务和支付经营费用等活动支付的现金往往要占到较大的比重;投资和筹资活动的现金流出则因企业的财务政策不同而存在较大的差异,有些企业较少,在总现金流出中所占比例甚微,而有些企业则可能很大,甚至超过经营活动的现金流出。在企业正常的经济活动中,其经营活动的现金流出应当具有一定的稳定性,各期变化幅度一般不会太大;但投资和筹资活动的现金流出的稳定性相对较差,甚至具有偶发性。随着支付投资、偿还到期债务、支付股利等活动的发生,该类活动当期的现金流出便会出现剧增。在具体分析现金流出结构中,可以通过将不同时期的构成比重进行对比,评价企业现金流出变化的合理性。

以华天股份有限公司为例,根据表4-1,编制现金流出结构分析表,如表4-5所示。

表4-5 现金流出结构分析表

项 目	金额(元) 2019年	金额(元) 2018年	结构百分比(%) 2019年	结构百分比(%) 2018年	变动情况(%)
购买商品、接受劳务支付的现金	334 374 490.59	325 039 019.91	30.15	40.31	−10.16
支付给职工以及为职工支付的现金	44 557 809.35	37 539 638.32	4.02	4.65	−0.63
支付的各项税费	21 594 053.78	21 704 168.21	1.95	2.70	−0.75
支付其他与经营活动有关的现金	141 781 095.52	65 332 312.98	12.79	8.10	4.69
经营活动现金流出小计	542 307 449.24	449 615 139.42	48.91	55.76	−6.85
购建固定资产、无形资产和其他长期资产支付的现金	78 118 157.21	63 370 998.14	7.04	7.86	−0.82
投资支付的现金	108 204 563.25	13 112 500.00	9.76	1.62	8.14
投资活动现金流出小计	186 322 720.46	76 483 498.14	16.80	9.48	7.32
偿还债务支付的现金	337 310 000.00	234 460 000.00	30.42	29.07	1.35

续 表

项　目	金额（元） 2019 年	金额（元） 2018 年	结构百分比(%) 2019 年	结构百分比(%) 2018 年	变动情况（%）
分配股利、利润或偿付利息支付的现金	41 993 670.83	45 026 353.42	3.79	5.58	−1.79
支付其他与筹资活动有关的现金	875 707.60	845 000.00	0.08	0.11	−0.03
筹资活动现金流出小计	380 179 378.43	280 331 353.42	34.29	34.76	−0.47
现金流出合计	1 108 809 548.13	806 429 990.98	100	100	0.00

通过分析表 4-5，可以得到以下信息：

(1) 华天股份有限公司 2018 年度与 2019 年度现金流出总量分别为 806 429 990.98 元与 1 108 809 548.13 元。以经营活动产生的现金流出量居多，均占各年现金流出总量的 50% 左右，其中，2018 年经营活动现金流出量占现金流出总量的 55.76%，2019 年经营活动现金流出量占现金流出总量的 48.91%，也就是说，该公司的现金流出主要源于经营活动；其次源于筹资活动（两年均在 34% 以上）；源于投资活动的现金流出最少（2018 年还不到 10%）。

(2) 该公司经营活动现金流出中，"购买商品、接受劳务支付的现金"在 2018 年和 2019 年均占较大比例，结合资产负债表和利润表，表明该公司的生产经营活动基本正常，生产、销售方面的现金流量也基本稳定。

(3) 该公司筹资活动中，"偿还债务支付的现金"在 2018 年和 2019 年均占较大比例（在 30% 左右），与"取得借款收到的现金"相比较，并结合资产负债表中的银行借款余额和货币资金余额的情况，可以明显看出是该公司目前资金存在一定程度的紧张，偿还债务所需资金很大一部分依赖于借新债归还旧债的过渡行为，2019 年年末货币资金的账面结余也有不少其实是来自借款的支撑。

(4) 该公司 2019 年投资规模明显增大，投资活动流出的资金在现金流出总量中所占的比例从 2018 年的 9.48% 猛增至 2019 年的 16.80%，增幅高达 70% 以上，表明企业的投资活动处于良性循环状态。特别是"投资支付的现金"更是从 2018 年的 1.62% 猛增至 2019 年的 9.76%，增加了 5 倍，也表明该企业对外扩张的意图明显，企业极具发展潜力。

四、现金流入流出结构分析

现金流入流出结构分析就是分析现金流量表中各类业务活动现金流入与现金流出的比例。通过对经营活动、投资活动、筹资活动的现金流入与其现金流出进行比较，找出影响现金流量净额的因素，为改进企业现金流量状况提供依据。

在分别分析了现金流入和现金流出的结构之后，还应当对每年的经营活动、投资活动和筹资活动现金流入和现金流出之间的比例进行分析，以观察各部分现金流的匹配情况。一般而言，一个正常发展的企业，其经营活动现金流入和流出的比例应大于 1，且比值越大，说明 1 元的现金流出可换回更多的现金流入，其经营活动现金获利能力越强；投资活动现金流入和流出的比例应小于 1，若比值越大，则表明企业处于衰退期或缺少投资机会；筹资活动现金流入和流出之间的比例随着企业现金余缺的程度应在 1 上下波动。

以华天股份有限公司为例，根据表 4-1，编制现金流入流出结构分析表，如表 4-6 所示。

表 4-6 现金流入流出结构分析表

项 目	金额(元) 2019年	金额(元) 2018年	结构百分比(%) 2019年	结构百分比(%) 2018年	变动情况(%)
经营活动现金流入/现金流出	610 595 533.42 542 307 449.24	474 323 498.65 449 615 139.42	112.59	105.50	7.09
投资活动现金流入/现金流出	79 879 739.14 186 322 720.46	56 772 588.27 76 483 498.14	42.87	74.23	−31.36
筹资活动现金流入/现金流出	471 099 150.00 380 179 378.43	224 460 000.00 280 331 353.42	123.91	80.07	43.84
现金总流入/现金总流出	1 161 574 422.56 1 108 809 548.13	755 556 086.92 806 429 990.98	104.76	93.69	11.07

通过对表 4-6 的分析,可以得到以下信息:

(1) 华天股份有限公司现金总流入与现金总流出之间匹配明显好转,比率由 2018 年的 93.69% 上升为 2019 年的 104.76%,说明该公司的现金流控制能力进一步增强。

(2) 该公司经营活动现金流入与现金流出的比率由 2018 年的 105.50% 上升为 2019 年的 112.59%,这说明该公司这两年经营活动现金流量基本自给自足、略有结余,可以维持简单再生产,且产生现金流量的能力进一步增强;但没有足够的能力为企业进一步扩张或未来的战略发展提供资金支持。

(3) 该公司投资活动现金流入与现金流出的比率由 2018 年的 74.23% 下降为 2019 年的 42.87%,现金流入大大低于现金流出,主要原因是该公司在 2019 年不断扩张,加大了对外投资和购建固定资产、无形资产的支出。

(4) 该公司筹资活动现金流入与现金流出的比率由 2018 年的 80.07% 上升为 2019 年的 123.91%,主要是由于该公司 2019 年借款大于还款,这意味着该公司将在未来一段时期持续面临资金偿付的压力,报表使用者应适当关注该公司的支付风险。

五、现金流量结构分析应注意的问题

企业处于不同的发展阶段,其现金流量结构会有所不同。现金流量结构分析要结合企业所处的发展阶段确定分析的重点。现金流量结构分析具体应注意以下四点:

(1) 对处于初创阶段的企业,经营活动产生的现金流量可能为负数,应重点分析企业的筹资活动,分析其资本金是否足额到位,流动性如何,企业是否过度负债,有无继续筹措足够经营资金的可能;同时判断其投资活动是否适合经营需要,有无出现资金挪用或费用化现象。对于初创阶段对外筹措的资金,应通过现金流量预测分析将还款期限定于经营活动可产生净流入的时期。

(2) 对处于成长阶段的企业,经营活动产生的现金流量应该为正数,要重点分析其经营活动现金流入、流出结构,分析其货款回笼速度、赊销是否得当,了解成本费用控制情况,预测企业发展空间。同时,还要关注这一阶段企业有无过分扩张导致债务增加。

(3) 对处于成熟阶段的企业,投资活动和筹资活动趋于正常化或适当萎缩,要重点分析其经营活动现金流入是否有保障,经营活动现金流入增长与营业收入增长是否匹配;同时关注企业是否过分支付股利、盲目对外投资,以及有无资金外流情况。

(4) 对处于衰退阶段的企业,经营活动现金流量开始萎缩,要重点分析其投资活动在收回投资过程中是否获利,有无冒险性的扩张活动;同时要分析企业是否及时缩减负债,减少利息负担。

本项目小结

本项目在介绍现金流量表的基本内容和现金流量表分析目的的基础上,详细阐述了现金流量表具体项目的分析,以及对现金流量表的趋势分析和结构分析。趋势分析就是通过趋势分析法,将现金流量表的实际数与前期数进行比较,在此基础上对企业经营活动、投资活动和筹资活动产生的现金流量的发展趋势进行评价。结构分析就是通过对现金流量表中不同项目之间的比较,分析企业现金流入的来源和现金流出的方向,评价各种现金流量的形成原因。通过结构分析可以具体了解现金主要来自哪里、主要用于何处以及现金净流量是如何构成的,据以分析企业现金充裕或紧张的原因,在此基础上预测企业在未来期间的现金流量的变动趋势。

知识链接

现金流量表常见的修饰方法

以现金收付制为基础编制的现金流量表被认为是比较刚性而不易被操纵的,但鉴于现金流量表越来越多地受到会计信息使用者的信赖和关注,许多企业还是想方设法地采取各种手段修饰其现金流量表。常用的修饰方法有如下十种:

1. 故意调整现金流量的分类。某上市公司某会计年度现金流量表中的"购建固定资产、无形资产和其他长期资产支付的现金"为 2 亿元,而资产负债表及其附注中的固定资产原值、在建工程以及无形资产等长期资产项目在年度内并没有明显变化。这说明该上市公司将属于经营活动的现金流出故意地归入了"购建固定资产、无形资产和其他长期资产支付的现金",试图让信息使用者认为企业在为增加固定资产、无形资产而努力,以掩盖相关现金的真正流向。

2. 两头吃:供应商与经销商。某家上市公司 CEO 曾称:"我们没有风险,没贷款,有利润,现金流大于利润,还可以分现金股利。"事实上,该上市公司当时的本事在于两头通吃:一方面拖欠上游货款,流动负债高的离谱;另一方面向下游则收取大量的预收款项,导致负债率也很高,才得以维持财务运转,这种财务状况是存在隐忧的。

3. 期末收回应收账款,下期期初再予以返还。上市公司为了避免年度会计报表中的经营现金净流量恶化,可让母公司或大股东在期末大量偿还应收账款,在下期再将资金以多种形式返回给母公司或大股东,对其他应收账款户亦可采取类似的手段。这种方式很容易调高当期经营活动现金净流量,但并不能从本质上改变其现金流状况。

4. 向不需纳入会计报表合并范围的关联方收取预收账款,次年再返还。上市公司为了避免年度会计报表中的经营现金净流量恶化,可让母公司或其他不需纳入合并范围的关联方先行支付货款,在下期再将资金以多种形式返回给母公司或关联方。这种方式很容易调高当期经营活动现金净流量,但并不能从本质上改变其现金流状况。

5. 为客户提供贷款担保或其他的融资服务，使客户偿还货款。上市公司为其客户提供贷款担保或其他的融资服务，使客户筹集足够的资金将所欠货款予以偿还，同样可以大幅度降低期末应收账款余额，增加企业经营活动现金净流量。但这种担保就实质而言，只不过将销售方由应收账款可能产生的坏账风险转化为承担相应担保责任的风险；客户的财务风险或经营风险将最终对销售方产生连锁反应；销售方进一步的筹资能力也将相应地受到限制。

6. 削减应收债权，鼓励客户清偿所欠债务。企业为了刺激回款，会采取削减部分应收债权以鼓励客户清偿所欠债务，这样做可以大幅度降低期末应收账款余额，增加企业经营活动现金净流量，但会损害企业的利益，并非理想的回款政策。

7. 贴现应收票据，但要付出贴现利息。在会计期末向银行贴现商业票据，既可解决企业现金不足的困境，又可减少期末应收票据余额，增加销售商品、提供劳务收到的现金数额。但如果贴现的商业汇票到期时，票据承兑人不能付款，贴现银行会将贴现款划回或转为逾期贷款。因此，应收票据贴现实质上是企业筹措资金的一种形式，并不能改善企业的获现能力和收益质量。

8. 通过银行做应收账款的保理业务，提前收回货款。应收账款保理业务使得企业可以把因赊销而形成的应收账款有条件地转让给银行，银行再为企业提供现金，并负责管理、催收应收账款和坏账担保等。企业可借此将应收账款转变为现金，收回账款，加快资金周转，使企业减少坏账损失、增加现金流量。

9. 处置资产。企业处置资产，如固定资产、无形资产、股权投资等，可形成投资活动的现金流入，如果是关联交易，还可能以超过公允价值的价格成交，在实现现金流入的同时，还能改善净利润。

10. 构造"收到的其他与经营活动有关的现金"。凡不属于投资和筹资流入，又不属于销售商品和收到的税费返还流入，均归到这个项目中。因此，我们经常看到有些公司的现金流量表中，竟然出现"其他收到的与经营活动有关的现金"的数额接近甚至远远超过"销售商品、提供劳务收到的现金"的数额的不正常情况，并且没有提供明细，如接受捐赠、接受政府补贴收入等。

能力拓展训练

一、单项选择题

1. 下列项目中不属于现金流量表中"现金"的是（　　）。
   A. 库存现金　　　B. 定期银行存款　　　C. 活期银行存款　　　D. 银行本票存款
2. 企业经营活动产生的现金流量处于良好运转状态的是（　　）。
   A. 经营活动要借助于收回投资
   B. 经营活动现金流量净额大于零并在补偿非付现成本费用后仍有剩余
   C. 经营活动要举借新债取得现金
   D. 经营活动现金流入量等于流出量
3. 下列各项中，不在"销售商品、提供劳务收到的现金"项目中反映的是（　　）。
   A. 应收账款的收回　　　　　　　　B. 预收销货款

C. 收取的增值税销项税额　　　　　D. 购货退回的货款
4. 企业当期收到的税费返还应列入现金流量表的（　　）现金流入量。
   A. 经营活动　　　B. 投资活动　　　C. 筹资活动　　　D. 汇率变动影响
5. 能使经营活动现金流量减少的项目是（　　）。
   A. 无形资产摊销　　　　　　　　　B. 出售长期资产利得
   C. 存货增加　　　　　　　　　　　D. 应收账款减少
6. 华飞公司 2019 年净利润为 83 519 万元,本年计提的固定资产折旧 12 764 万元,无形资产摊销 5 万元,待摊费用增加 90 万元（不考虑其他因素）,则本年经营活动产生的现金净流量是（　　）万元。
   A. 83 519　　　B. 96 198　　　C. 96 288　　　D. 96 378
7. 在企业处于高速成长阶段,投资活动现金流量往往是（　　）。
   A. 流入量大于流出量　　　　　　　B. 流出量大于流入量
   C. 流入量等于流出量　　　　　　　D. 不一定
8. 下列活动中,属于企业投资活动产生的现金流量的是（　　）。
   A. 向银行借款收到的现金　　　　　B. 以现金支付的债券利息
   C. 发行公司债券收到的现金　　　　D. 以现金支付的在建工程人员工资
9. 下列财务活动中不属于企业筹资活动的是（　　）。
   A. 发行债券　　B. 分配股利　　C. 吸收权益性投资　　D. 购建固定资产
10. 根据《企业会计准则——现金流量表》的规定,支付的现金股利归属于（　　）。
    A. 经营活动　　　B. 筹资活动　　　C. 投资活动　　　D. 销售活动

二、多项选择题

1. 关于现金流量表分析的作用表述正确的有（　　）。
   A. 了解企业盈利能力
   B. 了解企业的偿债能力、支付能力和对外筹资能力
   C. 预测企业未来的现金流量
   D. 分析收益质量及影响现金净流量的因素
2. 下列活动中,属于经营活动产生的现金流量的有（　　）。
   A. 销售商品收到的现金　　　　　　B. 分配股利支出的现金
   C. 交纳税款支出的现金　　　　　　D. 出售设备收到的现金
3. 从净利润调整为经营活动现金流量时,应调增的项目有（　　）。
   A. 财务费用　　　　　　　　　　　B. 不减少现金的经营费用
   C. 投资损失　　　　　　　　　　　D. 存货增加
4. 企业经营活动现金流量不足,可以通过（　　）途径来解决。
   A. 消耗货币积累　　　　　　　　　B. 处置非现金资产
   C. 进行额外融资　　　　　　　　　D. 推迟投资活动
5. 投资活动产生的现金流出包括（　　）。
   A. 购建固定资产所支付的现金　　　B. 权益性投资所支付的现金
   C. 债权性投资所支付的现金　　　　D. 购买原材料所支付的现金
6. 属于筹资活动现金流量的项目有（　　）。

A. 取得短期借款　　　　　　　　　　B. 支付给职工的薪酬
C. 偿还长期借款　　　　　　　　　　D. 取得债券利息收入

7. 企业筹资活动产生的现金净流量小于零,可能意味着(　　)。

A. 企业当期大规模偿还债务

B. 企业当期进行了增资扩股

C. 企业当期在投资扩张方面没有更多的作为

D. 企业无法取得新的借款

8. 现金及现金等价物净增加额等于(　　)。

A. 三项活动产生的现金流量净额与汇率变动影响之和

B. 全部现金流入量

C. 现金及现金等价物期末、期初余额之差

D. 筹资活动现金流入量

9. 筹资活动现金流量联系经营活动的现金净流量分析时,如果经营活动的现金净流出量较大,有可能是(　　)。

A. 经营活动现金流量支持投资活动

B. 吸收资本用于经营活动

C. 借款补充经营活动

D. 经营活动现金流量出现问题

10. 在现金流量项目组合分析表中,"一,一,+"的现金净流量方向通常表示企业处于(　　)。

A. 初创期　　　　B. 成长期　　　　C. 成熟期　　　　D. 衰退期

三、判断题

1. 企业的银行存款与库存现金及现金等价物之间的资金转换,不视为现金的流入或流出。(　　)

2. 企业生命周期与现金流量状况密切相关,通过分析现金流量,可以知晓企业的经营发展阶段及其对现金的需求。(　　)

3. 固定资产折旧的变动不影响当期现金流量的变动。(　　)

4. 即使经营活动的现金净流量大于零,企业也可能仍然处于亏损状态。(　　)

5. 经营活动现金净流量如果小于零,说明企业经营活动的现金流量自我适应能力较差,企业经营状况不好,属于不正常现象。(　　)

6. 财务费用项目引起的现金流量属于筹资活动现金流量。(　　)

7. 投资活动现金净流量小于零,只可能是企业投资收益状况较差,没有取得经济效益。(　　)

8. 企业购买股票和债券时,实际支付的价款中包含的已宣告发放但尚未领取的现金股利或已到付息期但尚未领取的债券利息应反映在"支付其他与投资活动有关的现金"项目。(　　)

9. 筹资活动中偿还债务支付的现金项目反映企业以现金偿还债务本金和利息。(　　)

10. 对于一个健康的正在成长的公司来说,经营活动现金净流量应是正数,投资活动现金净流量应是正数,筹资活动现金净流量应是正负相间的。(　　)

四、计算分析题

华安公司2018年度和2019年度现金流量表如表4-7所示。

表4-7 现金流量表

编制单位：华安公司　　　　　　　　　　　　　　　　　　　　　　单位：千元

项　目	2019年	2018年
一、经营活动产生的现金流量		
销售商品、提供劳务收到的现金	86 797	63 609
收到其他与经营活动有关的现金	892	682
经营活动现金流入小计	87 689	64 291
购买商品、接受劳务支付的现金	22 534	16 024
支付给职工以及为职工支付的现金	7 599	6 722
支付的各项税费	36 235	26 469
支付其他与经营活动有关的现金	8 194	11 109
经营活动现金流出小计	74 562	60 324
经营活动产生的现金流量净额	13 127	3 967
二、投资活动产生的现金流量		
取得投资收益收到的现金	13	1 213
处置固定资产、无形资产和其他长期资产收回的现金净额	36	3
投资活动现金流入小计	49	1 216
购建固定资产、无形资产和其他长期资产支付的现金	5 006	1 978
投资活动现金流出小计	5 006	1 978
投资活动产生的现金流量净额	−4 957	−762
三、筹资活动产生的现金流量		
取得借款收到的现金	100	100
筹资活动现金流入小计	100	100
偿还债务支付的现金	100	100
分配股利、利润或偿付利息支付的现金	6 278	1 844
筹资活动现金流出小计	6 378	1 944
筹资活动产生的现金流量净额	−6 278	−1 844
四、汇率变动对现金及现金等价物的影响		
五、现金及现金等价物净增加额	1 892	1 361
期初现金及现金等价物余额		
期末现金及现金等价物余额		

要求：(1) 对华安公司现金流量表进行水平分析；

(2) 对华安公司2019年现金流量总体结构进行分析；

(3) 对华安公司2019年现金流量状况进行一般分析。

项目五　财务效率分析

学习目标

知识目标

1. 了解企业偿债能力分析的含义及内容,理解影响企业偿债能力的各种因素,掌握衡量企业偿债能力的各项指标;
2. 了解企业盈利能力分析的含义及内容,理解盈利能力分析指标中利润的不同层次及其运用,掌握衡量企业盈利能力的各项指标;
3. 了解企业营运能力分析的含义及内容,掌握衡量企业营运能力的各项指标;
4. 了解企业发展能力分析的内涵和内容,掌握衡量企业发展能力的各项指标;
5. 了解现金流量比率分析的内涵和内容,掌握现金流量比率分析的各项指标。

能力目标

能够准确理解企业营运能力与偿债能力、盈利能力的关系。

导入案例

蓝田神话的破灭

蓝田股份曾经创造了中国股市长盛不衰的绩优神话。这家以养殖、旅游和饮料为主的上市公司,一亮相就颠覆了行业规律和市场法则。1996 年发行上市以后,在财务数字上一直保持着神奇的增长速度:总资产规模从上市前的 2.66 亿元发展到 2 000 年年末的 28.38 亿元,增长了 9 倍,历年年报的业绩都在每股 0.60 元以上,最高达到 1.15 元。即使遭遇了 1998 年特大洪灾以后,每股收益也达到了不可思议的 0.81 元,5 年间股本扩大了 360%,创造了中国农业企业罕见的"蓝田神话"。当时最动听的故事之一就是蓝田的鱼鸭养殖每亩产值高达 3 万元,而同样是在湖北养鱼,武昌鱼的招股说明书的数字显示:每亩产值不足 1 000 元,稍有常识的人都能看出这个比同行业养殖高出几十倍的破绽。

最先挑破这个神话的是一个叫刘姝威的女人,她为此获得了由中央电视台评选的"2002 年中国经济年度人物",并被称为"中国股市的良心"。

2001 年 10 月,刘姝威(中央财经政法大学财经研究所研究员,中国企业研究中心主任)运用国际通用的财务分析方法,分析了从蓝田股份的招股说明书到 2001 年中期报告的全部财务报告以及其他公开资料。根据对蓝田股份会计报表的研究推理,她写了一篇 600 多字的研究推理短文——《应立即停止对蓝田股份发放贷款》,并发给了《金融内参》。研究推理"应立即停止对蓝田股份发放贷款"的依据包括四部分内容:① 蓝田股份的偿债能力分析;② 蓝田股份的农副产品销售收入分析;③ 蓝田股份的现金流量分析;④ 蓝田股份的资产结构分析。最后,她得出研究推理:蓝田股份的偿债能力越来越恶化;扣除各项成本和费用后,蓝田股份没有净收入来源;蓝田股份不能创造足够的现金流量以便维持正常的经营活动和保证按时偿还银行贷款的本金和利息;银行应立即停止对蓝田股份发放贷款。

刘姝威的这600多字的文章居然击碎了"蓝田神话"(1996年蓝田股份上市时股本为9 696万股,至2000年年底已扩张至4.46亿股;主营业务收入从4.68亿元猛增至18.4亿元),直接改变了蓝田公司的命运,众多银行就是在看了这篇文章以后"统一行动",拒绝给蓝田公司贷款。由此,蓝田赖以生存的资金链条断裂。最早在公开场合提出蓝田资金链断了的,是蓝田股份的掌门人瞿兆玉,2001年11月底,蓝田股份召开临时股东大会,瞿兆玉承认由于银行不再给蓝田发放贷款,导致蓝田陷入困境。

【思考题】 请继续查找相关资料,分析刘姝威为什么被称为"中国股市的良心"。

任务一　掌握企业偿债能力分析

任务要求

熟悉偿债能力的指标构成,掌握判断偿债能力强弱的方法,了解影响偿债能力的有关因素。

相关知识

一、偿债能力分析概述

企业在生产经营过程中,为了弥补自有资金不足就要对外举债;而举债经营的前提必须是能够按时偿还本金和利息,即具有一定的偿债能力,否则就会使企业陷入困境甚至危及企业的生存。

(一) 偿债能力的概念

偿债能力是指企业对债务清偿的承受能力或保障程度,即企业偿还全部到期债务的现金保障程度。企业偿还各种到期债务能力的大小,是决定企业财务状况优劣的基本要素之一,反映了企业财务状况的稳定性与生产经营的发展趋势。偿债能力是现代企业综合财务能力的重要组成部分,是企业经济效益持续增长的稳健性保证。因此,重视并有效提高偿债能力,不仅是出于维护债权人正当权益的考虑,也是企业保持良好市场形象和资信地位、避免风险损失、实现企业价值最大化的客观需求。保持良好的偿债能力,不仅是企业走向市场并在瞬息万变的市场竞争中求得生存与发展的先决条件,也是增强企业风险意识,树立现代市场观念的重要表现。

债务的偿付可分为正常状态下的偿付与非正常状态下的偿付。正常状态下的债务一般以现金方式来直接偿付,除了动用留存的货币资金来直接偿付负债或是通过借新债来偿付旧债这两种形式外,更多的是动用其他资产转换来的现金来偿付债务。事实上,企业借入债务的目的绝不是将钱存入银行以备债务到期时用以偿还,而是购入各种形式的资产开展经营活动,通过各种经营活动带来的现金流入,保障债务到期时的偿还。因此,企业的偿债能力还取决于企业资产的变现能力,即企业各项资产转化为现金的能力。

非正常状态下的债务偿付也称为债务重组,是企业债务的偿付已经出现了某种问题,无法正常支付,因而需要动用企业的非现金资产,或者采用债转股、修改债务条件等方式来偿付债务或实现债务的延期偿付。这种方式不仅会使得企业的财务信誉大大降低,也会有可能因需要动用企业并不计划清算的非现金资产而导致企业的正常生产经营活动受到影响。更加严重的是,如果债权人不同意进行债重组,则要通过法律手段要求企业进行清算来偿还债务,这将使企业面临破产的风险。

(二)偿债能力分析的意义

偿债能力是反映企业财务状况的重要内容,是财务报表分析的重要组成部分。对偿债能力进行分析,对于企业投资者、经营者和债权人都具有十分重要的意义。

(1) 偿债能力分析有利于投资者进行正确的投资决策。一个投资者在决定是否向企业投资时,不仅要考虑企业的盈利能力,还要考虑企业的偿债能力。投资者是企业剩余收益的享有者和剩余风险的承担者,所以投资者不仅关注其投入的资产能否增值,更关注其投入的资产能否保全。因此,投资者对企业的偿债能力进行深入分析,有助于其做出正确的投资决策。

(2) 偿债能力分析有利于经营者进行正确的经营决策。经营者要保证企业经营目标的实现,必须保证企业生产经营各环节的通畅和顺利进行,而企业各环节畅通的关键在于企业的资金循环与周转速度。企业偿债能力既是对企业资金循环状况的直接反映,又对企业生产经营的各环节的资金循环和周转有着重要的影响。因此,偿债能力的分析,对于企业经营者及时发现企业在经营过程中存在的问题,并采取相应措施加以解决,保证企业生产经营的顺利进行有着十分重要的意义。

(3) 偿债能力分析有利于债权人进行正确的借贷决策。偿债能力对债权人的利益有着直接的影响,因为偿债能力的强弱直接决定着债权人的信贷资金及其利息是否能安全收回。及时收回本金并取得利息是债权人要考虑的最基本的因素,任何一个债权人都不愿意将资金借给偿债能力很差的企业。因此,债权人在进行借贷决策时,首先要对借款企业的财务状况,特别是偿债能力状况进行深入细致的分析,否则可能会做出错误的决策。

(三)偿债能力分析的内容

偿债能力分析受企业负债内容和偿债所需资产内容的影响。一般来说,由于负债按其流动性(偿还时间的长短)分为流动负债和非流动负债,资产按其流动性(变现能力的强弱)分为流动资产和非流动资产,故偿债能力分析通常分为短期偿债能力分析和长期偿债能力分析。

1. 短期偿债能力分析

短期偿债能力是指企业偿还流动负债的能力,或是企业在短期债务到期时可以用现金偿还流动负债的能力。因此,短期偿债能力分析也称为企业流动性分析。进行短期偿债能力分析,首先要明确影响短期偿债能力的因素;在此基础上,通过对一系列反映短期偿债能力的指标进行计算与分析来评价企业短期偿债能力状况。

2. 长期偿债能力分析

长期偿债能力是指企业偿还非流动负债的能力,或是在企业非流动债务到期时可以用企业的盈利或资产偿还非流动负债的能力。对企业长期偿债能力进行分析,要结合非流动负债的特点,在明确影响长期偿债能力因素的基础上,从企业的盈利能力和资产规模两方面对企业偿还长期负债的能力进行分析和评价。

3. 短期偿债能力与长期偿债能力的关系

短期偿债能力与长期偿债能力统称为企业的偿债能力,它们共同构成企业对各种债务的偿付能力。两种偿债能力既有显著的区别,又相互联系。

1) 短期偿债能力与长期偿债能力的区别

一是短期偿债能力反映的是企业对偿还期限在1年或超过1年的一个营业周期以内的短期债务的偿付能力,而长期偿债能力反映企业保证未来到期债务(一般为1年以上)有效偿付的能力。二是短期偿债能力所涉及的债务偿付一般是企业的流动性支出,具有较大的波动性,从而使企业短期偿债能力也会呈现较大的波动性;而长期偿债能力所涉及的债务偿付一般为企业的固定性支出,只要企业的资金结构与盈利能力不发生显著的变化,企业的长期偿债能力会呈现相对稳定的特点。三是短期偿债能力所涉及的债务偿付一般动用企业目前所拥有的流动资产,故短期偿债能力的分析主要关注流动资产对流动负债的保障程度,即侧重进行静态分析;而长期偿债能力所涉及的债务偿付保证一般为企业未来产生的现金流入,故企业资产和负债结构以及盈利能力是长期偿债能力的决定因素。

2) 短期偿债能力与长期偿债能力的联系

一是无论短期偿债能力还是长期偿债能力,都是保障企业债务及时有效偿付的反映;但提高偿债能力,降低企业偿债风险,并不是企业财务运作的唯一目的,短期偿债能力与长期偿债能力都并非越高越好。企业应在价值最大化目标的框架下,合理安排企业债务水平与资产结构,实现风险与收益的平衡。二是由于非流动负债在一定期限内将逐步转化为流动负债,故非流动负债得以偿还的前提是企业具有较强的短期偿债能力,短期偿债能力是长期偿债能力的基础;但从长期来看,企业的长期偿债能力最终取决于企业的获利能力。

二、短期偿债能力分析

短期偿债能力是指企业用流动资产偿还流动负债的现金保障程度,它反映了企业偿付即将到期债务的能力。短期偿债能力是企业的任何利益关系人都要重视的问题。如果企业不能保持其短期偿债能力,也就不可能保持长期偿债能力,自然不能使投资者满意;即使是获利水平较高的企业,若不能按期偿还到期债务,也会面临清算的风险。对经营者来说,短期偿债能力的强弱意味着企业承受财务风险的能力大小;对投资者来说,短期偿债能力下降通常是获利水平降低和投资机会减少的先兆,意味着资本投资的流失;对债权人来说,短期偿债能力的强弱意味着本金和利息能否按期收回;对供应商和客户来说,短期偿债能力的强弱意味着企业履行合同能力的强弱。

(一) 影响短期偿债能力的因素

进行短期偿债能力的分析,首先必须明确影响短期偿债能力的因素,这是短期偿债能力分析的基础。

1. 企业的内部因素

1) 流动资产的结构

一般来说,流动资产越多,则企业的短期偿债能力越强。但由于正常情况下流动负债要通过流动资产变现来偿还,因此,除了关注流动资产与流动负债之间的数量关系外,还应特别关注流动资产的质量。流动资产的质量是指其流动性和变现能力。流动性的大小主要取决于流动资产转换为现金所需要的时间。资产转换为现金的时间越短,则资产流动性越强。变现能力是指资产能否很容易地、不受损失地转换为现金。如果流动资产的预计出售价格与实际出售价格的差额很小,则认为其变现能力较强。

流动资产不同构成项目的变现能力及其对整个流动资产变现速度的影响也不尽相同。在整个流动资产中,变现能力最强的是货币资金,其次是交易性金融资产。各种应收款项已经完成销售,进入款项待收阶段,故其变现能力大于尚未进入销售过程的存货。在应收款项中,应收票据不仅可以转让、贴现和抵押,且因其法律契约的性质,使其变现能力必然强于应收账款和其他应收款。从理论上讲,存货因完成了购进过程,较之预付账款的流动性或变现能力要强一些,但企业决定以预付账款方式购买商品,通常是以商品的市场销路极为畅销为前提的;否则,企业绝不会冒账款预付风险,故由预付账款购入的存货通常是比较容易变现的。此外,即使所需的商品采购没有实现,企业一般也能立即将之收回,并形成货币资金。所以,预付账款的流动性或变现能力通常被视为强于存货。

2) 流动负债的结构

一般来说,企业的所有债务都是要偿还的,但并非所有债务都需要在到期时立即偿还。根据债务偿还的强制程度和紧迫性,可以把企业的流动负债划分为三类。第一类是存在固定支付日期,需要到期立即用现金来偿还的,如短期借款、应交税费等,这类负债期限性强,需要企业拥有足够的现金来保证其偿债能力;第二类是需要企业用商品或劳务来偿还的,如预收款项等,这类负债不需要用现金,保持充足的存货即可;第三类就是介于前两者之间的流动负债,如应付账款、其他应付款等,这类流动负债要用现金来偿还,但因与供应商有长期的合作关系而具有一定的时间弹性。因此,偿债时间的刚性强会增加企业实际的偿债压力,而偿债时间的弹性强则会减轻企业的实际偿债压力。

3) 企业的融资能力

在用各项指标评价企业的偿债能力时,还应注意到企业的融资能力。有些企业各种偿债能力指标都很好,但却不能按期偿还到期的债务;而另外一些企业,因为有较强的融资能力,如与银行等金融机构保持良好的信用关系,随时能够筹集到大量的现金,即使各种偿债能力指标不是太好,却总能按期偿还到期债务。

4) 企业的经营现金流量状况

企业的短期债务通常是用现金来偿还的。因此,现金流量是决定企业短期偿债能力的重要因素。现金流量包括经营活动现金流量、投资活动现金流量与筹资活动现金流量。在三类现金流量中,经营活动带来的现金净流量在各期之间相对比较稳定,能够比较稳定地满足企业的短期现金支付,故与企业的短期偿债能力关系最为密切。当企业经营业绩较好时,就会有持续和稳定的现金流入,从而保证到期债务的偿付;当企业经营业绩较差时,其现金流入不足以抵补现金流出,造成营运资本缺乏,现金短缺,企业很可能因无法及时偿还到期债务而导致信用危机,甚至被迫清算。

2. 企业的外部因素

1) 宏观经济形势

宏观经济形势是影响企业短期偿债能力的重要外部因素。国民经济的发展是有周期性的,在国民经济快速发展时期,社会的有效需求稳定增长,产品畅销且可以容易地转化为现金,企业的偿债能力就较强;如果国民经济处于调整时期,企业的产品就可能销售不出去,资金周转就会放缓,资产不能及时变现,从而影响到企业的偿债能力。

2) 证券市场的发育及完善程度

在企业的流动资产中,通常会有一定比例的有价证券。由于有价证券具有易于变现的特点,在分析企业偿债能力时,是把有价证券视为现金的。如果证券市场发达,企业随可将持有的有价证券转换为现金;如果证券市场不发达,企业将持有的有价证券转换为现金就会发生困难,甚至不得不以较低的价格转让,使实际收到的现金低于有价证券的账面价值。这些情况对企业的偿债能力有着很大的影响,特别是企业持有的有价证券数额比较大,把对其的投资作为资金的调度手段时,这种影响就更大。

3) 银行的信贷政策

信贷政策是国家为了保证国民经济的健康发展而采取的宏观调控手段之一。在国家采取较宽松的信贷政策支持银行给企业融资时,企业在资金紧张时就能较容易地从银行等金融机构获得信贷资金,其偿债能力相应也会提高;如果国家采取紧缩的信贷政策压缩银根时,企业就很难从银行取得信贷资金,其实际偿债能力就会降低。

(二) 短期偿债能力分析指标

短期偿债能力的强弱主要取决于企业流动资产和流动负债的规模与结构。因此,将流动资产与流动负债的数量进行对比,即可初步判断企业的短期偿债能力。在对比分析中采用的指标主要有营运资本、流动比率、(保守)速动比率和现金比率。

1. 营运资本

1) 营运资本的含义与计算公式

营运资本是指企业流动资产减去流动负债的差额,是反映企业短期偿债能力的绝对数指标。其计算公式为:

$$营运资本＝流动资产－流动负债$$

营运资本指标能够直接反映企业的流动资产在偿还全部流动负债后还有多少剩余。营运资本越多,表明企业可用于偿还流动负债的资金越充裕,短期偿债能力越强,债权人收回债权的安全性也越高。当营运资本小于零时,表明企业资金周转不灵,偿债风险较大。

2) 营运资本的分析

对营运资本的分析,可以从以下两个方面进行:

一是营运资本为多少并没有统一的标准。对于短期债权人来说,当然希望营运资本越多越好,这样可以提高其债权的保障程度;但对于企业来说,营运资本过多虽然可以提高短期偿债能力,降低财务风险,却有可能降低企业的盈利能力,因为过多的营运资本意味着流动资产多而流动负债少,而流动资产与非流动资产相比,虽然流动性强,但获利水平低。因此,对企业来说,需要在风险与收益之间进行平衡,根据实际情况合理安排企业的营运资本数额。

二是营运资本是一个绝对数指标,不便于进行不同规模企业之间的比较,有时即使两个企业的营运资本完全相同,其偿债能力也不一定相同(如 A 公司流动资产 200 万元,流动负债 100 万元;B 公司流动资产 1 100 万元,流动负债 1 000 万元)。另外,当流动负债大于流动资产时,营运资本小于零,表明营运资本出现短缺,但如果企业融资能力较强,也可以偿还流动负债。

根据表 2-1 提供的资料,可以计算华天股份有限公司的营运资本。

2019年年初营运资本＝258 818 617.15－270 762 157.06＝－11 943 539.91(元)
2019年年末营运资本＝409 224 636.60－348 924 252.83＝60 300 383.77(元)

计算结果表明,该公司2019年年初营运资本小于零,年末营运资本大于零,说明该公司短期偿债能力有所提高。

2. 流动比率

由于营运资本指标的局限性,实际工作中经常采用流动比率来判断企业短期偿债能力的强弱。

1) 流动比率的含义与计算公式

流动比率是指企业流动资产与流动负债的比值,它表明企业某一时点每1元流动负债有多少流动资产作为偿还的保证。该指标是衡量企业短期偿债能力的最基本、最通用的财务指标。其计算公式为：

$$流动比率=\frac{流动资产}{流动负债}\times 100\%$$

流动比率越高,说明企业短期偿债能力越强,流动负债得到偿还的保障越大。经验表明,流动比率在2∶1左右比较合适。其理论依据是流动资产中含有存货,而一般企业的存货约占流动资产的一半。如果流动比率过低,企业可能面临到期难以清偿债务的困难。

2) 流动比率的分析

对流动比率的分析应注意以下四个问题：

一是虽然流动比率越高,企业的短期偿债能力越强,但较高的流动比率仅仅说明企业有足够的可变现资产用于偿债,并不等于已有足够的现金用来偿债。如果此时流动资产质量较差(如大量的应收账款且收款期长、较多的积压存货),就会高估流动比率,而真正可用来偿债的现金却严重短缺。所以,在分析企业的流动比率时,要结合企业的流动资产质量及现金流量加以考虑。

二是从短期债权人的角度看,流动比率越高越好,因为流动比率越高,债权越有保障,借出的资金越安全;但从企业经营者角度看,若企业短期资产的流动性正常,过高的流动比率意味着企业可能滞留在流动资产上的资金过多,从而不能充分、有效地利用资金,必然造成企业的机会成本增加和盈利能力降低。因此,企业应从收益和风险权衡的角度对流动资产与流动负债的规模进行合理的安排,不能盲目地追求流动比率的提高。

三是流动比率是否合理,不同的企业以及同一企业不同时期的评价标准是不同的,因为流动比率的高低受企业所处行业的性质与特点影响较大(如房地产企业、商品流通企业的流动比率较低)。各企业应根据自身情况和行业特点,通过与同行业平均流动比率、本企业历史流动比率进行比较,来判断该比率的优劣。

四是流动比率易受人为因素控制。当企业的流动比率大于1时,在临近年末的时候,企业可以通过年末突击偿还流动负债、下年初如数举借新债等手段来提高流动比率;或者通过借入一笔临时借款来增加流动比率分子中的货币资金和分母中短期借款,从而降低流动比率。当企业流动比率小于1时,操作手段正好相反。

根据表2-1提供的资料,可以计算华天股份有限公司的流动比率。

$$2019年年初流动比率=\frac{258\ 818\ 617.15}{270\ 762\ 157.06}\times 100\%=96\%$$

2019 年年末流动比率 $=\dfrac{409\ 224\ 636.60}{348\ 924\ 252.83}\times 100\% = 117\%$

计算结果表明,该公司 2019 年年初流动比率为 0.96,短期偿债压力是很大的,这种状况在 2019 年年末稍稍得到一些缓解;但该公司无论是 2019 年年末还是 2019 年年初,流动比率都远低于 2,表明该公司的短期偿债能力很弱。

3. 速动比率

流动比率是用于评价流动资产总体变现能力的指标,若要进一步考察企业当前的偿债能力,还需要运用速动比率指标。

1) 速动比率的含义与计算公式

速动比率又称酸性试验比率,是指速动资产与流动负债的比值。其内涵是每 1 元流动负债有多少元速动资产做保障,用来衡量企业流动资产中可以迅速变现的资产偿付流动负债的能力。其计算公式为:

$$速动比率 = \dfrac{速动资产}{流动负债}\times 100\%$$

式中,速动资产是指现金和易于变现、几乎可以随时用来偿还债务的流动资产,是流动资产扣除存货后的余额。

要把存货从流动资产中剔除的主要原因是:一是在流动资产中存货的变现速度最慢;二是由于某种原因,存货中可能含有已损失但还没做处理的不能变现的存货;三是部分存货可能已抵押给特定债权人。

速动比率是流动比率的一个重要辅助指标。有时企业流动比率虽然很高,但若流动资产中易于变现、具有即时支付能力的资产却很少,短期偿债能力仍然很差。而速动比率由于剔除了存货等变现能力较弱且不稳定的资产,较之流动比率能够更加准确、可靠地评价企业资产的流动性及其偿还流动负债的能力。速动比率越高,表明企业资产的流动性越强,偿还流动负债的能力越强,债权人的权益越有保障,短期债权人到期收回本息的可能性就越大。通常认为,速动比率等于或稍大于 1 是比较合理的,它表明企业每 1 元流动负债都有 1 元易于变现的资产作为保障。

2) 速动比率的分析

速动比率考虑了流动资产的结构,因而弥补了流动比率的某些不足。但对速动比率进行分析要注意以下三点:

一是对于速动比率的标准不能绝对化,对不同行业、不同企业需要具体分析。例如,采用现金销售的商业企业,几乎没有应收账款,其速动比率低于 1 很正常;反之,大量实行产品赊销的工业企业,应收账款较多,其速动比率应高于 1。因此,计算出速动比率是高是低、是优是劣,还要结合企业历史资料和行业平均水平来判断。

二是速动资产中包含了流动性较差的应收账款,使速动比率所反映的偿债能力受到质疑。账面上的应收账款不一定都能变为现金,若应收账款数额较大或账龄较长,实际的坏账可能高于计提的坏账准备;季节性经营的企业由于季节变化,可能使报表上的应收账款数额不能反映平均水平。因此,在计算速动比率时,对应收账款应按账龄逐一分级进行折算以分析其变现能力,如对超过半年的应收账款给予 20%~40% 的折扣;对 1 年以上的应收账款给予 50%~80% 的折扣;对 2 年以上的仅仅是个象征符号的应收账款,原则上不再列入速动资产。在评价速动比率指标时,还应结合应收账款周转率分析应收账款的质量。

三是速动比率同流动比率一样,反映的是会计期末的情况,并不代表企业长期的财务状况。它有可能是企业为筹措资金而人为粉饰财务状况的结果,如企业在结账日前降价大力促销、以应收账款与应付账款相互抵销等。因此,在进行速动比率分析时,应进一步对企业整个会计期间和不同会计期间的速动资产、流动资产和流动负债情况进行分析。

根据表 2-1 提供的资料,可以计算华天股份有限公司的速动比率。

2019 年年初速动比率 $=\dfrac{258\ 818\ 617.15-62\ 900\ 816.06}{270\ 762\ 157.06}\times 100\%=72\%$

2019 年年末速动比率 $=\dfrac{409\ 224\ 636.60-78\ 506\ 816.87}{348\ 924\ 252.83}\times 100\%=95\%$

计算结果表明,该公司 2019 年年末速动比率高于 2019 年年初,且年末速动比率接近于 1,说明该公司的短期偿债能力有所提高。

3) 保守速动比率的分析

由于行业之间的差别,在计算速动比率时除扣除存货等非速动资产外,还可以从流动资产中去掉其他一些可能与当期现金流量无关的项目(如预付款项),用以评价企业变现能力的强弱和偿债能力的大小,由此而形成保守速动比率。保守速动比率是指保守速动资产与流动负债的比率。其计算公式为:

$$保守速动比率=\dfrac{保守速动资产}{流动负债}\times 100\%$$

式中,保守速动资产一般是指货币资金、交易性金融资产、应收票据、应收账款和其他应收款的总和。

保守速动比率通过考察速动资产中变现能力最好的部分资产和流动负债的比率,更好地揭示了企业对流动负债的偿还能力。保守速动比率要参照同行业的标准再做进一步的分析。

根据表 2-1 提供的资料,可以计算华天股份有限公司的保守速动比率。

2019 年年初保守速动比率

$=\dfrac{74\ 765\ 564.65+18\ 841\ 133.66+79\ 743\ 418.39+3\ 148\ 327.52}{270\ 762\ 157.06}\times 100\%=65\%$

2019 年年末保守速动比率

$=\dfrac{127\ 530\ 439.08+5\ 568\ 336.08+91\ 857\ 731.82+71\ 335\ 202.91}{348\ 924\ 252.83}\times 100\%=85\%$

计算结果表明,该公司 2019 年年末保守速动比率高于 2019 年年初,表明该公司的短期偿债能力有所增强。

4. 现金比率

基于流动比率和速动比率都有可能高估企业的短期偿债能力,解决这个问题的方法就是采取更极端保守的态度计算企业的短期偿债能力指标,也就是现金比率指标。

1) 现金比率的含义与计算公式

现金比率是指企业现金类资产与流动负债的比率。现金比率反映企业的即时付现能力——随时可以还债的能力。其计算公式为:

$$现金比率=\dfrac{现金类资产}{流动负债}\times 100\%$$

式中,现金类资产是指货币资金和交易性金融资产之和,这两项资产的特点是随时可以变现。

现金比率越高,说明企业现金类资产在流动资产中所占比例越大,企业短期偿债能力就越强。现金比率对于分析企业的短期偿债能力具有十分重要的意义,因为流动负债不同于非流动负债,非流动负债至少在1年后才偿还,企业有较充裕的时间来筹措资金以还本付息;而流动负债期限很短(一般都不超过1年),很快就需要用现金来偿还。如果企业没有一定的现金储备,等到债务到期了再临时筹资去偿还债务,就容易出问题。因此,企业保持一定的合理的现金比率是很必要的。一般认为,现金比率维持在20%左右的水平,企业的直接支付能力不会有太大的问题。

2) 现金比率的分析

对现金比率进行分析要注意以下四点:

一是在进行企业短期偿债能力分析时,一般来说该比率的重要性不大。因为不可能要求企业立即用现金类资产来偿付全部流动负债,企业没有必要总是保持足够还债的现金类资产。但是,在企业把应收账款和存货都抵押出去或已有迹象表明应收账款和存货的变现能力存在问题时,计算该比率更为有效。因为在这种情况下,流动比率和速动比率都带有虚假性或不可靠性,容易导致企业盲目乐观;而现金比率能够表明企业最坏情况下的短期偿债能力。

二是现金比率越高,表明企业可立即用于支付债务的现金类资产越多,对到期流动负债的偿还越有切实的保障,企业面临的短期偿债压力越小;反之,则压力越大。但是,企业也可能因为维持太高的现金比率而没有充分利用现金资源,没有将现金投入经营环节而丧失许多有利可图的流转机会和投资机会,从而损失相应的周转利益和投资利益,也即带来较高的机会成本。因此,在对这个比率下结论之前,应充分了解企业情况,结合企业编制的现金预算来评估。有时候企业可能有特别的计划需要使用现金,如进行扩大生产能力的建设,就必须使手头上的现金增加。这种情况下,即使该比率很高,也不能误认为偿债能力很强。但不管怎样讲,过低的现金比率反映企业的支付能力一定存在问题,时间长了会影响企业的信用。

三是使用现金比率时,还必须注意现金及有价证券的内涵变化。比如某些限定用途、不得随便动用的现金和银行借款限制性条款中规定的最低存款余额,减少了企业实际可用的现金数量;而某些账面价值不能准确反映其市价变动的有价证券,应对其按照实际价格进行相应调整,才能揭示其真正的变现价值等。

四是企业现金管理是财务管理的重要内容之一,企业持有现金一般有交易性、预防性和投机性三种动机,并不完全都是为了偿债。企业应当根据企业所处行业的性质与特点、企业经营活动的规模与特点、管理层对未来现金流量的估计以及对风险的态度等多方面确定现金持有量,而不能仅仅为了提高企业短期偿债能力而多持有现金类资产。

根据表2-1提供的资料,可以计算华天股份有限公司的现金比率。

2019年年初现金比率 $= \dfrac{74\ 765\ 564.65}{270\ 762\ 157.06} \times 100\% = 28\%$

2019年年末现金比率 $= \dfrac{127\ 530\ 439.08}{348\ 924\ 252.83} \times 100\% = 37\%$

计算结果表明,该公司2019年年末现金比率比2019年年初有所增长,这种变化意味着该公司的直接支付能力有一定的提高;且该公司2019年年初、年末现金比率都已超过20%,故该公司的直接支付能力较强。

综上所述，营运资本、流动比率、（保守）速动比率和现金比率都是从流动资产及其组成部分与流动负债对比关系角度评价企业短期偿债能力的财务指标。企业在实际运用上述指标进行分析时，如果仅凭某一个指标即对企业短期偿债能力做出评价，可能会出现一定偏差。因此，不能孤立地看某一个指标，应该综合其他指标进行分析才能全面和客观地判断企业短期偿债能力的大小。

（三）影响短期偿债能力的其他因素

上述反映短期偿债能力的财务指标，都是从财务报表资料中取得的。但还有一些财务报表资料中没有反映出来的因素，也会影响企业的短期偿债能力，甚至影响力更大。因此，分析企业短期偿债能力时，还应注意未在财务报表上充分披露的其他因素。

1. 准备变现的长期资产

企业依据本身的经营战略往往在特定时期准备将一些长期资产变现，如由于机器设备使用年限较长，企业准备将其清理出售，这无疑会增强企业以后会计期间资产的流动性。但分析时应谨慎对待此类情况，因为长期资产一般是企业的生产资料，是企业经营活动中所必须的，即使是过剩的长期资产在短期内也不易变现。如果企业迫于偿债压力而采取饮鸩止渴的手段，出售企业有价值的长期资产，虽然短期内企业资产的流动性增加了，但从长远来看却可能导致企业最终走向衰败。

2. 良好的商业信用

企业良好的商业信用主要表现在：一是企业拥有著名品牌，与债权人关系良好，在出现短期偿债困难时能达成延期付款或者较易取得贷款，以新债还旧债。当然，这种增强偿债能力的潜在因素具有高度的不确定性，容易受整体资金环境的影响。二是具备发行企业股票或企业债券的能力，增强企业资产的流动性。良好的长期融资能力往往是缓解短期债务危机的重要保证。

3. 尚未使用的银行授信额度

在与企业长期业务往来中，银行基于对客户多年来信用状况的考察和"与客户共同成长"的理念，通常会给予优质客户一定授信额度。对于银行已同意、企业尚未办理贷款手续的授信额度，企业可以随时向银行提出申请取得贷款，从而提高企业的现金支付能力。这一数据不反映在财务报表中，必要时应在财务状况说明书中予以说明。

4. 担保责任、已贴现的商业汇票引起的债务

债务担保人负有连带偿债责任，一旦被担保人无法偿还债务，将由担保人偿付。可见，对担保人而言，提供担保时就形成了对金融机构的或有负债，此项或有负债最终是否转变为一笔实际的负债，取决于到期时被担保人能不能偿还债务。另外，企业已向银行贴现的商业汇票，银行仍对企业拥有追索权，即如果票据到期出票人无力还款给贴现银行，银行将向企业收取款项。因此，担保责任、已贴现的商业汇票引起的债务必然会削弱企业的短期偿债能力。

5. 未做记录的或有负债

未做记录的或有负债范围较广，如有纠纷的税款、尚未了结的诉讼案件、有争议的财产纠纷、销售创新（如企业承诺顾客如果全年累计消费10 000元，企业返还顾客100元现金）、大件商品的售后服务等均会对企业的短期偿债能力产生负面影响。

三、长期偿债能力分析

(一) 长期偿债能力的概念与影响因素

1. 长期偿债能力的概念

长期偿债能力是指企业偿还长期债务本金与利息的能力,是企业保证到期长期负债及时偿付的可靠程度。企业的长期负债主要有长期借款、应付债券和长期应付款等,具有数额较大、偿还期限较长等特点。长期偿债能力分析与短期偿债能力分析有一定的差别,一般情况下,短期偿债能力分析主要着眼于企业所拥有的流动资产对流动负债的保障程度,因此要关注流动资产和流动负债的规模与结构,同时关注流动资产的周转情况;而对于长期负债来说,企业借入长期负债的目的不是希望借入长期负债所形成的资产直接来保证长期负债的偿还,而是通过对该资产的运营实现盈利与增值,来保证长期负债的偿还。因此,分析长期负债能力除了关注企业资产和负债的规模与结构外,还需要关注企业的盈利能力。

2. 影响长期偿债能力的因素

1) 企业的资本结构

企业的资本结构就是自有资金与负债之间的比例结构。自有资金是企业对外举债时还本付息和承担风险的基础。自有资金的比例越高,负债比例越低,对债权人来说,其债权的偿付保障程度就越高,企业长期债务到期无法足额偿付的可能性就越小。自有资金的比例越低,负债比例越高,债权人债权的偿付保障程度就越低;企业还本付息的负担越重,财务风险就越大,不能如期偿还债务本金和利息的可能性就越大。可是,一个过于保守的资本结构,在企业资产报酬率大于债务利息率的情况下,会丧失债务资金的抵税作用和财务杠杆作用,从而削弱企业的盈利能力,最终削弱企业的长期偿债能力。因此,企业资本结构是影响长期偿债能力的主要因素。

2) 非流动资产的规模、结构和质量

根据资产与资本对应关系的理论,企业的长期负债一般形成非流动资产,故保证长期负债偿还的主要是非流动资产。但非流动资产一般具有一定的专用性,故对于债权人来说,在债务到期时所需要的是企业用现金来偿还负债,而不是直接获得企业的非流动资产。如果企业大部分非流动资产在面临债务偿还时变现能力过低,可能会导致企业即使拥有很多非流动资产也无法足额偿还债务。因此,非流动资产的规模、结构和质量直接影响着企业的长期偿债能力,特别是企业破产清算时,非流动资产的清理变卖价值将决定对债权人债权的偿还数额。

3) 企业的盈利能力

企业能否有充足的现金流入供偿债使用,在很大程度上取决于企业的盈利能力。短期债务可以通过流动资产变现来偿付,因为大多数流动资产的取得往往以短期负债为其资金来源。而企业的长期负债大多用于非流动资产投资,在企业正常生产经营条件下,非流动资产投资形成企业的生产经营能力。一般来讲,企业不可能靠出售资产作为偿债的资金来源,而只能依靠企业的生产经营所得;另外,企业支付给长期债权人的利息支出,也要从所融通资金创造的收益中予以偿付。从企业负债经营的实质内容来看,企业借入资金是为了用于企业的投资活动与经营活动,即购入相应的资产,并通过相应的运营赚取超过利息支出的利润。因此,企业长期的盈利水平和经营活动产生的现金流量才是偿付债务本金和利息的最稳定、最可靠的来源。一般来说,企业的盈利能力越强,长期偿债能力越强;反之,则长期偿债能力越弱。

（二）长期偿债能力分析指标

分析长期偿债能力，主要是通过资产负债表反映的情况考察企业的财务状况和通过利润表反映的经营成果考察企业的盈利情况。即长期偿债能力分析主要根据资产负债表和利润表中的相关数据计算出一系列财务比率，分析权益与资产之间的关系，分析不同权益的内在联系，从而对企业长期偿债能力强弱、资本结构是否合理等做出客观评价。反映企业长期偿债能力的财务比率主要有资产负债率、产权比率、有形净值债务率和利息保障倍数等。

1. 资产负债率

1）资产负债率的含义与计算公式

资产负债率也称为负债比率或举债经营比率，是指企业负债总额与资产总额的比率，反映了企业资产总额中有多少是通过举债而得到的。其计算公式为：

$$资产负债率 = \frac{负债总额}{资产总额} \times 100\%$$

资产负债率用于衡量企业利用负债融资进行财务活动的能力，也是显示企业财务风险的重要指标，反映企业偿还债务的综合能力。这个比率越高，企业偿还债务的能力越弱；反之，偿还债务的能力越强。

2）资产负债率的分析

对资产负债率的分析，可以从以下三个方面进行：

一是由于计算公式中负债总额与资产总额均只反映企业某一时点的数据，不能说明企业某一期间的财务状况。因而在实务中，可用"负债平均余额"与"资产平均余额"来计算资产负债率（如后面"杜邦财务分析体系"中即采用平均余额计算财务比率）。另外，计算出的资产负债率可以将其与行业平均水平及企业历史水平相比较。通过与同行业平均水平或竞争对手的比较，可以了解企业的财务风险和长期偿债能力在整个行业中是偏高还是偏低，与竞争对手相比是强还是弱。如果发现企业的资产负债率过高或者过低，则应进一步找出原因，并采取措施及时调整。通过与企业以往各期的资产负债率比较，可以看出企业的财务风险和长期偿债能力的变化趋势，是越来越好还是越来越差，或是基本保持稳定。如果在某一期间资产负债率突然增高，应进一步查找原因，看是由资产规模下降导致还是负债大量增加引起，并及时采取改善的对策，以防止长期偿债能力进一步恶化，出现财务危机。

二是对于资产负债率，企业的债权人、股东和企业经营者往往从不同的利益角度来评价。从债权人角度来看，其最关心的是贷给企业资金的安全性。如果这个比率过高，说明在企业全部资产中，股东提供的资本所占比重太低。这样，企业财务风险就主要由债权人负担，其贷款的安全也缺乏可靠的保障。所以，债权人总是希望企业的资产负债率低一些。从企业股东角度看，其关心的主要是投资收益的高低。企业借入的资金与股东投入的资金在生产经营中发挥同样的作用，如果企业负债所支付的利息率低于资产报酬率，股东就可以利用举债经营取得更多的投资收益。因此，企业股东可以通过企业举债经营的方式，以有限的资本、付出有限的代价而取得对企业的控制权，并且得到举债经营的杠杆利益。从企业经营者角度看，其既要考虑企业的盈利，也要顾及企业所承担的财务风险。资产负债率作为财务杠杆不仅反映了企业的长期财务状况，也反映了企业管理当局的进取精神。如果企业不利用举债经营或负债比例很小，则说明企业比较保守，对前途信心不足，利用债权人资本进行经营活动的能力较差。因此，在确定企业的负债比率时，一定要审时度势，充分考虑企业内部各种因素和企业外部的市场环境,在收益和风险之间权衡利弊得失,然后才能做出正确的财务决策。

三是资产负债率的适宜水平对不同企业不能一概而论。一般认为,资产负债率的适宜水平是40%～60%。当然,这也不是绝对的。适度的资产负债率水平要综合考虑若干因素来确定。首先是企业所处的生命周期。当企业处于成长期或成熟期时,企业前景比较乐观,此时可适当提高资产负债率,充分发挥财务杠杆作用;当企业处于创业期或衰退期时,预期现金流量减少,此时应采取相对保守的财务政策,降低资产负债率,以降低财务风险。其次是行业性质。资产流动性强的行业(如零售业),其周转能力和变现能力较强,可容许的资产负债率较大;经营风险比较低的企业(如供水、供电企业),为增加股东收益,其资产负债率较高;经营风险比较高的行业(如高科技企业),为降低财务风险,其资产负债率较低;资金密集型行业(如飞机制造业),其资产负债率较高。再次是资本市场。直接融资市场比较发达时,企业的资产负债率可能较低,如我国上市公司的资产负债率水平远低于非上市公司。最后是传统文化、观念、体制及历史等原因。在一个崇尚稳健和保守的文化环境中,一般不会过多举债来增加财务风险;赖账之风盛行则会无节制负债。

根据表2-1提供的资料,可以计算华天股份有限公司的资产负债率。

$$2019\text{年年初资产负债率}=\frac{270\ 762\ 157.06}{1\ 139\ 945\ 667.14}\times 100\%=23.75\%$$

$$2019\text{年年末资产负债率}=\frac{488\ 924\ 252.83}{1\ 497\ 344\ 634.68}\times 100\%=32.65\%$$

通过比较可知,该公司2019年年末资产负债率比年初提高了8.90%,表明该企业债务负担略有增加。但总体来讲,该公司资产负债率仍然相对较低,表明资产对负债的保障程度较高,公司的长期偿债能力较强;但另一方面也说明该公司可能没有利用负债经营充分发挥财务杠杆效益,来获取更多的利润。

2. 产权比率

1) 产权比率的含义与计算公式

产权比率也称资本负债率,是指企业负债总额与所有者权益总额的比率,是企业财务结构稳健与否的重要标志。其计算公式为:

$$\text{产权比率}=\frac{\text{负债总额}}{\text{所有者权益总额}}\times 100\%$$

资产负债率和产权比率之间的关系如下:

$$\text{产权比率}=\frac{\text{资产负债率}}{1-\text{资产负债率}}$$

产权比率通过企业负债与所有者权益进行对比来反映企业资金来源的结构比例关系,主要用于衡量企业所有者权益对债权人权益的保障程度和企业财务风险程度。产权比率是对资产负债率的必要补充,如果认为企业资产负债率应当在40%～60%之间,则意味着产权比率应当维持在0.67~1.5之间。

2) 产权比率的分析

对产权比率的分析,可以从以下两个方面进行:

一是产权比率一方面反映了债权人提供的资本与股东提供的资本的相对关系,能反映企业财务结构的稳定性;另一方面反映了债权人债务资本受所有者权益保护的程度,表明当企业处于清算状态时,对债权人权益的保障程度。这一比率越低,表明股东对企业控制权越稳固,企业的长期偿债能力越强,债权人权益的保障程度越高,企业承担的偿债付息的压力与风险越小,但企业不能充分地发挥负债的财务杠杆效应;这一比率过高,表明企业过度运用财务杠杆,企业的财务风险过大。所以,企业在评价产权比率适度与否时,应从提高盈利能力与增强长期偿债能力两个方面综合进行,即在保障债务偿还安全的前提下,应尽可能提高产权比率。

二是产权比率与资产负债率都是用于衡量长期偿债能力的,具有相同的经济意义。资产负债率分析中应注意的问题,在产权比率分析中也应引起注意。但二者还是有一定区别的,其区别是反映长期偿债能力的侧重点不同。产权比率侧重于揭示债务资本与权益资本的相互关系,说明企业财务结构的风险性以及所有者权益对偿债风险的承受能力;资产负债率则侧重于揭示企业总资本中有多少是依赖负债取得的,说明债权人权益的物资保障程度。

根据表2-1提供的资料,可以计算华天股份有限公司的产权比率。

$$2019\,年年初产权比率 = \frac{270\,762\,157.06}{869\,183\,510.08} \times 100\% = 31.15\%$$

$$2019\,年年末产权比率 = \frac{488\,924\,252.83}{1\,008\,420\,381.85} \times 100\% = 48.48\%$$

计算结果表明,该公司2019年年初、年末的产权比率都较低,同资产负债率可相互验证,表明该公司的长期偿债能力较强,债权人权益的保障程度较高,承担的风险很小。

3. 有形净值债务率

产权比率所反映的偿债能力是以净资产为保障的,但资产中的某些项目价值具有极大的不确定性,且不易形成支付能力。因此,在使用产权比率时,还应结合有形净值债务率指标做进一步的分析。

1) 有形净值债务率的含义与计算公式

有形净值债务率是指企业负债总额与有形净值的比率。其计算公式为:

$$有形净值债务率 = \frac{负债总额}{有形净值} \times 100\%$$

式中,有形净值是所有者权益减去无形资产和商誉后的净值,即所有者具有所有权的有形资产净值。

有形净值债务率主要是用于衡量企业的风险程度和对债务的偿还能力,表明债权人在企业清算时的被保护程度。这个指标越高,表明风险越大,企业长期偿债能力越弱;反之,该指标越低,表明风险越小,企业长期偿债能力越强。

2) 有形净值债务率的分析

对有形净值债务率的分析,可以从以下三个方面进行:

一是有形净值债务率揭示了负债总额与有形资产净值之间的关系,能够反映债权人在企业处于清算时能获得多少有形资产保障;该指标实质上是产权比率指标的延伸,是更为谨慎、保守的用来反映债权人权益受保护程度的指标。

二是有形净值债务率指标最大的特点是在可用于债务偿还的净资产中扣除了无形资产、商誉等,这主要是由于这些资产的计量缺乏可靠的基础,且企业清算时无法作为偿还债务的实质性来源。

三是有形净值债务率的分析与产权比率分析相同。该指标应维持在100%,即负债总额与有形资产净值应维持在1∶1的比例。

根据表2-1提供的资料,可以计算华天股份有限公司的有形净值债务率。

2019 年年初有形净值债务率 = $\dfrac{270\,762\,157.06}{869\,183\,510.08 - 15\,282\,738.09} \times 100\% = 31.71\%$

2019 年年末有形净值债务率 = $\dfrac{488\,924\,252.83}{1\,008\,420\,381.85 - 25\,004\,994.77} \times 100\% = 49.72\%$

该公司的有形净值债务率无论是 2019 年年初还是年末，均远远小于 100%，说明其长期偿债能力较强。

4. 利息保障倍数

上述三项指标利用的数据均来自资产负债表，在进行分析时存在着明显的不足：一是只是反映了企业某一时点的偿债能力，二是未能揭示企业经营业绩与偿还债务支出的关系。企业取得资产的目的并不是为了偿债，而是利用资产进行产品生产销售以获取收益，从而来清偿债务。因此，分析时还应通过研究收益与长期偿债能力的关系来分析企业的长期偿债能力。分析指标主要是利息保障倍数，分析数据主要来源于利润表。

1）利息保障倍数的含义与计算公式

利息保障倍数也称已获利息倍数，是指企业一定时期的息税前利润与利息费用的比率，反映了企业获利能力对债务利息的保障程度。其计算公式为：

$$\text{利息保障倍数} = \dfrac{\text{息税前利润}}{\text{利息费用}}$$

式中，息税前利润是指利润表中未扣除利息费用和所得税之前的利润，可以用"利润总额加利息费用"来计算，也可以用"净利润加所得税、利息费用"来计算。利息费用是指本期发生的全部应付利息，不仅包括计入财务费用的利息费用，还应包括资本化利息。虽然资本化利息不在利润表中作为费用扣除，但也是企业的一项负债，也要偿还。需要注意的是，当企业外部的分析主体对企业进行分析时，很难准确地获知企业当期计入财务费用的利息费用以及资本化的利息费用，在这种情况下通常用利润表中的"财务费用"代替利息费用来计算利息保障倍数。

利息保障倍数表明企业息税前利润相当于利息费用的多少倍，反映企业所实现的经营成果支付利息费用的能力。其数额越大，表明企业支付利息能力越强，企业对到期债务偿还的保障程度也越高；反之，则表明企业没有足够资金来源偿还债务利息，偿债能力较低。

2）利息保障倍数的分析

对于利息保障倍数的分析，应从以下四个方面进行：

一是之所以使用"息税前利润"主要基于两点考虑：一方面，由于在支付利息费用和交纳所得税费用之前的所有利润都可以用于支付利息费用，如果计算公式中使用"利润总额"，就会低估偿付利息的能力；另一方面，如果计算公式中使用"净利润"，也会低估偿息能力，因为所得税费用是在支付利息之后，不影响利息支付的安全性。

二是企业所处的行业不同，利息保障倍数有不同的标准。一般来说，利息保障倍数应当至少大于 1，理想的利息保障倍数一般应在 3~6 之间。利息保障倍数若小于 1，说明企业实现的经营成果不足以支付当期的利息费用，这意味着企业支付能力低，财务风险非常高。不过有时企业的利息保障倍数低于 1，并不能说明企业就无法偿债，企业可以利用非付现的折旧摊销费用来支付利息，也可以采取借新债还旧债的方式来支付利息。而利息保障倍数大于 1 也不能说明企业支付利息的能力肯定就强，因为息税前利润是按权责发生制核算出来的，只代表应计利润而非收现利润，但企业利息却需要以现金支付。

三是当利润表中显示财务费用为负数时，说明企业当期利息收入大于利息支出而不存在利息费用支付问题,或因汇率变动形成汇兑收益。此时计算出的利息保障倍数为负数,对偿债能力而言,是一个良性信号。若原因为前者(利息收入大于利息支出),表明企业负债少而股东权益较多,企业未能充分利用举债经营的优势;同时,也说明企业有可能闲置了大量资金,未能充分将资金投入经营环节获取利润。

四是在实务中,可将利息保障倍数与同行业平均水平或历史资料相比较。通过与同行业平均水平的比较,可以了解企业的付息能力在整个行业中的情况;若指标过低,应找出原因并采取措施及时调整。通过与本企业以前各期的利息保障倍数进行比较,可以观察企业付息能力的稳定性和变化趋势;如果在某一期间利息保障倍数突然恶化,则应进一步查找原因,确定是由于盈利水平下降导致,还是由于债务增加所致,并及时采取改善的对策,防止企业付息能力进一步恶化而出现财务危机。

根据表 2-1 提供的资料,计算华天股份有限公司的利息保障倍数。假设利息费用按照财务费用计算。

2018 年利息保障倍数 $=\dfrac{88\ 428\ 590.07+11\ 935\ 030.80}{11\ 935\ 030.80}=8.41$

2019 年利息保障倍数 $=\dfrac{97\ 635\ 148.12+10\ 069\ 947.35}{10\ 069\ 947.35}=10.70$

通过比较可知,该公司 2019 年利息保障倍数比 2018 年上升了 2.29,且远高于 3,表明该公司支付利息的保障程度增大,长期偿债能力较强。

(三)影响长期偿债能力的其他因素

除了上述通过资产负债表和利润表等财务报表中有直接内在联系的项目计算出各种比率指标,从资本结构和收益与长期偿债能力的关系来研究、分析和评价企业长期偿债能力外,还有一些因素影响企业的长期偿债能力,在分析时必须引起足够的重视。

1. 非流动资产与非流动负债

非流动资产是企业偿还长期债务的资产保障,但由于非流动资产周转期、未来价值的不确定性,使得其账面价值与实际价值可能会存在一定的差异。此时,根据报表数据资料计算的比率指标就可能无法准确地反映企业实际的长期偿债能力。另外,由于非流动资产折旧或摊销方法以及减值准备的计提方法等方面存在一定的选择空间,企业采用不同的会计方法会得出不同的偿债能力结论。例如,两个企业分别采用加速折旧法和直线折旧法计提折旧,则计算出来的资产负债率就不同,采用加速折旧法的企业资产负债率要高于采用直线折旧法的企业资产负债率,但实际上两家企业的长期偿债能力并没有差异。

在分析长期偿债能力时,还要关注非流动负债会计处理存在的一些特殊问题。例如,可转换债券在转化为股票之前属于债券性质,在资产负债表中应列示为应付债券;但当达到一定条件时将转化为股票,不再是企业所承担的债务,不需要在未来期间偿还。

2. 长期租赁

当企业急需某项设备而又缺乏足够资金时,可以通过租赁方式解决。企业通常将融资租赁视同自有资产,并把与该固定资产相关的债务(租赁费)作为企业的长期负债反映在资产负债表中;而企业的经营租赁则不在资产负债表中反映,只出现在报表附注和利润表的相关费用项目中。但经营租赁的设备若被长期占用,就形成了长期固定的租赁费用,实际上是一种长期筹资行为。其租赁费用虽然不作为长期负债处理,但到期必须支付租金,这会对企业的偿债能力产生影响。因此,如果企业经常发生经营租赁业务,应考虑租赁费用对长期偿债能力的影响。

3. 或有事项

或有事项是指过去的交易或者事项形成的,其结果须由某些未来事项的发生或不发生才能决定的不确定事项,包括或有资产和或有负债。如专利权被他人侵犯时向他人提出索赔形成的或有资产,未决诉讼、仲裁可能得到补偿形成的或有资产,价值重估形成的或有资产等;再如已贴现商业承兑汇票形成的或有负债,为其他单位提供担保形成的或有负债等。

或有事项的特征就在于它是一种最终结果不确定的现存状况,一旦发生可能会给企业带来经济利益,也可能带来经济损失;产生或有资产会提高企业的偿债能力,产生或有负债会降低企业的偿债能力。这些并没有包括在相关财务比率的计算之中,而其一旦发生便会影响企业的财务状况。因此,在分析评价企业长期偿债能力时,必须充分注意有关或有事项的报表附注披露,以了解未在资产负债表中反映的或有事项,考虑或有事项的潜在影响。

4. 承诺

承诺是企业对外发出的将要承担的某种经济义务。企业为了经营的需要,常常要做出某些承诺(如对参与合资的另一方承诺为其提供银行担保、向客户承诺提供产品保证或保修等)。这种承诺有时会大量增加企业的潜在负债或承诺义务,而没有通过资产负债表反映出来。因此,在分析企业长期偿债能力时,应根据有关资料判断承诺带来的潜在问题。

任务二　掌握企业盈利能力分析

任务要求

熟悉盈利能力的指标构成,掌握判断盈利能力强弱的方法,了解影响盈利能力的有关因素。

相关知识

一、盈利能力分析概述

(一)盈利能力分析的含义

盈利能力又称获利能力,是指企业在一定时期内获取利润的能力,体现了企业利用可支配的资源开展经营活动,从而获取经济利益的程度。盈利能力包含两个层次的内容:一是企业在一个会计期间从事经营活动的盈利能力,二是企业在一个较长期间内稳定地获得较高利润的能力。换而言之,盈利能力包含获利水平的高低、获利的稳定性和持久性。企业的经营活动是否具有较强的盈利能力,对企业的生存、发展非常重要。持续、稳定地经营和发展为企业获取利润提供了基础,而获取利润又是企业持续、稳定发展的目标和保证。只有在不断获取利润的基础上,企业才可能发展。盈利能力是企业组织生产经营活动、销售活动和财务管理水平高低的综合体现。投资者、债权人、经营者、市场及政府管理部门等企业所有利益相关者都日益重视和关心企业的盈利能力。

盈利能力分析是指对企业利润表中有关项目对比关系,以及利润表与资产负债表有关项目之间关联关系的分析来评价企业的获利能力。由于报表使用者的分析目的不同,不同盈利能力分析的侧重点有所差异。企业的短期债权人主要关心企业本期的盈利能力及盈利情况下的现金支付能力;企业的长期债权人则关心企业是否有高水平、稳定持久的盈利能力基础,以判断长期债务本息足额收回的可靠性;企业投资者则要分析企业盈利能力的大小、稳定持久性及未来的发展趋势,以判断所投资本的增值程度;盈利能力作为企业管理活动的出发点和归宿,企业盈利水平的高低、盈利的稳定持久性及盈利潜力分析,是企业经营者做出经营决策的前提;有关的市场及政府管理部门则要通过考察企业盈利数额的多少,分析企业盈利能力对市场和其他社会环境的影响。

然而,盈利能力的高低是一个相对的概念,不能仅凭企业获得利润的多少来判断其盈利能力的大小,因为企业利润受到企业规模、行业水平等诸多因素的影响,不同资源投入、不同收入情况下的利润额一般不具有可比性。这就要求从一个更加灵活的视角来分析企业的盈利能力:一方面,应该用利润率这个比率指标而非利润的绝对数量来衡量盈利能力,唯有如此才能摒除企业规模因素的影响;另一方面,计算出来的利润率应该与同一行业的平均水平相比较,如石油行业与纺织行业的利润率显然有着巨大差异,简单地把分别属于两个不同行业的企业的利润率放在一起比较,是很难对二者盈利能力的大小做出准确判断的。

一般来说,企业的盈利能力只涉及正常的运营状况。非正常的营业状况也会给企业带来收益和损失,但只是企业特别状况下的个别结果,不是经常和持久的,不能将其作为企业的盈利能力加以评价。因此,为了使得出的分析结果更具有普遍意义和预测能力,在进行盈利能力分析时应尽量摒除那些非经营性项目及非正常的经营活动,具体包括:① 已经或将要停止的营业项目;② 重大事故或法律更改等特别项目;③ 会计准则和财务制度等变更带来的累计影响等因素。

(二) 影响盈利能力的因素

企业盈利能力强弱受到多方面的影响。总的来说,主要有以下五个因素。

1. 营销能力

企业营销能力是扩大经营规模、增强市场占有率、增加营业收入的保障。科学、有效的营销策略以及强大的营销团队将有助于企业形成良好的营业状况,能增加营业收入,为企业盈利提供最基本的条件。

2. 成本水平

在企业营销能力一定的情况下,其成本费用水平的高低直接影响企业获利水平的高低。因此,企业在扩大营业收入的同时,也要加强成本费用的控制,只有这样才能有较强的盈利能力。

3. 投资获利水平

在当前的经济环境下,越来越多的企业在进行主营业务生产经营的同时,也在寻找企业外部一些盈利性很强的项目进行投资(包括股票投资、债券投资、房地产投资等)。这些投资可能投入的金额很大,但投资收益通常不太稳定。

4. 风险控制能力

企业在获利的同时也伴随着风险。因此,企业必须关注对风险的管理和控制。企业面临着财务风险、经营风险、市场风险等多种风险因素。通常高收益与高风险并存,风险过高,虽然伴随着收益可能提高,但不安全,甚至可能导致危机;而风险低的投资一般意味着较低的收益水平。

5. 其他因素

影响企业盈利能力的因素还有很多,如需要交纳的税费、国家的经济政策、全球的经济形势等。当国家调整税率或者不同的企业可能享受不同的税率待遇时,对企业的税费金额影响也是比较大的,从而影响企业的盈利能力。

(三)盈利能力分析的内容

因为盈利能力分析在整个财务报表分析中占有十分重要的位置,所以需要从多个角度,运用不同的方法对其加以把握。总的来说,盈利能力分析主要包括三个方面的内容。

1. 盈利能力的结构分析

盈利能力的结构分析就是将相关收入、费用、利润项目金额与相应的合计金额或特定项目金额进行对比,以查看这些项目的结构,从而洞悉企业盈利能力的一种分析方法。

2. 盈利能力的趋势分析

盈利能力的趋势分析就是将企业连续几个期间的相关财务数据进行对比,得出企业盈利能力的变化趋势。这是企业历史数据之间进行的纵向比较,从中可以更好地看出随着时间的推移,企业盈利能力发生的变化,进而总结经验、发现问题。

3. 盈利能力的比率分析

这是主要的分析方法,它的结果直观,便于比较,能够很方便地运用它来评价企业的盈利能力。利润是相对于一定的收入、一定的资源投入而言的,与盈利能力有关的比率可分成三个方面:一是与企业收入相关的盈利能力比率,二是与企业资产相关的盈利能力指标,三是与企业资本相关的盈利能力比率。

这里主要介绍企业盈利能力的比率分析。

二、与收入相关的盈利能力分析

与收入相关的盈利能力分析是指通过计算企业生产及销售过程中的产出、耗费和利润之间比例关系,来研究和评价企业的获利能力,能够反映企业在生产销售过程中产生利润的能力。与收入相关的盈利能力指标,主要是以营业收入为基础计算的,通过利润表中各利润项目与营业收入的比较,计算出企业营业收入的盈利水平,以此来说明营业收入盈利能力的高低。

(一)销售毛利率

1. 销售毛利率的含义与计算公式

销售毛利率是指销售毛利与营业收入的比率,反映了企业日常经营业务的初始盈利水平以及企业产品或项目本身的盈利空间。其计算公式为:

$$销售毛利率 = \frac{销售毛利}{营业收入} \times 100\% = \frac{营业收入 - 营业成本}{营业收入} \times 100\%$$

销售毛利由营业收入减去营业成本而得,是企业利润的基础。销售毛利越高,抵补各项期间费用的能力越强,企业的盈利能力也就越高。它的最大特点在于其分析对象为销售毛利和营业收入,剔除了由于企业经营规模不一致,以及期间费用或其他非经营性活动收支的差异等对指标分析带来的不可比因素的影响,因而更能反映企业日常经营活动项目的正常获利空间。

2. 销售毛利率的分析

对于销售毛利率的分析,应从以下三个方面进行:

(1) 销售毛利率反映企业每1元营业收入能为企业带来多少毛利润。销售毛利率越高,说明企业获利的空间就越大;销售毛利率越低,则说明企业经营的产品或劳务附加值单薄,从而企业获利的空间越小,甚至无利可获。因此,该指标越高,企业产品在市场上的竞争能力就越强,其盈利能力也就越强。与销售毛利率相联系的是销售成本率。其计算公式为:

$$销售成本率 = \frac{营业成本}{营业收入} \times 100\%$$

可见,企业应努力降低销售成本率,才能提高销售毛利率。企业营业成本控制得越好,销售毛利率越高,盈利能力越强。

(2) 不同行业之间的销售毛利率差别很大。一般来说,营业周期短、固定费用低的行业(如商品零售业)的销售毛利率水平比较低;而营业周期长、固定费用高的行业(如重工业企业),则要求有较高的销售毛利率,以弥补其巨大的固定成本。

(3) 影响销售毛利率变化的因素很多,如产品售价、生产成本、产品结构等某个因素发生变化,都会引起销售毛利率的变动。国家对价格控制的原则是关系到国计民生的必需品销售毛利率应低一些,而奢侈品或新产品销售毛利率可高一些。有时候企业为了增加产品市场份额,也会采取薄利多销政策,从而使企业销售毛利率偏低。在各期销售毛利率发生变化的情况下,除了市场、价格政策等原因外,重要的是应从销售成本入手,去检查分析每一个成本项目对销售成本率乃至销售毛利率是否产生了影响。

根据表3-1提供的华天股份有限公司资料,计算该公司的销售毛利率。

2018年销售毛利率 $= \dfrac{478\ 503\ 678.72 - 403\ 708\ 188.42}{478\ 503\ 678.72} \times 100\% = 15.63\%$

2019年销售毛利率 $= \dfrac{500\ 825\ 388.30 - 414\ 347\ 374.98}{500\ 825\ 388.30} \times 100\% = 17.27\%$

计算结果表明,该公司在产品或劳务的竞争能力方面还略显不足,日常经营业务的获利空间并不是很大,连续两年的销售毛利率都在18%以下,显得还比较微薄;但2019年的销售毛利率比2018年有所增长,说明该公司日常经营业务的盈利能力有所增强,在产品或劳务售价没有太大改变的前提下,这种增长究竟是成本控制的成果,还是变更经营内容的因素,需要结合公司的具体情况进行分析。

(二) 营业利润率

1. 营业利润率的含义与计算公式

营业利润率是指营业利润与营业收入的比率,是反映企业盈利能力的主要指标。其计算公式为:

$$营业利润率 = \frac{营业利润}{营业收入} \times 100\%$$

式中,

营业利润 = 营业收入 - 营业成本 - 税金及附加 - 营业费用 - 管理费用
 - 财务费用 + 投资收益 + 公允价值变动损益 - 资产减值损失

营业利润率反映企业每1元营业收入能为企业带来多少营业利润,体现了扣除变动成本和主要固定成本并加上投资收益等之后的利润占营业收入的比例。一般来说,营业利润率越高,表明企业的经营活动为社会创造的价值越多,贡献也就越大;同时反映企业盈利能力越强,经营状况越好,未来发展前景越光明。

2. 营业利润率的分析

营业利润率与销售毛利率相比,有两个方面的扩展。

一是它不仅考核日常业务活动的盈利能力,而且考核其他业务活动的盈利能力。这在企业多元化经营的今天,具有更重要的意义,因为企业的盈利能力不仅仅取决于日常业务经营,而且越来越多地受其他经营业务的获利水平的制约,甚至出现了其他业务获利状况决定了企业全部盈利水平、盈利稳定性和持久性的状况。

二是它不仅考核了与日常业务活动直接相关的成本费用,而且也将与它们间接相关的且必须发生的成本费用纳入考核。这就使得对企业经营业务的盈利能力的考核更趋全面,尤其是将期间费用纳入支出项目进行获利扣减,更能体现营业利润率的稳定性和持久性,因为期间费用本身是一种较少变动的固定性支出,它的抵补是不可避免和经常的,企业只有将盈利扣除这些固定性支出后,所剩部分才具有稳定性和可靠性。因此,营业利润率综合反映了企业具有稳定和持久性的收入和支出因素,它所揭示的企业盈利能力具有稳定和持久的特点。

根据表3-1提供的华天股份有限公司资料,计算该公司的营业利润率。

2018年营业利润率 $=\dfrac{85\ 842\ 559.11}{478\ 503\ 678.72}\times 100\%=17.94\%$

2019年营业利润率 $=\dfrac{75\ 548\ 720.19}{500\ 825\ 388.30}\times 100\%=15.08\%$

计算结果表明,该公司的营业利润率呈下降趋势,2019年在企业的营业收入比2018年上升的情况下,营业利润率却下降,这说明该公司当年的费用管理出现了较为突出的问题。

(三) 销售净利润率

1. 销售净利润率的含义与计算公式

销售净利润率是指净利润与营业收入的比值。其计算公式为:

$$销售净利润率=\dfrac{净利润}{营业收入}\times 100\%$$

销售净利润率表明企业每1元的营业收入可实现的净利润是多少,反映收入的收益水平。该比率越高,说明企业最终盈利能力越高。销售净利润率的分子是企业的净利润,即企业的收入在扣除了各项成本和费用以及税收之后的净额,是企业最终为自身创造的收益,反映了企业能够自行分配的利润数额。提取盈余公积金、发放股利等事项,都是建立在净利润的基础上。因此,销售净利润率能够从企业生产经营最终目的的角度来反映营业收入的贡献。

2. 销售净利润率的分析

分析一个企业的销售净利润率,不仅需要对营业成本和期间费用这些营业因素等进行分析,也要对投资收益和营业外收支等非营业因素进行分析。

(1) 由于净利润中包含波动较大且无规律的投资收益和营业外收支净额,该指标年度之间的变化相对较大。企业短期投资者和债权人的利益主要在企业当期,他们更关心企业最终盈利水平的大小,所以他们通常直接使用这一指标。而对于企业经营者及所有者来说,应将该指标数额与净利润的内在结构结合起来分析,如果净利润中存在较多的非经常项目损益、采用权益法核算的长期股权投资收益以及采用公允价值计量时出现的公允价值变动损益等,则分析时出于稳健性考虑应对其做适当调整,使得净利润反映的是企业正常情况下实现的可持续性利润,以正确判断企业的盈利能力。

(2) 对单个企业来说,销售净利润率越大越好;但各行业及企业之间的竞争能力、经济状况、利用负债融资的程度及行业经营的特征,使得不同行业各企业间的销售净利润率大不相同。因此,在使用该比率分析时,要注意与同行业经营成功且效益优良的企业进行横向分析比较,以了解企业在行业中的相对水平。

(3) 从销售净利润率的公式可以看出,销售净利润率与企业净利润成正比关系,而与营业收入成反比关系。因此,企业必须在保持营业收入不变的情况下提高净利润,或者使得净利润的增长幅度大于营业收入的增长幅度,才能使销售净利润率有所提高。

根据表 3-1 提供的华天股份有限公司资料,计算该公司销售净利润率。

$$2018 年销售净利润率 = \frac{86\ 217\ 767.48}{478\ 503\ 678.72} \times 100\% = 18.02\%$$

$$2019 年销售净利润率 = \frac{95\ 132\ 412.82}{500\ 825\ 388.30} \times 100\% = 19.00\%$$

如果考虑到该公司两年中涉及的资产减值损失、公允价值变动损益,以及对联营企业和合营企业的投资收益(这部分有可能采用权益法核算)等情况,则上述指标计算将被调整,调整后计算结果为:

2018 年销售净利润率

$$= \frac{86\ 217\ 767.48 + 2\ 392\ 518.39 + 246\ 758.02 - 12\ 240\ 741.18}{478\ 503\ 678.72} \times 100\% = 16.01\%$$

2019 年销售净利润率

$$= \frac{95\ 132\ 412.82 + 2\ 504\ 126.94 + 1\ 834\ 869.22 - 15\ 483\ 559.89}{500\ 825\ 388.30} \times 100\% = 16.77\%$$

从调整后的计算结果来看,该公司的销售净利润率依然呈上升趋势,企业盈利水平有所提高;但仔细阅读利润表,会发现该公司净利润的实现更多的是因为营业外收入的大幅增加所致,利润质量不是很好,持续盈利能力的提高不容乐观。

(四) 成本费用利润率

1. 成本费用利润率的含义与计算公式

成本费用利润率是指利润总额与成本费用总额的比值。其计算公式为:

$$成本费用利润率 = \frac{利润总额}{成本费用总额} \times 100\%$$

式中,

$$成本费用总额 = 营业成本 + 税金及附加 + 销售费用 + 管理费用 + 财务费用$$

成本费用利润率是反映企业生产经营过程中所费与所得关系的指标。由于成本费用是企业取得收入和赚取利润所付出的代价,故成本费用利润率越高,说明企业为取得利润所付出的代价越小,成本费用控制得越好,企业的盈利能力越强。该指标能直接反映企业增收节支、增产节约等情况。因此,企业任何生产销售的增加和成本费用的节约都能提高企业的盈利能力,该指标有利于从企业支出方面衡量以利润总额为基础的盈利能力,也有利于企业发现和挖掘降低成本费用的潜力。

2. 成本费用利润率的分析

在企业获利水平一定时，成本费用总额越小，成本费用利润率就越高，说明企业盈利能力越强。当企业成本费用总额一定时，利润总额越高，成本费用利润率就越高，企业的盈利能力越强。当然，具体评价成本费用利润率的高低还应该和企业所在行业的平均水平进行比较，一般认为，该指标至少应高于企业的资金成本率水平。

根据表 3-1 提供的华天股份有限公司资料，计算该公司成本费用利润率。

2018 年成本费用总额＝403 708 188.42＋2 588 271.22＋9 925 950.66＋28 980 108.11＋11 935 030.80＝457 137 549.21(元)

$$2018 \text{ 年成本费用利润率} = \frac{88\ 428\ 590.07}{457\ 137\ 549.21} \times 100\% = 19.34\%$$

2019 年成本费用总额＝414 347 374.98＋2 038 958.87＋16 251 137.97＋45 898 208.68＋10 069 947.35＝488 605 627.85(元)

$$2019 \text{ 年成本费用利润率} = \frac{97\ 635\ 148.12}{488\ 605\ 627.85} \times 100\% = 19.98\%$$

计算结果表明，该公司的成本费用利润率呈明显的上升趋势，且其比值较高，说明该公司的盈利能力在增强，经营效率较为理想。

三、与资产相关的盈利能力分析

企业营业收入和净利润的取得，是以一定规模的资产为基础的，所获利润多少与其资产使用效率紧密相关。因此，与资产相关的盈利能力分析是从资产使用效率的角度，分析全部资产的盈利水平以及由此带来的利润稳定性和持久性。反映与资产相关的盈利能力指标主要是总资产报酬率。

（一）总资产报酬率的含义与计算公式

总资产报酬率又称总资产息税前利润率，是企业一定时期内获得的息税前利润与平均资产总额的比值。其计算公式为：

$$总资产报酬率 = \frac{息税前利润}{平均资产总额} \times 100\%$$

式中，

息税前利润＝利润总额＋利息费用＝净利润＋所得税费用＋利息费用

"利息费用"是指企业在生产经营过程中实际支出的借款利息、其他债务利息等。在分析者不能获取实际数据时，可利用利润表中的"财务费用"替代计算。分子中之所以包含利息费用，是因为债权人也为企业提供了资金，而其提供资金获得的回报形成了企业主要的利息费用。在利润总额上加上利息费用，分子就成为股东和债权人投入的全部资本所获得的投资总报酬。

总资产报酬率表明企业每 1 元资产能够创造的息税前利润额，是反映企业全部资产综合利用效果的指标，是衡量企业盈利能力和营运效率的最有效指标之一，也是衡量企业利用债权人权益和所有者权益总额所取得盈利情况的重要指标。该比率越高，表明企业的资产利用效益越好，整个企业盈利能力越强，说明企业在增收节支和节约资金使用等方面取得了良好的效果，对企业债权人的利益保障程度以及对企业股东的投资回报就相对更高。相反，如果该比率过低，说明企业经营管理水平还达不到要求，应进一步整合资源，调整经营方针，以提高资产利用效果。

(二) 总资产报酬率的分析

对于总资产报酬率的分析,应从以下两个方面进行:

(1) 一般说来,总资产报酬率在0～10%视为较低;10%～20%属于中等水平;而一旦超过20%,则为较高。为了正确评价企业经济效益的高低,挖掘提高利润水平的潜力,可以用该指标与本企业前期、目标、本行业平均水平和本行业内先进企业进行对比,分析形成差异的原因。还可以将该指标与借贷资金市场利息率进行比较,如果前者大于后者,说明企业可以利用财务杠杆,适当举债经营以获得更多的收益。

根据表2-1和表3-1提供的华天股份有限公司资料,计算该公司的总资产报酬率。(假设2017年年末资产总额为987 556 324.34元)

$$2018年总资产报酬率 = \frac{88\ 428\ 590.07 + 11\ 935\ 030.80}{(1\ 139\ 945\ 667.14 + 987\ 556\ 324.34) \div 2} \times 100\% = 9.43\%$$

$$2019年总资产报酬率 = \frac{97\ 635\ 148.12 + 10\ 069\ 947.35}{(1\ 497\ 344\ 634.68 + 1\ 139\ 945\ 667.14) \div 2} \times 100\% = 8.17\%$$

计算结果表明,该公司的盈利能力有所下降。进一步分析可以发现,因企业平均资产总额的增长幅度超过了息税前利润的增长幅度,致使企业资产盈利能力下降,企业对此应认真关注,采取切实措施加以改进。

(2) 影响总资产报酬率大小的因素包括两个方面:息税前利润和总资产平均占用额。息税前利润的多少与企业营业收入有密切关系,企业的资产来源于所有者投入资本和负债资金两个方面。评价该比率要与企业资产结构、经济周期、企业特点、企业战略结合起来进行。根据总资产报酬率的经济内容,可将其做如下分解:

$$总资产报酬率 = \frac{息税前利润}{营业收入} \times \frac{营业收入}{平均资产总额} = \frac{销售息税}{前利润率} \times \frac{总资产}{周转率}$$

上述公式表明,企业要提高总资产报酬率,一方面,要重视资产结构的影响,合理安排资产构成,优化资产结构,尽可能降低资产占用额,提高资产运营效率,加速资金周转;另一方面,要重视所得和投入的比例关系,合理使用资金,降低消耗,避免资产损失与浪费、费用开支过大等不合理现象。

根据表2-1和表3-1提供的华天股份有限公司资料(假设2017年年末资产总额为987 556 324.34元),整理后得出该公司的有关分析信息,如表5-1所示。

表5-1 总资产报酬率影响因素分析表   单位:元

项 目	2019年	2018年	差 异
营业收入	500 825 388.30	478 503 678.72	
利润总额	97 635 148.12	88 428 590.07	
利息费用	10 069 947.35	11 935 030.80	
息税前利润	107 705 095.47	100 363 620.87	
平均资产总额	1 318 645 150.91	1 063 750 995.74	
销售息税前利润率(%)	21.51	20.97	+0.54
总资产周转率(次)	0.38	0.45	-0.07
总资产报酬率(%)	8.17	9.43	-1.26

根据表 5-1 中的资料,可分析确定总资产周转率和销售息税前利润率变动对总资产报酬率的影响。

分析对象:8.17%－9.43%＝－1.26%

因素分析:

销售息税前利润率变动的影响＝(21.51%－20.97%)×0.45＝0.24%

总资产周转率变动的影响＝(0.38－0.45)×21.51%＝－1.50%

分析结果表明,该公司 2019 年总资产报酬率比 2018 年下降了 1.26%,主要是由于总资产周转率降低的影响,使总资产报酬率下降了 1.50%;而销售息税前利润率的提高使总资产报酬率提高了 0.24%。

四、与资本相关的盈利能力分析

与资本相关的盈利能力分析是通过计算所有者投入的资本及留存收益与利润之间的比例关系,从立足于投资者(股东)的角度,考虑净资产的运用效率来研究和评价企业的获利能力。

(一) 净资产收益率

1. 净资产收益率的含义与计算公式

净资产收益率又称自有资金收益率,是企业一定时期内净利润与所有者权益平均余额的比率。其计算公式为:

$$净资产收益率 = \frac{净利润}{所有者权益平均余额} \times 100\%$$

企业从事财务管理活动的最终目的是实现所有者财富最大化。从静态角度来讲,首先是最大限度地提高净资产收益率。因此,该指标是评价企业盈利能力的核心指标,而且也是整个财务指标体系的核心。

2. 净资产收益率的分析

对于净资产收益率的分析,应从以下两个方面进行:

(1) 净资产收益率是评价企业自有资本及其积累获取报酬水平的最具综合性与代表性的指标,反映企业资本运营的综合效益。一般认为,净资产收益率越高,企业自有资金获取收益的能力就越强,运营效益越好。该指标通用性强,适用范围广,不受行业局限,无论在国内还是在国外的企业综合评价中使用率都非常高。

(2) 投资者投资于企业的最终目的是获取收益,而净资产收益率的高低直接关系到投资者投资目的的实现程度。通过对净资产收益率的分析,一方面,可以判定企业的经营效益,这将影响到投资者的投资决策以及潜在投资者的投资倾向,从而影响企业的筹资方式、筹资规模,进而影响企业的发展规模和发展趋势;另一方面,净资产收益率体现了企业管理水平的高低、经济效益的优劣、财务成果的好坏,是投资者考核其投入资本保值增值程度的最基本指标。

根据表 2-1 和表 3-1 提供的华天股份有限公司资料,计算该公司的净资产收益率。(假设 2017 年年末所有者权益总额为 788 785 608.95 元)

$$2018 年净资产收益率 = \frac{86\ 217\ 767.48}{(788\ 785\ 608.95 + 869\ 183\ 510.08) \div 2} \times 100\% = 10.40\%$$

$$2019 年净资产收益率 = \frac{95\ 132\ 412.82}{(869\ 183\ 510.08 + 1\ 008\ 420\ 381.85) \div 2} \times 100\% = 10.13\%$$

计算结果表明,该公司的净资产收益率在 2019 年比 2018 年有所下降,说明该公司的盈利能力有所减弱。

(二) 资本收益率

对于投资者来说,在确认自己"拥有的资产"的盈利能力的基础上,也需要知道投入资金的盈利能力如何,这就用到了资本收益率指标。

1. 资本收益率的含义与计算公式

资本收益率是指企业一定时期内净利润与资本平均余额的比率,表明企业所有者投入资本赚取利润的能力。其计算公式为:

$$资本收益率 = \frac{净利润}{资本平均余额} \times 100\%$$

式中,资本平均余额是年初实收资本与资本公积之和加年末实收资本与资本公积之和除以2。

资本收益率表明投资者每1元投资将获取多少回报。资本收益率不同于净资产收益率,因为,一是企业所有者或股东最关心的是其投入资本的盈利能力,资本收益率直接反映了这一需要,而净资产收益率分母包含了非资本金性质的其他项目;二是在所有者权益中参与分配的只是资本金,而其他项目或者是分配的结果或者是分配的对象。

2. 资本收益率的分析

对于资本收益率的分析,应从以下三个方面进行:

(1) 它是站在所有者立场来衡量企业盈利能力的,是最被所有者关注、对企业具有重大影响的指标。该比率体现了企业管理水平的高低、经济效益的优劣、财务成果的好坏,尤其是直接反映了所有者投资的效益好坏,是所有者考核其投入企业的资本保值增值程度的基本指标。

(2) 通过对该指标的分析,还可以判断企业的投资效益,影响所有者的投资决策和潜在投资者的投资倾向。该比率越大,说明投资者投入资本的盈利能力越强,对投资者越具有吸引力。

(3) 该比率只反映了投资者投入资本的获利水平,它并非企业每期实际支付给投资者的利润率,因为净利润需按规定提取盈余公积等,不可能全部用来作为股利分配。

根据表 2-1 和表 3-1 提供的华天股份有限公司资料,计算该公司 2019 年的资本收益率。

$$资本平均余额 = \frac{(283\ 316\ 200.00 + 328\ 843\ 060.67) + (285\ 127\ 200.00 + 405\ 134\ 463.62)}{2}$$
$$= 651\ 210\ 462.15 (元)$$

$$2019\ 年资本收益率 = \frac{95\ 132\ 412.82}{651\ 210\ 462.15} \times 100\% = 14.61\%$$

计算结果表明,该公司的资本收益率较高,说明企业的盈利能力较强。

(三) 每股收益

1. 每股收益的含义与计算公式

每股收益是指企业净利润与发行在外普通股股数之间的比率,表明普通股股东每持有一股普通股所能享有的企业净利润或需承担的企业净亏损。它是评价上市公司盈利能力的最基本、最核心和最直观的指标,用于反映企业经营成果,衡量普通股的获利水平及投资风险;也是投资者等信息使用者据以评价企业盈利能力、预测企业成长潜力,进而做出相关经济决策的重要指标。因此，每股收益具有很强的综合性，受到投资者的高度关注。根据《企业会计准则——每股收益》的规定，每股收益因对分母部分的发行在外流通股股数的计算口径不同，可以分为基本每股收益和稀释每股收益。

1) 基本每股收益

基本每股收益是指企业按照归属于普通股股东的当期净利润，除以发行在外普通股加权平均数计算的每股收益。其计算公式为：

$$基本每股收益 = \frac{净利润 - 优先股股利}{普通股平均股数}$$

由于我国上市公司基本上没有优先股，所以在计算每股收益时可不考虑优先股股利。普通股平均股数是发行在外普通股的加权平均数，是对本期内发行或回购的股份按发行在外的时间加权平均计算。其计算公式为：

$$发行在外普通股的加权平均数 = 期初发行在外普通股股数 + 当期新发行的普通股股数 \times \frac{已发行时间}{报告期时间} - 当期回购的普通股股数 \times \frac{已回购时间}{报告期时间}$$

报告期时间、已发行时间和已回购时间一般按照天数计算；在不影响计算结果准确性的前提下，可以采用简化的计算方法，即按月计算。

例如，华闻股份公司 2019 年年初发行在外的普通股股数为 2 000 万股，经相关部门批准，2019 年 4 月 1 日增发 500 万股，2019 年 10 月 1 日增发 400 万股，则该公司 2019 年年末发行在外的普通股加权平均股数为 2 475 万股（＝2 000＋500×9÷12＋400×3÷12）。

2) 稀释每股收益

企业在存在具有稀释性的潜在普通股的情况下，可能增加流通在外的普通股股数，从而使本期收益在更多的股份中进行分摊，对每股收益具有潜在的稀释影响。因此，应当根据具有稀释性的潜在普通股的影响，分别调整归属于普通股股东的当期净利润以及当期发行在外普通股的加权平均数，并据以计算稀释每股收益。基本每股收益仅考虑当期实际发行在外的普通股股数，而稀释每股收益的计算和分析主要是为了避免每股收益虚增可能带来的信息误导。

稀释性潜在普通股是指假设当期转换为普通股会减少每股收益的潜在普通股，具体包括：一是可转换公司债券。对于可转换公司债券，计算稀释每股收益时，分子的调整项目为可转换公司债券当期已确认为费用的利息税后影响额；分母调整项目为假定可转换公司债券当期期初或发行日转换为普通股的股数加权平均数。二是认股权证。认股权证是授予持有人一项权利，在到期日前以行权价购买公司发行的新股（或者是库藏的股票）。三是股份期权。股份期权一般是指经理股票期权，即企业与经理人签订合同时，授予经理人未来以签订合同时约定的价格购买一定数量公司普通股的选择权。

计算稀释性潜在普通股转换为已发行普通股而增加的普通股股数的加权平均数时，以前期间发行的稀释性潜在普通股，应当假设在当期期初转换；当期发行的稀释性潜在普通股，应当假设在发行日转换。当期发行在外普通股的加权平均数应当为计算基本每股收益时普通股的加权平均数与假定稀释性潜在普通股转换为已发行普通股而增加的普通股股数的加权平均数之和。需要注意的是，认股权证和股份期权等的行权价格低于当期普通股平均市场价格时，应当考虑其稀释性。计算稀释每股收益时，增加的普通股股数按下列公式计算：

$$\frac{增加的普通股股数}{} = 拟行权时转换的普通股股数 - 行权价格 \times \frac{拟行权时转换的普通股股数}{当期普通股平均市场价格}$$

【业务实例 5-1】 华群股份公司 2019 年净利润为 9 000 万元,年初发行在外的普通股股数为 15 000 万股;2018 年 12 月发行了 3 500 万股可转换优先股,转换比率为 1∶1,优先股股东股利为每股 0.1 元;2019 年 7 月 1 日增发普通股 1 000 万股。要求计算 2019 年该公司的基本每股收益和稀释每股收益。

$$基本每股收益 = \frac{9\,000 - 3\,500 \times 0.1}{15\,000 + 1\,000 \times 6 \div 12} = 0.558(元/股)$$

$$稀释每股收益 = \frac{9\,000 - 0}{15\,000 + 1\,000 \times 6 \div 12 + 3\,500 \times 1} = 0.474(元/股)$$

2. 每股收益的分析

对每股收益分析时应注意的问题主要有以下几个方面:

(1) 每股收益越高,表示每一股份获取的利润越多,说明股东投资效益越好,企业盈利能力越强;反之,则说明企业盈利能力越差。分析时可通过对同一企业不同时期每股收益的比较,了解其盈利能力的大小及变动情况。

(2) 股票是一个"份额"概念,不同股票的每一股所含有的净资产和市价不同,即换取每股收益的投入量不同,限制了每股收益在不同企业间的比较分析;企业股利分配政策在不同时期有可能不同,尤其股票股利政策直接影响了企业股票数量,限制了每股收益在企业不同时期的比较分析。

(3) 每股收益多,不一定意味着多分红,还要看企业的股利分配政策。企业股利分配政策与企业发展阶段、现金充裕度等密切相关。在处于初创期和成长期时,即使企业每股收益比较高,也一般很少进行现金分红,而更多地采用发放股票股利方式。当进入成熟期之后,假定企业每股收益高,现金分红通常也比较高,此时较少采用发放股票股利方式。

(4) 尽管每股收益指标是衡量上市公司盈利能力的最重要的财务指标,但它并不反映股票所含有的风险。例如,假设某公司原来经营日用品的生产与销售,最近转向房地产投资,公司的经营风险增大了许多,但每股收益可能不变或提高,并没有反映风险增加的不利变化。

(5) 普通股股数是每股收益指标的负面影响因素。影响普通股股数变动的因素很多,如企业增发新股、派发股票股利、分割股票、资本公积和盈余公积转增股本等,这会导致企业发行在外的普通股股数增加。而当归属于普通股的净利润一定时,普通股股数越多,每股收益越少。

(6) 每股收益需要企业会计人员计算并列示在利润表上,分析时不必另行计算。一般投资者在使用每股收益指标分析时有以下几种方式:① 通过将不同企业的每股收益指标进行排序,用于判断所谓的"绩优股"和"垃圾股";② 将每股收益指标与同行业其他企业比较分析,对所投资企业的盈利能力做出更客观的判断;③ 将每股收益指标与企业历史数据比较,用于判断是否继续持有该股票。

(四) 每股股利

1. 每股股利的含义与计算公式

每股股利是普通股每股股利的简称,是指企业支付给普通股股东的现金股利总额与企业发行在外的普通股股数的比率,反映每股普通股获得现金股利的情况。其计算公式为:

$$每股股利 = \frac{普通股现金股利总额}{发行在外的普通股股数}$$

股利通常只派发给年末的股东,故计算每股股利时分母采用年末发行在外的普通股股数,而不是全年发行在外的平均股数。

每股股利是上市公司普通股股东从公司实际分得的每股利润,反映上市公司当期利润的积累和分配情况。每股股利越高,说明普通股股东获取的现金报酬越多。

2. 每股股利的分析

对每股股利分析时应注意的问题主要有以下两点:

(1) 每股股利并不完全反映企业的盈利情况和现金流量状况,因为股利分配状况不仅取决于企业的盈利水平和现金流量状况,还与企业的股利分配政策有关。

(2) 每股收益与每股股利是有区别的。每股收益是从账面上反映股本盈利能力的高低,每股股利则从股利发放的角度直接反映股东分得股利的多少。因此,每股股利更直观地说明股本盈利能力的高低。从某种程度上说,每股股利比每股收益更受股票投资者特别是短期投资者的关注。

(五) 市盈率

1. 市盈率的含义与计算公式

市盈率又称价格盈余比率,是上市公司普通股每股市价与每股收益的比值,可以理解成投资者为获取上市公司每1元的收益所愿意支付的价格,可以用来估计股票的投资报酬和风险。其计算公式为:

$$市盈率 = \frac{普通股每股市价}{普通股每股收益}$$

式中,分子"普通股每股市价"通常采用年度平均价格,即全年各日收盘价的算术平均数;但实务中为了计算的简便和增强其评价的实时性,多采用报告期前一日的收盘价来计算。公式中分母"普通股每股收益"通常是指基本每股收益。

市盈率是投资者衡量股票潜力、借以投资入市的重要指标。一般情况下,该指标越大,说明投资者对该公司的发展前景看好,预期能获得更好的回报,愿意出更高的价格购买该公司股票。

2. 市盈率的分析

对市盈率分析时应注意的问题主要有以下几个方面:

(1) 影响市盈率变动的重要因素之一是股票价格的升降,而影响股价升降的原因除企业经营成果和发展前景外,还受整个经济环境、政府宏观政策、行业发展前景以及意外因素(如战争、灾害等因素)制约。因此,必须对股票市场的整个形势做全面了解和分析,才能对市盈率的升降做出正确评价。

(2) 市盈率的高低与行业发展有密切联系。由于各行业发展阶段不同,其市盈率高低也会不同:充满扩张机会的、成长性较好的高科技公司股票的市盈率普遍要高一些;而成熟的传统产业的公司股票的市盈率会普遍较低。因此,该指标不能用于不同行业的企业之间比较。此外,市盈率高低受公司净利润的影响,净利润又受可选择的会计政策的影响,从而使得企业间的比较受到限制。

(3) 在企业每股收益很少甚至亏损时,股票市价不会降为零,而以每股收益为分母计算出的市盈率会很高或成负数,此时市盈率不能说明任何问题,变得无意义。因此,单纯依靠市盈率来评价企业的盈利能力,可能会错误地估计企业未来发展趋势;对市盈率指标的评价应结合其他指标进行综合分析。

(4) 某一种股票的市盈率过高,则意味着这种股票具有较高的投资风险。如假设同行业甲、乙两个公司的每股收益都为0.5元。甲公司的市盈率为80,乙公司的市盈率为20;也就是说,甲公司的每股市价为40元,而乙公司的每股市价只有10元。那么,此时购买甲公司的股票所花费的代价是购买乙公司股票花费代价的4倍,但甲公司股票报酬达到或超过乙公司股票报酬4倍的可能性并不大。因此,这种情况下购买乙公司股票可能更加有利,而购买甲公司股票则投资风险较大。

任务三 掌握企业营运能力分析

任务要求

熟悉营运能力的指标构成,掌握判断营运能力强弱的方法,了解影响营运能力的有关因素。

相关知识

一、营运能力分析的概念

(一) 企业营运能力的含义

企业营运能力是指企业充分有效利用现有资源,保证生产经营正常运转以及创造社会财富的能力,其实质就是要以合理的资金占用,尽可能短的时间周转,生产出尽可能多的产品,创造尽可能多的营业收入。企业的营运能力是通过企业生产经营资金周转速度的有关指标反映出来的企业资产利用效率,主要表现在资产利用的充分性和有效性两个方面。充分性是指资产使用的过程,是一种投入概念;有效性是指资产使用的结果,是一种产出概念。

(二) 企业营运能力分析的意义

企业营运能力分析是对企业经营状况及其潜力的分析,是对资产存量是否合理、利用效率高低的分析。随着市场经济的发展、竞争的加剧,企业营运能力的分析有利于了解企业的实力和企业对市场变化的适应程度,从而对企业财务状况和经营成果有一个更进一步的认识,使信息使用者对重大问题能做出正确的决策。因此,营运能力的分析对企业的财务状况的稳定和盈利能力的提高都有极其重要的意义。

(1) 促使企业改善经营管理,提高企业资产营运的效率。通过对企业营运能力进行分析,可使经营者发现企业在资产营运中存在的问题,预测未来财务状况和可能存在的财务危机,准确地做出财务决策和预算;同时,有利于企业经营者了解企业经营活动中的资产需求情况,合理配置经济资源,更好地使用企业的各项经济资源,对经营过程中不合理的资产进行重新整合,加快资金周转速度,从而提高资产营运效率。

（2）可使投资者评价企业资产营运的效率。通过对企业营运能力的分析,有利于企业投资者判断企业财务的安全性,更好地评价企业的价值创造能力。一般来说,资产营运能力越强,企业资产变现能力、获利能力就越强,遭遇现金短缺的可能性越小,企业财务安全性就越高。同时,也可以评价企业经营者的经营业绩。

（3）有助于债权人评价企业的财务状况,合理做出经济决策。通过对企业营运能力的分析,可使企业债权人对企业债务本息的偿还能力有更直接的认识,有利于企业债权人考察企业资产结构和债务结构的合理性,判断企业的偿债能力和盈利能力,判断债权的保障程度。

（4）有助于政府及有关部门进行宏观决策。通过对企业营运能力的分析,可使政府及有关部门判断企业经营是否稳定、财务状况是否良好,有利于监督各项经济政策的执行情况,从而为调控经济而进行宏观经济决策提供可靠信息。

另外,对于其他与企业具有密切经济利益关系者而言,企业营运能力分析同样具有重要意义:有助于业务关联企业判明企业是否有足量合格的商品供应或有足够的支付能力;有助于判断企业的供销能力及其财务信用状况,以确定可否建立长期稳定的业务合作关系或者所能给予的信用政策的松紧度。

二、影响企业营运能力的因素

对企业营运能力进行分析,首先应了解其影响因素。一般来说,影响因素主要有企业所处行业及其经营背景、企业营业周期、企业资产构成及其质量、企业资产管理力度和采用的财务政策等。

（一）企业所处行业及其经营背景

不同的行业有不同的资产占用,如工业制造业占用大量的存货和固定资产,资产周转相对较慢;而服务业尤其是劳动密集型或知识密集型的服务业,企业除了人力资源外,几乎很少有其他资产,资产周转相对就较快。企业的经营背景不同,其资产周转也会呈现不同趋势:越是落后、传统经营的企业,其资产周转可能相对较慢;相反,在现代经营管理背景下,各种先进技术手段和理念的运用,可提高资产运用效率,加快资产周转。

（二）企业营业周期

企业营业周期是指企业从取得存货开始到销售产品并收回现金为止所经历的时间。营业周期的长短可通过应收账款和存货的周转天数相加近似地反映出来,所以营业周期和资产周转速度有着密切的关系。营业周期越短,在同样的时期内实现的销售次数越多,销售收入的累计额就越大,资产周转相对越快。

（三）企业资产构成及其质量

企业的资产是企业创造收入、获取利润的基础,可分为流动资产和非流动资产。流动资产的流动性较强,易于变现;相对而言,非流动资产的流动性较弱,不易变现。所以,在企业资产总额一定的情况下,资产结构和质量就对资产的周转产生较大的影响:流动资产所占的比重越大,资产的周转速度也就越快,企业所实现的价值就越大;若是非流动资产所占的比重大,就会得出相反的结论。此外,当资产质量不高时,会造成资金积压,使得资产的周转速度下降。

（四）企业资产管理力度和采用的财务政策

资产管理力度不同会导致不同的资产周转速度。资产管理力度越大,企业就会拥有更合理的资产结构和更优良的资产质量,资产周转越快。企业所采用的财务政策决定着企业资产的账面占用总量,如折旧政策决定固定资产的账面净值、信用政策决定应收账款的占用量等。当企业的其他资产不变时,采用快速折旧政策可减少固定资产账面净值,从而加快资产周转;采用宽松的信用政策时,会导致应收账款的占用增多,资产周转就变慢。

通过对以上因素的分析,可以知道,在对资产周转速度进行对比分析时,要注意各自的差异因素,不可盲目地进行对比、下结论。此外,要对企业资产周转情况进行合理评价,还要进行资产周转速度的趋势分析和同行业比较分析,对同一企业的各个时期的资产周转速度的变化加以对比分析,以掌握其发展规律和发展趋势。

三、企业营运能力分析指标

企业营运能力分析是根据资产负债表、利润表等有关资料,通过计算企业各项资产的周转速度来进行分析的。因此,分析企业营运能力的财务比率是资产周转率(次数)和周转天数。其计算公式为:

$$资产周转率(次数)=\frac{周转额}{平均资产}$$

$$资产周转天数=\frac{计算期天数}{资产周转率}$$

式中,计算期天数通常为一年,大多采用 360 天。

资产周转率是正指标,周转率越大,说明企业资产的周转速度越快,资产利用效率越高,企业营运能力越强。资产周转天数是反指标,周转天数越短,说明企业资产的周转速度越快,资产利用效率越高,企业营运能力越强。

资产周转率可分为总资产周转率、分类资产周转率和单项资产周转率。其中分类资产周转率主要有流动资产周转率和固定资产周转率;单项资产周转率主要有应收账款周转率和存货周转率。

(一)总资产周转率

1. 总资产周转率的含义与计算公式

总资产周转率是指企业在一定时期的营业收入净额与平均资产总额的比率,它表明企业的总资产在一定时期内周转的次数。其计算公式为:

$$总资产周转率(次数)=\frac{营业收入净额}{平均资产总额}$$

$$总资产周转天数=\frac{计算期天数}{总资产周转率}$$

式中,平均资产总额是期初资产总额加期末资产总额除以 2。营业收入净额是指企业当期销售产品、商品、提供劳务等日常活动所取得的收入减去折扣与折让后的数额。

总资产周转率反映了企业的总资产在一定时期内创造了多少营业收入,是评价企业全部资产营运能力最有代表性的指标。一般来说,总资产周转次数越多,周转天数越少,则表明总资产周转速度越快,总资产创造的销售收入和现金收入越多,全部资产进行经营利用的效果越好,说明企业营运能力越强,进而使企业的偿债能力和盈利能力得到增强;反之,则表明企业利用全部资产进行经营活动的能力差、利用效率低,造成了资金浪费,最终将影响企业的偿债能力和盈利能力。

2. 总资产周转率的分析

对总资产周转率分析时应注意的问题主要有以下几个方面：

（1）总资产周转率计算公式中的分子是营业收入净额，而分母是各项资产的总和，包括流动资产和非流动资产。其中，总资产中的对外投资（交易性金融资产、债权投资等）给企业带来的是投资收益，未形成营业收入，可见公式中的分子、分母口径不一致，导致这一指标前后各期及不同企业之间会因资产结构不同而失去可比性。

（2）在对总资产周转率进行分析时，应该与企业以前年度的实际水平、同行业平均水平等进行对比分析，从中寻找差距，挖掘企业潜力，提高资产营运效率。

（3）如果总资产周转率长期处于较低的状态，企业应采取措施处置多余、闲置不用的资产，提高各项资产的利用效率；或提高营业收入，从而提高总资产周转率。

根据表 2-1 和表 3-1 提供的华天股份有限公司资料，计算该公司总资产周转率和总资产周转天数。（假设 2017 年年末资产总额为 987 556 324.34 元）

$$2018 年平均资产总额 = \frac{987\ 556\ 324.34 + 1\ 139\ 945\ 667.14}{2} = 1\ 063\ 750\ 995.74（元）$$

$$2018 年总资产周转率 = \frac{478\ 503\ 678.72}{1\ 063\ 750\ 995.74} = 0.45（次）$$

$$2018 年总资产周转天数 = \frac{360}{0.45} = 800（天）$$

$$2019 年平均资产总额 = \frac{1\ 139\ 945\ 667.14 + 1\ 497\ 344\ 634.68}{2} = 1\ 318\ 645\ 150.91（元）$$

$$2019 年总资产周转率 = \frac{500\ 825\ 388.30}{1\ 318\ 645\ 150.91} = 0.38（次）$$

$$2019 年总资产周转天数 = \frac{360}{0.38} = 947.37（天）$$

计算结果表明，该公司总资产周转率在 2019 年比 2018 年有所下降且比值较低，说明该公司总资产的利用效率较低。

（二）分类资产周转率

为了更加深入地分析总资产的周转情况及其快慢的影响因素，企业应进一步对总资产各个构成要素周转情况进行分析，以便查明总资产周转率升降的原因以及各要素周转对总资产周转率造成的不同影响。在资产负债表中，总资产分为流动资产、非流动资产，可分别计算其周转率和周转天数。这里介绍流动资产周转率和固定资产周转率。

1. 流动资产周转率

1）流动资产周转率的含义与计算公式

流动资产周转率是指企业在一定时期的营业收入净额与流动资产平均余额的比率，即流动资产在一定时期内周转的次数。流动资产周转率是衡量企业流动资产周转速度的快慢及利用效率的综合性指标，它不仅反映流动资产运用效率，同时也影响着企业的盈利水平。其计算公式为：

$$流动资产周转率 = \frac{营业收入净额}{流动资产平均余额}$$

$$流动资产周转天数 = \frac{计算期天数}{流动资产周转率}$$

式中,流动资产平均余额是流动资产年初数加流动资产年末数除以2。

流动资产周转率越大,周转天数越短,表明企业以相同的流动资产占用实现的营业收入越多,说明流动资产的运用效率越好,进而使企业的偿债能力和盈利能力均得以增强;反之,则表明企业利用流动资产进行经营活动的能力差、效率较低。

2) 流动资产周转率的分析

流动资产周转率分析,主要在于揭示以下三个问题:

其一,流动资产实现销售的能力,即周转额大小。在一定时期内,流动资产周转速度越快,表明其实现的周转额越多,对财务目标的贡献程度越大。

其二,流动资产投资的节约与浪费情况。流动资产占用额与流动资产周转速度有着密切的制约关系。在销售额既定的条件下,流动资产周转速度越快,流动资产的占用额就越少,就会相对节约流动资产,从而增强企业的盈利能力;反之,若流动资产周转速度慢,为维持正常经营,企业必须不断补充流动资产,投入更多的资源,造成资产使用低效率,从而降低企业的盈利能力。

其三,加速流动资产周转的基本途径。从流动资产周转率的计算公式来看,企业加速流动资产周转,必须从增加产品销售收入和降低流动资产占用额两个方面努力。在增加销售收入方面,企业要加强市场调查和预测,根据市场需要,开发适销对路的产品,并根据市场变化情况,及时调整产品结构;强化销售工作,采取有效的销售策略开拓市场,提高市场占有率,加快销售进程。在降低流动资产占用额方面,一要加强定额管理,制定和贯彻先进合理的消耗定额和储备定额,降低材料、能源等消耗量,降低各项存货的储备量;二要努力降低材料采购成本和产品制造成本;三要采取先进技术措施和管理措施,提高生产效率和工作效率,缩短周转期,包括生产周期及存货的供应、在途、验收、整理准备和库存等环节的时间;四要加快货款结算,及时收回货款;五要定期清查仓库,及时处理积压产品和物资;六要用活货币资金,避免过量存款,调动暂时闲置的货币资金用于短期投资等。另外,在分析流动资产周转率时,要结合应收账款、存货等主要流动资产项目的周转状况做进一步分析判断。

根据表2-1和表3-1提供的华天股份有限公司资料,计算该公司流动资产周转率和流动资产周转天数。(假设2017年年末流动资产余额为202 567 324.57元)

$$2018年流动资产平均余额 = \frac{202\,567\,324.57 + 258\,818\,617.15}{2} = 230\,692\,970.86(元)$$

$$2018年流动资产周转率 = \frac{478\,503\,678.72}{230\,692\,970.86} = 2.07(次)$$

$$2018年流动资产周转天数 = \frac{360}{2.07} = 173.91(天)$$

$$2019年流动资产平均余额 = \frac{258\,818\,617.15 + 409\,224\,636.60}{2} = 334\,021\,626.88(元)$$

$$2019年流动资产周转率 = \frac{500\,825\,388.30}{334\,021\,626.88} = 1.50(次)$$

$$2019年流动资产周转天数 = \frac{360}{1.50} = 240(天)$$

计算结果表明,该公司总资产周转率在2019年比2018年有所下降,流动资产周转天数有所上升,说明该公司流动资产的利用效率在不断下降。

2. 固定资产周转率

1）固定资产周转率的含义与计算公式

固定资产周转率也称固定资产利用率，是指企业一定时期的营业收入与固定资产平均净值的比率，它是反映企业固定资产周转状况、衡量固定资产利用效率的指标。其计算公式为：

$$固定资产周转率（次数）=\frac{营业收入净额}{固定资产平均余额}$$

$$固定资产周转天数=\frac{计算期天数}{固定资产周转率}$$

固定资产周转率越大，周转天数越短，表明企业固定资产利用得越充分，说明企业固定资产投资得当，结构分布合理，能够较充分地发挥固定资产的使用效率，企业的经营活动越有效；反之，则表明固定资产使用效率不高，固定资产拥有数量过多，设备闲置没有充分利用，提供的生产经营成果不多，企业固定资产的营运能力较差。

2）固定资产周转率的分析

计算和运用固定资产周转率时要注意以下两个问题：

其一，固定资产周转率没有绝对的判断标准，一般通过与企业历史水平相比较加以考察，进行趋势分析。由于企业之间机器设备与厂房等主要固定资产在种类、数量、形成时间等方面均存在较大差异，因而较难找到外部可资借鉴的标准企业和标准比率，此指标的同业比较分析意义不大。另外，固定资产周转率的分母使用固定资产平均净值，即使同样的固定资产，由于企业所采用的折旧方法和使用的折旧年限长短不同，也会造成不同的固定资产账面净值，从而影响固定资产周转率指标，造成该指标的人为差异。

其二，严格地讲，企业的销售收入并不是由固定资产的周转价值带来的，企业的销售收入只能直接来自流动资产的周转，而且固定资产要完成一次周转必须经过整个折旧期间。因此，如果用销售收入除以固定资产占用额来反映固定资产的周转速度具有很大的缺陷，即它并非固定资产的实际周转速度。但如果从固定资产对推动流动资产周转速度和周转额的作用来看，固定资产又与企业的销售收入有着必然的联系，即流动资产投资规模、周转额的大小及周转速度的快慢在很大程度上取决于固定资产的生产经营能力及利用效率。

基于上述分析，在对固定资产营运能力进行分析时，必须充分结合流动资产的投资规模、周转额、周转速度才更有价值。固定资产周转率反映出既定质量的固定资产通过对流动资产价值转换规模与转换速度的作用而对销售收入实现所做出的贡献。其计算公式为：

$$固定资产周转率（次数）=\frac{流动资产平均余额}{固定资产平均余额}\times 流动资产周转率$$

一般而言，固定资产的质量与使用效率越高，其推动流动资产运行的有效规模与周转率就越大、越快，实现的周转额也就越多。因此，在不断提高流动资产自身营运能力的同时，如何卓有成效地提高固定资产的质量与使用效率，并以相对节约的固定资产投资推动尽可能多的流动资产规模，加快流动资产价值的转换速度，从而实现更多的销售收入，成为固定资产营运能力分析评价工作的重要内容。

根据表 2-1 和表 3-1 提供的华天股份有限公司资料，计算该公司固定资产周转率和固定资产周转天数。（假设 2017 年年末固定资产余额为 186 558 520.75 元）

$$2018 年固定资产平均余额=\frac{186\,558\,520.75+208\,725\,513.92}{2}=197\,642\,017.34（元）$$

2018年固定资产周转率 $=\dfrac{478\,503\,678.72}{197\,642\,017.34}=2.42$（次）

2018年固定资产周转天数 $=\dfrac{360}{2.42}=148.76$（天）

2019年固定资产平均余额 $=\dfrac{208\,725\,513.92+231\,131\,686.21}{2}=219\,928\,600.07$（元）

2019年固定资产周转率 $=\dfrac{500\,825\,388.30}{219\,928\,600.07}=2.28$（次）

2019年固定资产周转天数 $=\dfrac{360}{2.28}=157.89$（天）

计算结果表明,该公司固定资产周转率2019年比2018年有所下降,固定资产周转天数有所上升,说明该公司固定资产的利用效率也在下降。

（三）单项资产周转率

单项资产周转率是指根据资产负债表左方个别资产项目分别计算的资产周转率。其中,最主要和最常用的是应收账款周转率和存货周转率。

1. 应收账款周转率

1) 应收账款周转率的含义与计算公式

应收账款周转率是指企业在一定时期内营业收入净额或赊销收入净额与应收账款平均余额的比率,它表明企业的应收账款在一定时期内周转的次数。其计算公式为:

$$应收账款周转率（次数）=\dfrac{营业收入净额（赊销收入净额）}{应收账款平均余额}$$

$$应收账款周转天数=\dfrac{计算期天数}{应收账款周转率}$$

式中,应收账款平均余额是指因销售产品、商品、提供劳务等而应向购货单位或接受劳务单位收取的款项,以及收到的商业汇票(即资产负债表中"应收账款"和"应收票据")的期初、期末余额的平均数之和。

应收账款周转率反映了企业应收账款变现速度的快慢及管理效率的高低。一定时期内,企业的应收账款周转率越大,周转天数越短,表明企业应收账款回收速度越快,账龄期限越短,企业应收账款的管理效率越高,资产流动性越强,短期偿债能力越强;同时,较大的应收账款周转率可有效减少收款费用和坏账损失,从而相对增加企业流动资产的收益能力。另外,借助应收账款周转天数与企业信用期限的比较,可以更好地评价客户的信用程度及企业原定信用条件的合理性。

2) 应收账款资产周转率的分析

对应收账款周转率的进一步分析,需要注意以下四个问题:

其一,应收账款周转次数计算公式中的分子,从理论上说应为赊销收入净额,但赊销收入净额属于企业的商业机密,企业外部信息使用者无法获取数据,因而计算中通常用营业收入净额代替赊销收入净额,将现金视为回收期为零的应收账款。使用"营业收入净额"这一替代数据,如果企业销售中赊销比例过小,得到的周转率就较大;但只要企业现金销售和赊销的比例是稳定的,并不妨碍与上期数据的可比性,只是高估了周转次数。

其二,应收账款的减值准备问题。财务报表中列示的是应收账款净额,而销售收入并没有减少。其结果是:提取的坏账准备越多,应收账款的周转天数越少。这种天数越少并不是好的业绩;相反,说明企业应收账款管理欠佳。因此,当坏账准备提取数额较大时,应予以调整,使用未计提坏账准备的应收账款指标来计算;报表附注中披露的应收账款坏账准备相关信息,可作为调整的依据。

其三,应收账款是时点指标,易受季节性、偶然性和人为因素的影响。在应收账款周转率用于企业业绩评价时,为了使该指标尽可能接近实际值,计算平均数时应采用尽可能详细的资料(如月、季度)。

其四,应收账款周转率的评价标准。从理论上讲,应收账款周转率是越大越好;但实际工作中,企业应收账款周转率究竟以多大为好,目前尚无统一标准,因为应收账款周转率并非纯粹越大越好。过高的应收账款周转率可能是由于紧缩的信用政策、付款条件过于苛刻引起的,其结果可能会危及企业的销售数量,损害企业的市场占有率,从而影响其获利能力。因此,实际分析时,可结合企业历史水平或同行业一般水平进行对比,从而对本期应收账款周转率做出客观评价。

根据表 2-1 和表 3-1 提供的华天股份有限公司资料,计算该公司应收账款周转率和应收账款周转天数。(假设 2017 年年末应收票据余额为 9 357 420.55 元、应收账款余额为 68 677 988.85 元)

$$2018 年应收账款平均余额 = \frac{68\ 677\ 988.85 + 9\ 357\ 420.55 + 79\ 743\ 418.39 + 18\ 841\ 133.66}{2}$$

$$= 88\ 309\ 980.73(元)$$

$$2018 年应收账款周转率 = \frac{478\ 503\ 678.72}{88\ 309\ 980.73} = 5.42(次)$$

$$2018 年应收账款周转天数 = \frac{360}{5.42} = 66.42(天)$$

$$2019 年应收账款平均余额 = \frac{79\ 743\ 418.39 + 18\ 841\ 133.66 + 91\ 857\ 731.82 + 5\ 568\ 336.08}{2}$$

$$= 98\ 005\ 309.98(元)$$

$$2019 年应收账款周转率 = \frac{500\ 825\ 388.30}{98\ 005\ 309.98} = 5.11(次)$$

$$2019 年应收账款周转天数 = \frac{360}{5.11} = 70.45(天)$$

计算结果表明,该公司应收账款周转率在 2019 年比 2018 年有所下降,且应收账款周转天数均在 2 个月以上,说明该企业应收账款的管理效率不是很高。

2. 存货周转率

1) 存货周转率的含义与计算公式

存货周转率是指企业在一定时期内营业成本净额或营业收入净额与存货平均余额的比率,它是衡量和评价企业存货购入、投入生产、销售收回等各环节管理状况的综合性指标。其计算公式如下:

$$存货周转率(次数) = \frac{营业成本净额(或营业收入净额)}{存货平均余额}$$

$$存货周转天数 = \frac{计算期天数}{存货周转率}$$

存货是企业流动资产乃至总资产中最重要的组成部分之一,它不仅金额比重大,而且增值能力强。因此,存货周转率不仅是考核企业存货运用效率的指标,还与企业的盈利能力直接相关。一定期间内,企业的存货周转率越高,存货周转天数越短,表明企业存货变现速度越快,企业存货的运用效率越高,资产流动性越强,企业的盈利能力越强;反之,则表明企业存货的运用效率越低,存货占用资金越多,企业盈利能力则越弱。

2) 存货周转率的分析

在分析评价存货周转率这一指标时,应注意以下四个问题:

其一,存货周转率有两种计算方式,一是以成本为基础的存货周转率,该存货周转率主要用于评价资产流动性或企业存货管理的业绩,这是因为与存货直接相关的是营业成本,它们之比可以更切合实际地表现存货的周转情况;二是以收入为基础的存货周转率,该存货周转率主要用于评估资产的盈利能力或分析各项资产的周转情况并识别主要影响因素,这是因为以收入为基础的存货周转率保证了资产运用效率各指标计算上的一致性,由此计算的存货周转天数与应收账款周转天数建立在同一基础上,从而可直接相加并近似地得出营业周期。因此,在实际工作中,两种周转率的差额是由毛利引起的,应根据分析目的确定使用哪一种计算方式。

其二,企业采用不同的存货计价方法,将影响存货周转率的高低。如果采用先进先出法对存货进行计价,当存货周转速度慢于通货膨胀的速度时,存货成本不能准确地反映其现时成本,从而降低存货价值,导致低估企业的短期偿债能力。因此,在计算和分析时应保持口径一致。当存货计价方法变动时,应对此加以说明,并分析这一变动对存货周转率的影响。

其三,在分析存货周转率指标时,应尽可能结合存货的批量因素、季节性变化因素的影响加以理解,同时对存货的结构以及影响存货周转率的重要指标进行分析。通过进一步计算原材料周转率、在产品周转率和产成品周转率,从不同角度、环节上找出存货管理中的问题,在满足企业生产经营需要的同时,尽可能减少经营占用资金,提高企业存货管理水平。

其四,存货周转率通常能够反映企业存货流动性的大小和存货管理效率的高低。但存货周转率过大可能是由于存货资金投入少,使存货储备不足而影响生产或销售业务的进一步发展;还可能是由于企业提高了销售价格而存货成本并未改变,或商品降价销售以及大量赊销等原因,故分析时需要考虑企业生产的实际需要,防止企业为了粉饰存货管理工作而故意减少存货或因供应环节失误造成存货供应不足。存货周转率过小可能是企业经营管理不善使得存货中出现残次品以及产品滞销,也可能是企业预测存货将升值而囤积居奇,还有可能是企业销售政策变化而减少了赊销,故应当进一步分析存货的质量结构,弄清存货中是否包含有实际价值远远低于账面价值的即将报废或已毁损的原材料、商品和产品等。因此,存货周转率偏大或偏小都要引起注意。

根据表 2-1 和表 3-1 提供的华天股份有限公司资料,计算该公司存货周转率和存货周转天数。(假设 2017 年年末存货余额为 53 765 925.26 元)

2018 年存货平均余额 $=\dfrac{53\ 765\ 925.26+62\ 900\ 816.06}{2}=58\ 333\ 370.66$(元)

2018 年存货周转率 $=\dfrac{403\ 708\ 188.42}{58\ 333\ 370.66}=6.92$(次)

2018 年存货周转天数 $=\dfrac{360}{6.92}=52.02$(天)

2019 年存货平均余额 $=\dfrac{62\ 900\ 816.06+78\ 506\ 816.87}{2}=70\ 703\ 816.47$(元)

$$2019\text{年存货周转率} = \frac{414\,347\,374.98}{70\,703\,816.47} = 5.86(\text{次})$$

$$2019\text{年存货周转天数} = \frac{360}{5.86} = 61.43(\text{天})$$

计算结果表明,该公司存货周转率在2019年比2018年有所下降,说明该企业存货的管理效率在逐渐退步;但无论是2019年还是2018年,存货周转率的比值还是不低的,整体来说,存货管理效率还不错。

任务四　理解企业发展能力分析

任务要求

熟悉发展能力的指标构成,掌握判断发展能力强弱的方法,了解企业发展能力分析的概念和内容。

相关知识

一、企业发展能力分析的概念和内容

(一) 企业发展能力的含义

企业发展能力就是企业的成长性,是指企业未来生产经营活动的发展趋势和发展潜能。从一般意义上看,发展能力是企业在较长时期内由小变大、由弱变强、持续变革的过程。从形成看,企业发展能力是通过企业自身生产经营活动,不断扩大积累而形成的,主要依托于不断增加的资金投入、不断增长的销售收入和不断创造的利润等。从财务角度看,发展能力是提高盈利能力最重要的前提,也是实现企业价值最大化的基本保证。总之,企业发展不仅仅是企业规模的扩大,更重要的是企业收益能力的增强。

传统的财务分析仅仅是从静态的角度来分析企业的财务状况,对企业发展能力分析未能给予充分重视,这在日益激烈的市场竞争中就显得不够全面,不够充分。首先,企业价值在很大程度上取决于企业未来的获利能力,取决于企业收入、收益以及股利的未来增长,而不是企业过去或者目前所取得的收益情况;其次,无论是增强企业的盈利水平和风险控制能力,还是提高企业的资产营运能力,都是为了企业未来生存和发展的需要,都是为了提高企业的发展能力。也就是说,企业发展能力是企业盈利能力、营运能力和偿债能力的综合体现。因此,要全面衡量一个企业的价值,就不应该仅仅从静态的角度分析其经营能力,更应该着眼于从动态角度出发分析和预测企业的经营成长性水平,即发展能力分析。同时,企业发展能力受到企业的经营能力、制度环境、人力资源、分配制度等诸多因素的影响,所以在分析企业发展能力时,还需要测度这些因素对企业发展的影响程度。总之,对企业发展能力的分析评价是一个全方位、多角度的分析评价过程。

（二）企业发展能力分析的意义

企业发展能力分析无论对企业的投资者、债权人，还是对衡量企业经营者的经营业绩和企业职工的工作效率等都相当重要。

首先，分析企业发展能力，有利于了解企业的发展状况。企业要想生存和发展，就必须增加营业收入。只有营业收入不断增长，才能使企业的盈利能力得到增强。对营业收入的增减变化进行分析，将为企业开发新产品、扩大市场占有率，促进企业的进一步发展奠定基础。

其次，分析企业发展能力，有利于了解企业的资产规模和发展水平。资产的增长是企业发展的物资保障，也是企业价值增长的基础，企业资产规模的增加反映了企业发展的水平。

最后，分析企业发展能力，有利于了解企业可持续发展能力。企业资产规模的不断扩大，表明企业经济实力的提升，能增强投资者投资信心，为企业进一步发展提供条件。

（三）企业发展能力分析的内容

企业发展能力分析的内容可以从企业发展的动因与结果两个大的层面进行。其中，发展动因层面主要是对企业的竞争能力进行分析，结果层面主要是对企业的财务状况进行分析。同时，由于企业的发展经常出现周期特征，因而在分析企业发展能力时还需要明确企业及其产品所处的生命周期，这样才能结合竞争能力与财务状况的分析，得出对企业发展能力的正确判断。

1. 企业竞争能力分析

一个企业的生存与发展归根到底取决于企业的竞争能力。因此，企业竞争能力分析是企业发展能力分析的一项重要内容。企业竞争能力分析主要分析企业产品的市场占有情况和产品的竞争能力，同时还应对企业所采取的竞争策略进行分析。

1）产品市场占有情况分析

对产品市场占有情况进行分析，主要是分析企业市场占有率和市场覆盖率。

市场占有率是指在一定时期、一定市场范围内，企业某种产品的销售量占市场上同种产品销售量的比重。利用市场占有率来说明企业竞争能力的强弱，一般是将企业的市场占有率与主要竞争对手进行对比分析。一方面，要通过对比分析看到企业的差距或优势；另一方面，还要进一步寻找其原因。

市场覆盖率是指企业某种产品行销的地区数占同种产品行销地区总数的比率。利用市场覆盖率来说明企业竞争能力的强弱，也必须通过与竞争对手进行对比分析。通过计算和对比分析市场覆盖率，可以考察企业产品现在行销的地区以及研究可能行销的地区，揭示产品行销不广的原因，有利于企业扩大竞争地域范围，开拓产品的新市场，提高企业的竞争能力。

2）产品竞争能力分析

对产品竞争能力进行分析，主要是分析产品质量的竞争能力、产品品种的竞争能力、产品成本与价格的竞争能力以及产品售后服务的竞争能力。

产品质量的优劣是产品有无竞争能力的首要条件。提高产品质量是提高企业竞争能力的主要手段。分析企业产品质量的竞争能力大小就是将企业产品的有关质量指标与国家标准、竞争对手、用户的要求分别进行对比，从而观察企业产品质量的水平与差距，对企业产品质量的竞争能力做出客观评价。

产品品种的竞争能力分析主要是对产品品种占有率的分析。产品品种占有率是企业某种产品在某市场范围内销售的品种或规格、花色数占该市场范围内销售的该种产品的全部品种、规格或花色数的比率。该指标数值越高,说明企业生产销售的品种、规格或花色满足社会需要的程度越高,竞争能力越强。同时,还要对新产品开发进行分析。分析企业新产品的开发情况,首先要计算新产品的比重,即企业在报告期生产的新产品产值在总产值中所占的比重;其次要计算企业出售的新产品价值在某一市场范围内出售该种新产品全部价值中所占的比重,来反映企业新产品在市场竞争中的地位。

产品成本和价格的竞争能力分析就是通过与主要竞争对手或同行业成本最低的企业进行成本水平的对比分析,从而对企业的价格竞争能力做出正确评价,并揭示出成本水平的差距及其原因,进而提出有效对策,以进一步降低成本,提高企业的产品价格竞争能力。

产品售后服务的好坏直接影响企业的信誉,影响企业的产品销售。因此,强化服务质量,也是提高企业产品竞争能力的重要手段。

3) 企业竞争策略分析

企业的竞争能力能否得到正常的或最大限度地发挥,关键取决于企业竞争策略的正确与否。企业的竞争策略是指企业根据市场供求关系的变化和竞争对手的情况制定的经营方针。企业竞争策略可以归纳为以下几个方面:以创新取胜、以优质取胜、以廉价取胜、以快速交货取胜和以优质服务取胜等。企业竞争策略分析就是要联系企业的经济效益,并与主要竞争对手比较,分析研究现在采取的竞争策略存在哪些问题或潜力;根据市场形势及竞争格局的变化,提出企业的竞争策略将要做出哪些改变。

2. 企业周期分析

企业的发展过程总是呈现出一定的周期特征,处于不同周期阶段的企业的同一发展能力分析指标的计算结果可以反映出不同的发展能力。就企业所面临的周期现象来说,主要存在经济周期、产业生命周期、企业生命周期及产品生命周期等几种类型。上述周期大体都可以分为初创期、成长期、成熟期和衰退期四个阶段。经济周期与产业生命周期是从宏观的角度描述企业宏观环境的特征与发展趋势,由专门的政府服务部门或研究机构完成。企业生命周期与产品生命周期则针对企业自身的微观环境特征与发展趋势进行描述,由企业进行分析。

1) 企业生命周期的分析与判断

健康企业的生命周期曲线一般呈正常的钟形分布,也就是说有时其行为就像它还处于生命周期的上一阶段,而它的有些行为又与企业生命周期的下一阶段的特征相符,但它的绝大部分行为却表现出企业在生命周期上目前所处的主要位置的特征,这些特征正是进行企业生命周期分析与判断的主要依据。

在对企业生命周期的分析与判断过程中,可能会发现一个企业融合了几个阶段的特征。如一个处于初创期的企业有时会表现出成长阶段的特征,有时又会表现出衰退阶段的特征。这是企业生命周期的正常现象,而并不是说企业生命周期是一个非常难以捉摸的事物,其中仍然有规律可循。企业生命周期的分析有一个必须注意的问题:在进行判断时,不要试图把企业只放在生命周期的一个位置,企业的不同部门可能处于不同周期阶段。从整体上看一个企业在生命周期中处于什么阶段,必须对企业大多数的行为进行分析。

2) 产品生命周期的分析与判断

产品生命周期对企业的影响是局部的,这决定产品生命周期的分析与判断和企业生命周期分析与判断方法的不同。常用的产品生命周期分析判断的方法有直接参考法、指标分析法和直观判断法。

直接参考法是直接参考国外或其他地区同类产品的生命周期来确定企业产品生命周期所处阶段的一种方法。这种方法建立在个别产品生命周期与产业生命周期具有一致性的假设基础之上,优点是比较简单,分析成本较低;缺陷在于外部数据很难获得,分析的准确性也较低。

指标分析法是通过计算与产品生命周期密切相关的几个经济指标来推断产品生命周期的一种方法。如可根据销售增长的情况来判断,市场销售增长率与产品生命周期的对应关系是:市场销售增长率大于10%处于成长期,在1%~10%之间处于成熟期,小于零则认为已处于衰退期;也可以通过估计产品的用户数来判断:估计用户数在0.1%~5%为开发期,6%~50%为成长期,51%~75%为成熟期,76%~90%为饱和期。

直观判断法是根据与产品生命周期密切相关的情况和指标直接判断产品所处周期阶段的一种方法。例如,根据销售状况判断,销售递增通常为成长期,产品畅销、销售波动不大通常为成熟期,销售递减为衰退期。

3. 企业发展能力财务比率分析

企业发展能力的财务比率分析分为企业营业发展能力分析和企业财务发展能力分析两个方面。

1) 企业营业发展能力分析

企业营业结果可通过销售收入和资产规模的增长体现出来。因此,企业营业发展能力分析可分为如下两个方面:

一是对销售增长的分析。销售是企业价值实现的途径。只有企业销售的稳定增长,才能不断增加收入。一方面,收入的增加意味着企业的发展;另一方面,充足的收入也为企业进一步扩大市场、开发新产品、进行技术改造提供资金来源,从而促进企业的进一步发展。

二是对资产规模增长的分析。企业资产是取得收入的保障,资产增长是企业发展的一个重要方面。在总资产周转率固定或增长的情况下,资产规模与收入规模之间存在着同向变动的关系。

2) 企业财务发展能力分析

从财务角度看,企业发展的结果体现为净资产、利润和股利的增长。因此,企业财务发展能力分析可分为如下三个方面:

一是对净资产规模增长的分析。净资产规模的增长反映着企业不断有新的资本或收益留存,反映了所有者对企业有充足的信心,企业在过去的经营活动中有较强的盈利能力,这就意味着企业的发展。同时,净资产增加为企业负债融资提供了保障,提高了企业的融资能力,有利于企业获得进一步发展所需的资金。

二是对利润增长的分析。利润的增长直接反映了企业的积累状况和发展潜力。通过对利润增长情况的分析,可在一定程度上把握企业的发展能力。

三是对股利增长的分析。企业所有者从企业获得的利益可分为两个方面:资本利得(股价的增长)和股利的获得。从长远来看,如果所有投资者都不退出企业,所有者从企业获得利益的唯一来源便是股利的发放。虽然企业的股利政策要考虑到企业面对的各种因素,但股利的持续增长一般被投资者理解为企业的持续增长。

这里只介绍"企业发展能力财务比率分析"。

二、企业发展能力财务比率分析

(一) 企业营业发展能力分析

1. 销售增长指标

从本质上看,企业销售的增长是企业发展的驱动力,是企业生存和发展的保障。因此,分析企业的发展能力首先要分析企业的销售增长能力。

1) 营业收入增长率

营业收入增长率是指企业本年营业收入增长额与上年营业收入总额的比率,反映企业营业收入的增减变动情况。其计算公式为:

$$营业收入增长率 = \frac{本年营业收入增长额}{上年营业收入总额} \times 100\%$$

式中,

$$本年营业收入增长额 = 本年营业收入总额 - 上年营业收入总额$$

营业收入增长率是衡量企业经营状况和市场占有能力、预测企业经营业务拓展趋势的重要指标,也是企业扩张增量资本的重要前提。利用该指标进行企业营业发展能力分析要注意以下两点:

一是该指标若大于零,表明企业本年的营业收入有所增长。该指标越大,表明企业的产品越适销对路、价格合理,产品质量和性能越能得到社会的认可,企业的未来前景越好;若该指标小于零,则表明企业或是产品不适销对路、质次价高,或是在售后服务方面存在问题,产品销不出去,市场份额萎缩,企业的未来发展令人担忧。

二是要判断企业在销售方面是否具有良好的成长性,必须分析销售增长是否具有效益性。正常情况下,一个企业的营业收入增长率只有高于其资产增长率,才能说明企业在销售方面具有良好的成长性。若营业收入的增长主要依赖于资产的相应增长,即营业收入增长率低于资产增长率,则说明销售增长不具有效益性,同时也反映企业在销售方面可持续发展能力不强。

根据表 3-1 提供的华天股份有限公司资料,计算该公司营业收入增长率。(假设该公司 2017 年营业收入为 459 765 434.58 元)

$$2018 年营业收入增长率 = \frac{478\ 503\ 678.72 - 459\ 765\ 434.58}{459\ 765\ 434.58} \times 100\% = 4.08\%$$

$$2019 年营业收入增长率 = \frac{500\ 825\ 388.30 - 478\ 503\ 678.72}{478\ 503\ 678.72} \times 100\% = 4.66\%$$

计算结果表明,该公司 2019 年营业收入增长率虽然略高于 2018 年,但由于增长的比率太低,且远低于其资产增长率,说明该公司的销售增长能力较差;2019 年销售的增长主要是依靠资产的追加所致,其增长不具备效益性。

2) 三年营业收入平均增长率

营业收入增长率可能会受到销售短期波动对指标产生的影响。如果上年因特殊原因而使营业收入特别低,而本年则恢复到正常水平,就会造成营业收入增长率因异常因素而偏高;反之,如果上年因特殊原因而使营业收入特别高,而本年则恢复到正常水平,就会造成营业收入增长率因异常因素而偏低。为消除这种影响并反映企业较长时期的销售增长情况,可以计算多年的营业收入平均增长率。实务中,一般计算三年营业收入平均增长率。其计算公式为:

$$三年营业收入平均增长率=\left(\sqrt[3]{\frac{当年营业收入总额}{三年前营业收入总额}}-1\right)\times 100\%$$

三年营业收入平均增长率表明企业营业收入连续三年的增长情况,能够反映企业的营业收入增长趋势和稳定程度以及市场扩张能力,较好地体现企业的发展状况和发展能力,避免因少数年份营业收入不正常增长而对企业发展能力的错误判断。一般认为,三年营业收入平均增长率越高,表明企业营业收入持续增长势头越好,市场扩张能力越强。

2. 资产增长指标

资产的增长是企业发展的一个重要方面,也是实现企业价值增长的物资保障。从企业经营实践来看,成长性高的企业一般能保证资产的稳定增长。因此,分析企业资产规模的增长能力是企业营业发展能力分析的另一个重要方面。

1) 总资产增长率

总资产增长率是指企业本年总资产增长额同本年初资产总额的比率,反映企业本期资产规模的增减变动情况。其计算公式为:

$$总资产增长率=\frac{本年总资产增长额}{年初资产总额}\times 100\%$$

式中,

$$本年总资产增长额=年末资产总额-年初资产总额$$

总资产增长率从企业资产总量扩张方面来衡量企业的发展能力,反映企业资产规模增长水平对企业发展后劲的影响。对总资产增长率进行分析时应注意以下五点:

一是总资产增长率越高,表明企业一定时期内资产经营规模扩张的速度越快。但企业总资产增长率高并不意味着企业的资产规模就一定适当,分析时需要关注资产规模扩张的质和量的关系,以及企业的后续发展能力,避免盲目扩张。只有在一个企业的销售增长、利润增长超过资产规模增长的情况下,这种资产规模增长才属于效益型增长,才是适当的、正常的。

二是需要正确分析企业资产增长的来源。这可以分别计算负债的增加和所有者权益的增加占总资产增加额的比重,并进行比较。如果所有者权益所占的比重大,说明企业资产的增加主要来源于所有者权益的增加,企业资产的增长状况良好,企业具备良好的发展潜力;反之,负债增加额所占比重大,说明企业资产增加主要来源于负债的增加,反映出企业资产的增长状况不好,企业不具备良好的发展潜力。

三是为全面认识企业资产规模的增长趋势和增长水平,应将企业不同时期的资产增长率加以对比。一个健康的处于成长期的企业,其资产规模应该是不断增长的。如果时增时减,则反映出企业的经营业务并不稳定,同时也说明企业不具备良好的发展潜力。

四是资产增长率计算中所使用的数据为资产的账面价值,这样就会产生两个问题:一方面受会计处理方法中历史成本原则的影响,资产总额反映的只是资产取得的成本,并不是总资产的现时价值;另一方面,没有反映企业全部资产的价值,受会计处理方法的限制,企业很多重要的资产(如无形资产、人力资源)无法在报表中体现,这使得总资产增长率指标无法反映企业真正的资产增长情况。

五是对总资产增长率进行企业间比较要特别注意各企业之间的可比性:一方面,不同的企业资产使用效率不同,为实现净收益的同幅度增长,资产使用效率低的企业需要更大幅度的资产增长;另一方面,不同企业所采取的不同发展策略也会体现在资产增长率上,采取外向规模增长型发展策略的企业资产增长率会较高,而采取内部优化型发展策略的企业资产增长率会呈现较低水平。

根据表 2-1 提供的华天股份有限公司的资料,计算该公司总资产增长率。(假设 2017 年年末资产总额为 987 556 324.34 元)

$$2018\text{ 年总资产增长率} = \frac{1\,139\,945\,667.14 - 987\,556\,324.34}{987\,556\,324.34} \times 100\% = 15.43\%$$

$$2019\text{ 年总资产增长率} = \frac{1\,497\,344\,634.68 - 1\,139\,945\,667.14}{1\,139\,945\,667.14} \times 100\% = 31.35\%$$

$$\begin{array}{l}2019\text{ 年所有者权益占}\\ \text{资产总额增加的比重}\end{array} = \frac{1\,008\,420\,381.85 - 869\,183\,510.08}{1\,497\,344\,634.68 - 1\,139\,945\,667.14} \times 100\% = 38.96\%$$

计算结果表明,该公司的总资产有较大幅度增长,说明公司资产增长能力较强,但资产增长来源中所有者权益的增长额在总资产增长额中所占比重只有 38.96%,说明该公司资产增长来源主要依靠负债资金的增加。

2) 固定资产成新率

固定资产成新率是企业当期平均固定资产净值与平均固定资产原值的比率。其计算公式为:

$$\text{固定资产成新率} = \frac{\text{平均固定资产净值}}{\text{平均固定资产原值}} \times 100\%$$

这里的"平均"是指年初数同年末数的平均值。

固定资产成新率反映了企业所拥有的固定资产的新旧程度,体现了企业固定资产更新的快慢和持续发展的能力。对该指标分析时应注意以下三个问题:

一是运用该指标分析固定资产新旧程度时,应剔除企业对房屋、机器设备等未提折旧资产对固定资产真实状况的影响。

二是在对企业间的固定资产成新率指标进行比较时,要注意不同折旧方法对固定资产成新率的影响,加速折旧法下的固定资产成新率要低于直线折旧法下的固定资产成新率。

三是固定资产成新率受周期影响较大,一个处于发展期的企业与一个处于衰退期的企业的固定资产成新率会明显不同。

(二) 企业财务发展能力分析

1. 资本扩张指标

1) 资本积累率

资本积累率是指企业本年所有者权益增长额与年初所有者权益的比率,反映企业当年资本的积累能力,是评价企业财务发展潜力的重要指标。其计算公式为:

$$\text{资本积累率} = \frac{\text{本年所有者权益增长额}}{\text{年初所有者权益}}$$

式中,

$$\text{本年所有者权益增长额} = \text{所有者权益年末数} - \text{所有者权益年初数}$$

资本积累率是企业当年所有者权益总的增长率,反映了企业所有者权益在当年的变动水平,体现了企业资本的积累情况,也是企业扩大再生产的源泉,展示了企业的发展潜力。资本积累率还反映了投资者投入企业资本的保全性和增长性。该指标大于零,且指标值越高,表明企业的资本积累越多,应对风险、持续发展的能力越强;该指标若为负值,表明企业资本受到侵蚀,所有者权益受到损害,应予以充分重视。

在对资本扩张情况进行分析时还要注意所有者权益各项目的增长情况,一般来说实收资本的快速扩张来源于外部资金的加入,反映企业获得了新的资本,表明企业具备了进一步发展的基础,但并不表明企业过去有很强的发展能力;如果资本的扩张主要来源于留存收益的增长,反映企业通过自身经营活动不断积累发展后备资金,既反映了企业在过去经营过程中的发展能力,也反映了企业进一步发展的后劲。

根据表 2-1 提供的华天股份有限公司资料,计算该公司资本积累率。(假设 2017 年年末所有者权益总额为 788 785 608.95 元)

$$2018 年资本积累率 = \frac{869\,183\,510.08 - 788\,785\,608.95}{788\,785\,608.95} \times 100\% = 10.19\%$$

$$2019 年资本积累率 = \frac{1\,008\,420\,381.85 - 869\,183\,510.08}{869\,183\,510.08} \times 100\% = 16.02\%$$

计算结果表明,该公司 2019 年的资本积累率大于 2018 年,这说明该公司的净资产规模在不断增长。进一步分析还可以看出,公司净资产的增长主要来自留存收益的增加,而不是来自股本的增加,据此可以判断该公司在股东权益方面具有较强的发展能力。

2) 三年资本平均增长率

三年资本平均增长率表示企业资本连续三年的积累情况,在一定程度上反映了企业的持续发展水平和发展趋势。其计算公式为:

$$三年资本平均增长率 = \left(\sqrt[3]{\frac{年末所有者权益总额}{三年前年末所有者权益总额}} - 1\right) \times 100\%$$

资本积累率指标仅反映当期情况,而利用三年资本平均增长率指标,能够反映企业资本保全增值的历史发展情况,以及企业稳步发展的趋势。该指标越高,表明企业所有者权益得到的保障程度越大,企业可以使用的资金越充裕,抗风险和保持持续发展的能力越强。

3) 资本保值增值率

资本保值增值率是指企业扣除客观因素后的本年末所有者权益总额与年初所有者权益总额的比率,反映企业当年资本在企业自身努力下实际增减变动的情况。其计算公式为:

$$资本保值增值率 = \frac{扣除客观因素后的年末所有者权益}{年初所有者权益} \times 100\%$$

"客观因素"是指因资产评估、清产核资、产权界定、资本(股本)溢价、会计调整和减值准备转回等因素所引起的所有者权益的变动。

年末所有者权益总额等于年初所有者权益总额,资本保值增值率等于 100%,表示资本保值;年末所有者权益总额大于年初所有者权益总额,资本保值增值率大于 100%,表示资本增值。一般认为,资本保值增值率越高,表明企业的资本保全状况越好,所有者权益增长越快,债权人的债权越有保障。该指标通常应当大于 100%。

资本保值增值率与资本积累率有密切联系。即:

$$资本保值增值率 = 1 + 资本积累率$$

根据表 2-1 提供的华天股份有限公司资料,计算该公司资本保值增值率。(假设 2017 年年末所有者权益总额为 788 785 608.95 元)

$$2018 年资本保值增值率 = \frac{869\,183\,510.08}{788\,785\,608.95} \times 100\% = 110.19\%$$

$$2019\text{年资本保值增值率} = \frac{1\,008\,420\,381.85}{869\,183\,510.08} \times 100\% = 116.02\%$$

计算结果表明,该公司无论是2018年还是2019年,其资本保值增值率均大于100%,且2019年比2018年有所增长,说明该公司资本保全状况较好。

2. 收益增长指标

由于一个企业的价值主要取决于其盈利及发展能力,所以企业的收益增长也是反映企业发展能力的重要方面。又因为收益可表现为营业利润、利润总额、净利润等多种指标,因此相应的收益增长率也具有不同的表现形式。在实务中,通常使用营业利润增长率和净利润增长率两个指标。

1) 营业利润增长率

营业利润增长率是指企业本年营业利润增长额与上年营业利润总额的比率,反映企业营业利润的增减变动情况。其计算公式为:

$$\text{营业利润增长率} = \frac{\text{本年营业利润增长额}}{\text{上年营业利润总额}} \times 100\%$$

式中,

$$\text{本年营业利润增长额} = \text{本年营业利润总额} - \text{上年营业利润总额}$$

营业利润增长率越高,表明企业日常经营越稳定,营业利润增长越快,企业成长越顺利;反之,营业利润增长率越低,表明企业业务扩展能力越弱,企业成长越不顺利。

分析营业利润增长率的优劣,应结合企业的营业收入与营业成本、税金及附加、销售费用、管理费用和财务费用等进行具体分析。若营业利润增长率大于营业收入增长率,说明企业经营状况良好,成长性好;反之,营业利润增长率小于营业收入增长率,则说明企业成本费用的增长快于营业收入的增长,企业的成长性不容乐观。因此,利用营业利润增长率也可以较好地考察企业的成长性。

根据表3-1提供的华天股份有限公司资料,计算该公司营业利润增长率。(假设2017年营业利润为86 356 745.18元)

$$2018\text{年营业利润增长率} = \frac{85\,842\,559.11 - 86\,356\,745.18}{86\,356\,745.18} \times 100\% = -0.60\%$$

$$2019\text{年营业利润增长率} = \frac{75\,548\,720.19 - 85\,842\,559.11}{85\,842\,559.11} \times 100\% = -11.99\%$$

计算结果表明,该公司的营业利润增长率均为负数,且2019年的下降幅度大于2018年,说明该公司成本费用的增长速度大于营业收入的增长速度,公司的持续增长能力在下降。

2) 净利润增长率

净利润增长率是指本期净利润增长额与上期净利润的比率。其计算公式为:

$$\text{净利润增长率} = \frac{\text{本期净利润增长额}}{\text{上期净利润}} \times 100\%$$

该指标为正数,说明企业本期净利润增加;净利润增长率越大,说明企业收益增长得越多。净利润增长率为负数,则说明企业本期净利润减少,收益越低。

必须指出的是,如果企业的净利润主要来源于营业利润,则表明企业盈利能力强,具有良好的发展能力;相反,如果企业的净利润不是主要来源于正常业务,而是来自营业外收入或其他项目,则说明企业的持续发展能力不强。

根据表 2-1 提供的华天股份有限公司资料,计算该公司净利润增长率。(假设 2017 年净利润为 82 352 260.38 元)

2018 年净利润增长率 $= \dfrac{86\,217\,767.48 - 82\,352\,260.38}{82\,352\,260.38} \times 100\% = 4.69\%$

2019 年净利润增长率 $= \dfrac{95\,132\,412.82 - 86\,217\,767.48}{86\,217\,767.48} \times 100\% = 10.34\%$

计算结果表明,该公司 2019 年净利润增长率高于 2018 年,但其增长并不主要依靠营业利润的增长,说明该公司在净利润方面具有一定的增长能力,但其未来增长的稳定性有待进一步观察。

在财务分析中,要注意到不同企业的发展策略是不同的。有的企业采用的是外向规模增长的政策,通过进行大量的购并活动,企业资产规模迅速增长,但短期内并不一定带来销售及净收益的同样增长,这一类型企业发展能力分析的重点在企业资产或资本的增长指标上;有的企业采取的是内部优化型的增长政策,在现有资产规模的基础上,充分挖掘内部潜力,在降低成本的同时,提高产品竞争力和服务水平,这一类型企业发展能力反映在销售和净收益的增长上面,而资产规模及资本规模则保持稳定或缓慢增长,因而这一类型企业发展能力分析的重点应放在销售增长及资产使用效率方面。对于外部分析者而言,需要通过对以上诸多因素进行细致全面的分析,才能了解企业的发展策略和相应的发展能力。

任务五　掌握企业现金流量比率分析

任务要求

熟悉现金偿债能力、获现能力、现金支付能力、投资能力和收益质量的指标构成,掌握判断现金偿债能力、获现能力、现金支付能力、投资能力强弱和收益质量高低的方法,了解影响现金偿债能力、获现能力、现金支付能力、投资能力强弱和收益质量高低的有关因素。

相关知识

现金流量表按照经营活动、投资活动和筹资活动提供了企业现金流入、流出和净流量的数据信息,是衡量和评价企业经营活动、投资活动和筹资活动的主要依据。现金流量比率分析就是利用现金流量与其他有密切关系的项目数据相比进行比率分析,可以从不同角度对企业的财务状况、经营能力和经营质量做出评价。现金流量比率分析主要从现金流量的角度对企业的偿债能力、获现能力、现金支付能力、投资能力和收益质量等方面进行分析。

一、反映偿债能力的现金流量比率分析

通过前面有关企业偿债能力分析的内容可知,一个企业偿债能力的强弱,主要看其资产的流动性,即资产的变现速度和变现能力。而在资产中,只有货币资金可以直接用于偿还债务,

现金等价物由于变现速度最为快捷,一般也可权当现金使用;其他资产则不具备直接偿债的条件。因此,用现金流量来衡量和评价企业的偿债能力,应当是最稳健的、最能说明问题的。将现金流量比率与流动比率、速动比率和资产负债率等相结合,交互使用,多角度观察,有利于对企业的偿债能力做出更准确的判断与评价。反映偿债能力的现金流量比率有现金流动负债比、现金负债总额比和到期债务本息保障率等。

(一) 现金流动负债比

现金流动负债比是指企业年度经营活动产生的现金流量净额与期末流动负债的比值,表明企业经营活动现金流量净额对期末流动负债偿还的满足程度。其计算公式为:

$$现金流动负债比 = \frac{经营活动产生的现金流量净额}{流动负债} \times 100\%$$

由于企业的流动负债大多用于企业的经营活动,因此现金流动负债比能很好地反映企业偿还流动负债的能力。该比值越高,表明企业经营活动产生的现金流量净额对短期债务清偿的保障越强,也表明企业资产的流动性越好。当该指标等于或大于100%时,表示企业有足够的能力以生产经营活动产生的现金来偿还其短期债务;若该指标小于100%,则表示企业生产经营活动产生的现金不足以偿还短期债务,必须采取对外筹资或出售资产等措施才能偿还债务。

根据表2-1和表4-1提供的资料,可以计算华天股份有限公司的现金流动负债比。

$$2019年年初现金流动负债比 = \frac{24\ 708\ 359.23}{270\ 762\ 157.06} \times 100\% = 9.13\%$$

$$2019年年末现金流动负债比 = \frac{68\ 288\ 084.18}{348\ 924\ 252.83} \times 100\% = 19.57\%$$

计算结果表明,该公司2019年年末的短期偿债能力要强于年初。

(二) 现金负债总额比

现金负债总额比也称作总负债保障率,是指企业年度经营活动产生的现金流量净额与负债总额的比值,表明企业经营活动现金流量净额对其全部债务偿还的满足程度。其计算公式为:

$$现金负债总额比 = \frac{经营活动产生的现金流量净额}{负债总额} \times 100\%$$

不管是流动负债还是非流动负债,基本上都是企业需要用现金来支付的债务。现金负债总额比表明企业在某一会计年度每1元的负债有多少经营现金净流入作为保障。该指标越高,说明企业偿还全部债务的能力越强。一般认为,企业的总负债保障率只要超过借款付息率,债权人的权益就有保障。

根据表2-1和表4-1提供的资料,可以计算华天股份有限公司的现金负债总额比。

$$2019年年初现金负债总额比 = \frac{24\ 708\ 359.23}{270\ 762\ 157.06} \times 100\% = 9.13\%$$

$$2019年年末现金负债总额比 = \frac{68\ 288\ 084.18}{488\ 924\ 252.83} \times 100\% = 13.97\%$$

计算结果表明,该公司2019年年末的偿还全部债务的能力要强于年初。

(三) 到期债务本息保障率

到期债务本息保障率是指企业年度经营活动产生的现金流量净额与到期债务本金及利息

的比值,用来衡量企业到期债务本金及利息可由经营活动产生的现金来支付的程度。其计算公式为:

$$到期债务本息保障率 = \frac{经营活动产生的现金流量净额}{本期到期债务本息} \times 100\%$$

本期到期债务的本金是指一年内到期的非流动负债和本期应付票据,到期利息通常以本期财务费用替代。

到期债务本息保障率能够反映企业在某一会计年度每1元到期的债务有多少经营现金流量净额来保证支付。经营活动产生的现金流量是偿还企业债务的真正来源,因此,该指标越高,则表明企业偿还到期债务本息的能力越强。当到期债务本息保障率小于100%时,则表明企业经营活动产生的现金流量不足以偿付到期债务本息。

二、反映获现能力的现金流量比率分析

获现能力即获取现金的能力,是指企业营业收入或投入资源创造现金的能力,其大小通过经营活动现金流量(净额)与营业收入或投入资源之间的比值来衡量。这里的投入资源可以是总资产、净资产或普通股股本等。反映获现能力的现金流量比率主要有营业收入收现率、总资产现金回收率和每股经营现金流量净额等。

(一) 营业收入收现率

营业收入收现率是指企业年度销售商品、提供劳务收到的现金与营业收入的比值,该指标能直接说明在企业的营业收入中,有多少在本年度已实际收到现金。其计算公式为:

$$营业收入收现率 = \frac{销售商品、提供劳务收到的现金}{营业收入} \times 100\%$$

该指标接近1,表明企业销售形势很好,或企业信用政策合理,收款工作得力,能及时收回货款。但不能简单地认为该指标下降,企业财务状况必定不佳,因为企业在一定时期采用宽松信用政策以促进销售和扩大市场占有的经营方针时,可能会使本年度该指标有所下降,不过其潜在的坏账风险是有所增长的。

根据表3-1和表4-1提供的华天股份有限公司资料,计算该公司营业收入收现率。

$$2018年营业收入收现率 = \frac{441\,230\,068.03}{478\,503\,678.72} \times 100\% = 92.21\%$$

$$2019年营业收入收现率 = \frac{469\,234\,955.89}{500\,825\,388.30} \times 100\% = 93.69\%$$

计算结果表明,该公司营业收入收现率有所提高,说明公司通过销售获取现金的能力增强。无论是2018年还是2019年的营业收入收现率都已经非常接近1,可初步判断该公司产品销售形势较好,信用政策合理,能及时收回货款。

(二) 总资产现金回收率

总资产现金回收率是指企业年度经营活动产生的现金流量净额与平均资产总额的比率,是反映企业运用全部资产获取现金能力的指标。其计算公式为:

$$总资产现金回收率 = \frac{经营活动产生的现金流量净额}{平均资产总额} \times 100\%$$

总资产现金回收率表明每1元资产通过经营活动所能形成的现金流量净额是多少,它反映了企业资产经营的收现水平。该指标越高,表明企业运用资产获取现金的能力越强。

根据表2-1和表4-1提供的华天股份有限公司资料,假设2017年年末该公司的资产总计为987 556 324.34元,计算该公司总资产现金回收率。

$$2018年总资产现金回收率=\frac{24\ 708\ 359.23}{(987\ 556\ 324.34+1\ 139\ 945\ 667.14)\div 2}\times 100\%=2.32\%$$

$$2019年总资产现金回收率=\frac{68\ 288\ 084.18}{(1\ 139\ 945\ 667.14+1\ 497\ 344\ 634.68)\div 2}\times 100\%=5.18\%$$

计算结果表明,华天股份有限公司2019年总资产现金回收率高于2018年,说明资产运用获现能力在提高;但无论2019年还是2018年,总资产现金回收率均较低,有待进一步提高。

(三) 每股经营现金流量

每股经营现金流量是指企业年度经营活动现金流量净额与发行在外的普通股股数的比值,是反映企业每股资本金获取现金流量净额的获现能力指标。其计算公式为:

$$每股经营现金流量=\frac{经营活动产生的现金流量净额}{企业发行在外普通股股数}$$

每股经营现金流量越多,表明企业利用资本金获取现金的能力越强。该指标实质上所表达的是企业对现金股利最大限度的分派能力,因此该指标越高,说明企业可以用于分派股利的现金越充足。

三、反映现金支付能力的现金流量比率分析

现金支付能力是指企业获取现金以满足生产经营所需支付现金的能力。现金支付能力分析又称为企业财务弹性分析,就是将经营活动产生的现金流量净额同企业各项生产经营活动需要支付的现金进行比较。反映企业现金支付能力的现金流量比率主要有现金股利保障倍数和现金投资保障倍数。

(一) 现金股利保障倍数

现金股利保障倍数是指企业每股经营现金流量与每股现金股利的比值,是反映企业经营活动产生的现金流量净额对现金股利保障程度的支付能力指标。其计算公式为:

$$现金股利保障倍数=\frac{每股经营现金流量}{每股现金股利}$$

现金股利是指本期已宣告分配的全部现金股利,可以从企业的所有者权益变动表中获取。现金股利保障倍数越大,说明企业支付现金股利的能力越强;反之,则说明企业支付现金股利的能力越弱。

(二) 现金投资保障倍数

现金投资保障倍数是指企业年度经营活动产生的现金流量净额与投资活动支付的现金和存货增加额的比值,是反映企业通过经营活动创造现金来适应经济环境变化和利用投资机会的支付能力的指标。其计算公式为:

$$现金投资保障倍数=\frac{经营活动产生的现金流量净额}{现金投资额}$$

式中,

$$现金投资额=投资活动现金流出+存货增加额$$

现金投资保障倍数越大,表明企业现金投资的保障程度越高,适应经济环境变化和利用投资机会的能力越强。

四、反映投资能力的现金流量比率分析

投资能力是指企业通过经营活动和筹资活动创造的现金流量净额能够满足投资活动现金需要的能力。反映企业投资能力的现金流量比率主要有投资活动融资比率和现金再投资比率。

(一) 投资活动融资比率

投资活动融资比率是指企业年度投资活动产生的现金流量净额与经营活动和筹资活动现金流量净额的比值,是衡量企业全部投资活动资金来源水平的指标。其计算公式为:

$$投资活动融资比率 = \frac{投资活动产生的现金流量净额}{经营活动现金流量净额 + 筹资活动现金流量净额} \times 100\%$$

投资活动融资比率绝对值原则上应控制在50%~80%,如果大于1将严重影响企业的现金支付,给企业造成财务压力;但是比率太低,有可能是企业缺乏投资作为或开始萎缩。为增强企业发展后劲,企业应不断开辟资金来源渠道进行合理融资,不断加强对外扩张及资本化支出,增强经营活力,增加经营活动现金流量净额,实现良性循环。

(二) 现金再投资比率

现金再投资比率是指企业年度经营活动产生的现金流量净额扣除现金股利和利息后与再投资额的比值,它反映企业进行再投资的能力。其计算公式为:

$$现金再投资比率 = \frac{经营活动产生的现金流量净额 - 现金股利和利息}{再投资额}$$

式中,再投资额就是企业期末非流动资产加营运资金,或总资产减去流动负债。

一般认为,现金再投资比率达到8%~12%为理想水平;低于8%时,经营活动产生的现金流量净额将满足不了投资活动对现金的需要,会给企业带来财务压力;高于12%时,意味着经营活动产生的现金流量净额过于充足或者投资不旺,还可能是投资机会太少,这些都不是企业所希望的。

五、反映收益质量的现金流量比率分析

收益质量是指企业收益中有多少已经取得现金,或收益中收到现金的比率有多大。评价收益质量的现金流量比率主要有现金营运指数和盈余现金保障倍数。

(一) 现金营运指数

现金营运指数是指企业年度经营活动产生的现金流量净额与经营活动应得现金的比率,是反映企业收益质量的指标。其计算公式为:

$$现金营运指数 = \frac{经营活动产生的现金流量净额}{经营活动应得现金}$$

式中,

$$经营活动应得现金 = 经营活动净收益 + 非付现费用$$
$$经营活动净收益 = 净收益 - 非经营收益$$

现金营运指数若小于1,则意味着收益中存在未收现的部分,也就是收益按照会计核算原则实现了,但并没有全部实现现金流入。只要现金营运指数保持在1左右,或在连续几个会计年度综合为1,就表明收益质量是好的。有关收益质量的数据,可从现金流量表的补充资料中获取。

(二) 盈余现金保障倍数

盈余现金保障倍数是指企业年度经营活动产生的现金流量净额与当年净利润的比值,该指标反映了企业当年实现的净利润中有多少现金做保证。其计算公式为:

$$盈余现金保障倍数 = \frac{经营活动产生的现金流量净额}{净利润}$$

在现金流量表的三类现金流量中,以经营活动产生的现金流量最为重要,它反映了企业利润背后是否有充足的现金流入支撑,财务报表的使用者可以据此对企业净利润的质量进行基本判断。

盈余现金保障倍数能反映会计利润与真实利润的匹配程度,对于防范人为操纵利润而导致会计信息使用者决策失误至关重要,因为虚计的账面利润不能带来相应的现金流入。所以,该指标越大,表明企业净利润的质量越好;如果该指标过小,则说明企业在获取账面利润的过程中经营活动的现金流入不足,甚至有操纵账面利润的嫌疑。

需要注意的是,该指标存在着分子分母不配比的问题,分子"经营活动产生的现金流量净额"是经营活动现金流入与现金流出之差,是按收付实现制确认的;而分母"净利润"是按权责发生制确认的,不仅包括营业利润,还包括营业外收支。

根据表2-1和表4-1提供的华天股份有限公司资料,计算该公司盈余现金保障倍数。

$$2018年盈余现金保障倍数 = \frac{24\,708\,359.23}{86\,217\,767.48} = 0.29$$

$$2019年盈余现金保障倍数 = \frac{68\,288\,084.18}{95\,132\,412.82} = 0.72$$

计算结果表明,该公司2019年盈余现金保障倍数比2018年大幅提高,说明该公司的盈利质量大为提高。

【**业务实例5-2**】 华欣公司2019年年末资产总额为6 000万元,股东权益总额为3 500万元,流动负债为1 500万元,非流动负债为1 000万元;其中现金及现金等价物为800万元,本年度到期的长期借款和短期借款及利息为800万元。股东权益中普通股股本总额为2 000万元,每股面值10元。该公司本年度实现净利润为1 200万元,股利支付率为40%,全部以现金股利支付。公司当年经营活动的现金流量业务如下:销售商品、提供劳务取得现金4 000万元;购买商品、接受劳务支付现金1800万元;职工薪酬支出300万元;支付所得税费用400万元;其他现金支出200万元。该公司经营活动现金流量净额占公司全部现金流量净额的80%,销售收现比率为90%。本年度资本性支出为1 600万元。

要求:(1) 计算现金比率;
(2) 计算现金流动负债比、现金负债总额比、到期债务本息保障率;
(3) 计算每股经营现金流量;
(4) 计算现金股利保障倍数;
(5) 计算现金投资保障倍数;
(6) 根据以上计算的比率,简要评价该公司的支付能力及收益质量。

解:普通股股数=2 000÷10=200(万股)

现金股利总额=1 200×40%=480(万元)

每股现金股利=480÷200=2.4(元/股)

经营活动现金流量净额=4 000−1 800−300−400−200=1 300(万元)

公司全部现金流量净额＝1 300÷80％＝1 625(万元)

销售收入＝4 000÷90％＝4 444(万元)

(1) 现金比率＝$\dfrac{现金类资产}{流动负债}×100％=\dfrac{800}{1500}×100％=53.33％$

(2) 现金流动负债比＝$\dfrac{经营活动产生的现金流量净额}{流动负债}×100％$

$=\dfrac{1\ 300}{1\ 500}×100％=86.67％$

现金负债总额比＝$\dfrac{经营活动产生的现金流量净额}{负债总额}×100％$

$=\dfrac{1\ 300}{2\ 500}×100％=52％$

到期债务本息保障率＝$\dfrac{经营活动产生的现金流量净额}{本期到期债务本息}×100％$

$=\dfrac{1\ 300}{800}×100％=162.5％$

(3) 每股经营现金流量＝$\dfrac{经营活动产生的现金流量净额}{企业发行在外普通股股数}=\dfrac{1\ 300}{200}=6.5(元/股)$

(4) 现金股利保障倍数＝$\dfrac{每股经营现金流量}{每股现金股利}=\dfrac{6.5}{2.4}=2.71(倍)$

(5) 现金投资保障倍数＝$\dfrac{经营活动产生的现金流量净额}{现金投资额}=\dfrac{1\ 300}{1\ 600}=0.81$

(6) 分析评价:该公司现金比率小于1,说明该公司2019年年末现金不足以偿付流动负债;但现金流动负债比为0.87,到期债务本息保障率为1.63,说明该公司总体偿还债务的能力较强;现金股利保障倍数为2.71,说明该公司有足够的保障程度支付现金股利;现金投资保障倍数为0.81,说明该公司大部分投资需要的资金是经营活动创造的,少部分是对外筹措的。

总体来说,该公司有较强的现金支付能力,该公司销售收现比为90％,经营活动现金流量净额占全部现金流量净额的80％,说明企业收益质量不错,本期销售绝大部分本期已收到货款,经营活动创造现金流量的能力较强。

本 项 目 小 结

本项目利用资产负债表、利润表和现金流量表等财务报表,从不同角度对企业的偿债能力、盈利能力、营运能力和发展能力进行了分析,形成了综合反映企业财务效率的财务指标体系,有助于报表使用者全面地分析、评价企业整体的财务状况、经营成果以及现金流量状况,为财务报表的综合分析奠定基础。

知识链接

财务报表分析的逻辑步骤

哈佛大学的三位教授合作出版了一本关于财务报表分析方面的著作,在书中提出了如下图所示的财务报表分析框架,包括四个关键步骤:行业与战略分析、会计分析、财务分析及前景分析。这个分析套路已经逐渐成为国内财务分析领域的主流做法,称为哈佛分析框架。

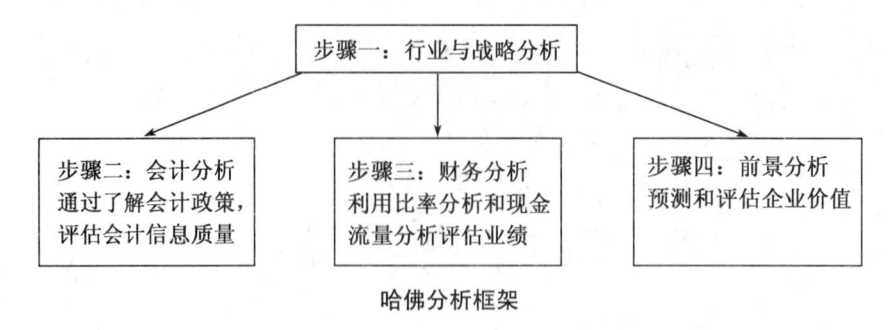

```
                    步骤一:行业与战略分析
          ┌──────────────┬──────────────┐
          ↓              ↓              ↓
   步骤二:会计分析   步骤三:财务分析   步骤四:前景分析
   通过了解会计政策, 利用比率分析和现金 预测和评估企业价值
   评估会计信息质量  流量分析评估业绩
```

哈佛分析框架

步骤一:行业与战略分析

行业与战略分析的目的在于识别企业主要的盈利领域和商业风险,进而定性地评估企业潜在的盈利能力。行业与战略分析包括分析企业所在行业的基本情况和该企业的经营战略。行业与战略分析就是把目标企业分析放到一个参照中进行比较。例如,某粮油上市公司的毛利率是7%,那么这个获利水平是高还是低呢?粮油加工企业的毛利率一般都不会超过10%,普遍较低,因此,7%就是一个正常的获利水平;相反,如果该上市公司的毛利率达到15%,此时我们就要怀疑,行业平均在10%左右,那么你为什么获得远远超过行业平均水平的毛利率呢?是你的原材料采购成本低、工艺过程更有效率,还是你的产品采用了差异化路线,从而售价中包含了超额利润呢?如果找不到合理的解释,那么很可能企业少计算了成本,或营业额中含有水分。因此,行业与战略分析是进行财务报表分析的逻辑出发点。有效的财务报表分析要求分析者不仅要学会运用会计数据,还要善于运用非会计数据。会计数据只是企业实施其经营战略的"财务表现",忽略对企业所处环境和经营战略的分析,财务报表分析只能是一种重形式、轻实质的"数字游戏"。

步骤二:会计分析

会计分析的目的在于评价分析企业的会计报表是否最为恰当、公允地反映了该企业经营活动的真实情况。其重点分析领域是会计政策选择自由度较大或可供企业选择的会计政策较多的领域。通过分析企业选择会计政策和会计估计的恰当性,应该能够对该企业财务会计数据对其经营活动的歪曲程度做出一个准确评估,进而由会计专业人员通过重新调整有关会计数据尽可能地消除不恰当的会计政策对其经营活动的歪曲反映。健全的会计分析有助于加强财务分析所得结论的可靠性。

步骤三:财务分析

财务分析的目的是运用财务报表数据评价一个企业现在、过去的财务状况及其发展的可持续性。这里有两个需要注意的地方:一个是分析必须全面、系统并富有效率,另一个是财务报表数据分析必须与企业业务活动相结合。财务分析中常用的方法主要包括比率分析和现金流量分析。比率分析注重评价企业产品市场的业绩和财务政策,现金流量分析则注重企业资产流动性和资产折现能力的分析。

步骤四:前景分析

前景分析是财务报表分析的最后一个步骤,它主要聚焦于企业的未来。前景分析中最为常用的两个技术是预计财务报表与价值分析。这两种分析技术是经营战略分析、会计分析和财务分析的综合,目的是预测企业未来的发展前景。企业未来的现金流反映企业的价值,同时也可以基于企业当期权益的账面价值、权益报酬率和增长速度分析企业价值。经营战略分析、会计分析和财务分析为评价企业内在价值提供了良好的基础。而战略分析,除了保证健全的会计和财务分析外,还有助于分析企业竞争优势的变化及其对企业未来权益报酬率和增长的影响。

能力拓展训练

一、单项选择题

1. 如果流动资产大于流动负债,则年末用银行存款偿还一笔应付账款会使( )。
   A. 营运资金减少 B. 营运资金增加 C. 流动比率提高 D. 流动比率降低

2. 企业增加速动资产,一般会( )。
   A. 降低企业的机会成本
   B. 提高企业的机会成本
   C. 增加企业的财务风险
   D. 提高企业流动资产的收益率

3. 华新公司现在的流动资产和速动资产都超过了流动负债,现将长期债券投资提前变卖为现金,将会( )。
   A. 对流动比率的影响大于对速动比率的影响
   B. 影响流动比率但不影响速动比率
   C. 对速动比率的影响大于对流动比率的影响
   D. 影响速动比率但不影响流动比率

4. 下列长期偿债能力的指标,计算时需使用利润表中有关数据的是( )。
   A. 资产负债率 B. 产权比率 C. 有形净值债务率 D. 利息保障倍数

5. 下列各项中,可能导致企业资产负债率变化的经济业务是( )。
   A. 收回应收账款
   B. 以固定资产对外投资
   C. 接受所有者投资转入的固定资产
   D. 用银行存款购买国债

6. 华信公司2019年年末流动资产为360 000元,非流动资产为4 800 000元;流动负债为205 000元,非流动负债为780 000元,则资产负债率为( )。
   A. 15.12% B. 19.09% C. 16.25% D. 20.52%

7. 正大公司2019年年末资产总额为8 250 000元,负债总额为5 115 000元,其产权比率为( )。
   A. 0.64 B. 0.61 C. 0.38 D. 1.63

8. 与产权比率比较,资产负债率评价企业偿债能力的侧重点是( )。
   A. 揭示财务结构的稳健程度
   B. 揭示债务偿付安全性的物资保障程度
   C. 揭示负债与资本的对应关系
   D. 揭示主权资本对偿债风险的承受能力

9. 华丰公司2019年税后利润为750万元,所得税税率为25%,利息费用为500万元,则该企业的已获利息倍数为( )。
   A. 2.78 B. 3 C. 1.9 D. 0.78

10. ( )指标越高,说明企业资产的运用效率越好,也意味着企业的资产盈利能力越强。

A. 净资产收益率　　B. 资产负债率　　C. 总资产报酬率　　D. 存货周转率

11. 华鑫公司2019年实现销售收入3 800万元,息税前利润为480万元,总资产周转率为3,则总资产报酬率为( )。

A. 4.21%　　B. 12.63%　　C. 25.26%　　D. 37.89%

12. 华宇公司2019年年初实收资本和资本公积分别为2 000万元和900万元,年末实收资本和资本公积分别为2 200万元和1 000万元,净利润为750万元。则该企业的资本收益率为( )。

A. 35.71%　　B. 24.59%　　C. 14.58%　　D. 32.45%

13. 下列有关每股收益的说法正确的有( )。

A. 每股收益是衡量上市公司盈利能力的财务指标
B. 每股收益多,反映股票所含有的风险大
C. 每股收益多,则意味着每股股利高
D. 每股收益多的公司市盈率就高

14. 华兴公司2019年年末流动负债为6 000万元,速动比率为2.5,流动比率为3.0,营业成本为8 100万元。已知该公司2019年年初和年末的存货相同,则该公司2019年的存货周转率为( )。

A. 0.5　　B. 5.5　　C. 7.5　　D. 2.7

15. 华天公司2019年存货周转天数为90天,2020年存货周转天数为180天,则简化计算该企业营业周期为( )。

A. 90　　B. 180　　C. 270　　D. 360

16. 华帝公司2018年和2019年的流动资产平均占用额分别为800万元和1 000万元,流动资产周转率分别为6次和8次,则2019年比2018年营业收入增加( )万元。

A. 1 800　　B. 400　　C. 3 200　　D. 2 000

17. 下列指标中,不属于企业发展能力分析指标的是( )。

A. 总资产报酬率　　　　　　B. 销售(营业)增长率
C. 资本积累率　　　　　　　D. 总资产增长率

18. 如果企业某一产品处于成长期,其销售(营业)增长率的特点是( )。

A. 比值比较大　　　　　　　B. 与上期相比变动不大
C. 比值比较小　　　　　　　D. 与上期相比变动非常小

19. 下列项目中,不属于企业资产规模增加的原因是( )。

A. 企业对外举债　　B. 企业实现盈利　　C. 企业发放股利　　D. 企业发行股票

20. 资本积累率的大小直接取决于( )。

A. 年初资产总额　　B. 年初所有者权益　　C. 上年净利润　　D. 上年营业收入

21. 下列指标中,不可以用来表示收益增长能力的指标是( )。

A. 净利润增长率　　B. 营业利润增长率　　C. 销售增长率　　D. 利润总额增长率

22. 下列关于收益增长率的表述中,正确的是( )。

A. 实际应用中,通常以资产增长率作为表现形式
B. 实际应用中,通常以净利润增长率和营业利润增长率作为表现形式

C. 如果企业的营业利润增长率高于销售(营业)增长率,说明企业处于衰退期
D. 在净利润增长率的计算中,若上期净利润为负值,可直接代入公式计算
23. 表明企业营业收入增减变动情况,评价企业发展能力的重要指标是(　　)。
  A. 总资产增长率　　　　　　　　　B. 销售(营业)增长率
  C. 可持续增长率　　　　　　　　　D. 现金比率
24. 下列现金流量比率中,最能够反映企业收益质量的指标是(　　)。
  A. 现金流动负债比　　　　　　　　B. 每股经营现金流量
  C. 营业收入收现率　　　　　　　　D. 盈余现金保障倍数
25. 对总资产现金回收率指标的分析可以为(　　)的分析提供更好的补充。
  A. 总资产报酬率　B. 销售净利率　　C. 净资产收益率　D. 盈余现金保障倍数

二、多项选择题

1. 流动比率为1.2,赊购一批材料,将会导致(　　)。
  A. 营运资本不变　B. 流动比率提高　C. 流动比率降低　D. 速动比率降低
2. 如果流动比率过高,则意味着企业可能存在(　　)。
  A. 闲置资金　　　B. 存货积压　　　C. 存货周转缓慢　D. 短期偿债能力差
3. 若流动比率大于1,则下列结论不一定成立的是(　　)。
  A. 速动比率大于1　　　　　　　　B. 营运资金大于零
  C. 资产负债率大于1　　　　　　　D. 短期偿债能力绝对有保障
4. 下列各项经济业务中,能够同时影响流动比率和速动比率的有(　　)。
  A. 以银行存款购买持有至到期的公司债券　B. 以银行存款偿还短期借款
  C. 用银行存款采购原材料　　　　　D. 用银行存款购买固定资产
5. 下列项目中,影响现金比率的因素有(　　)。
  A. 货币资金　　　B. 流动负债　　　C. 非流动资产　　D. 交易性金融资产
6. 如果华云公司资产负债率为60%,则可以推算出(　　)。
  A. 全部负债占资产的比重为60%　　B. 产权比率为1.5
  C. 所有者权益占资金来源的比例少于一半　D. 产权比率为66.67%
7. 下列关于产权比率的表述中,正确的有(　　)。
  A. 产权比率是负债总额与所有者权益总额的比值
  B. 企业在保障债务偿还安全的前提下,应尽可能提高产权比率
  C. 产权比率与资产负债率对评价偿债能力的作用基本相同
  D. 产权比率越高,资产负债率越低
8. 下列指标中,其数值大小与偿债能力大小成反方向变动的是(　　)。
  A. 有形净值债务率　B. 产权比率　　C. 已获利息倍数　D. 流动比率
9. 已获利息倍数指标反映的企业财务层面包括(　　)。
  A. 盈利能力　　　B. 短期偿债能力　C. 长期偿债能力　D. 发展能力
10. 属于企业盈利能力分析的指标有(　　)。
  A. 总资产报酬率　B. 已获利息倍数　C. 资本收益率　　D. 总资产周转率
11. 影响总资产报酬率的因素有(　　)。
  A. 资本结构　　　　　　　　　　　B. 净资产收益率

C. 销售息税前利润率　　　　　　　　D. 总资产周转率
12. 下列各项中,属于企业计算稀释每股收益时应考虑的潜在普通股有( )。
A. 认股权证　　　B. 股票期权　　　C. 公司债券　　　D. 可转换公司债券
13. 下列关于市盈率的表述中,正确的有( )。
A. 市盈率是每股市价与每股收益的比值
B. 市盈率高,表明投资者对公司发展前景看好
C. 市盈率高,意味着股票有较高的投资风险
D. 成长性较好的高科技公司股票的市盈率要高于传统行业的公司股票的市盈率
14. 反映企业营运能力的指标有( )。
A. 流动资产周转率　B. 营业利润率　　C. 存货周转率　　D. 总资产周转率
15. 应收账款周转率提高,意味着企业( )。
A. 流动比率不变　　　　　　　　　　B. 短期偿债能力增强
C. 坏账损失下降　　　　　　　　　　D. 扩大销售规模
16. 存货周转率越高,则( )。
A. 存货收回越迅速　　　　　　　　　B. 存货占用的资金将会增加
C. 资产流动性越强　　　　　　　　　D. 短期偿债能力提高
17. 营业周期越短,说明资产营运能力越高,其收益能力越强,( )。
A. 流动性越强,资产风险降低　　　　B. 流动性越低,资产风险降低
C. 流动资产的占用相对越多　　　　　D. 流动资产的占用相对越少
18. 可以反映企业发展能力的财务指标包括( )。
A. 净利润增长率　　B. 资本增长率　　C. 销售增长率　　D. 资产增长率
19. 反映企业资产增长的财务比率主要有( )。
A. 总资产增长率　　　　　　　　　　B. 净资产增长率
C. 固定资产成新率　　　　　　　　　D. 三年平均总资产增长率
20. 反映企业资本扩张情况的财务比率有( )。
A. 净利润增长率　　　　　　　　　　B. 资本积累率
C. 总资产增长率　　　　　　　　　　D. 三年资本平均增长率
21. 企业营业增长能力分析可分为( )。
A. 对净资产规模增长的分析　　　　　B. 对资产规模增长的分析
C. 对销售增长的分析　　　　　　　　D. 对利润增长的分析
22. 企业财务发展能力分析可分为( )。
A. 对净资产规模增长的分析　　　　　B. 对资产规模增长的分析
C. 对股利增长的分析　　　　　　　　D. 对利润增长的分析
23. 下列表述中正确的有( )。
A. 在企业净资产收益率不变的情况下,企业净资产规模与净利润同方向变化
B. 正常情况下,一个企业的销售(营业)增长率应高于其资产增长率
C. 固定资产成新率是企业当期平均固定资产原值同平均固定资产净值的比值
D. 从企业自身角度看,企业资产的增长应主要取决于企业盈利的增加
24. 运用现金流量表中的信息分析企业的偿债能力,通常采用的指标有( )。

A. 到期债务本息保障率　　　　　　B. 现金流动负债比
C. 现金负债总额比　　　　　　　　D. 总资产现金回收率

25. (　　)指标需要利用现金流量表的信息才能得出。
A. 总资产现金回收率　　　　　　　B. 盈利现金保障倍数
C. 营业收入收现率　　　　　　　　D. 现金比率

26. 在分析获取现金能力的情况时,可以选用的指标主要有(　　)。
A. 营业收入收现率　　　　　　　　B. 每股经营现金流量
C. 总资产现金回收率　　　　　　　D. 现金营运指数

三、判断题

1. 企业拥有的各项资产都可以作为偿还债务的保证。　　　　　　　　　　(　　)
2. 尽管流动比率可以反映企业的短期偿债能力,但却存在有的企业流动比率比较高,却没有能力支付到期应付账款的情况。　　　　　　　　　　　　　　　　　　(　　)
3. 对任何企业而言,速动比率应该大于1才是正常的。　　　　　　　　　　(　　)
4. 对于应收账款和存货变现存在问题的企业,分析现金比率尤为重要。　　(　　)
5. 某企业销售一批产成品,无论当期是否收到货款,都可以使速动比率增大。(　　)
6. 如果利息保障倍数低于1,则企业一定无法支付到期利息。　　　　　　　(　　)
7. 企业偿债能力的高低不仅要看其偿付利息的能力,更重要的是要看其偿还本金的能力。　　　　　　　　　　　　　　　　　　　　　　　　　　　　　　　　(　　)
8. 对企业盈利能力的分析主要是对利润额的分析。　　　　　　　　　　　(　　)
9. 资本经营盈利能力分析主要对总资产报酬率指标进行分析和评价。　　　(　　)
10. 当总资产报酬率高于负债利息率时,提高负债与所有者权益之比,将使净资产收益率提高。　　　　　　　　　　　　　　　　　　　　　　　　　　　　　　　(　　)
11. 长期债权人比短期债权人更加关心企业经营的长期稳定性和持续发展性。(　　)
12. 资产周转次数越多,周转天数越多,表明资产周转速度越快。　　　　　(　　)
13. 资产管理力度越大,拥有越合理的资产结构和越优良的资产质量,资产周转率也就越高。　　　　　　　　　　　　　　　　　　　　　　　　　　　　　　　(　　)
14. 在其他条件不变时,流动资产周转速度越快,需要补充流动资产参加周转的数额就越多。　　　　　　　　　　　　　　　　　　　　　　　　　　　　　　　　(　　)
15. 提高生产设备的产出率、生产设备的构成率以及生产用固定资产构成比率,都会对加速固定资产的周转起到积极作用。　　　　　　　　　　　　　　　　　　(　　)
16. 在其他条件不变时,流动资产比值越高,总资产周转速度越快。　　　　(　　)
17. 市场覆盖率是指在一定时期、一定市场范围内,企业某种产品的销售量占市场上同种商品销售量的比重。　　　　　　　　　　　　　　　　　　　　　　　　(　　)
18. 仅分析某一项发展能力指标,我们无法得出企业整体发展能力情况的结论。(　　)
19. 企业能否持续增长对投资者、经营者至关重要;但对债权人而言相对不重要,因为债权人更关心企业的变现能力。　　　　　　　　　　　　　　　　　　　　(　　)
20. 企业资产增长率越高,则说明企业的资产规模增长势头一定越好。　　　(　　)
21. 加速折旧法下的固定资产成新率要低于直线折旧法下的固定资产成新率。(　　)
22. 要正确分析和判断一个企业营业收入的增长趋势和增长水平,必须将一个企业不同

时期的销售增长率加以比较和分析。   ( )
23. 在产品生产周期的成熟期,产品营业收入增长率一般趋于稳定,与上期相比变化不大。   ( )
24. 现金负债总额比大于1,说明企业的财务风险较高。   ( )
25. 现金股利保障倍数越大,说明企业所获得的现金对于其股利的支付越是缺乏保障。
                                                              ( )

四、计算分析题

1. 华金公司2019年年末资产负债表简略形式如表5-2所示。

表5-2 资产负债表

2019年12月31日   单位:万元

资　产	期末数	负债及所有者权益	期末数
货币资金	25 000	应付账款	
应收账款净额		应交税费	25 000
存货		非流动负债	
固定资产净值	294 000	实收资本	146 000
		未分配利润	
总计	432 000	总计	

已知:期末流动比率为1.5,期末资产负债率为50%,存货周转率为4.5次,本年营业成本为315 000万元,期末和期初存货金额相同。

要求:根据上述资料,计算并填列资产负债表空项。

2. 华新公司2017年、2018年、2019年的资产负债表、利润表中相关项目的数额如表5-3所示。

表5-3

项　目	2017年	2018年	2019年
主营业务收入(千元)	205 422.51	275 569.86	290 132.03
主营业务成本(千元)	152 857.65	232 270.34	236 770.14
流动资产平均余额(千元)	235 857.40	215 647.94	208 509.06
其中:应收账款平均余额(千元)	49 686.83	69 901.21	45 119.21
存货平均余额(千元)	89 392.81	73 282.97	72 151.41
固定资产平均余额(千元)	99 530.64	98 775.62	66 224.45
资产总额平均余额(千元)	342 062.60	316 962.76	307 906.34
总资产周转率(%)			
流动资产周转率(%)			
其中:应收账款周转率(%)			
存货周转率(%)			
固定资产周转率(%)			

要求：(1) 计算该公司连续三年的应收账款周转率、存货周转率、流动资产周转率、固定资产周转率、总资产周转率。

(2) 对该公司的资产营运能力进行评价。

3. 2018年年底华丰公司拥有华锐公司20%的有表决权资本,2019年华丰公司有意对华锐公司继续投资。华丰公司认为华锐公司的盈利能力比财务状况、营运能力更重要,希望通过对华锐公司投资获得更多的利润。因此,华丰公司收集了华锐公司的有关资料,如表5-4和表5-5所示。

表5-4 利润表　　　　　　　　　　　　　　　　　单位:千元

项　目	2017年度	2018年度
一、营业收入	1 200 000	1 500 000
减:营业成本	1 050 000	1 100 000
税金及附加	8 000	15 000
销售费用	2 000	3 000
管理费用	12 000	15 000
财务费用	4 000	1 000
资产减值损失	1 000	2 000
加:投资收益	2 000	5 000
二、营业利润(亏损以"—"填列)	125 000	369 000
加:营业外收入	8 200	30 100
减:营业外支出	18 000	6 000
三、利润总额	115 200	393 100
减:所得税费用	38 016	130 383
四、净利润	77 184	262 717

表5-5 有关资产及所有者权益资料　　　　　　　　　单位:千元

项　目	2017年度	2018年度
平均总资产	2 815 000	3 205 000
平均净资产	1 063 000	1 885 000

要求：根据以上资料,华丰公司应做好以下工作,以便于2018年度的投资决策。

(1) 计算反映资产经营盈利能力和资本经营盈利能力的指标;

(2) 采用因素分析法分析总资产报酬率变动的原因;

(3) 评价华锐公司盈利能力状况。

4. 华凌公司2016—2019年有关的财务指标资料如表5-6所示。

表5-6 华凌公司2016—2019年主要财务指标　　　　　　　单位：万元

项　目	2016年	2017年	2018年	2019年
资产总额	1 369	1 649	2 207	3 103
所有者权益	797	988	1 343	1 915
营业收入	4 567	6 194	8 671	12 413
营业利润	674	913	1 298	1 866
净利润	398	550	873	1 293

要求：(1) 根据上述资料，计算该公司的销售增长率、总资产增长率、资本积累率、资本保值增值率、净利润增长率和营业利润增长率。

(2) 分析该公司的发展能力。

项目六　财务报表综合分析

学习目标

知识目标
1. 理解财务报表综合分析的含义、意义及特点；
2. 掌握杜邦财务分析体系的内容及其运用；
3. 熟悉可持续发展财务分析体系的计算与分析；
4. 了解沃尔比重评分法的含义及步骤；
5. 熟悉国有资本金绩效评价的内容。

能力目标
能运用杜邦财务分析体系对企业的综合财务状况和经营绩效进行评价与判断。

导入案例

能否以财务比率作为评价企业财务状况质量的唯一依据？

华瑞股份有限公司2019年度财务决算报告中财务分析的内容如下：

一、短期偿债能力

（一）流动比率

该公司2019年年末流动比率为3.31，比2019年年初的3.27提高0.04，增长比例为1.22%。具体原因如下：

(1) 2019年年末流动资产为10 532.37万元，比年初的14 390.99万元减少3 858.62万元，增长比例为-26.81%。其中，①货币资金年末余额5 827.94万元，比年初的9 702.55万元减少3 874.61万元，增长比例为-39.93%；②应收票据年末余额595.27万元，比年初的159.87万元增加435.40万元，增长比例为272.35%；③预付款项年末余额441.81万元，比年初的1 051.41万元减少609.60万元，增长比例为-57.98%；④其他应收款年末余额288.22万元，比年初的145.78万元增加142.44万元，增长比例为97.71%。

(2) 2019年年末流动负债3 183.43万元，比年初的4 405.50万元减少1 222.07万元，增长比例为-27.74%。其中，①应付票据年末余额1 003.60万元，比年初增加1 003.60万元；②其他应付款年末余额26.82万元，比年初的1 968.78万元减少1 941.96万元，增长比例为-98.64%。

（二）速动比率

该公司2019年年末速动比率2.52，比2019年年初的2.72下降0.20，增长比例为-7.35%，主要原因是随着企业规模的扩大，存货相应增加。

（三）现金比率

该公司2019年年末现金比率1.83，比2019年年初的2.20下降0.37，增长比例为

—16.82％，主要原因是2019年年末货币资金比2019年年初减少3 874.61万元，增长比例为—39.93％，而流动负债减少1 222.07万元，增长比例为—27.74％。

二、长期偿债能力

(1) 资产负债率。该公司2019年年末资产负债率24.71％，比2019年年初的30.63％降低了5.92个百分点，主要原因是2019年度企业为了扩大产能新购设备和新建车间使资产总额增加4 024.04万元，而负债减少1 222.07万元。

(2) 产权比率。该公司2019年年末产权比率32.82％，比2019年年初的44.16％降低了11.34个百分点，主要原因是所有者权益增加5 246.11万元，增长比例为20.21％。

三、资产管理能力

(1) 应收账款周转率。该公司2019年应收账款周转率为20.83次，周转天数为17.28天；2018年应收账款周转率为18.16次，周转天数为19.82天，与2018年相比有所提高。

(2) 存货周转率。该公司2019年存货周转率为4.09次，周转天数为88.02天；2018年存货周转率为4.75次，周转天数为75.78天，与2018年相比有所下降。

四、盈利能力

(1) 销售净利润率。该公司2019年销售净利润率为28.58％，比2018年的26.68％提高1.90个百分点，原因是净利润的增长率高于销售收入的增长率。

(2) 总资产净利润率。该公司2019年总资产净利润率为13.31％，比2018年的15.24％减少1.93个百分点，原因是净利润的增长率低于平均总资产的增长率。

(3) 净资产收益率。该公司2019年净资产收益率为18.36％，比2018年的23.61％下降5.25个百分点，原因是净利润的增长率低于净资产的增长率。

【思考题】 本案例中涉及多项财务比率，应该如何认识这些财务比率，怎样利用财务比率来进行分析呢？

任务一 了解财务报表综合分析

任务要求

熟悉财务报表综合分析的含义，掌握财务报表综合分析的特点和指标体系三要素，了解财务报表综合分析的意义。

相关知识

一、财务报表综合分析的概念

(一) 财务报表综合分析的含义

前面通过资产负债表分析、利润表分析及现金流量表分析，分别从偿债能力、盈利能力、营运能力和发展能力对企业的财务状况和经营成果进行了深入具体的分析。这些分析可以使企业利益相关者了解企业某一方面的财务活动及其取得的成绩或存在的问题。但是,企业的财务状况是一个完整的有机整体,其各项经营理财活动、各项财务指标是紧密相连的,相互影响的。如果只是把对企业各张报表的局部分析或者把一些财务指标简单地堆砌在一起进行汇总分析是远远不够的,有时甚至会得出错误的结论。并且,对于一个企业来说,财务报表分析的最终目的是要全方位地了解企业经营理财的状况,并对企业经济效益的优劣做出系统的、合理的评价。所以,还必须对企业进行系统、全面的财务报表综合分析,以深入了解财务报表的各项因素及其相互之间的关系。

所谓财务报表综合分析,就是指以企业财务报告及其他有关资料为主要依据,将反映企业偿债能力、营运能力、盈利能力和发展能力等各方面的分析指标纳入一个有机的整体之中,系统、全面、综合地对企业财务状况、经营成果、现金流量及其变动进行剖析、解释与评价,以便全方位地了解企业经营理财的状况,客观地揭示企业取得的成绩或存在的问题,从而对企业整体财务状况和经济效益的优劣做出准确的评价,准确地预测企业未来的发展趋势。

(二)财务报表综合分析的意义

财务报表综合分析既是对单项财务报表分析的汇总综合,也是企业财务报表分析不可缺少的必要环节。进行财务报表综合分析的意义具体表现为以下几点:

(1) 全面评价企业的财务状况和经营业绩,明确企业的经营水平、位置及发展方向。通过财务报表综合分析,将企业的偿债能力、营运能力、盈利能力和发展能力等各项财务指标纳入一个有机的整体之中,进行相互关联的分析,从总体上对企业经济效益的优劣做出准确的评价与判断。

(2) 为企业利益相关者进行相关决策提供参考。为投资者进行投资决策以及对经营者进行激励和约束提供科学依据;为债权人提供企业信誉和偿债能力的信息;为政府和监管机构的宏观决策与管理提供信息支持。

(3) 为改善企业经营管理和财务管理提供依据。通过财务报表综合分析,用相互关联的财务与非财务指标,使企业在不同时期及不同企业之间进行分析比较时,消除了时间上和空间上的差异,更能揭示企业取得的成绩与存在的问题,有利于深入进行差异因素分析,以便采取适当的管理措施,进一步改善企业的经营管理和财务管理。

二、财务报表综合分析的特点

财务报表综合分析与前述的单项分析相比,具有以下特点。

(一)分析方法不同

单项分析通常采用由一般到个别,把企业经营理财活动的总体分解为若干个具体部分,逐一加以分析考察;而综合分析则通过归纳综合,在单项分析的基础上从整体上把握企业的财务状况。

(二)分析的重点和基准不同

单项分析的重点和比较基准是财务计划、财务理论标准,对单项经济业务事项、单项会计要素和单项财务指标进行深入分析,具有实务性和实证性;而综合分析的重点和基准是企业总体发展趋势,从整体上概括企业财务状况的本质特征,具有高度的抽象性和概括性。

(三)分析指标的地位不同

单项分析把每个分析的指标视为同等重要的地位来处理,难以考虑各种指标之间的相互关系;而综合分析强调各种指标有主辅之分,一定要抓住主要指标。

通过以上对比可以看出,财务报表综合分析有利于财务报表分析者把握企业财务的全面状况。

三、财务报表综合分析指标体系三要素

财务报表综合分析的特点体现在其财务指标体系的要求上。一个健全有效的综合财务报表分析指标体系必须具备三个基本要素。

（一）指标要素齐全适当

这要求综合分析要以各单项分析指标及其各指标要素为基础,要求各单项指标一定要真实、全面和适当,所设置的评价指标必须能涵盖企业偿债能力、营运能力、盈利能力及发展能力等各方面总体分析考核的要求。

（二）主辅指标功能匹配

一方面,在确立偿债能力、营运能力、盈利能力和发展能力等各方面评价的主要指标与辅助指标的同时,进一步明晰总体结构中各指标的主辅地位;另一方面,不同范畴的主要考核指标所反映的企业经营状况、财务状况的不同侧面与不同层次的信息应当有机统一,能够全面而翔实地揭示出企业经营理财的业绩。

（三）满足多方信息需要

这要求评价指标体系必须能够提供多层次、多角度的信息资料,既能满足企业内部管理当局实施生产经营决策对充分而具体的财务信息的需要,同时又能满足外部投资者和政府有关部门据以决策和实施宏观调控的要求。

总之,在进行财务报表综合分析的时候,必须将企业的经营理财活动看成一个整体,全面、系统地进行全方位的分析评价。无论采用哪种综合分析方法,关键在于对指标的正确理解和运用,而不在于对指标的分解计算。

任务二　掌握杜邦财务分析体系

任务要求

熟悉杜邦财务分析体系的基本框架,掌握杜邦财务分析体系中主要财务指标之间的相互关系,了解杜邦财务分析体系的整体思路。

相关知识

一、杜邦财务分析体系的概念

杜邦财务分析体系简称杜邦体系,是一种通过分析企业盈利能力和股东权益回报水平,从财务角度评价企业绩效的经典方法。这种财务分析方法是由美国著名的化学制品生产商杜邦

公司的皮埃尔·S.杜邦和唐纳森·布朗创造并首先应用的,因而被称为杜邦体系(The DuPond System)。随着财务分析理论和实践的不断发展,杜邦财务分析体系被越来越多的财务分析者所使用,并逐渐发展为较有影响的综合财务分析方法。

杜邦财务分析体系的基本思想是将企业净资产收益率逐级分解为多项财务比率乘积,并通过几种主要的财务比率之间的关系来综合地分析企业的财务状况,这样有助于深入分析比较企业经营业绩。运用该体系将净资产收益率分解成的营业净利润率、总资产周转率、权益乘数这三个二级指标分别反映出企业的盈利能力、营运能力和偿债能力这三个方面的表现,通过指标间的关系还能反映揭示其内在联系。对于这些二级指标的变动情况还可以通过进一步分解的方法加以分析。在具体分析时,如果发现某项指标的变化发生异常,还可进一步分析反映该问题的其他指标。例如,权益乘数是反映企业资本结构和偿债能力的一个指标,若其发生变化,则可以通过短期偿债能力或长期偿债能力指标(如有形净值债务率等)做补充性的分析判断。可见,杜邦财务分析体系很好地满足了综合财务分析的要求。

二、杜邦财务分析体系的内容

(一) 杜邦财务分析体系框架

杜邦财务分析体系框架如图6-1所示。

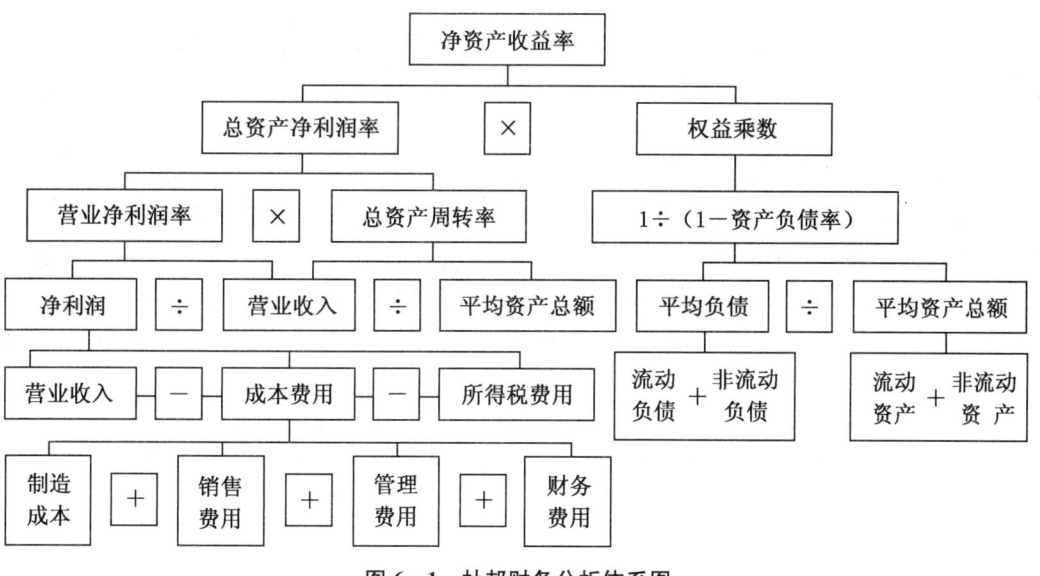

图6-1 杜邦财务分析体系图

从图6-1可以看出杜邦财务分析体系各主要指标之间的关系如下:

(1) 净资产收益率 = $\dfrac{\text{净利润}}{\text{平均净资产}}$

(2) 第一次主要分解过程:净资产收益率 = $\dfrac{\text{净利润}}{\text{平均净资产}}$

$= \dfrac{\text{净利润}}{\text{平均资产总额}} \times \dfrac{\text{平均资产总额}}{\text{平均净资产}}$

= 总资产净利润率 × 权益乘数

(3) 第二次主要分解过程：总资产净利润率 $=\dfrac{\text{净利润}}{\text{平均资产总额}}$

$=\dfrac{\text{净利润}}{\text{营业收入}} \times \dfrac{\text{营业收入}}{\text{平均资产总额}}$

$=$ 营业净利润率 $\times$ 总资产周转率

(4) 由(1)、(2)和(3)得出如下核心公式：

净资产收益率 $=$ 营业净利润率 $\times$ 总资产周转率 $\times$ 权益乘数

这一等式也被称为杜邦等式。采用杜邦财务分析体系图将有关分析指标按其内在联系加以排列，从而直观地反映出企业的财务状况和经营成果的总体面貌。杜邦财务分析体系将企业盈利能力、资金营运能力和资本结构指标有机联系在一起，之后再进行层层分解，这样就可以全面系统地揭示出企业的财务状况以及企业内部各个因素之间的相互关系。杜邦财务分析体系从评价企业绩效最具综合性和代表性的指标——净资产收益率出发，层层分解至企业最基本生产要素的使用，成本费用的构成和企业风险，从而满足企业管理层通过财务分析进行绩效评价的需要，在经营目标发生异动时能及时查明原因并加以修正。

（二）杜邦财务分析体系的基本比率

从杜邦财务分析体系图及各主要指标之间的关系公式，可以深入理解以下五个基本比率。

1. 净资产收益率

净资产收益率是杜邦财务分析体系中的核心指标，是一个综合性最强、最具有代表性的财务比率。它代表了所有者投入资金的盈利能力，反映了企业筹资、投资、资产运营等活动的效率。其他各项指标都是围绕着这一核心指标，通过研究彼此之间的依存制约关系来揭示企业的盈利能力及其影响因素。这一指标的高低不仅取决于总资产净利润率，而且还取决于企业的资本结构。从杜邦财务分析体系图可知，第一次分解后，净资产收益率的影响因素有两个：总资产净利润率和权益乘数；第二次分解后，决定净资产收益率高低的因素有三个：营业净利润率、总资产周转率和资产负债率。分解后，可以把净资产收益率这样一项综合性指标发生升降变化的原因具体化，比只用一项综合性指标更能说明问题。另外，还可以采用因素分析法，分别计算分析这三个指标的变动对净资产收益率的影响方向和程度，进一步分解各个指标并分析其变动的深层次原因，找出解决办法。最后，这三个指标在各企业之间可能存在显著差异，通过对差异的比较，可以观察本企业与其他企业的经营策略和财务政策有何不同。

2. 总资产净利润率

总资产净利润率是把企业一定期间的净利润与企业的总资产相比较，从整体上反映了企业资产的利用效果，可以用来说明企业运用其全部资产获取利润的能力。总资产净利润率是营业净利润率和总资产周转率的乘积，也是一个综合性较强的财务比率指标。因此，可以运用因素分析法进一步分析销售成果和资产管理情况对总资产净利润率的影响。企业的营业收入、成本费用、资产营运情况等各种影响因素，都直接影响总资产净利润率的高低。

3. 营业净利润率

营业净利润率是企业净利润与营业收入的比值。该指标可以用来反映企业营业收入的盈利能力。营业净利润率受营业收入和利润两方面的影响。其中，营业净利润率与利润成同向关系，与营业收入成反向关系。企业在增加营业收入的同时，必须相应地获得更多的利润，即降低成本费用，才能提高营业净利润率，从而提高企业的收益水平。因此，提高营业净利润率是提高企业盈利能力的关键所在。提高营业净利润率一般要从两个方面入手：一是增加营业收入，它既有利于提高营业净利润率，又可提高总资产周转率；二是要加强成本费用控制，降低营业成本和销售、管理和财务等期间费用。从杜邦财务分析体系图可以确定成本费用的基本结构是否合理，从而找到降低成本费用的途径和加强成本费用控制的方法。如果企业制造成本偏高，就要从产品成本构成上进行分析；如果企业管理费用过高，就要进一步分析其资产周转情况或行政管理机构是否臃肿；如果企业财务费用过高，就要进一步分析其负债比率是否过高等。为了详细了解成本费用的发生情况，在具体列示成本总额时，还可根据重要性要求，将那些影响较大的费用单独列示，以便为寻求降低成本费用的途径提供依据。

4. 总资产周转率

总资产周转率是企业一定时期的营业收入与平均资产总额的比值，揭示了企业资产实现营业收入的能力，可以用来反映企业全部资产的利用效率。对该指标的分析可以从其重要的影响因素——资产入手，资产结构是否合理将直接影响资产的周转速度。一般而言，流动资产体现资产的营运效率及偿债能力，而非流动资产则表现为企业经营规模与发展潜力，两者之间必须有一个合理的结构比率。对于资产周转情况的分析，不仅要分析企业总资产周转率，还要重点分析企业的存货周转率与应收账款周转率，并将其周转情况与资金占用情况结合起来分析，进而判断影响总资产周转情况的主要方面。

5. 权益乘数

权益乘数反映了股东权益与资产总额之间的关系，一定程度上反映企业的资本结构。它通常表示企业的负债程度，反映企业利用财务杠杆进行经营活动的程度。权益乘数与资产负债率之间的关系可表述为：权益乘数＝1÷（1－资产负债率）。根据杜邦财务分析体系，如果企业在一定范围内适度开展负债经营，提高权益乘数，可以充分发挥财务杠杆的积极作用，企业就会获得较多的财务杠杆利益，就可以提高净资产收益率；但权益乘数不能随意大幅提高，因为随着权益乘数的提高，负债程度也跟着提高，风险也随之加剧。因此，企业既要合理使用全部资产，又要合理安排资本结构，这样才能有效地提高净资产收益率。

从上面对五个基本比率的分析可以看出，通过杜邦财务分析体系自上而下地分解指标，可以了解企业财务状况的全貌以及经营成果的增减情况，揭示出企业各项财务指标间的依存关系，查明各项主要指标变动的影响因素；通过杜邦财务分析体系提供的财务信息，企业能够较好地解释指标变动的详细原因和趋势，这不仅为进一步采取措施指明了方向，还为企业管理层优化经营结构和资本结构、提高企业经营效率提供了基本思路——提高净资产收益率的根本途径在于增加收入、改善经营结构、控制成本费用、合理配置资源、加速资金周转、优化资本结构、树立风险意识等。

总之，从杜邦财务分析体系中可以看出，企业的盈利能力涉及企业经营的各个方面。净资产收益率与企业的营业收入、成本水平、资产营运管理和资本结构等因素紧密相连，这些因素构成一个完整的系统，系统内部各因素之间相互作用。只有协调好系统内部各个因素之间的关系，才能使净资产收益率得到提高，从而实现企业价值最大化的目标。因此，杜邦财务分析体系可以使财务报表综合分析的层次更清晰、条理更突出，为报表分析者全面、仔细地了解企业的经营和盈利状况提供方便。杜邦财务分析体系有助于企业管理层更加清晰地看到净资产收益率的决定因素，以及营业净利润率与总资产周转率、债务比率之间的相互关联关系，给管理层提供了一张明晰的考察企业资产管理效率和股东投资回报是否最大化的路线图。

三、杜邦财务分析体系的运用

由于杜邦财务分析体系是一种对财务比率进行分解的方法,所以不同企业都可以根据需要利用财务报表等有关数据资料,运用杜邦财务分析体系对企业财务状况进行综合分析评价。

【**业务实例6-1**】 华兴公司2018年、2019年有关财务数据资料如表6-1所示。采用杜邦财务分析体系对华兴公司2019年的财务状况进行综合评价。指标计算结果如表6-2所示。(以下指标计算中的资产、负债、所有者权益数据均使用年平均余额)。

表6-1 华兴公司基本财务数据　　　　　　　　　　　　　　单位:万元

项　目	2018年	2019年	项　目	2018年	2019年
总资产平均余额	575 411.50	566 611	营业成本	180 154	183 001
负债平均余额	112 558	119 555	销售费用	14 840	23 566
净资产平均余额	462 853.50	447 056	管理费用	11 228	12 702
营业收入	221 673	242 100	财务费用	61	1 887
投资收益	97 285	8 576			
净利润	108 745	27 478	全部成本	206 283	221 156

表6-2 华兴公司财务比率计算表

项　目	2018年	2019年
净资产收益率(%)	23.49	6.15
权益乘数	1.243	1.268
资产负债率(%)	19.56	21.10
总资产净利润率(%)	18.90	4.85
营业净利润率(%)	49.06	11.35
总资产周转率(次)	0.385	0.427

(一)分析净资产收益率

根据杜邦财务分析体系图,通过第一次分解:
净资产收益率=总资产净利润率×权益乘数
2018年:18.90%×1.243=23.49%
2019年:4.85%×1.268=6.15%
华兴公司的净资产收益率在2019年比2018年下降了17.34%,降幅较大。
运用连环替代法对华兴公司的净资产收益率进行分析:
第一次替代总资产净利润率:4.85%×1.243=6.03%
总资产净利润率下降使得净资产收益率下降:6.03%-23.49%=-17.46%
第二次替代权益乘数:4.85%×1.268=6.15%
权益乘数上升使得净资产收益率提高:6.15%-6.03%=0.12%

二者综合影响使得净资产收益率下降：$-17.46\%+0.12\%=-17.34\%$

通过第一次分解可以明显看出，华兴公司的净资产收益率变动取决于资产利用效果变动（总资产净利润率下降）和资本结构变动（权益乘数上升）两方面共同作用的结果。而该公司的总资产净利润率太低，显示出很差的资产利用效果。

（二）分析总资产净利润率

根据杜邦财务分析体系图，通过第二次分解：

总资产净利润率＝营业净利润率×总资产周转率

2018年：$49.06\%\times0.385=18.90\%$

2019年：$11.35\%\times0.427=4.85\%$

华兴公司的总资产净利润率在2019年比2018年下降了14.05%，降幅较大。

同样，运用连环替代法对华兴公司的总资产净利润率进行分析：

第一次替代营业净利润率：$11.35\%\times0.385=4.37\%$

营业净利润率下降使得总资产净利润率下降：$4.37\%-18.90\%=-14.53\%$

第二次替代总资产周转率：$11.35\%\times0.427=4.85\%$

总资产周转率上升使得总资产净利润率上升：$4.85\%-4.37\%=0.48\%$

二者共同作用使得总资产净利润率下降：$-14.53\%+0.48\%=-14.05\%$

通过第二次分解可以看出2019年华兴公司的总资产周转率有所提高，说明该公司利用其总资产产生营业收入的效率提高。但总资产周转率提高的同时，营业净利润率下降阻碍了总资产净利润率的提高。

（三）分析营业净利润率

$$营业净利润率=\frac{净利润}{营业收入}\times100\%$$

2018年：$\frac{108\ 745}{221\ 673}\times100\%=49.06\%$

2019年：$\frac{27\ 478}{242\ 100}\times100\%=11.35\%$

华兴公司的营业净利润率2019年比2018年下降了37.71%，降幅较大。

同样运用连环替代法对华兴公司的营业净利润率进行分析：

第一次替代净利润：$\frac{27\ 478}{221\ 673}\times100\%=12.40\%$

净利润下降使得营业净利润率下降：$12.40\%-49.06\%=-36.66\%$

第二次替代营业收入：$\frac{27\ 478}{242\ 100}\times100\%=11.35\%$

营业收入增加使得营业净利润率下降：$11.35\%-12.40\%=-1.05\%$

二者共同作用使得营业净利润率下降：$-36.66\%-1.05\%=-37.71\%$

通过分析可以看出，华兴公司在2019年营业收入有所提高，但净利润却大幅度下降，分析其原因是成本费用增多，投资收益减少较多。从表6-1可知，华兴公司的全部成本2019年比2018年增加了14 873万元，投资收益减少了88 709万元，而营业收入只增加了20 427万元。

（四）分析全部成本

全部成本＝营业成本＋销售费用＋管理费用＋财务费用

2018 年：180 154＋14 840＋11 228＋61＝206 283

2019 年：183 001＋23 566＋12 702＋1 887＝221 156

华兴公司的全部成本在 2019 年比 2018 年增加了 14 873 万元。

本例中，导致华兴公司净资产收益率下降的主要原因是全部成本增加较多，特别是营业成本增加了 2 847 万元，销售费用增加了 8 726 万元和财务费用增加了 1 826 万元。也正是因为全部成本的提高导致了净利润大幅度下降，而营业收入大幅度增加，引起了营业净利润率的下降，显示出该公司销售盈利能力的降低。总资产净利润率的下降幅度比营业净利润率低，主要归功于总资产周转率的提高。

（五）分析权益乘数

$$权益乘数 = \frac{1}{1-资产负债率} = \frac{总资产平均余额}{净资产平均余额}$$

2018 年：$1.243 = \frac{1}{1-19.56\%} = \frac{575\ 411.50}{575\ 411.50 - 112\ 558}$

2019 年：$1.268 = \frac{1}{1-21.10\%} = \frac{566\ 611}{566\ 611 - 119\ 555}$

华兴公司权益乘数在 2019 年比 2018 年增加了 0.025，说明该公司的资本结构发生了变动。从其资产负债表资料可以看出，导致华兴公司权益乘数增加的主要原因在于，华兴公司的负债总额在 2019 年比 2018 年增加了 7 123 万元，净资产减少了 16 038 万元，从而总资产减少 8 915 万元。该公司的权益乘数在 1.25 左右，即资产负债率在 20% 左右，属于保守型企业。可以结合行业情况进行进一步分析，以确定是否可以进一步提高权益乘数，即提高资产负债率。

（六）结论

通过以上分析可以看出，华兴公司要想提高净资产收益率，最为重要的就是要努力降低各项成本费用，提高营业净利润率；同时要控制投资规模，保持较高的总资产周转率，进而使总资产净利润率有更大的提高；也可以适度提高负债水平，使权益乘数更大，净资产收益率相应提高。

任务三　熟悉可持续发展财务分析体系

任务要求

熟悉可持续发展财务分析体系的基本框架，掌握可持续发展财务分析体系中主要财务指标之间的相互关系，了解可持续发展财务分析体系的整体思路。

相关知识

杜邦财务分析体系自产生以来在实践中得到广泛应用与好评。但随着经济与环境的发展以及人们对企业目标认识的进一步升华，许多人意识到杜邦财务分析体系中没有涉及企业的发展能力,没有摆脱追求短期利润的局限。针对杜邦财务分析体系存在的这一缺陷,美国哈佛大学教授克雷沙·帕利普等在其著作《经营透视:企业分析与评价》中,提出了以可持续增长比率为核心指标的综合财务分析指标体系。

一、可持续发展财务分析体系的概念

(一)可持续发展财务分析体系的含义

从财务的角度来看,一味追求快速增长并不一定是件好事。因为快速增长会使一个企业的资源变得相当紧张,除非经营者采取积极的措施加以控制;否则,快速增长可能导致企业破产。如日本的八佰伴和我国的迅驰、韩国的大宇等原本已获得成功的知名企业因一味追求做大、做强,甚至不惜一切代价,拼资源、拼消耗,非要快速增长达到最大化不可,结果导致这些企业很快陷入破产。因此,企业的整体目标是在保持良好的财务状况的前提下,为股东创造价值。

可持续发展财务分析体系又称为帕利普财务分析法,就是以杜邦财务分析体系为基础,以可持续增长比率为核心指标,以盈利能力为企业的核心能力,以良好的股利政策为依托,根据盈利能力比率、资产管理比率和债务管理比率三者之间的内在联系,对企业的财务状况和经营成果以及利润分配进行综合、系统分析评价的方法。

(二)可持续发展财务分析体系的基本原理

从长远来看,企业的价值取决于企业的盈利能力和发展能力。这两项能力又取决于其产品市场战略和资本市场战略,而产品市场战略包括企业的经营战略和投资战略,资本市场战略包括融资战略和股利政策。财务分析的目的就是评价企业在经营管理、投资管理、融资战略和股利政策四个领域的管理效果。可持续增长比率就是企业保持盈利能力和财务政策不变的情况下能够达到的增长比率,它取决于净资产收益率和股利政策。因此,与杜邦财务分析体系一样,可持续发展财务分析体系也采用指标分解的方法,将核心指标可持续增长比率,逐步推移分解为销售净利率、总资产周转率、权益乘数和留存收益比率四者的乘积,形成一组指标体系,以综合反映企业盈利能力、营运能力、偿债能力、资本结构和股利政策的共同作用对企业可持续发展的影响,以评估企业的发展战略是否可持续。核心指标可持续增长比率的计算公式为:

$$可持续增长比率=净资产收益率\times(1-股利支付比率)$$
$$=销售净利率\times总资产周转率\times权益乘数\times留存收益比率$$

需要说明的是,上述公式中的股利必须是现金股利(或现金利润),而不包括股票股利,更不能是资本公积或盈余公积转增股本(或实收资本)。因为股票股利不影响股东权益,而资本公积和盈余公积转增股本既不是利润分配,更不会影响股东权益。企业分配现金股利,既体现企业对股东投资的回报,同时也会减少企业的股东权益。当年实现的税后净利润减去支付的现金股利后,即为企业通过当年经营理财活动,从税后利润中扣除对股东的分配后,最终增加的留存收益额,也是企业在不考虑股本(实收资本)和资本公积变动情况下的当年股东权益增加额。因此,可持续增长比率既考虑了利润分配对股东投资的回报,又突出了企业通过经营理财活动所达到的资本积累和增长,以满足企业进一步发展的需要,充分体现了可持续发展的观念。

二、可持续发展财务分析体系的内容

(一) 可持续发展财务分析体系框架

由于可持续发展财务分析体系是通过对核心指标进行分解,从而建立一组具有代表性的、相互联系、相互依存的指标体系。因此,可以根据其核心指标可持续增长比率与各项分解指标之间的内在联系,及其所涉及的各项会计要素,按照一定的规律进行有序排列,建立可持续发展财务分析体系图(简称可持续发展图),以便利用可持续发展图更直观、更明晰地理解并运用可持续发展财务分析体系进行财务报表综合分析。可持续发展图如图6-2所示。

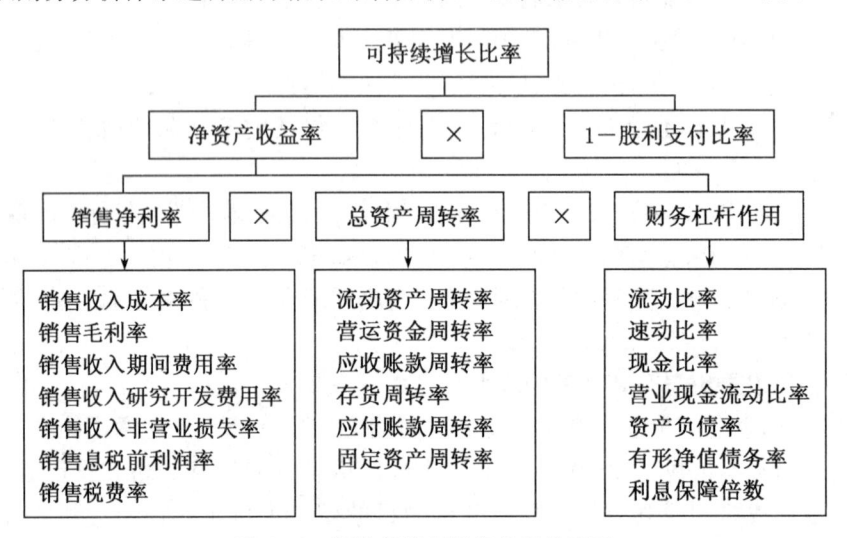

```
                    可持续增长比率
                   /              \
            净资产收益率    ×    1-股利支付比率
           /     ×     ×     \
     销售净利率    总资产周转率    财务杠杆作用
     ─────────    ──────────    ──────────
     销售收入成本率  流动资产周转率  流动比率
     销售毛利率     营运资金周转率  速动比率
     销售收入期间费用率 应收账款周转率 现金比率
     销售收入研究开发费用率 存货周转率 营业现金流动比率
     销售收入非营业损失率 应付账款周转率 资产负债率
     销售息税前利润率  固定资产周转率  有形净值债务率
     销售税费率                    利息保障倍数
```

图6-2 可持续发展财务分析体系图

(二) 可持续发展财务分析体系整体思路

1. 分析利润动因——分解净资产收益率

企业的净资产收益率受两个因素影响:企业利用资产的有效性、与股东的投资相比企业的资产基础有多大。净资产收益率的计算公式为:

$$净资产收益率 = 总资产净利润率 × 财务杠杆作用$$

为了更直观地了解利润动因,将净资产收益率进一步分解为:

$$净资产收益率 = 销售净利率 × 总资产周转率 × 财务杠杆作用$$

分解后的公式表明,影响企业净资产收益率的动因是销售净利率、总资产周转率和财务杠杆作用。

2. 评估经营管理——分解销售净利率

销售净利率表明企业经营活动的盈利能力。因此,对销售净利率进行分解能够评估企业的经营管理效果。常用的分析工具是共同尺度利润表,即该表中的所有项目都用与营业收入的比率表示。共同尺度利润表可用于企业一段时间内利润表各项目的纵向比较,也可用于同行业企业间的横向比较。通过分析共同尺度利润表,可以了解企业的毛利率与其竞争战略的关系以及变动的主要原因、期间费用率与其竞争战略的关系以及变动的原因、企业经营管理的效果等。

3. 评估投资管理——分解总资产周转率

对总资产周转率的详细分析可以评估企业投资管理的效率。资产管理分为流动资金管理和非流动资产管理。其中，流动资金管理分析的重点在于应收账款、存货和应付账款。评估资产管理效率的主要财务指标有总资产周转率、存货周转率、应收账款周转率、应付账款周转率、固定资产周转率、营运资金周转率。通过分析这些财务指标可以评估企业的投资管理效率。

4. 评估财务管理——检验财务杠杆的作用

财务杠杆使企业拥有大于其净资产的资产基础，即企业通过借款和一些不计息债务等来增加资本。只要债务的成本低于资产收益率，财务杠杆就可以提高企业的净资产收益率，但同时财务杠杆也加大了企业的风险。评估企业财务杠杆风险程度的财务指标有流动比率、速动比率、现金比率和营业现金流动比率等流动性比率以及资产负债率、有形净值债务率和利息保障倍数等长期偿债比率。

三、可持续发展财务分析体系的作用

可持续发展财务分析体系在杜邦财务分析体系以净资产收益率为目标的基础上，向前发展一步，提出以企业可持续增长比率为目标，强调企业可持续的发展能力，弥补了杜邦财务分析体系忽视企业发展能力的缺陷，体现了追求企业价值长期最大化的观念。可持续发展财务分析体系通过对核心指标可持续增长比率的逐步分解以及由此形成的指标体系表明，可持续增长比率与净资产收益率和企业的股利政策，以及企业的融资政策密切相关；同时与企业的销售规模、销售盈利能力、成本水平、营运能力、资产运用效率以及资本结构也有着密切的关系。它们构成一个相互依存、相互影响的系统。只有把这个系统内的各个方面、各个因素的关系安排好、协调好、处理好，才能使企业拥有可持续发展的能力，使净资产收益率获得持续的增长，不断地为股东创造财富、积累财富，以实现企业价值最大化的目标。

因此，企业经营者不仅要追求净资产收益率，而且更应重视利润分配与股利政策对保持企业可持续发展能力的重要影响，正确处理好对股东投资的回报与企业资本逐步积累的关系。因为当进行不恰当的高比例分配或超额分配时，即使净资产收益率较高，但核心指标可持续增长比率将很低或出现负数，表明企业的可持续发展能力极差。这是一个危险信号，若企业不能及时扭转，将很快陷入困境。

四、可持续发展财务分析体系的运用

由于可持续发展财务分析体系也是一种对财务比率进行分解的方法，所以不同企业都可以根据需要利用财务报表等有关数据资料，对企业财务状况进行可持续发展财务分析。

【业务实例6-2】 华强公司2018年、2019年利润表百分比如表6-3所示。采用可持续发展财务分析体系对华强公司2019年的财务状况进行综合评价。有关财务报表分析指标计算结果如表6-4所示。

表6-3 利润表百分比

项目名称	2018年	2019年
一、营业收入	100%	100%
减:营业成本	86.57%	84.95%
税金及附加	0.05%	0.15%
销售费用	3.16%	5.40%
管理费用	4.41%	4.13%
财务费用	0.17%	0.17%
二、营业利润	5.64%	5.20%
加:营业外收入	0.21%	0.06%
减:营业外支出	1.20%	0.91%
三、利润总额	4.65%	4.35%
减:所得税	0.93%	0.97%
四、净利润	3.72%	3.38%

表6-4 有关财务报表分析指标

项目名称	2018年	2019年
总资产周转率	1.56	1.58
财务杠杆作用(权益乘数)	1.45	1.37
营运资金周转率	7.26	4.45
应收账款周转率	3.12	4.51
存货周转率	6.47	6.51
应付账款周转率	12.42	16.84
固定资产周转率	7.03	7.30
流动比率	1.84	2.89
速动比率	0.99	2.46
现金比率	0.31	0.61
资产负债率	0.31	0.27
股利支付率	60%	10.87%
利息保障倍数	23.69	22.28

(一) 分析利润动因——分解净资产收益率

为了对净资产收益率高低的动因有更好的理解,将净资产收益率进一步分解为销售净利率、总资产周转率和财务杠杆作用,进而得出净资产收益率的主要动因,如表6-5所示。

表 6-5 净资产收益率的主要动因

项 目	序 号	计算过程	2018 年	2019 年
销售净利率	①		3.72%	3.38%
总资产周转率	②		1.56	1.58
总资产净利率	③	①×②	5.80%	5.34%
财务杠杆作用(权益乘数)	④		1.45	1.37
净资产收益率	⑤	③×④	8.41%	7.32%

从表 6-5 的计算结果可以看出,该公司 2019 年的净资产收益率下降的原因是销售净利率和财务杠杆作用下降,虽然总资产周转率有一定程度的上升,但净资产收益率还是下降了 1.09%。为了对销售净利率高低有一个更好的理解,将销售净利率进行分解以评估企业的经营管理效率。

(二)评估经营管理——分解销售净利率

从该公司利润表可以看出,该公司的销售费用大幅提高,有可能是因为广告费、运输费、展览费等较高,需要进一步查明原因。

(三)评估投资管理——分解总资产周转率

为了进一步了解该公司资产管理效率的高低,可分析该公司的资产管理比率。该公司的营运资金周转率在 2019 年大幅度下降,应收账款周转率在 2019 年虽然有大幅度提高但依然管理效率较低;该公司的应付账款周转率大幅度提高,说明该公司没有充分利用应付账款这一低廉的筹资工具。

(四)评估财务管理——检验财务杠杆作用

财务管理水平主要体现在财务杠杆带来的效益和风险上。当债务成本低于债务资金产生的收益时,财务杠杆就可以提高企业的净资产收益率,但同时也提高了企业的风险。该公司财务杠杆作用较上年有所下降,虽然财务风险有所降低但也降低了净资产收益率,从而造成财务管理效率较低。

(五)评价可持续增长比率

在了解了企业净资产收益率的主要动因后,采用可持续增长比率来评价企业的发展前景。有关指标计算如表 6-6 所示。

表 6-6 可持续增长比率财务指标计算表

项 目	2018 年	2019 年
净资产收益率	8.41%	7.32%
股利支付率	60%	10.87%
可持续增长比率	3.36%	6.52%

从表 6-6 的计算结果可知,该公司 2019 年的可持续增长比率比 2018 年有大幅度的提高,其提高的主要原因为股利支付率大大降低。这表明虽然可持续增长比率上升,但并不是由实质性的盈利能力提高引起的,只是由股利分配政策改变引起的。

任务四　了解沃尔评分法

任务要求

了解沃尔评分法的含义及指标的选择,掌握评价指标的计算,熟悉评价分析的基本步骤。

相关知识

在进行财务分析时,人们可能会遇到一个主要困难:计算出财务比率之后,无法判断它是偏高还是偏低。与本企业的历史数据比较,也只能看出自身的变化,却难以评价其在市场竞争中的优劣地位。财务状况综合评价的先驱者亚历山大·沃尔,通过对选定的多项财务比率进行评分,然后计算综合得分,并据此评价企业综合的财务状况。

一、沃尔评分法的原理

亚历山大·沃尔在 20 世纪初出版的《信用晴雨表研究》和《财务报表比率分析》中提出了信用能力指数的概念,并把若干个财务比率用线性关系结合起来,以此评价企业的信用水平。他将流动比率、产权比率、固定资产比率、存货周转率、应收账款周转率、固定资产周转率、自有资金周转率等七个财务比率用线性关系结合起来,分别给定各自的比重,然后将这些指标的实际比率与标准比率进行比较,确定各项指标的得分及总体指标的累计分数,从而对企业的财务状况及信用水平做出评价。

沃尔评分法为综合评价企业的财务状况提供了一个重要的思路,即将分散的财务指标通过一个加权体系综合起来,使得一个多维度的评价体系变成一个综合得分,这样就可以用综合得分对企业做出综合评价。这一方法的优点在于简单易用,便于操作,容易理解。沃尔评分法评价指标体系较为完整,基本上能反映企业的财务状况,能较好地反映企业的偿债能力和营运能力,便于分析,揭示原因;通过财务指标实际值与标准值的对比分析,便于找出影响企业财务状况的主要因素,以明确改善企业财务状况的方向。但它在理论上存在一定的缺陷:它未能说明为什么选择这七个比率,而不是更多或更少,或者选择其他财务比率;未能说明各个财务比率所占权重的合理性;也未能说明各个财务比率的标准值是如何确定的;某一个财务比率严重异常时,会对综合得分产生不合逻辑的重大影响。

二、沃尔评分法的分析步骤

尽管沃尔评分法存在着上述缺陷,但它在实践中仍被广泛应用并得到不断改进和发展。在不同的经济发展环境中,人们应用沃尔评分法时所选择的财务比率不断变化,各个比率的权重不断修正,各个比率的标准值不断调整,评分方法也得以不断改进;但沃尔评分法的基本思路始终没有改变,其应用的步骤也没有发生大的变化。沃尔评分法的基本步骤如下:

(一)选择评价指标并分配指标权重

选择用于评价的财务指标并根据重要程度分配各财务指标的权重,权重之和为100。各财务指标重要程度的判断,应根据企业经营活动的性质、生产经营规模、市场形象和分析者的分析目的等因素来确定。沃尔评分法选择的评价指标及权重如表6-7所示。

表6-7 评价指标及权重表

选择的评价指标	分配的权重
一、盈利能力指标	38
1. 净资产收益率	25
2. 总资产收益率	13
二、偿债能力指标	20
1. 资产负债率	12
2. 已获利息倍数	8
三、营运能力指标	18
1. 总资产周转率	9
2. 流动资产周转率	9
四、发展能力指标	24
1. 销售增长率	12
2. 资本积累率	12
综合得分	100

(二)确定各项指标的标准值

财务指标的标准值是判断财务指标高低的比较标准。只有有了标准,才能判断企业的某个财务指标是偏高还是偏低。财务指标的标准值一般以行业平均数、企业历史先进数、国家有关标准或者国际公认数为基准数来加以确定。其中最常见的是选择同行业的平均水平作为财务指标的标准值。

(三)计算各个财务指标的得分并计算综合得分

通过对各个财务指标的实际值与标准值的比较,得出对各个财务指标状况好坏的判断,再结合各个财务指标的权重,计算各个财务指标的得分。计算得分的方法有多种,最常见的是用指标的实际值除以标准值得到一个相对值,再用这个相对值乘以指标的权重得到该指标的得分。然后,将各个财务指标的实际得分加总,即得到企业的综合得分。

$$各项评价指标的得分 = 各项指标的权重 \times \frac{指标的实际值}{标准值}$$

$$综合得分 = \sum 各项评价指标的得分$$

(四)形成评价结果

计算各项指标的目的就是为了对企业的财务状况进行综合的评价,企业财务状况综合得分的高低反映了企业综合财务状况是否良好。在最终评价时,如果企业的综合得分接近100分,则说明企业的综合财务状况接近于行业的平均水平;如果企业的综合得分明显超过100

分,则说明企业的综合财务状况优于行业的平均水平;如果企业的综合得分大大低于100分,则说明企业的综合财务状况较差,应当积极采取措施加以改进。

三、沃尔评分法的应用

【业务实例6-3】 以华天股份有限公司2019年的财务状况来说明沃尔评分法的具体运用,如表6-8所示。

表6-8 华天股份有限公司财务状况综合评价

选择的评价指标	分配的权重①	指标的标准值②	指标的实际值③	实际得分④=①×③÷②
一、盈利能力指标	38			
1. 净资产收益率	25	25%	10.13%	10.13
2. 总资产报酬率	13	16%	8.17%	6.64
二、偿债能力指标	20			
1. 资产负债率	12	60%	32.65%	6.53
2. 已获利息倍数	8	3	10.70	28.53
三、营运能力指标	18			
1. 总资产周转率	9	2	0.38	1.71
2. 流动资产周转率	9	5	1.50	2.70
四、发展能力指标	24			
1. 销售增长率	12	10%	4.66%	5.59
2. 资本积累率	12	15%	16.02%	12.82
综合得分	100			74.65

从上述评分标准来看,华天股份有限公司2019年综合得分仅为74.65分,从某个角度来说,该公司的财务状况不是很好。但上面的综合评分,只是为了说明沃尔评分法运用的基本步骤,未必反映该公司的综合财务状况,这主要是因为对财务指标的选择、各财务指标的赋权以及各财务指标标准值的确定都是比较主观的,并没有经过细致的推敲、考察和验证。因此,当公司运用沃尔评分法时,往往可以根据公司的实际情况来进行评价。

任务五 理解企业综合绩效评价法

任务要求

熟悉企业综合绩效评价指标体系及标准,掌握企业综合绩效评价分析的方法,了解企业综合绩效评价与财务报表分析的关系。

相关知识

一、企业综合绩效评价的含义及原则

(一) 企业综合绩效评价的含义

企业绩效是指企业在一定时期的经营效益和经营业绩。企业经营效益水平主要表现在盈利能力状况、资产质量状况、债务风险状况、经营增长状况等方面。企业经营业绩主要通过管理者在管理过程中取得的经营成果和对企业成长、发展做出的贡献来体现。企业综合绩效评价是指运用数理统计和运筹学的方法,通过建立评价指标体系,对照相应行业评价标准,按照一定的程序进行定量、定性对比分析,对企业一定期间的经营效益和经营业绩,做出客观、公正和准确的综合评判。

财务报表分析是对企业有关报表指标进行纵向、横向比较,分析其变化及变化原因。企业综合绩效评价是对反映企业绩效指标完成情况进行打分,是建立在财务报表分析基础之上的;其评价结果反映了企业经营绩效,是一个"标识"。通过企业综合绩效评价,可以对企业经营状况进行深入分析,发现企业经营和管理中存在的问题。因此,企业综合绩效评价是对财务报表分析的深化与升华,弥补了单纯财务报表分析难以得出综合结论的不足。

(二) 企业综合绩效评价的原则

企业综合绩效评价工作应当遵循以下原则。

1. 全面性原则

企业综合绩效评价应当通过建立综合的指标体系,对影响企业绩效水平的各种因素进行多层次、多角度的分析和综合评判。

2. 客观性原则

企业综合绩效评价应当充分体现市场竞争环境特征,依据统一测算的、同一期间的国内行业标准或国际行业标准,客观公正地评判企业经营成果及管理状况。

3. 效益性原则

企业综合绩效评价应当以考察投资回报水平为重点,运用投入产出分析基本方法,真实反映企业资产运营效率和资本保值增值水平。

4. 发展性原则

企业综合绩效评价应当在综合反映企业年度财务状况和经营成果的基础上,客观分析企业年度之间的增长状况及发展水平,科学预测企业的未来发展能力。

二、综合系数分析法

(一) 综合系数分析法的原理

综合系数分析法是指根据评价目的选择若干与此相关程度较高的财务指标,按其重要程度确定权重,然后计算出每项指标的得分,再加总求出综合评分,最后将综合评分与标准评分值之和进行比较,以判断企业财务状况的优劣。综合系数分析法的基本原理包括以下几个方面。

1. 选择财务指标

企业财务状况评价主要从盈利能力、偿债能力、营运能力和发展能力等方面进行。其中，盈利能力最为重要，其次是偿债能力、营运能力和发展能力。盈利能力应选择的主要指标是总资产报酬率、营业利润率和净资产收益率；偿债能力的常用指标是自有资本比率（即权益比率）、流动比率；营运能力的常用指标是应收账款周转率、存货周转率；发展能力的常用指标是营业收入增长率、净利润增长率和资本积累率。

2. 确定权重

纳入评价范围的财务指标，如何分配权重，会影响评价的结果。通常情况下，某项财务指标越重要，其权重就越大。盈利能力最重要，因而盈利能力指标权重最大。当然，权重的分配也可以根据评价的目的进行调整，如债权人因特别关注企业的偿债能力而可以加大偿债能力指标的权重。

3. 确定标准比率

标准比率一般以本行业平均数为基础，适当进行理论修正。行业平均数可以通过政府机构、行业协会或专业评价机构获得。

4. 计算各项财务指标的单项指数

单项指数是指各项财务指标的实际值与标准值的比值。其计算公式为：

$$单项指数 = \frac{某项财务指标实际值}{该项财务指标标准值} \times 100\%$$

5. 计算综合指数

综合指数是以单项指数为基础，乘以各项财务指标权重所得到的一个加权平均数。其计算公式为：

$$综合指数 = \sum (某项财务指标单项指数 \times 该项财务指标权重)$$

综合系数分析法在给每个指标评分时规定了上限和下限，以减少个别指标异常对总分造成的不合理影响。上限可定为正常评分值的1.5倍，下限定为正常评分值的0.5倍。给分时采用"加""减"的关系而不是"乘"的关系。假定某行业总资产报酬率的标准值为10%，标准得分为20分，行业最高比率为20%，最高得分为30分；则每分的财务比率差=（20%－10%）÷（30－20）=1%；这表明总资产报酬率每提高1%，就多给1分，但该项得分最高不能超过30分。

6. 评价综合指数

对综合评分结果与标准评分结果进行比较，综合评分之和接近100分或超过100分时，则表明企业财务状况基本符合标准要求或财务状况较好；若低于100分且有较大差距，则表明企业财务状况不佳。综合评分标准如表6-9所示。

表6-9 综合评分标准

指　　标	标准评分值	标准比率（%）	行业最高比率（%）	最高评分	最低评分	每分比率的差
1. 盈利能力						
总资产报酬率	20	5	15	30	10	1
营业利润率	20	4	20	30	10	1.6

续 表

指 标	标准评分值	标准比率(%)	行业最高比率(%)	最高评分	最低评分	每分比率的差
净资产收益率	10	10	14	15	5	0.8
2. 偿债能力						
自有资本比率	8	40	100	12	4	15
流动比率	8	150	450	12	4	75
3. 营运能力						
应收账款周转率	8	600	1 200	12	4	150
存货周转率	8	800	1 200	12	4	100
4. 发展能力						
营业收入增长率	6	15	30	9	3	5
净利润增长率	6	10	20	9	3	3.3
资本积累率	6	10	20	9	3	3.3
合 计	100			150	50	

(二) 综合系数分析法实例

【业务实例6-4】 根据华天股份有限公司相关资料,按上述程序,计算该公司2019年综合指数,如表6-10所示。

表6-10 华天股份有限公司综合指数计算表

指 标	标准比率(%)1	实际比率(%)2	差异 3=2-1	每分比率的差4	调整分 5=3/4	标准评分值6	得分 7=5+6
1. 盈利能力							
总资产报酬率	5	8.17	3.17	1	3.17	20	23.17
营业利润率	4	15.08	11.08	1.6	6.925	20	26.925
净资产收益率	10	10.13	0.13	0.8	0.163	10	10.163
2. 偿债能力							
自有资本比率	40	67.35	27.35	15	1.823	8	9.823
流动比率	150	117	-33	75	-0.44	8	7.56
3. 营运能力							
应收账款周转率	600	511	-89	150	-0.593	8	7.407
存货周转率	800	586	-214	100	-2.14	8	5.86
4. 发展能力							
营业收入增长率	15	4.66	-10.34	5	-2.07	6	3.93
净利润增长率	10	10.34	0.34	3.3	0.1	6	6.1
资本积累率	10	16.02	6.02	3.3	1.824	6	7.824
合 计						100	108.762

由表6-10可知,该公司2019年实际得分为108.762分,实际高于标准8.762分,表明其财务状况较好。同时,还要结合该公司以前年度的相关资料进行对比分析,从中找出各项目增减变动的原因并做出相应的分析。

三、经营业绩综合评分法

运用经营业绩综合评分法的一般程序或步骤包括选择业绩评价指标;确定各项业绩评价指标的标准值及标准系数;确定各项业绩评价指标的权重;计算各类业绩评价指标得分;计算经营业绩综合评价分数;确定经营业绩综合评价等级。

下面根据2006年国务院国有资产监督管理委员会发布的《中央企业综合绩效评价实施细则》来说明经营业绩综合评分法的程序和方法。

(一)选择业绩评价指标

进行经营业绩综合分析的首要步骤是正确选择评价指标,指标选择要根据分析目的和要求,考虑分析的全面性、综合性。企业综合绩效评价由财务绩效定量评价和管理绩效定性评价两部分组成。根据2006年国务院国有资产监督管理委员会发布的实施细则来选择企业综合绩效评价指标,共包括22个财务绩效定量评价指标和8个管理绩效定性评价指标,如表6-11所示。

表6-11 企业综合绩效评价指标体系

评价指标类别	财务绩效定量评价指标 基本指标	财务绩效定量评价指标 修正指标	管理绩效定性评价指标
一、盈利能力状况	1. 净资产收益率 2. 总资产报酬率	1. 销售(营业)净利率 2. 盈余现金保障倍数 3. 成本费用利润率 4. 资本收益率	1. 战略管理 2. 发展创新 3. 经营决策 4. 风险控制 5. 基础管理 6. 人力资源 7. 行业影响 8. 社会贡献
二、资产质量状况	1. 总资产周转率 2. 应收账款周转率	1. 不良资产比率 2. 流动资产周转率 3. 资产现金回收率	
三、债务风险状况	1. 资产负债率 2. 已获利息倍数	1. 速动比率 2. 现金流动负债比率 3. 带息负债比率 4. 或有负债比率	
四、经营增长状况	1. 销售(营业)增长率 2. 资本保值增值率	1. 销售(营业)利润增长率 2. 总资产增长率 3. 技术投入比率	

1. 财务绩效定量评价指标

从表6-11可知,财务绩效定量评价是指对企业一定期间的盈利能力、资产质量、债务风险和经营增长四个方面进行定量对比分析和评判,分为基本指标和修正指标。基本指标是评价企业财务绩效的核心指标,由反映这四方面内容的8个计量指标构成,用以形成企业财务绩效评价的初步结论。修正指标用以对盈利能力状况、资产质量状况、债务风险状况和经营增长状况的初步评价结果进行修正,以形成较为全面、准确的企业经营绩效基本评价结果,具体由

14个计量指标构成。

2. 管理绩效定性评价指标

管理绩效定性评价是指在企业财务绩效定量评价的基础上，采取专家评议的方式，对企业一定期间的经营管理水平进行定性分析和综合评判，主要是通过直接观察、实地调查、与相关人员座谈等形式达到收集相关资料、了解实际情况、查找原因等目的，从而反映企业在一定经营期间所采取的各项管理措施及其管理成效。具体包括以下八个方面：

（1）战略管理评价主要反映企业所制定战略规划的科学性、战略规划是否符合企业实际、员工对战略规划的认知程度、战略规划的保障措施及其执行力，以及战略规划的实施效果等方面的情况。

（2）发展创新评价主要反映企业在经营管理创新、工艺革新、技术改造、新产品开发、品牌培育、市场拓展、专利申请和核心技术研发等方面的措施及成效。

（3）经营决策评价主要反映企业在决策管理、决策程序、决策方法、决策执行、决策监督、责任追究等方面采取的措施及实施效果，重点反映企业是否存在重大经营决策失误。

（4）风险控制评价主要反映企业在财务风险、市场风险、技术风险、管理风险、信用风险和道德风险等方面的管理与控制措施及效果，包括风险控制标准、风险评估程序、风险防范与化解措施等。

（5）基础管理评价主要反映企业制度建设、内部控制、重大事项管理、信息化建设、标准化管理等方面的情况，包括财务管理、对外投资、采购与销售、存货管理、质量管理、安全管理、法律事务等。

（6）人力资源评价主要反映企业人才结构、人才培养、人才引进、人才储备、人事调配、员工绩效管理、分配与激励、企业文化建设、员工工作热情等方面的情况。

（7）行业影响评价主要反映企业主营业务的市场占有率、对国民经济及区域经济的影响与带动力、主要产品的市场认可度、是否具有核心竞争能力以及产业引导能力等方面的情况。

（8）社会贡献评价主要反映企业在资源节约、环境保护、吸纳就业、工资福利、安全生产、上缴税收、商业诚信、和谐社会建设等方面贡献程度和社会责任的履行情况。

（二）确定各项业绩评价指标的标准值及标准系数

为了准确评价企业经营业绩，对各项业绩评价指标标准值的确定应根据不同行业类型及指标分类情况规定不同的标准。

1. 财务绩效基本指标标准值及标准系数

基本指标的标准值由财政部定期颁布，分为五档。不同行业、不同规模的企业有不同的标准值。如2009年机械工业的金属制品业财务绩效基本指标标准值如表6-12所示。在表6-12中，为了提高评价计分的准确性，每个基本指标标准值划分为五个等级，分别为优（A）、良（B）、中（C）、低（D）、差（E）；标准系数是基本指标标准值所对应的水平系数，反映了基本指标实际值对应标准值所达到的水平档次，与优（A）、良（B）、中（C）、低（D）、差（E）五档基本指标标准值相对应的标准系数分别为1.0、0.8、0.6、0.4、0.2（在表6-13中与此规定相同）。

表 6-12 机械工业的金属制品业财务指标基本指标标准值

档次(标准系数) 项目	优秀(A) (1.0)	良好(B) (0.8)	平均(C) (0.6)	较低(D) (0.4)	较差(E) (0.2)
净资产收益率(%)	11.6	7.6	4.7	−2.4	−10.1
总资产报酬率(%)	6.2	4.9	1.8	−0.7	−8.8
总资产周转率(次)	2.3	1.5	0.9	0.6	0.2
应收账款周转率(次)	13.7	8.6	5.4	4.1	2.8
资产负债率(%)	43.0	51.8	56.8	67.5	83.1
已获利息倍数	3.8	3.1	1.9	−1.0	−4.9
销售(营业)增长率(%)	20.9	14.0	7.3	−3.7	−16.1
资本保值增值率(%)	111.4	107.4	104.5	97.5	89.7

2. 财务绩效修正指标标准值及标准系数

财务绩效基本指标有较强的概括性,但不够全面。为了更加全面地评价企业财务绩效,财政部另外设置了四类14项修正指标,根据修正指标的高低计算修正系数,用得出的系数去修正基本指标得分。2009年机械工业的金属制品业财务绩效修正指标标准值如表6-13所示。

表 6-13 2009年机械工业的金属制品业财务绩效修正指标标准值表

档次(标准系数) 项目	优秀(A) (1.0)	良好(B) (0.8)	平均(C) (0.6)	较低(D) (0.4)	较差(E) (0.2)
一、盈利能力状况					
销售(营业)利润率(%)	23.0	13.5	7.6	3.2	−6.4
盈余现金保障倍数	3.9	2.8	0.8	−0.2	−1.7
成本费用利润率(%)	8.2	5.8	2.6	−2.7	−12.6
资本收益率(%)	10.6	7.5	4.8	−5.0	−12.3
二、资产质量状况					
不良资产比率(%)	1.0	3.7	7.0	18.4	33.2
流动资产周转率(次)	3.5	3.0	1.7	1.1	0.6
资产现金回收率(%)	11.3	8.1	2.7	−3.7	−11.9
三、债务风险状况					
速动比率(%)	155.4	101.5	65.3	48.3	27.1
现金流动负债比率(%)	15.3	10.0	2.9	−6.3	−13.3
带息负债比率(%)	18.6	27.4	46.5	66.7	75.5
或有负债比率(%)	0.3	1.2	5.9	14.4	23.7
四、经营增长状况					
销售(营业)利润增长率(%)	20.9	14.0	7.3	−3.7	−16.1
总资产增长率(%)	17.7	10.2	3.4	−3.1	−11.0
技术投入比率(%)	1.5	1.0	0.9	0.5	0.1

3. 管理绩效定性评价标准

管理绩效定性评价标准根据评价内容,结合企业经营管理的实际水平和出资人监管要求,由国资委统一制定和发布。管理绩效定性评价标准不进行行业划分,仅提供给评议专家参考。具体划分档次及标准系数与财务绩效定量评价相同。

(三)确定各项业绩评价指标的权重

指标的权重根据评价目的和指标的重要程度来确定。表6-14是企业综合绩效评价指标体系中各类及各项指标的权重或分数。

表6-14 企业综合绩效评价指标及权重表

财务绩效定量指标(权重70%)					管理绩效定性指标(权重30%)	
指标类别(100)	基本指标(100)		修正指标(100)		评议指标(100)	
一、盈利能力状况(34)	净资产收益率 总资产报酬率	20 14	销售(营业)利润率 盈余现金保障倍数 成本费用利润率 资本收益率	10 9 8 7	战略管理 发展创新 经营决策 风险控制 基础管理 人力资源 行业影响 社会贡献	18 15 16 13 14 8 8 8
二、资产质量状况(22)	总资产周转率 应收账款周转率	10 12	不良资产比率 流动资产周转率 资产现金回收率	9 7 6		
三、债务风险状况(22)	资产负债率 已获利息倍数	12 10	速动比率 现金流动负债比率 带息负债比率 或有负债比率	6 6 5 5		
四、经营增长状况(22)	销售(营业)增长率 资本保值增值率	12 10	销售(营业)利润增长率 总资产增长率 技术投入比率	10 7 5		

(四)计算各类业绩评价指标得分

1. 财务绩效基本指标得分计算

基本指标反映企业的基本情况,是对企业绩效的初步评价。它的计分是按照功效系数法计分原理,将评价指标实际值对照行业评价指标标准值,按照规定的计分公式计算各项基本指标得分。其计算公式为:

$$单项基本指标得分 = 本档基础分 + 调整分$$

其中,

$$本档基础分 = 指标权重 \times 本档标准系数$$
$$调整分 = 功效系数 \times (上档基础分 - 本档基础分)$$
$$上档基础分 = 指标权重 \times 上档标准系数$$
$$功效系数 = \frac{实际值 - 本档标准值}{上档标准值 - 本档标准值}$$

本档标准值是指上、下两档标准值居于较低等级一档。

【业务实例6-5】 华兴公司是一家大型机械制造企业,2019年净资产收益率为6.15%,如大型机械制造企业的净资产收益率的标准值为优秀16.5%、良好13.2%、平均值9.9%、较低值6.6%、较差值3.3%。

本档基础分＝20×0.2＝4(分)

上档基础分＝20×0.4＝8(分)

功效系数＝$\dfrac{6.15\%-3.3\%}{6.6\%-3.3\%}$＝0.864

调整分＝0.864×(8－4)＝3.46(分)

净资产收益率指标得分＝4＋3.46＝7.46(分)

2. 财务绩效修正指标修正系数计算

对基本指标得分的修正，是按指标类别得分进行的，需要计算"分类的综合修正系数"。分类的综合修正系数，由单项指标修正系数加权平均求得；而单项指标修正系数的大小主要取决于基本指标平均分数和修正指标实际值两项因素。

1) 单项指标修正系数的计算

单项指标修正系数＝1.0＋(本档标准系数＋功效系数×0.2－该类基本指标分析系数)

$$某类基本指标分析系数＝\dfrac{该类基本指标得分}{该类指标权重}$$

$$单项指标加权修正系数＝单项指标修正系数×\dfrac{该项指标权数}{本类指标权数}$$

【业务实例6-6】 华鼎公司是一家大型机械制造企业，2019年营业利润率为14.5%，如果营业利润率的标准值为优秀30%、良好25%、平均值18%、较低值11%、较差值4%。若该公司盈利能力状况的基本指标得分为16分。

盈利能力基本指标分析系数＝$\dfrac{16}{34}$＝0.47

功效系数＝$\dfrac{14.5\%-11\%}{18\%-11\%}$＝0.5

营业利润率指标单项修正系数＝1.0＋(0.4＋0.5×0.2－0.47)＝1.03

营业利润率指标加权修正系数＝$\dfrac{10}{34}$×1.03＝0.30

在计算单项修正系数的过程中，对于一些特殊情况作如下规定：

第一，如果修正指标实际值达到优秀值以上，其单项指标修正系数的计算公式如下：

$$单项指标修正系数＝1.2＋本档标准系数－该类基本指标分析系数$$

第二，如果修正指标实际值处于较差值以下，其单项指标修正系数的计算公式如下：

$$单项指标修正系数＝1.0－该类基本指标分析系数$$

第三，如果资产负债率≥100%，指标得0分；其他情况按照规定的公式计分。

第四，如果盈余现金保障倍数的分子为正数，分母为负数，单项指标修正系数确定为1.1；如果分子为负数，分母为正数，单项指标修正系数确定为0.9；如果分子分母同为负数，单项指标修正系数确定为0.8。

第五，如果不良资产比率≥100%或分母为负数，单项指标修正系数为0.8。

第六，对于销售(营业)利润增长率指标，如果上年主营业务利润为负数，本年为正数，单项指标修正系数为1.1；如果上年主营业务利润为零，本年为负数，或者上年为负数，本年为零，单项指标修正系数确定为1.0。

2) 分类综合修正系数的计算

$$\text{分类综合修正系数} = \sum \text{类内单项指标的加权修正系数}$$

3. 财务绩效定量指标修正后总得分的计算

$$\text{修正后总得分} = \sum (\text{分类综合修正系数} \times \text{分类基本指标得分})$$

4. 管理绩效定性指标的计分

管理绩效定性指标的计分一般通过专家评议打分形式完成,聘请的专家应不少于 5 人。评议专家应当根据评价工作的需要,在充分了解企业管理绩效状况的基础上,对照评价参考标准,采取综合分析判断法,对企业管理绩效指标做出分析评议,评判各项指标所处的水平档次,并直接给出评议分数。其计算公式为:

$$\text{管理绩效定性评价指标分数} = \sum \text{单项指标分数}$$

$$\text{单项指标分数} = \frac{\sum (\text{单项指标权数} \times \text{每位专家选定的等级参数})}{\text{专家人数}}$$

(五) 计算经营业绩综合评价分数

在得出财务绩效定量评价分数和管理绩效定性评价分数后,应当按照规定的权重,计算综合绩效评价分数。其计算公式为:

$$\text{综合绩效评价分数} = \text{财务绩效定量评价分数} \times 70\% + \text{管理绩效定性评价分数} \times 30\%$$

(六) 确定经营业绩综合评价等级

企业综合绩效评价结果是指根据综合绩效评价分数得出的评价结论。评价结果以评价类别、评价级别和评价得分表示,评价类别是根据评价得分对企业综合绩效所划分的水平档次,用文字和字母表示,分为优(A)、良(B)、中(C)、低(D)、差(E)五种类别;评价级别是对每种类别再划分级次,以体现同一评价类别的不同差异,采用在字母后标注"+""-"号的方式表示。评价结果以 85 分、70 分、50 分、40 分作为类型判定的分界线,划分为五等十级。具体的企业综合绩效评价类别与评价级别如表 6-15 所示。

表 6-15 企业综合绩效评价类别与评价级别一览表

评价类别	评价级别	评价得分
优(A)	A^{++}	$A^{++} \geq 95$ 分
	A^+	95 分 $> A^+ \geq 90$ 分
	A	90 分 $> A \geq 85$ 分
良(B)	B^+	85 分 $> B^+ \geq 80$ 分
	B	80 分 $> B \geq 75$ 分
	B^-	75 分 $> B^- \geq 70$ 分
中(C)	C	70 分 $> C \geq 60$ 分
	C^-	60 分 $> C^- \geq 50$ 分
低(D)	D	50 分 $> D \geq 40$ 分
差(E)	E	$E < 40$ 分

(七) 撰写评价报告

评价报告是企业经营绩效的综合性评述文件,参照《评价文本格式》的规定编制。有关具体要求如下:

(1) 报告内容应包括被评价企业基本概况及企业盈利能力状况、资产质量状况、债务风险状况和经营增长状况等四个主要方面绩效的文字描述。

(2) 评价报告应明确评价年限、工作范围及所采用的评价标准值,评价结论要有充分的说服力。

(3) 语言应简洁、规范,字数在2 000字左右。

(4) 评语表达应含义明确,尽量避免产生歧义。

(5) 对影响企业经营绩效评价结果的有关重要事项应进行充分披露。

(6) 评价报告应标明评价时间和评价实施单位,并由评价负责人签名、盖章。

【业务实例6-7】 华威食品加工公司2019年有关企业绩效评价指标权重、实际值如表6-16所示,食品加工企业绩效评价指标标准值如表6-17所示。评议专家为5人,定量指标占70%,定性指标占30%。

表6-16 华威食品加工公司绩效评价指标权重及实际值

评价内容与权重		基本指标	权重	实际值	修正指标	权重	实际值
盈利能力状况	34	净资产收益率	20	12.0	销售(营业)利润率	10	15.1
					盈余现金保障倍数	9	6.2
		总资产报酬率	14	8.5	成本费用利润率	8	4.6
					资本收益率	7	10.1
资产质量状况	22	总资产周转率	10	2.4	不良资产比率	9	0.4
					流动资产周转率	7	4.8
		应收账款周转率	12	20.0	资产现金回收率	6	10.2
债务风险状况	22	资产负债率	12	37.2	速动比率	6	110.3
					现金流动负债比率	6	15.9
		已获利息倍数	10	3.8	带息负债比率	5	18.2
					或有负债比率	5	1.3
经营增长状况	22	销售(营业)收入增长率	12	29.0	销售(营业)利润增长率	10	25.0
					总资产增长率	7	20.1
		资产保值增值率	10	110.5	技术投入比率	5	1.7

表6-17 食品加工企业绩效评价标准值

项 目 \ 档次(标准系数)	优(A)(1.0)	良(B)(0.8)	中(C)(0.6)	低(D)(0.4)	差(E)(0.2)
一、盈利能力状况					
净资产收益率(%)	11.9	9.8	4.7	−0.9	−8.7
总资产报酬率(%)	8.3	7.4	3.5	−0.3	−2.4

续 表

档次(标准系数) 项　目	优(A) (1.0)	良(B) (0.8)	中(C) (0.6)	低(D) (0.4)	差(E) (0.2)
销售(营业)利润率(%)	20.2	14.6	7.8	1.9	−7.3
盈余现金保障倍数	8.8	3.8	1.4	−0.2	−2.9
成本费用利润率(%)	6.9	4.8	3.4	−4.5	−14.6
资本收益率(%)	12.1	9.9	5.2	−5.7	−10.3
二、资产质量状况					
总资产周转率(次)	2.6	1.8	1.3	0.8	0.6
应收账款周转率(次)	22.8	13.9	12.0	5.3	3.8
不良资产比率(%)	0.3	0.7	1.1	6.8	15.9
流动资产周转率(次)	5.0	3.5	2.4	1.3	1.0
资产现金回收率(%)	11.1	7.4	3.2	−2.4	−4.7
三、债务风险状况					
资产负债率(%)	35.9	47.2	64.9	74.3	80.6
已获利息倍数	4.0	3.3	2.0	−0.1	−3.8
速动比率(%)	109.0	86.2	59.4	46.0	27.4
现金流动负债比率(%)	16.6	12.0	6.9	−2.9	−5.8
带息负债比率(%)	21.1	28.8	52.6	69.5	78.1
或有负债比率(%)	0.1	0.8	5.6	13.8	21.6
四、经营增长状况					
销售(营业)收入增长率(%)	28.6	17.7	10.2	−1.2	−12.1
资本保值增值率(%)	111.8	109.6	104.5	99.4	91.8
销售(营业)利润增长率(%)	24.3	14.9	7.2	5.3	−14.8
总资产增长率(%)	26.2	19.0	7.9	−4.4	−12.0
技术投入比率(%)	1.8	1.2	0.8	0.6	0.1
五、补充资料					
存货周转率(次)	15.7	9.6	6.2	3.7	1.6
资本积累率(%)	13.5	10.6	5.0	−3.7	−12.1
三年资本平均增长率(%)	13.5	10.6	5.0	−3.7	−12.1
三年销售平均增长率(%)	27.9	17.0	9.4	−2.0	−12.9

企业综合绩效评价过程如下：

步骤1：计算企业绩效评价基本指标得分。

(1) 确定实际值档次与本档系数,华威食品加工公司基本指标实际值与标准值如表6-18所示。

表 6-18　华威食品加工公司基本指标实际值与标准值

指标项目	权重	实际值	本档标准值	上档标准值	实际值档次	本档系数
净资产收益率	20	12.0	11.9		优	1.0
总资产报酬率	14	8.5	8.3		优	1.0
总资产周转率	10	2.4	1.8	2.6	良	0.8
应收账款周转率	12	20.0	13.9	22.8	良	0.8
资产负债率	12	37.2	47.2	35.9	良	0.8
已获利息倍数	10	3.8	3.3	4.0	良	0.8
销售（营业）收入增长率	12	29.0	28.6		优	1.0
资本保值增值率	10	110.5	109.6	111.8	良	0.8

（2）计算基本指标得分，如表 6-19 所示。

表 6-19　华威食品加工公司基本指标得分

指标类别	指标项目	本档基础分	调整分	单项得分	分类得分
盈利能力状况	净资产收益率	20	0	20	34
	总资产报酬率	14	0	14	
资产质量状况	总资产周转率	8	1.5	9.5	20.74
	应收账款周转率	9.6	1.64	11.24	
债务风险状况	资产负债率	9.6	2.12	11.72	21.15
	已获利息倍数	8	1.43	9.43	
经营增长状况	销售（营业）收入增长率	12	0	12	20.82
	资本保值增值率	8	0.82	8.82	
	基本指标总分			96.71	96.71

说明：

总资产周转率本档基础分＝10×0.8＝8（分）

总资产周转率上档基础分＝10×1＝10（分）

总资产周转率调整分＝$\frac{2.4-1.8}{2.6-1.8}×(10-8)=1.5$（分）

总资产周转率得分＝8＋1.5＝9.5（分）

其他指标计算同上，计算过程略。

步骤 2：计算企业绩效评价修正指标得分。

（1）确定修正指标本档标准值及系数，如表 6-20 所示。

表 6-20 华威食品加工公司修正指标本档标准值及系数

指标类别	指标项目	权重	实际值	上档标准值	本档标准值	本档系数
盈利能力状况	销售(营业)利润率	10	15.1	20.2	14.6	0.8
	盈余现金保障倍数	9	6.2	8.8	3.8	0.8
	成本费用利润率	8	4.6	4.8	3.4	0.6
	资本收益率	7	10.1	12.1	9.9	0.8
资产质量状况	不良资产比率	9	0.4	0.3	0.7	0.8
	流动资产周转率	7	4.8	5.0	3.5	0.8
	资产现金回收率	6	10.2	11.1	7.4	0.8
债务风险状况	速动比率	6	110.3		109.0	1.0
	现金流动负债比率	6	15.9	16.6	12.0	0.8
	带息负债比率	5	18.2		21.1	1.0
	或有负债比率	5	1.3	0.8	5.6	0.6
经营增长状况	销售(营业)利润增长率	10	25.0		24.3	1.0
	总资产增长率	7	20.1	26.2	19.0	0.8
	技术投入比率	5	1.7	1.8	1.2	0.8

(2) 计算修正指标修正系数,如表 6-21 所示。

表 6-21 华威食品加工公司修正指标修正系数计算表

修正指标	本档标准系数	功效系数	基本指标分析系数	单项修正系数	单项指标加权修正系数	分类综合修正系数
销售(营业)利润率	0.8	0.18	1.0	0.84	0.25	0.91
盈余现金保障倍数	0.8	0.89	1.0	0.97	0.26	
成本费用利润率	0.6	1.89	1.0	0.98	0.23	
资本收益率	0.8	0.09	1.0	0.82	0.17	
不良资产比率	0.8	1.35	0.94	1.13	0.46	1.07
流动资产周转率	0.8	0.87	0.94	1.03	0.33	
资产现金回收率	0.8	0.91	0.94	1.04	0.28	
速动比率	1.0	0	0.96	1.04	0.28	0.99
现金流动负债比率	0.8	1.02	0.96	1.04	0.28	
带息负债比率	1.0	0	0.96	1.04	0.24	
或有负债比率	0.6	0.90	0.96	0.82	0.19	
销售(营业)利润增长率	1.0	0	0.95	1.05	0.48	0.99
总资产增长率	0.8	0.21	0.95	0.89	0.28	
技术投入比率	0.8	0.83	0.95	1.02	0.23	

说明：

销售（营业）利润率功效系数 $=\dfrac{15.1\%-14.6\%}{20.2\%-14.6\%}\times(10-8)=0.18$

销售（营业）利润率基本指标分析系数 $=\dfrac{34}{34}=1.0$

销售（营业）利润率修正系数 $=1.0+(0.8+0.18\times0.2-1)=0.84$

销售（营业）利润率加权修正系数 $=\dfrac{10}{34}\times 0.84=0.25$

其他指标计算过程略。

（3）计算修正后分类指标得分与总得分，如表 6－22 所示。

表 6－22　华威食品加工公司修正后分类指标得分与总得分

指标类别	分类指标得分	分类综合修正系数	分类指标修正后得分
盈利能力状况	34	0.91	30.94
资产质量状况	20.74	1.07	22.19
债务风险状况	21.15	0.99	20.94
经营增长状况	20.82	0.99	20.61
修正后定量指标总得分			94.68

步骤 3：计算企业绩效评价评议指标得分，如表 6－23 所示。

表 6－23　定性指标评议得分表

评议指标	权重	评议专家 1	评议专家 2	评议专家 3	评议专家 4	评议专家 5	单项指标分数
1. 战略管理	18	18	18	14.4	18	18	17.28
2. 发展创新	15	12	15	15	15	15	14.4
3. 经营决策	16	16	12.8	16	9.6	16	14.08
4. 风险控制	13	10.4	13	13	13	7.8	11.44
5. 基础管理	14	14	11.2	8.4	14	14	12.32
6. 人力资源	8	8	8	8	4.8	8	7.36
7. 行业影响	8	8	6.4	8	8	4.8	7.04
8. 社会贡献	8	8	8	8	8	6.4	7.68
评议指标总得分		94.4	92.4	90.8	90.4	90	91.6

步骤 4：计算企业绩效评价综合得分。

华威食品加工公司定量与定性综合评价得分 $=94.68\times 70\%+91.6\times 30\%=93.76$（分）

步骤 5：确定企业绩效评价结论。

根据定量与定性评价计分结果，华威食品加工公司经营绩效的综合评价得分为 93.76 分，依据表 6－15 中的类型与级别，华威食品加工公司的经营绩效应为 A$^+$ 级。

本项目小结

财务报表综合分析是单项分析的深化,本项目分别介绍了杜邦财务分析体系、可持续发展财务分析体系、沃尔评分法以及我国绩效评价体系的内涵及应用。通过案例分析,将理论与实践有效地结合到一起,是对本书内容的融会贯通。在具体操作时,应注意结合行业特点做出分析评价。

知识链接

财务报表分析的"黄金法则"

财务报表分析是一门技术,也是一门艺术。因此,熟练地运用技术手段并恰当地使用艺术手法将会使你如鱼得水、百战百胜。财务报表分析的技术与艺术的融合就是你必须把握的"黄金法则"。

1. 比较:重动态、轻静态。"纵向比较看趋势,横向比较看异常",纵向是企业自身的历史比较,进行趋势分析,预测企业未来;而横向则是企业与其他多个企业比较,彰显差异,发现异常问题或者改进空间。

2. 听故事:重逻辑、轻技术。一个财务数字暂时漂亮的企业并不说明这就是一个优秀和有前途的企业。一个老道、优秀的财务报表分析者,关注的重点首先在于对企业整体投资故事的判断,其次关注资产组合质量、收入和利润的成长性以及现金流量的均衡性。其间包括一些重要逻辑判断:判断一个企业的优劣主要看其是否具有独特的商业模式,是否具有核心技术优势,产品和技术是否具有不可复制性等三个方面。

3. 整合分析:重立体、轻点线。四张会计报表之间的数字纵横交错,所有的数字都不是独立的,而是作为一个整体共同描述着报表背后丰富多彩的、生动的商业活动。一项重要的商业活动必然同时对多个数据产生影响。因此,关注主要交易活动之间的此消彼长,游刃有余地穿梭于数字之间是探析企业本质的最佳姿态。

4. 抓重点:重动机、辨方向。利润操纵有两种情况:一是上下尽量膨胀的巨无霸汉堡,即收入高估、费用低估,结果是利润高估;二是上下压缩的扁平汉堡,即收入低估、费用高估,结果是利润低估。

企业呈递给银行的报表,一般可能夸大其业绩和利润的持续性;企业呈递给证监会的报表,一般可能夸大其业绩和成长性;企业呈递给税务局的报表,一般可能低估其业绩和隐藏其收入。如果还发现经营者的薪酬契约与业绩之间建立了密切联系,那么还要密切关注建立联系的那个业绩变量是什么。

因此,在分析财务报表前首先要判断会计报表的编制动机,可以为后面的工作指明方向。

5. 打七寸:重现金、轻利润。"现金为王"的道理表明现金链断裂将带来企业破产或控制权旁落的危险。现金流不易被粉饰。因此,评价企业经营活动、投资活动与筹资活动的均衡性,以及现金流弹性是一项重要的财务分析内容。

能力拓展训练

一、单项选择题

1. 在杜邦财务分析体系中,综合性最强的财务比率是(　　)。
   A. 净资产收益率　　B. 总资产净利率　　C. 总资产周转率　　D. 销售净利率

2. 在杜邦财务分析体系中,假设其他情况相同,下列说法中错误的是(　　)。
   A. 权益乘数大则财务风险大　　　　B. 权益乘数大则净资产收益率大
   C. 权益乘数＝产权比率＋1　　　　D. 权益乘数大则资产净利润率大

3. 华丰公司2019年净资产收益率为18%,销售净利率为30%,总资产周转率为15%,则权益乘数为(　　)。
   A. 4　　　　　B. 5　　　　　C. 2　　　　　D. 3

4. 华帝公司2019年销售净利率为30%,总资产周转率为20%,现金股利支付率为40%,可持续增长率为18%,则权益乘数为(　　)。
   A. 4　　　　　B. 5　　　　　C. 2　　　　　D. 3

5. 表明企业在保持目前经营策略和财务策略的情况下所能实现的增长速度指标是(　　)。
   A. 总资产增长率　　B. 营业增长率　　C. 可持续增长比率　　D. 现金比率

6. 在企业财务绩效定量评价指标中,衡量企业盈利能力的修正指标不包括(　　)。
   A. 营业利润率　　B. 成本费用利润率　　C. 总资产报酬率　　D. 资本收益率

7. 下列各项中,不属于财务绩效定量评价指标的是(　　)。
   A. 盈利能力指标　　B. 资产质量指标　　C. 经营增长指标　　D. 人力资源指标

8. 当企业综合财务状况欠佳时,其综合系数合计数将会(　　)。
   A. 大于100　　B. 等于100　　C. 小于100　　D. 近似于100

9. 企业综合绩效评价指标体系由财务绩效定量评价指标和管理绩效定性评价指标两部分组成。以下指标中属于管理绩效定性评价指标的是(　　)。
   A. 盈利能力　　B. 资产质量　　C. 债务风险　　D. 社会贡献

10. 管理绩效定性评价采用的方法是(　　)。
    A. 群众评议　　　　　　　B. 专家评议
    C. 抽样调查　　　　　　　D. 专家评议与群众评议相结合

二、多项选择题

1. 财务报表综合分析与单项分析的不同之处在于(　　)。
   A. 分析方法不同　　　　　B. 分析主体不同
   C. 分析重点和基准不同　　D. 分析指标的地位不同

2. 财务报表综合分析的方法主要有(　　)。
   A. 杜邦财务分析体系　　　B. 沃尔评分法
   C. 趋势分析法　　　　　　D. 可持续发展财务分析体系

3. 根据杜邦财务分析体系,影响净资产收益率的因素有(　　)。
   A. 销售净利率　　B. 流动比率　　C. 总资产周转率　　D. 资产负债率

4. 在其他条件不变的情况下,下列业务可能导致总资产周转率上升的是(　　)。
   A. 赊购一批原材料　　　　　　　　B. 偿还短期借款本金
   C. 计提坏账准备　　　　　　　　　D. 用银行存款购入设备
5. 根据帕利普财务分析体系,影响可持续增长比率的因素有(　　)。
   A. 现金股利支付比率　　　　　　　B. 权益乘数
   C. 总资产周转率　　　　　　　　　D. 销售净利率
6. 提高股东权益报酬率的根本途径在于(　　)。
   A. 扩大销售,改善经营结构　　　　B. 减缓资金周转
   C. 节约成本费用开支　　　　　　　D. 合理配置资源
7. 原始意义上的沃尔评分法的缺点有(　　)。
   A. 不能确定总体指标的比重
   B. 不能对企业的信用水平做出评价
   C. 所选定的指标缺乏证明力
   D. 某项指标严重异常会对总评分产生不合逻辑的影响
8. 在企业财务绩效定量评价指标中,衡量企业资产质量的基本指标包括(　　)。
   A. 资产现金回收率　B. 应收账款周转率　C. 总资产周转率　D. 流动资产周转率
9. 在企业财务绩效定量评价指标中,衡量企业债务风险的基本指标包括(　　)。
   A. 资产负债率　　B. 速动比率　　C. 已获利息倍数　　D. 带息负债比率
10. 计算综合评价指数要采用(　　)和(　　)相结合的计分方法。
    A. 专项　　　　　B. 定量　　　　C. 综合　　　　　D. 定性

三、判断题
1. 净资产收益率既是企业盈利能力分析的核心指标,也是杜邦财务分析体系的核心指标。(　　)
2. 权益乘数的高低取决于企业的资本结构,负债比率越高,权益乘数越低,财务风险越大。(　　)
3. 华丰公司2018年的销售净利率为5.73%,总资产周转率为2.17;2019年的销售净利率为4.88%,总资产周转率为2.88。若这两年的资产负债率相同,2019年的净资产收益率比照2018年的变化趋势为上升。(　　)
4. 帕利普财务分析体系是对杜邦财务分析体系的发展和完善。(　　)
5. 帕利普财务分析体系的核心指标是净资产收益率。(　　)
6. 可持续增长率的高低取决于净资产收益率和现金股利支付率两个因素。(　　)
7. 在企业财务绩效定量评价指标中,或有负债比率属于反映企业债务风险状况的修正指标。(　　)
8. 各项经济指标权数的大小应依据各指标的重要程度而定,一般情况下,指标越重要,权数就越小。(　　)

四、计算分析题
1. 华辉公司2019年平均资产总计为10 000万元,平均产权比率为1.5,债务利率为10%,财务杠杆系数为2,所得税税率为25%,销售收入为20 000万元。
   要求:计算该公司2019年平均资产负债率、总资产报酬率、利息保障倍数、权益乘数、净资

产收益率、销售净利率和总资产周转率。

2. 华欣公司2018年和2019年可持续增长有关资料如表6-24所示。

表6-24 可持续增长资料表 单位:万元

项 目	2018年	2019年
平均总资产	68 520	74 002
平均净资产	41 112	40 701
销售收入	51 390	57 722
净利润	3 083	3 215
现金股利支付额	1 233	1 125

要求:根据以上资料,按帕利普财务分析体系对华欣公司可持续增长率的变动原因进行分析。

项目七　财务报表分析报告

学习目标

知识目标
1. 了解财务报表分析报告的含义和作用；
2. 理解财务报表分析报告的类型和撰写时应注意的问题；
3. 掌握财务报表分析报告的撰写方法和主要内容。

能力目标
能独立地对财务报表进行分析并按要求撰写一份合格的财务报表分析报告。

导入案例

无知是最大的成本

在某高职院校的一节会计课上，老师微笑着问学生："我们是学会计的，最起码应该具备什么样的能力？"学生回答说："起码要具备会计核算能力。"老师又问："会计核算中最复杂的是哪部分内容呢？"有人回答说："是成本核算。"老师赞许地点点头说："好，我就来看看大家是否具备这样的能力。"

老师的考题是：有一个商人准备运一批白衬衫到非洲去卖。这笔成本该怎样核算？

一时间，学生们议论纷纷，有的说要考虑关税，有的说要考虑运输费用……

老师一直微笑地看着他的学生。等到大家终于安定下来，老师说："你们想想，在非洲那样炎热的地方，谁敢穿白衬衫？只要穿上白衬衫出去，皮肤马上就会被灼伤。"听了老师的话，同学们面面相觑，正在纳闷。这时，老师突然掷地有声地说："所以，我告诉你们，无知是最大的成本。"

这个答案你想到了吗？有人说："能计算成本的是技术工人，能降低成本的是高级技术工人，能决策成本的是管理人员，能利用成本决策的是高级管理人员。学生知道成本，但只能考虑成本本身；管理人员必须能够将成本与经营管理联系起来，分析成本对企业经营决策的影响。"

【思考题】 作为未来的会计职业人，你想成为哪一种人呢？为成为你心目中的那种人，你要学习哪方面的知识，历练自己哪方面的技能呢？

任务一　理解财务报表分析报告

任务要求

熟悉财务报表分析报告的概念,理解财务报表分析报告的类型和特点。

相关知识

一、财务报表分析报告的概念

(一) 财务报表分析报告的含义

财务报表分析报告是在财务报表分析的基础上,对财务报表所反映的企业财务状况和经营成果做出说明性和结论性意见的报告性书面文件。撰写财务报表分析报告是对财务报表分析工作进行概括和总结的重要环节。通过财务报表分析报告,分析人员可以把有关分析的情况、数字、原因等表述清楚,以便报表使用者通过分析报告了解企业的财务状况、经营成果、发展前景及存在的问题,从而做出科学合理的决策;同时,财务报表分析报告也是分析人员分析工作的最终成果,其撰写质量的高低直接反映出分析人员的业务能力和素质。

(二) 财务报表分析报告的作用

财务报表分析报告是投资者、债权人、经营者、政府有关部门及其他报表使用者客观了解企业财务状况和经营成果必不可少的资料,历年的财务报表分析报告也是企业进行财务管理的动态分析、科学预测和决策的依据。因此,财务报表分析报告对其使用者来说具有十分重要的作用。

1. 对企业投资者的作用

通过财务报表分析报告,企业投资者可以总括地了解企业的盈利能力和经营风险,做出是否投资的决定。公司制企业实行的是经营权和所有权相分离的经营模式,经营者和投资者之间是受托责任关系,投资者并不参与企业的经营管理,但企业的经营情况又关系到其切身利益,他们需要通过财务报表分析报告来考核评价经营者的受托责任履行情况,中小投资者需要通过专门从事财务报表分析的人员提供的分析报告来了解企业的资产营运和盈利能力,企业的财务结构、资产结构、财务分配政策和财务规划,从而预测企业未来的发展趋势。如果看好企业的发展前景,投资者就可以维持并追加投资;否则,将股份转让,以避免损失。

2. 对企业债权人的作用

通过财务报表分析报告,企业债权人可以总括地了解企业的盈利能力和偿债能力,做出是否出借资金或提供商业信用的决策。企业债权人最关心的是企业能否按时偿还债务本金和利息。由于盈利能力对偿债能力的影响很大,所以企业债权人通过对企业盈利能力和偿债能力进行专题分析而撰写的财务报表分析报告,可以获得企业短期和长期偿债能力以及企业债权人本身所承担的违约风险程度等信息,从而做出出借资金的数额及条件、利率水平、限制性条款以及提供商业信用的条件等决策。

3. 对政府部门的作用

政府与企业的关系表现在多种形式上：一方面，政府可以通过持有股权对企业行使全部或部分的股东权益，此时政府除关心投资所产生的社会效益外，还必然对投资的经济效益予以考虑，在谋求资本保全的前提下，期望能够同时获得稳定增长的财政收入；另一方面，政府对几乎所有企业实行不同程度的管制，此时政府是以社会管理者的身份制定宏观经济政策，进行宏观经济管理。因此，政府通过财务报表分析报告，不仅需要了解企业资金占用的使用效率、为国家纳税的情况，预测财政收入增长情况，有效地组织和调整社会资金资源的配置；而且还要检查企业是否存在违法违纪、浪费国家财产的问题；最后，通过综合分析，对企业的发展后劲以及对社会的贡献程度进行分析考察。

4. 对企业经营者的作用

企业经营者进行财务分析是为了了解企业资产的收益能力和流动能力、企业资产存量结构、权益结构，预测企业未来的收益能力和流动能力，进行筹资决策、投资决策，评价企业各项决策的执行情况；是为了取得投资者和债权人的支持，改善财务决策。因此，其所做的财务报表分析涉及的内容最广泛，几乎包括企业内外部其他财务报表使用者关心的所有问题，其形成的财务报表分析报告最全面，最有代表性，最有说服力。通过财务报表分析报告，企业经营者可以及时了解企业当前的财务状况、经营成果和营运状况的全貌，并能针对企业经营活动中存在的各种问题及时提出改进措施，加强企业的经营管理，提高企业的偿债能力、盈利能力、营运能力和企业发展能力。

二、财务报表分析报告的类型和特点

了解财务报表分析报告的分类有助于掌握不同内容分析报告的特点，按不同的要求撰写财务报表分析报告，满足报表使用者的不同需求。

（一）综合分析报告、专题分析报告和简要分析报告

财务报表分析报告按其分析的内容范围，可划分为综合分析报告、专题分析报告和简要分析报告。

1. 综合分析报告

综合分析报告又称全面分析报告，是通过针对企业资产负债表、利润表、现金流量表、会计报表附注以及财务情况说明书等所提供的信息及其内在联系，运用一定的科学分析方法，对企业的业务经营情况，利润实现和分配情况，资金增减变动和周转利用情况，税金缴纳情况，存货、固定资产等主要财产的盘盈、盘亏、毁损变动情况以及对本期或以后时期财务状况将发生重大影响的事项等做出客观、全面、系统的分析评价，并进行必要的科学预测而形成的书面报告。

综合分析报告具有内容丰富、涉及面广，对报表使用者做出各项决策有深远影响的特点，它主要用于半年度、年度进行财务分析时撰写。撰写时必须对分析的各项具体内容的轻重缓急做出合理安排，既要全面又要抓住重点，切忌力量均等、事无巨细、面面俱到。一般来说，对某些当前企业管理及宏观决策等有直接或关键影响的问题做重点分析，对其他问题则可以相对粗略些。由于综合分析报告几乎涵盖了对企业财务计划各项指标的对比分析和评价，能使企业经营活动的成果和财务状况一目了然，及时反映出存在的问题，这就给财务报告使用者做

出目前和未来的财务决策提供了科学依据,也可以作为以后对企业进行动态分析的重要历史参考资料。

2. 专题分析报告

专题分析报告又称单项分析报告,是指针对某一时期企业经营管理中的某些关键问题、重大经济措施或薄弱环节等进行专门分析后形成的书面报告。专题分析报告一般采用两种形式:一是对涉及面虽小但对企业财务管理和生产经营状况有着普遍或深远影响的事例进行分析,如银行降息对企业的影响等;二是涉及面虽宽但分析不可能面面俱到,可抓住其中的重点问题进行深入分析,如我国加入WTO对企业影响的专题分析等。

专题分析报告具有不受时间约束、一事一议、易被经营者接受、收效快的特点,可根据经营管理的实际需要,不定期地进行,从而有助于宏观、微观财务管理问题的进一步研究,为提出更高层次的财务管理决策开辟有价值的思路。专题分析报告的内容很多,如关于企业清理积压库存、处理逾期应收账款方面的经验,对企业资金、成本、费用、利润等方面的预测分析,如何处理母子公司各方面的关系等问题均可进行专题分析和论述,从而为企业经营者做出决策提供现实的依据。

3. 简要分析报告

简要分析报告是指对企业的主要经济指标或在一定时期内存在比较突出的问题进行扼要的分析,以观察企业财务活动的基本趋势和经营管理的改进情况而形成的书面报告。简要分析报告具有简明扼要、切中要害的特点。通过分析,能够反映和说明企业在分析期内业务经营的基本情况、累计完成各项经济指标的情况,并预测今后的发展趋势。简要分析报告主要适用于定期分析,可按月、季等进行编制。

(二)定期分析报告和不定期分析报告

财务报表分析报告按其分析的时间,可分为定期分析报告和不定期分析报告。

1. 定期分析报告

定期分析报告一般是上级主管部门或企业内部规定的每隔一段相等时间进行编制和上报的分析报告,如由企业主管部门布置的年报、半年报的综合分析报告及企业内部规定的每隔半年或一季度自行编制、供有关企业经营者参阅的分析报告等,均属于定期分析报告。

2. 不定期分析报告

不定期分析报告是从企业财务管理和业务经营的实际需要出发,编制和上报时间不做统一规定的财务报表分析报告,如前述的专题分析报告。

任务二　掌握财务报表分析报告的撰写

任务要求

熟悉撰写财务报表分析报告的基本要求,掌握撰写财务报表分析报告的步骤和主要内容,理解撰写财务报表分析报告的日常准备工作。

相关知识

一、撰写财务报表分析报告的基本要求

财务报表分析报告撰写人员不仅需要具备财务分析的知识,而且要具有一定的文字写作水平。在此基础上,撰写财务报表分析报告还要满足以下六个要求。

(一)应满足不同报告使用者的需要

撰写财务报表分析报告,首先要明确报告的使用者、报告分析的范围。针对不同的使用者,分析人员在撰写财务报表分析报告时应准确把握好报告的框架结构和分析层次,以满足不同使用者的需要。在实际工作中,财务报表分析报告的使用者有各自不同的要求,分析的内容有一定的区别,如企业外部投资者需要的是有关企业能否投资方面的分析资料,而企业内部经营者却想得到企业整体经营状况的分析结论。所以,要做好分析工作,应首先明确分析的目的,这样才能抓住重点,集中分析与分析目的直接相关的信息,从而提高分析效率。具体工作中,要注意与报告使用者的沟通,充分领会他们所需要的信息是什么,针对这些信息提出分析应解决的主要问题,如投资分析报告应解决投资项目的可行性、未来的盈利能力等问题;而贷款分析报告则应将重点放在企业的还款能力以及贷款的使用效率等方面。确定了分析的内容以后,还要确定分析的范围并根据分析的范围和报告使用者的不同,确定分析报告的详略程度以及专业化程度。如分析范围仅限于某一部门或子(分)公司,则分析内容应尽量详细而具体;若分析范围扩大到一个集团公司,则分析内容就不能对所有问题面面俱到,集中地抓住几个重点问题进行分析即可。同样,若报告使用者是专业人士,分析报告自然应该专业一些;反之,报告使用者是非专业人士,分析报告的文字就应尽量简明、通俗,如上市公司的分析报告由于使用者是广大投资者,其中有许多对财务本身了解就不多,太多专业术语会降低其对分析报告的理解程度,甚至会出现误导投资者的现象。

(二)应与企业经营业务紧密结合

财务报表分析报告一定要与企业经营业务紧密结合,深刻分析财务数据背后的经营业务背景,切实揭示经营业务过程中存在的问题。有些分析人员在撰写分析报告时,由于不了解经营业务,往往闭门造车,并由此陷入"就数据论数据"的被动局面,得出来的分析结论也就常常令人啼笑皆非。因此,有必要强调的是,各种财务数据不仅仅是通常意义上数字的简单拼凑和加总,每一个财务数据背后都预示着非常生动的经济内涵,表明每一笔具体业务的发生,如资产的增减、费用的发生和负债的偿还等。分析人员要通过对业务的了解和明察,具备对财务数据敏感性的职业判断;既要关注财务指标分析,也要充分理解非财务指标,将两者有机结合。通过对企业经营业务的了解与分析,判断经济业务发生的合理性和合规性,并对企业财务发展趋势进行合理预测,对存在的问题提出合理化建议。这样写出来的分析报告才能真正为使用者提供有用的决策信息。

(三)应具备真实性

真实性是财务报表分析报告质量高低的重要评价标准。很难想象,一份虚假、失真的分析报告会导致什么样的分析结论,会给予报告使用者怎样的决策指导。要完成一份真实可靠的财务报表分析报告,得出正确的分析结论,与有效的分析密不可分。这不仅要求在分析资料的收集过程中应保证分析资料的真实,也要求在具体分析时选择科学而高效的分析技术和方法。要保证分析资料的真实可靠,应先注意资料来源的权威性、合法性,并且尽可能通过实际考证确保资料的真实。如对企业财务数据资料的分析应关注审计师出具的审计报告,这对于企业报表的真实性、合理性有着重要的说明作用。较常用的信息资料来源有政府机关(包括财政部、商务部)公布的数据、各行业协会公布的信息、一些专业的商业组织(如投资咨询公司、资信评级公司)公布的各类数据等。另外,还要注意尽可能地全面收集所有分析所需要的资料,以避免"偏听偏信"。

(四)应清晰明了、客观公正

财务报表分析报告应内容清晰、结构合理、结论明了,表述顺畅、没有语法错误,避免使人误解。这就要求分析报告要采用文字与图表相结合的方法,使其易懂、生动、形象;行文要尽可能流畅、通顺、简明、精炼,避免口语化、冗长化。基于这一原则,要完成一份高质量的财务报表分析报告,必须有一个清晰的思路,若分析者思路不清,分析报告条理混乱,必然会使使用者不知所云,难以做出正确的决策。一个好的报告框架是分析者与使用者交流的载体,分析者在确立了分析目的、明确了要解决的具体问题后,就要按照解决这些问题的先后顺序设立好分析的框架结构,最有利于说明问题、解决问题的分析应该排在最前面,然后按重要性依次进行分析。如投资分析报告,首先应分析投资的盈利能力,然后分析投资的风险大小;若分析贷款的可行性,则应先分析贷款企业的短期偿债能力,然后预计该企业未来可利用和处置的现金,这就需对该企业的获利能力进行分析。例如,分析一家跨国公司的经营情况,应先分析该公司在世界各国分别有多少家分公司,财务报表分析的思路是,公司总体指标分析——总公司情况分析——各分公司情况分析;在每一部分里,采用对最近几年经营情况进行比较分析,具体分析时,按盈利能力分析——销售情况分析——成本费用控制情况分析展开。如此层层分解,环环相扣,各部分间及每部分内部都存在着紧密的联系。清晰的分析过程可以提高分析者的判断能力,以确保分析信息的完整性或准确性,有助于分析者从重要的分析证据中提炼出正确的分析结论。

另外,分析人员在财务报表分析报告中的所有结论性词语都会对报告使用者产生相当大的影响。如果分析人员在分析报告中草率地下结论,很可能形成误导。因此,分析人员在财务报表分析报告中应客观公正,用事实说明问题,勿轻易下结论。

(五)应重点突出、详略得当

财务报表分析报告所反映的内容既要全面总括地说明企业的总体财务状况和经营成果,同时也要有侧重点和针对性。这就要求撰写分析报告时要从报告的使用者出发,紧紧围绕分析报告的主题思想和目的,有针对性地抓住关键问题,突出分析的重点,抓住主要矛盾和矛盾的主要方面,以利于说明事物的本质。在撰写过程中要根据重要性大小做到详略得当。对于重要的、对决策有着重要影响的内容不仅要详细地反映,而且要放在报告前面;对于可作为决策参考的不太重要的内容则放在报告后面做较为简略的反映。在确定重要分析内容时可采用交集原则揭示异常情况。例如,某公司下属有十个销售分公司,为分析这十个分公司的销售情况,可选择一个反映销售情况的指标,如销售收入额,然后分别计算最近几个月各分公司的销售收入增长额和增长率,选取增长额和增长率都较高的分公司或都较低的分公司作为主要分析对象,并进行重点分析。但是,突出重点并不意味着可忽视一般,企业经营活动和财务活动都是相互联系、相互影响的;在对重点问题分析时,兼顾一般问题,将有利于做出全面、正确的评价。

(六) 应及时提供给使用者

在当今信息社会中,财务报表分析报告作为一种信息媒体,必须注重时效。由于财务报表分析报告是用于评价企业经营状况、作为相关决策依据的重要信息来源,而影响企业经营的内外部经济环境都在不断变化,企业面对的是复杂多变、激烈竞争的市场,任何宏观经济环境的变化或行业竞争对手政策的改变都会或多或少地影响着企业的竞争力甚至决定着企业的命运。对一些决策者而言,及时准确的财务报表分析报告意味着决策成功的一半,过时的分析报告将失去意义,甚至会产生危害。因此,分析人员在平时的工作中应多了解当前及未来的国家宏观经济环境的变化趋势,尤其是尽可能捕捉、收集同行业竞争对手的资料;并对企业经营、管理、销售等政策尤其是近期企业大的方针政策有一个准确的把握,最终在分析中尽可能地立足当前、瞄准未来,及时编报财务报表分析报告,以使分析报告发挥决策导航器的作用。

综上所述,要完成一份高质量的财务报表分析报告不仅需要明确分析目的,收集真实可靠且全面的信息,掌握较高的财务分析基本技术和方法,还得掌握分析报告的一些写作技巧,合理安排分析报告的框架结构,清晰地反映分析的思路和结论。

二、撰写财务报表分析报告的日常准备工作

(一) 建立台账和数据库

通过会计核算形成会计凭证、会计账簿和会计报表。但撰写财务报表分析报告仅靠这些凭证、账簿、报表的数据往往是不够的。例如,在分析经营费用与营业收入的比率增长原因时,往往需要分析不同区域、不同商品、不同责任人实现的收入与费用的关系,但这些数据不能从账簿中直接得到。这就要求分析人员平时就做大量的数据统计工作,对分析的项目按性质、用途、类别、区域和责任人,按月度、季度和年度进行统计,建立台账,以便在撰写财务报表分析报告时有据可查。

(二) 关注经营运行和重要事项

分析人员参加会议、听取各方面意见,有利于进行财务分析和评价。因此,分析人员应尽可能争取参加相关会议,了解生产、质量、市场、行政、投资和融资等各类情况;并对经营运行、财务状况中的重大变动事项要勤于做笔录,记载事项发生的时间、计划、预算、责任人及发生变化的各种影响因素。

(三) 定期收集报表

分析人员除收集会计核算方面的有关数据外,还应要求企业各相关部门(生产、采购和市场等)及时提交可利用的其他报表,对这些报表要认真审阅并及时发现问题、总结问题,养成多思考、多研究的习惯。

(四) 岗位分析

大多数企业财务分析工作往往由财务经理来完成,但资料主要靠每个岗位的财务人员提供。因此,应要求所有财务人员对本职工作养成分析的习惯,这样既可以提升个人素质,也有利于各岗位之间相互借鉴经验。只有每一岗位都发现问题、分析问题,才能撰写出内容全面、有深度的财务报表分析报告。

(五) 建立财务报表分析报告指引

财务报表分析报告尽管没有固定格式,表现形式也不一致,但并非无规律可循。如果建立

分析工作指引,将常规分析项目文字化、规范化、制度化,建立诸如现金流量、销售回款、生产成本、采购成本变动等一系列的分析说明指引,就可以达到事半功倍的效果。

三、撰写财务报表分析报告的步骤

(一) 撰写前的资料准备

完成财务报表分析报告,必须做好撰写前的必要准备工作,具体分为收集资料阶段和整理、核实资料阶段。

1. 收集资料阶段

收集资料阶段实质上是一个调查过程,深入全面的调查资料是科学分析的前提。只有收集大量的、丰富的财务会计等有关数据资料,分析报告才不致成为"无源之水,无本之木"。

1) 财务报表分析报告资料内容

分析人员可以在日常工作中根据粗略制定的财务报表分析的内容要点,经常收集和积累有关资料。这些资料既包括间接的书面资料,又包括从相关企业取得的第一手资料。分析人员主要收集以下几个方面的资料:

(1) 财务资料。财务资料主要是与分析报告内容有关的会计报表、账簿、凭证,包括反映本期资金运用、成本结构和利润形成等资料;与分析项目有关的历史资料,包括以前年度会计报表、账簿、统计台账、统计报表、文字总结、有关会议记录等。

撰写年度财务报表分析报告时,其主要内容如利润、成本、费用等的分析,都必须以企业历年会计报表所提供的正确、可靠的数据信息作为基础,并参照历年财务报表分析报告的数据及内容,使财务分析实现历年资料的动态对比,反映企业经营成果、经营活动的发展过程及企业管理工作的水平。参阅这些资料有助于重点、具体分析某一问题,为财务报表分析报告起到锦上添花的效果。此外,如发现疑问或矛盾之处也可对其会计报表进行必要的调查。

(2) 业务资料。业务资料包括各类商品的货源、采购、销售、储运以及和经济合同、客户变化等业务相关的经营管理方面的资料。

一般来说,企业的财务计划主要是由财务部门根据统计资料编制的,有的企业的会计、统计、财务工作"合三为一",统一由财务部门从事。因此,获取有关的统计资料或年度财务计划资料就十分便利。主要收集年度计划执行情况表、主要商品销售情况统计表、企业预算、计划、总结、规划等资料,以利于本期实际与计划进行对比分析,从中发现问题,并对企业生产经营和未来展望进行评价。

(3) 对比资料。对比资料包括本企业的计划资料和定额资料,计划指标执行情况的统计资料、先进单位资料和往年历史资料等,有关部门对比分析所需的资料,列入国家或上级考核的经济技术指标。

掌握有关计划资料、历史资料和同行业的先进资料,可以全面深入地分析企业的财务状况、经营成果和现金流量。对所收集的各项经济指标,同有关的计划、历史资料、同行业的先进资料进行对比,有利于找出差距和应深入分析的重点。

(4) 其他资料。其他资料指与财务报表分析报告内容有关的文字资料,包括计划编制说明、有关会议记录、上期财务报表分析报告记录及报告等反映企业重大事件的文件等。分析人员要善于发现企业所在行业的新情况和新事物,分析其发展趋势及其对本企业的影响,对涉及本行业的重大事件,如资产重组、股份制改造等有关文件均属于资料收集和积累的范围以及企业外部的资料,包括有关国家财经法律法规政策、技术经济标准、市场动态及变化趋势、同行业生产经营水平、企业绩效评价的计算公式及其他分析需要的计算公式等。

2) 财务报表分析报告的资料来源

以上分析需要的资料可以从以下渠道取得:① 分析服务机构、投资咨询服务机构,如标准普尔、穆迪等;② 经济研究机构,如布鲁金斯学会等;③ 证券交易所;④ 网络,如和讯网、金融界等网站;⑤ 行业性协会和财务专家;⑥ 全国电算会计数据库;⑦ 各种商业和金融业刊物;⑧ 各种媒体及记者;⑨ 政府出版的经济公报和年鉴;⑩ 企业的竞争者。

2. 整理、核实资料阶段

各种资料收集齐全后,要加以整理、核实,保证其合法性、正确性和真实性,同时根据所确定的财务报表分析报告的内容要点进行分类。整理、核实资料是整个财务报表分析工作的中间环节,起着承上启下的作用。

在整理资料过程中,应经常根据分析的内容要点做些摘记,这将对财务报表分析报告的撰写十分有利。对于重点分析的内容,如准备分析本年度销售收入与效益的关系问题,则可以在此题目下记录收集的销售收入、利润等重要数据和观点,并简要写上与此观点有关的各种类别内容的索引参考资料,以备在正式编制财务报表分析报告时能迅速查找到所需的资料。对于一般分析的内容,也可以按其特点做好不同形式的摘记。有时会遇到一些资料同时适用于多项内容的情况,则只需在各内容项下的摘记中写清即可。总之,要遵循资料翔实、分类清楚、查找方便的原则。

收集资料和整理、核实资料并非是决然分开的两个阶段,一般可以边收集,边核实、整理,相互交叉、相互结合进行,同时这项工作应贯穿在日常工作中进行,切忌临近编制分析报告时再去着手此项工作。这样收集的资料才能涉及面广、内容丰富,才可以在正式进行财务报表分析时胸有成竹,做到忙而不乱。

(二) 报告的选题

财务报表分析报告的形式多种多样,因此报告的选题没有统一标准和模式。一般可以根据报告所分析的内容和提供的信息来确定报告的选题。报告的选题应能准确地反映出报告的主题思想。如"××月份简要财务分析""资产运用效率分析""存贷利率的调整对企业损益影响分析""××年度财务报表综合分析"等都是较合适的选题。报告的选题一旦确定,就可以对收集整理的资料进行分析并编制财务报表分析报告了。

(三) 报告的起草

在收集整理资料、确定选题以后,就可以根据企业经营管理的需要进入财务报表分析报告的编制阶段。这一阶段的首要工作就是报告的起草。分析人员应当客观公正、思维敏捷,文笔表述能力强,财务会计知识全面、业务能力强、懂财经法规,有较强的分析问题和解决问题的能力等,对企业的财务活动过程及企业的分公司或子公司的生产经营情况了如指掌,善于在日常的工作中寻找和发现问题,才能胜任编制财务报表分析报告这一重要工作。

报告的起草应围绕报告的选题并按报告的结构进行,特别是专题分析报告,应将问题分析透彻,真正地分析问题、解决问题。如对销售费用超计划(预算)情况进行分析时,应从构成销售费用的各项目入手,分析各项目超支的绝对数或相对数,并逐一分析是什么原因造成的超支,是广告宣传费用增加或者是业务量的增加导致运输、装卸费用增加,还是其他问题等。从超支的各种原因中找出解决问题的途径,并提出切实可行的建议。对综合分析报告的起草,最好先拟订报告的撰写提纲,提纲挈领地反映综合分析报告的内容,然后只需在提纲框架的基础上,依据所收集、整理的资料选择恰当的分析方法,起草综合分析报告。

(四) 报告的修改和审定

财务报表分析报告起草后形成的初稿,可交由分析报告的直接使用者审阅,并征求使用者的意见和建议,再反复推敲,不断进行修改,充实新的内容,使之更加完善,直至最后由直接使用者审定后定稿。审定后的财务报表分析报告应写明编制单位和编制日期,并加盖公章。

四、财务报表分析报告的主要内容

财务报表分析报告虽然没有固定的格式和体裁,但其内容一定要有一个清晰的框架和分析思路,以便能够反映要点、分析透彻、有理有据、观点鲜明、符合报送对象的要求。财务报表分析报告的基本内容应反映企业一定时期的基本财务状况、经营成果与上年同期及预算对比成绩和产生差异的原因说明、对经营管理中存在问题的分析并提出改善建议。一般来说,财务报表分析报告应包含以下八个方面的内容。

(一) 标题

标题是对财务报表分析报告最精炼的概括,它不仅要确切地体现财务报表分析报告的主体思想,而且要用语简洁、醒目。由于财务报表分析报告的内容不同,其标题也就没有统一标准和固定模式,应根据具体的分析内容而定。如"××月份简要财务报表分析报告""××年度综合财务分析报告""资产使用效率分析报告"等都是较合适的标题。

(二) 报告目录

报告目录告诉财务报表分析报告使用者本报告所分析的内容及所在页码,以便使用者查阅相应的分析内容。

(三) 报告摘要

报告摘要是概括企业综合情况,让报告使用者对财务报表分析报告有一个总括的认识。如企业年度内各项资产、负债、所有者权益增减情况、增减原因、周转情况,尤其是年度内重要应收、应付款项的变动及年底债权、债务情况;企业固定资产增减、计提折旧、净值情况;企业员工人数、构成和专业素质情况以及人员变动情况、职工收入等。报告摘要是对本期报告内容的高度浓缩,要求言简意赅、点到为止。

以上三个部分是让报告使用者在最短的时间内获得对财务报表分析报告的整体性认识及本期报告中将告知的重大事项。

(四) 说明段

说明段是对企业营运及财务现状的介绍。该部分要求文字表述恰当、数据引用准确。对经济指标进行说明时,可适当运用绝对数、比较数及复合指标数。特别要关注企业当前运营的重心,对重要事项要单独详细说明。企业在不同阶段的工作重点有所不同,所需要的财务分析重点也不同。若企业正进行新产品的投产、市场开发,则企业有关部门需要对产品成本、销售回款、利润数据进行分析的报告。年度内企业主营业务的范围及经营情况,如项目概况、取得的产值、发生的成本、税金、取得的利润等,要分项目逐一说明。另外,还要说明企业全年管理费用、财务费用等期间费用的支出情况、企业营业外收支等综合情况。

(五) 分析段

分析段是对企业经营情况进行分析研究。在说明问题的同时还要分析问题,寻找问题的原因和症结,以达到解决问题的目的。分析一定要有理有据,要细化分解各项指标,因为有些报表的数据是比较含糊和笼统的,要善于运用表格、图示,突出表达分析的内容。分析问题一定要善于抓住当前要点,多反映企业经营焦点和易于忽视的问题。

(六) 评价段

做出财务说明和分析后,对于经营情况、财务状况、盈利业绩,应该从财务角度给予公正、客观的评价和预测。财务评价不能运用似是而非、可进可退、左右摇摆等不负责任的语言,评价要从正面和负面两方面进行。评价既可以单独分段进行,也可以将评价内容穿插在说明部分和分析部分。

有时,为了使财务报表分析报告清晰明了,应编制财务分析报表,即根据分析报告的目的,将财务报表资料及有关经济活动资料经过科学地再分类、再组合,适当补充资料,配以分析计算栏目,采用表格、柱状图等形式,简明扼要地表达资料各项目间的内在联系。财务分析报表有助于清晰地显示各指标间的差异及变动趋势,使论证的内容更形象,如编制主要财务指标情况表、盈亏情况分析表、流动资金分析表、主要销售收入情况表、费用明细表等。

(七) 建议段

建议段是分析人员在对企业经营运作、投资决策进行分析后形成的意见和看法,特别是对运作过程中存在的问题所提出的改进建议。值得注意的是,财务报表分析报告中提出的建议不能太抽象,而要具体化,最好有一套切实可行的方案。针对各项分析中存在的问题,分析人员应站在财务角度综合考虑,提出对企业切实可行的建议,比如制度建设方面、岗位设置方面、资金筹措渠道等。

(八) 编制单位及编制日期

审定后的财务报表分析报告应写明编制单位和编制日期。

任务三　财务报表分析报告应注意的问题

任务要求

熟悉财务报表分析报告样本,掌握财务报表分析报告中的数字运用,了解财务报表分析报告中常见的弊病。

相关知识

财务报表分析报告能否充分发挥作用,关键在于分析人员的编制水平。分析人员在编制财务报表分析报告时应克服报告中常见的弊病,注意报告中数字的运用,以提高报告的质量。

一、财务报表分析报告中常见的弊病

在实际工作中,由于各个企业的具体情况千差万别,企业的经营管理水平和分析人员的素质也不同,各个企业的财务报表分析报告的质量也不尽相同。一份内容翔实、条理清晰、有理

有据、富含说服力的财务报表分析报告,能给使用者耳目一新的感觉,使其获得大量的有利于做出正确决策的信息,特别是有利于提高企业经营管理水平的信息。而内容空洞、不分主次、平铺直叙的财务报表分析报告不但起不到其应有的作用,反而会束缚决策者的思路,甚至会导致其做出错误的决策。下面列举一些财务报表分析报告中常见的弊病,分析人员在编制报告时应尽量避免:

(1) 不收集足够的资料或不认真整理、核实所收集的资料。不收集大量的相关资料会使财务报表分析没有足够的依据,或使内容不真实、不合法、无可比性的资料成为分析的依据,从而使分析报告缺乏真实性、可靠性和实用性,导致企业决策失误,后果不堪设想。

(2) 开头"套话",落笔太远。有的财务报表分析报告用"套话"开头,如"在××精神的鼓舞下""在××的领导下""在××的努力下""在××的基础上"之类。这些套话似乎神通广大,任何时候、任何单位、任何一种分析报告都能用,成了"通用型"的配件,其实是可有可无的,不能解决什么问题,反而占用篇幅。

(3) 报喜不报忧。这种现象很常见,有的财务报表分析报告只反映经营业绩和预测美好的发展前景,对错误、缺点和发现的问题却只字不提,使企业经营管理者好大喜功,做出错误的判断。

(4) 不分主次、重点不突出。有的财务报表分析报告篇幅虽长,但主次不分,重点不突出;缺乏必要提炼,结果是只见材料、不见观点,让人看了不知道要说明什么问题。应详细分析评价的内容寥寥几语,该一笔带过的内容却侃侃而谈,使报告使用者得不到真正有用的信息。

(5) 内容空洞、数字罗列。有的财务报表分析报告不是围绕分析的目的将有用的数字进行对比分析,从中发现问题并探索解决的办法,而是用"数字文字化"来代替分析,搞数字游戏,把财务报表上的数字简单罗列或摘抄,对问题避而不提,缺乏必要的分析说明,内容空洞,导致"分析报告无分析"。这样的分析报告是毫无价值的。

(6) 字句冗长、论据不充分、说服力不强。有的财务报表分析报告字句冗长,套话连篇,晦涩难懂,且论据不充分,缺乏逻辑性。这样的分析报告就很难具有说服力。

(7) 口号代替具体建议与措施。有的财务报表分析报告结尾不是针对问题与不足提出建议与措施,而是用一些笼统的口号来代替,如"在新的一年里,我们一定要加强薄弱环节的改进,大干快上,努力赶超先进水平,为完成和超额完成预算目标而奋斗"。

为避免上述弊病在财务报表分析报告中出现,分析人员除应不断提高自身业务能力以外,还应注意以下几点:

(1) 对各种资料收集齐全后,要认真核实,保证资料的合法性、真实性、可比性。

(2) 要开门见山、单刀直入,文字力求言简意赅、综合概括、通俗易懂,条理清楚、结构紧凑,有说服力。

(3) 要全面地、实事求是地分析问题,坚持一分为二,对成绩予以肯定、对好的经验加以推广;对存在的不足提出建议,对问题要提出有针对性的改进措施。

(4) 要抓住关键,突出重点,不要事无巨细,面面俱到。

(5) 要真正摸清情况,认真做好深入细致的调查研究,善于提出问题,多问几个"为什么";要围绕分析的目的将相关数据进行对比分析,从中发现问题并探索解决的办法。如超额完成了计划,主要原因在哪里;没有完成计划,又是受哪些因素影响;成本降低了,是怎样降低的。

(6) 要内容充实,根据实际情况实事求是地进行分析,抓住主要矛盾,找出薄弱环节。

（7）在说明和分析问题之后，要写清楚怎样采取具体措施，如何加强薄弱环节管理，从哪些方面、采取哪些措施赶超先进水平等。只有写得具体、明确、实在，才能作为相关决策的依据。

二、财务报表分析报告中的数字运用

定量是财务报表分析的工具和手段。没有定量分析就弄不清数量界限、阶段性和特殊性。而数字构成了会计报表的主要内容，它是对财务报表进行定量分析的依据。值得一提的是，进行财务报表分析时，会计报表资料中各项具体数据固然重要；但若运用不当，也达不到分析的目的。因此，问题的关键是如何运用各项数据的内在联系及变动趋势来分析、评价企业财务状况、经营成果及其发展趋势，即"用数字说话"，用数字之间的内在必然联系来揭示事物的内在本质。财务报表分析必须透过数字看本质，没有恰当的数字运用就得不出正确的结论。这里主要介绍财务报表分析报告中的数字运用应注意的几个问题：

（1）数字可比。要注意分析所依据的会计核算口径和会计报表资料编制方法有无变化。若有明显变化，进行分析时应对有关数据进行调整，确保财务报表分析报告所依据的数据资料口径具有可比性。

（2）在进行比较分析时，对各项指标的绝对数与相对数的比较必须同时进行。因为绝对数指标与企业生产经营规模的大小有直接关系，采用绝对数指标进行对比分析虽然能反映出各项财务指标的表面差异，但不能深入揭示问题的本质，采用相对数指标对比则能做到这一点。

（3）对金额较大的项目应重点分析。例如，在进行利润分析时，产品销售收入和产品销售成本是影响营业利润的主要因素，且金额也较大，就应重点分析其增减变动的原因及对营业利润的影响程度。

（4）要注意分析数字的反常现象。若某一项目金额上升或下降的幅度较大，即出现了数字反常现象，应针对反常的数字进行深刻分析，查明原因。也许这正是企业经营管理的问题所在或应发扬光大之处。

（5）利用数字进行分析时，要注意对各项指标的计算应准确无误，以保证财务报表分析报告的真实可靠。

三、财务报表分析报告样本

根据华天股份有限公司2019年度的财务报表资料，撰写该公司的财务报表分析报告。

华天股份有限公司2019年度财务报表分析报告

一、公司简介

华天股份有限公司创建于1986年，员工3 000多人，旗下拥有3个事业部、6家控股子公司和四大生产基地。

截至目前，该公司已形成电机与控制、输变电、电源电池三大产品链，产品涵盖各类电机及其控制、超特高压变压器、高速铁路牵引变压器、城市轨道交通地铁成套牵引整流机组、UPS电源、电动自行车、工程机械等40大系列2 000多个品种，具备年产600万千瓦各类电机生产能力、0.8亿KVA各类电力变压器制造能力、90万KVAH铅酸蓄电池和70万KVAH锂电池生产能力,主导产品电机与控制,引领国际国内主流市场并配套多个国家重点工程项目,部分产品市场占有率20%以上,综合实力位居中国电机制造行业领先地位。

二、公司财务指标对比分析

(一)资产负债表分析

资产负债表水平分析表和资产负债表垂直分析表,如表2-2和表2-3所示。

华天股份有限公司总资产2019年年末较年初增加357 398 967.54元,增长幅度为31.35%,说明该公司2019年度资产规模有大幅度的增长。进一步分析可以发现:① 流动资产增长150 406 019.45元,增长幅度为58.11%,说明该公司资产的流动性大为提升。其中,货币资金增加了52 764 874.43元,增长幅度为70.57%,这将对企业的偿债能力和满足资金流动性需要有所提高。应收票据减少了13 272 797.58元,下降幅度达70.45%,说明应收票据的质量是可靠的,基本不存在拒付现象。应收账款增加12 114 313.43元,增长幅度达15.19%,对此应结合该公司销售规模变动、信用政策和收账政策进行评价。其他应收款增加了68 186 875.39元,增长幅度高达2165.81%,说明该公司不必要的资金占用大幅增加。预付款项增加了15 006 752.97元,增长幅度为77.28%。存货增加15 606 000.81元,增长幅度为24.81%,这可能导致企业资金占用增加,机会成本增加。② 非流动资产增长206 992 948.09元,增长幅度23.49%,低于流动资产的增长幅度。其中,长期股权投资增加了171 891 952.69元,增长幅度为30.05%,说明该公司对外扩张意图明显。固定资产增加22 406 172.29元,增长幅度为10.73%,说明该公司的未来生产能力会有显著提高。在建工程增加了2 320 707.90元,增长幅度为2.83%。在建工程项目的增加虽然对本年度的经营成果没有太大的影响,但随着在建工程在今后的陆续完工,有助于扩张该公司的生产能力。无形资产增加9 722 256.68元,增长幅度为63.62%,说明该公司越来越重视无形资产投资。

华天股份有限公司权益总额2019年年末较年初增加357 398 967.54元,增长幅度为31.35%,说明该公司2019年度权益总额有较大幅度的增长。进一步分析可以发现:2019年度负债增加了218 162 095.77元,增长幅度为80.57%,使权益总额增加了19.14%。其中流动负债增长幅度为28.87%,主要表现为其他应付款和预收款项大幅度增长。短期借款的减少对于减轻企业的偿债压力是有利的。应付账款和应交税费的增加则可能说明该公司的信用状况不一定值得信赖,当然还要结合企业的具体情况进行分析。非流动负债增长使权益总额增加了12.28%,主要是长期借款增加引起的。2019年度股东权益增加了139 236 871.77元,增长幅度为16.02%,对权益总额的影响为12.21%,主要是由未分配利润和资本公积较大幅度增长引起的,盈余公积和股本的增加也是股东权益增加的原因之一。该公司2019年年末流动资产比重只有27.32%,非流动资产比重却有72.68%。由此可以认为,该公司资产的流动性不强,资产风险较大,资产结构不太合理。2019年年末所有者权益比重为67.35%,负债比重为32.65%,说明该公司资产负债率较低,财务风险相对较小。

(二)利润表分析

利润水平分析表和利润垂直分析表,如表3-4和表3-5所示。

从利润水平分析表可以看出,华天股份有限公司2019年度实现净利润95 132 412.82元,比2018年度增加了8 914 645.34元,增长率为10.34%,增长幅度不高。从水平分析表来看,公司净利润增长主要是由2019年度利润总额比2018年度增长9 206 558.05引起的,由于2019年度所得税比2018年度增长291 912.71元,二者相抵,导致净利润增长了8 914 645.34

元。该公司2019年度利润总额比2018年度增长了9 206 558.05元,关键原因是2019年度营业外收入比2018年度增长了18 861 792.81元,增长率为501.03%;同时营业外支出下降也是导致利润总额增长的有利因素,营业外支出减少了638 604.16元,下降率为54.19%。但公司受营业利润的不利影响,利润总额减少了10 293 838.92元。增减因素相抵,利润总额增加了9 206 558.05元。必须指出的是,尽管营业外收入的增长和营业外支出的下降对利润总额的增长是有利的,但其毕竟是非常项目,数额过高是不正常现象。该公司营业利润减少主要是由于成本费用过高所致。营业收入比上年增长22 321 709.58元,增长率为4.66%;税金及附加和财务费用的下降,增利2 414 395.80元;投资收益的增加,增利552 249.89元。但由于其他成本费用均有不同程度的增加,抵消了营业收入的增长。营业成本、销售费用和管理费用增加了33 882 474.44元,信用减值损失以及资产减值损失增加,减利1 699 719.75元,增减相抵,营业利润减少10 293 838.92元,下降率为11.99%。值得注意的是,销售费用、管理费用及资产减值损失的大幅度上升,可能是不正常的现象。

从利润垂直分析表可以看出,华天股份有限公司2019年度各项财务成果的构成情况:营业利润占营业收入的比重为15.09%,比2018年度的17.95%下降了2.86%;利润总额占营业收入的比重为19.50%,比2018年度的18.49%增长了1.01%;净利润占营业收入的比重为19.00%,比2018年度的18.03%增长了0.97%。由此可见,从企业利润的构成上看,利润总额和净利润的比重都有所上升,说明盈利水平比上年有所增强;但营业利润的比重下降,说明企业利润的质量不容乐观。各项财务成果比重的增减,从营业利润结构看,主要是销售费用、管理费用和资产减值损失的比重上升以及投资净收益比重下降所致。利润总额比重上升的主要原因就是营业外收入比重增长所致。营业成本、税金及附加、财务费用、营业外支出下降,对营业利润、利润总额和净利润比重都产生了一定的有利影响。

(三)现金流量表分析

现金流量水平分析表和现金流量结构分析表分别如表4-3、表4-4和表4-5所示。

从现金流量水平分析表可以看出,华天股份有限公司2019年度净现金流量比2018年度增加103 638 778.49元。其中,经营活动产生的现金流量净额比2018年度增长了43 579 724.95元,增长率为176.38%。经营活动现金流入和现金流出分别比2018年度增长28.73%和20.62%,增长额分别为136 272 034.77元和92 692 309.82元。经营活动现金流入量的增加主要是因为收到其他与经营活动有关的现金增加了112 959 781.90元,增长率为410.53%;还有销售商品、提供劳务收到的现金增加了28 004 887.86元,增长率为6.35%。经营活动现金流出量的增加主要是受支付其他与经营活动有关的现金增加了76 448 782.54元,增长率为117.02%的影响;另外,购买商品、接受劳务支付的现金和支付给职工以及为职工支付的现金亦有不同程度的增加。投资活动产生的现金流量净额比2018年度减少86 732 071.45元,主要原因是由于投资支付的现金和购建固定资产、无形资产和其他长期资产支付的现金分别比2018年度增加95 092 063.25元和14 747 159.07元;而处置固定资产、无形资产和其他长期资产收回的现金净额只增加了24 045 264.76元,取得投资收益收到的现金只增加了11 886.11元,微不足道可以忽略不计。筹资活动产生的现金流量净额比2018年度增长了146 791 124.99元,主要是2019年度取得借款收到的现金较2018年度增加了223 730 000.00元。

从现金流入结构分析表可以看出,华天股份有限公司2019年度现金流入总额为1 161 574 422.56元。其中,经营活动现金流入、投资活动现金流入和筹资活动现金流入所占比重分别为52.57%、6.88%和40.55%。可见该公司的现金流入主要为经营活动现金流入，其次是筹资活动中的借款，而投资活动的现金流入相对较少。经营活动现金流入中的销售商品、提供劳务收到的现金所占比重高达40.40%，说明企业的主营业务较为稳定，这对于企业的可持续发展是有利的。投资活动现金流入不仅所占比重极小，而且只有取得投资收益收到的现金和处置固定资产等收到的现金，取得投资收益收到的现金多，说明企业对外投资的决策正确；而处置的资产是多余或闲置的，这种变现对企业的经营和理财是有利的，否则可能说明企业经营或偿债出现了困难。筹资活动现金流入中取得借款收到的现金比重高达38.58%，而"吸收投资收到的现金"的比重仅为1.97%，其结构不太合理。

从现金流出结构分析表可以看出，华天股份有限公司2019年度现金流出总额为1 108 809 548.13元。其中，经营活动现金流出、投资活动现金流出和筹资活动现金流出所占比重分别为48.91%、16.80%和34.29%。在企业现金流出中，购买商品、接受劳务支付的现金占较大比例，为30.15%，结合资产负债表和利润表，主要原因是企业当年销售上升，增加了当年采购和生产方面的支出。企业偿还债务支付的现金比重也较大，达到30.42%，与取得借款收到的现金相比较，可以明显看出，产生的原因是企业借款为偿还债务所致，企业借新债还旧债，以解决流动资金的需求。投资活动现金支出占16.80%，它表明企业的投资活动处于良性循环状态。由于投资支付的现金数额较大，也表明该企业对外扩张的意图明显，企业极具发展潜力。

三、财务效率分析

（一）偿债能力分析

1. 短期偿债能力分析

短期偿债能力分析表

项　目	2019年年末	2019年年初	增减变动	行业平均值
流动比率(%)	117.0	96.0	21.0	137.0
速动比率(%)	95.0	72.0	23.0	83.0
现金比率(%)	37.0	28.0	9.0	—
现金流动负债比率(%)	19.6	9.1	10.5	4.4

华天股份有限公司2019年年末所有衡量短期偿债能力的指标较2019年年初均有显著提高，这表明企业的短期偿债能力明显增强。除流动比率外，2019年年末的速动比率和现金流动负债比率均高于行业平均值，现金比率也明显高于经验标准值，这表明该公司具有较强的短期偿债能力。

2. 长期偿债能力分析

长期偿债能力分析表

项　目	2019年年末	2019年年初	增减变动	行业平均值
资产负债率(%)	32.65	23.75	8.9	65.0
产权比率(%)	48.48	31.15	17.33	185.7
已获利息倍数	10.70	8.41	2.29	3.6

华天股份有限公司2019年年末的资产负债率较2019年年初提高了8.9%,产权比率较2019年年初提高了17.33%,但仍低于行业平均值。一方面,表明所有者权益对债权人权益的保障程度较高,长期偿债能力较强;另一方面,表明该公司没有充分发挥负债的财务杠杆效益。已获利息倍数较2019年度提高了2.29,且远高于行业平均值3.6,也充分表明该公司的长期偿债能力较强。

(二)盈利能力分析

盈利能力分析表

项　目	2019年	2018年	增减变动	行业平均值
销售毛利率(%)	17.27	15.63	1.64	—
营业利润率(%)	15.08	17.94	−2.86	13.0
成本费用利润率(%)	19.98	19.34	0.64	10.2
总资产报酬率(%)	8.17	9.43	−1.26	5.1
净资产收益率(%)	10.13	10.40	−0.27	9.8
盈余现金保障倍数	0.72	0.29	0.43	1.1

华天股份有限公司2019年度的销售毛利率较2018年度提高了1.64%,指标虽有提高,但毛利率水平不够高,企业盈利能力不容乐观。成本费用利润率较上年度提高了0.64%,高于行业平均值,这表明盈利能力有所增强。

营业利润率、总资产报酬率和净资产收益率均较2018年有所下降,这表明企业盈利能力在逐步下降,但这三项指标均高于行业平均值,说明企业盈利能力仍然较强。

盈余现金保障倍数较2018年提高了0.43,这表明2019年度的获现能力强于2018年度,但明显低于行业平均值,其收益质量有待进一步提高。

(三)营运能力分析

营运能力分析表

项　目	2019年	2018年	增减变动	行业平均值
应收账款周转率(次)	5.11	5.42	−0.31	4.3
存货周转率(次)	5.86	6.92	−1.06	3.0
流动资产周转率(次)	1.50	2.07	−0.57	2.8
固定资产周转率(次)	2.28	2.42	−0.14	—
总资产周转率(次)	0.38	0.45	−0.07	0.8

华天股份有限公司2019年度的应收账款周转率和存货周转率较2018年度均有所下降,表明营运资产管理效率在逐渐退步,但指标实际值高于行业平均值,说明企业营运能力较强。

流动资产周转率和总资产周转率在2019年度较2018年度均有所下降,且明显低于行业平均值,说明企业营运能力在下降。固定资产周转率下降了0.14,也说明企业经营资产效率在下降。

（四）发展能力分析

发展能力分析表

项 目	2019年	2018年	增减变动	行业平均值
销售（营业）增长率(%)	4.66	4.08	0.58	17.0
总资产增长率(%)	31.35	15.43	15.92	13.0
资本积累率(%)	16.02	10.19	5.83	9.0
资本保值增值率(%)	116.02	110.19	5.83	103.0
净利润增长率(%)	10.34	4.69	5.65	—
营业利润增长率(%)	−11.99	−0.6	−11.39	16.0

华天股份有限公司2019年度的销售（营业）增长率、总资产增长率、资本积累率、资本保值增值率和净利润增长率较2018年度均有所提高，除销售（营业）增长率外，其他指标均高于行业平均值，这表明企业的发展能力有所增强。

2019年度营业利润增长率较2018年度下降了11.39%，其增长率为负增长，且远低于行业平均值，说明该公司成本费用的增长速度大于营业收入的增长速度，公司持续增长能力在下降。

四、综合评价及建议

华天股份有限公司2019年年末的流动资产占总资产的比重只有27.32%，非流动资产所占比重却有72.68%，说明该公司资产的流动性不强，资产风险较大，资产结构不太合理。为此，该公司应进一步提高流动资产占总资产的比例，使企业不仅保持较强的资产流动性和变现能力，同时还使企业具有适应生产经营规模的生产资料，这样可以保持较强的市场竞争能力和应变能力。

2019年年末的所有者权益在总权益的比重为67.35%，负债所占比重为32.65%，说明该公司资产负债率较低，负债的财务杠杆作用没有充分地发挥出来。若想要提高公司的经济增加值，可以考虑在保持税后净营业利润增长的同时，适当提高负债比例，进而降低权益资本比例，降低加权平均资本成本率。

由于市场占有率较高，华天股份有限公司不断扩大生产规模以满足需求，造成该公司投资活动产生的现金流量净额为负数，这是扩张中的企业表现出来的常态。同时，值得肯定的是，该公司取得投资收益收到的现金较为稳定且金额巨大，说明对外投资成效显著。

华天股份有限公司的盈利能力虽较2018年有所下降，但依然保持强劲的势头，主要财务指标的数值均高于行业平均值。值得注意的是，该公司的营业利润较2018年下降了11.99%，致使营业利润率下降2.86%。对此，该公司应加强期间费用的控制，在保证正常生产经营的前提下，尽量减少销售费用和管理费用的支出。

华天股份有限公司无论短期偿债能力还是长期偿债能力都比较强，能确保公司避免陷于资不抵债的困境。

华天股份有限公司主要的问题在于衡量企业营运能力的各项指标均逐步下降，且流动资产周转率和总资产周转率明显低于行业平均值，说明该公司资产营运效率不够理想。为此，该公司应尽可能地加快营业收入的增长速度，做到各项资产的规模适当、结构合理，以提高各项资产的营运效率。

本项目小结

撰写一份高质量的财务报表分析报告,不仅要明确分析目的,收集真实可靠的信息,掌握较高的财务报表分析基本技术和方法,还得掌握分析报告的一些写作技巧,遵循一定的写作要求,合理安排分析报告的框架结构。只有这样才能达到撰写财务报表分析报告的目的,写出高质量的财务报表分析报告,以满足报告使用者的要求。

知识链接

彩色报告模式

彩色报告模式是将财务报告的内容根据会计信息质量特征划分为五个不同的层次,分别对应五种不同的颜色,并据此灵活披露会计信息的一种报告模式。传统的财务报告是一种非黑即白的模式,只限于确认会计报表中的事项,对其他事项不予确认,然而这些不能确认的事项往往又是许多公司核心竞争力之所在。

针对黑白报告模式的弊端,美国会计学家沃尔曼提出了彩色报告模式,其层次及具体内容如下:① 报告相关性、可靠性、可定义性和可计量性都符合要求的信息,为核心信息层,相当于传统财务报告的披露内容;② 报告相关性、可计量性和可定义性均符合标准但可靠性有问题的信息,如自创商誉;③ 报告相关性与可计量性符合要求但可定义性和可靠性有问题的信息,如顾客满意度;④ 报告除不符合可定义性外其他标准都符合要求的信息,如对于风险的计量;⑤ 报告除相关性外,其他三项标准均有问题的信息,如企业的持续经营价值和知识产权资本。

按照这个模式,财务报告既提供财务信息,又提供非财务信息,如顾客满意度、环境保护等;既反映历史信息,又提供预测性信息,如企业未来的经济利益和风险;既包括有形资产信息,又包括无形资产和人力资源信息,如自创商誉、知识产权等。可见,彩色报告模式可全面地报告与企业相关的各类信息,极大地拓展了财务报告的内容,提高了财务报告的信息含量,能够满足财务报告使用者多层次的会计信息需求,能够为报告使用者提供更相关和更有用的信息,因而更有利于财务报告使用者做出正确的决策。

能力拓展训练

拓展资源

一、单项选择题

1. 不定期分析报告主要是( )。
   A. 综合分析报告　　B. 简要分析报告　　C. 专题分析报告　　D. 对比分析报告
2. 财务报表分析报告的主要目的是( )。
   A. 评价过去的经营业绩　　　　　　　B. 反映企业的经济现状
   C. 预测未来的发展趋势　　　　　　　D. 提供经济信息,便于合理决策
3. ( )一般是上级主管部门或企业内部规定的每隔一段相等时间编制和上报的财务

报表分析报告。
　　A. 定期分析报告　　B. 专题分析报告　　C. 简要分析报告　　D. 综合分析报告
　4. 简要分析报告的特点是（　　）。
　　A. 简明扼要、切中要害　　　　　　　B. 一事一议
　　C. 对比分析　　　　　　　　　　　　D. 解剖"麻雀"

二、多项选择题

　1. 财务报表分析报告按分析的内容范围分类,可分为（　　）。
　　A. 综合分析报告　　B. 简要分析报告　　C. 专题分析报告　　D. 定期分析报告
　2. 财务报表分析报告按时间分类,可分为（　　）。
　　A. 定期分析报告　　B. 不定期分析报告　C. 综合分析报告　　D. 专题分析报告
　3. 专题分析报告主要对企业经营中的某些（　　）做出分析报告。
　　A. 关键问题　　　　B. 重大经济措施　　C. 薄弱环节　　　　D. 典型事例
　4. 财务报表分析报告的主要结构内容有（　　）。
　　A. 提要段　　　　　B. 说明段　　　　　C. 分析段　　　　　D. 评价建议段
　5. 财务报表分析报告的使用者包括（　　）。
　　A. 企业的投资者　　B. 企业的债权人　　C. 企业的经营者　　D. 政府有关部门
　6. 财务报表分析报告资料内容包括（　　）。
　　A. 财务资料　　　　B. 业务资料　　　　C. 对比资料　　　　D. 其他资料

三、判断题

　1. 财务报表分析报告质量的高低直接反映出分析人员的业务能力和素质。（　　）
　2. 对企业某一时期经营中的关键问题、重大经济措施和薄弱环节进行分析报告是典型分析报告。（　　）
　3. 在撰写财务报表分析报告时,只要用事实说明了问题,就可下明确的是非结论。
　　　　　　　　　　　　　　　　　　　　　　　　　　　　　　　　　　　　（　　）
　4. 简要财务报表分析报告适用于定期分析。（　　）
　5. 财务报表分析报告的资料来源只能从企业内部取得。（　　）
　6. 财务报表分析报告通常有统一的标准和模式。（　　）
　7. 财务报表分析报告的具体内容根据报告分析的对象、范围、目的不同而不同,但一般应包括提要段、说明段、分析段、评价段和建议段。（　　）

参考文献

[1] 楼土明.会计报表阅读与分析[M].北京:中国人民大学出版社,2014.
[2] 李昕,孙艳萍.财务报表分析[M].大连:东北财经大学出版杜,2014.
[3] 李晓静.财务报告与分析[M].北京:北京大学出版社,2013.
[4] 任小平.财务从不说假话[M].北京:石油工业出版社,2012.
[5] 张铁铸,周红.财务报表分析[M].北京:清华大学出版社,2011.
[6] 张小溪.跟巴菲特学看上市公司财务报表[M].北京:企业管理出版社,2010.
[7] 马丁·弗里德森,费尔南多·阿尔瓦雷斯.财务报表分析及案例[M].第三版.朱丽,译.北京:中国人民大学出版社,2010.
[8] 郭永清.财务报表分析与股票估值[M].北京:机械工业出版社,2021.
[9] 张新民,钱爱民.财务报表分析[M].北京:中国人民大学出版社,2019.
[10] 戴维·F.霍金斯.公司财务报告与分析教程与案例[M].孙铮,译.大连:东北财经大学出版社,2000.
[11] 斯蒂芬·A.杰弗利.公司理财[M].吴世农,沈艺峰,译.北京:机械工业出版社,2007.
[12] 黄世忠.财务报表分析:理论·框架·方法与案例[M].北京:中国财政经济出版社,2007.
[13] 王化成,支晓强,王建英.财务报表分析[M].北京:北京大学出版社,2018.
[14] 杨纪琬,夏东林.怎样阅读会计报表[M].北京:经济科学出版社,2003.
[15] 中华人民共和国财政部.企业会计准则[M].北京:经济科学出版社,2020.
[16] 企业会计准则编审委员会.企业会计准则应用指南[M].上海:立信会计出版社,2020.
[17] 企业会计准则编审委员会.企业会计准则详解与实务[M].北京:人民邮电出版杜,2020.
[18] 叶金福.从报表看舞弊:财务报表分析与风险识别[M].北京:机械工业出版社,2018.
[19] 科斯特斯.财务报表分析及案例[M].张志强,译.北京:中国宇航出版社,2005.
[20] 刘峰,葛家澍.会计职能·财务报告性质·财务报告体系重构[J].会计研究,2012(3).
[21] 洪荭,胡华夏,郭春飞.基于GONE理论的上市公司财务报告舞弊识别研究[J].会计研究,2012(8).
[22] 鲍勃·沃斯.公司财务分析[M].北京:中信出版社,2004.
[23] 刘靳.财务报表分析从入门到精通[M].天津:天津科学技术出版社,2020.
[24] 许拯声.财务报表分析[M].北京:北京交通大学出版社,2018.